Finance
经济管理类课程教材
金融系列

# 业绩评价与激励机制

YEJI PINGJIA YU JILI JIZHI

（第二版）

刘俊勇　编著

中国人民大学出版社
·北京·

# 出版说明

改革开放以来，中国的金融走上了高速发展的快车道，获得了前所未有的发展，有关院校都开设了金融课程，以便培养我国急需的人才。

一套高质量的教材是提高教学质量的前提之一。教材规定了教学内容，是教师授课取材之源，是学生求知和复习之本，没有优秀的教材，就无法提高教学质量。中国人民大学出版社推出“经济管理类课程教材·金融系列”，旨在推动国内金融人才培养工作的开展。

组织编写这套教材时，我们遵照以下原则：

1. 教材本土化。为了更快地与国际接轨，许多人主张采用“拿来主义”原则，直接引进国外的教材。实践证明，我国与发达国家相比，国情不同，文化背景不同，思维方式不同，语言表达方式不同，广大的专家教授一致认为：我们培养的是中国金融人才，是为中国的金融服务的，教材还是本土化为宜。应在了解我国现况之后，再学习国外的知识，把中国的背景知识与国际接轨才是我们最需要的。本套教材均为本土原创作品。

2. 精选作者，保证教材质量。金融与国家的政策联系紧密，应用性强，培养的学生既要懂理论又要会应用，既要与国际接轨，又要考虑中国的国情。本套教材的作者涵纳全国“政产学研”方面的学者、专家，从源头上保证了这套教材的质量。

3. 始终保持教材的“精”与“新”。现代金融日新月异，课程设置不断变化。本套教材根据形势的发展，不断推出新课程教材，并不断修订、完善。

4. 形式多种多样，方便教材使用者。大多数教材每章都设有“章首导言”“关键术语”“知识结构图”“本章思考题”等栏目。此外，大多数教材还有配套的“学习指导书”，方便读者学习和使用。

总之，本套教材紧密结合当前国内外金融研究的最新成果与金融政策发展的实际情况，全面讲述金融基本理论和基础知识。我们相信“经济管理类课程教材·金融系列”的推出，能够为读者掌握现代金融知识、为社会培养金融人才起到应有的作用。

**中国人民大学出版社**

# 前　言

业绩评价与激励机制是一个古老而永恒的话题。随着环境的变化，先后出现了成本差异、投资报酬率、经济增加值和平衡计分卡等评价业绩的指标。评价业绩的视角从单一财务视角发展到今天的全面视角。业绩评价作为管理控制系统的重要组成部分，它的作用是实现企业的目标。从历史的角度来看，利润最大化作为企业的目标从未发生过变化，变化的只不过是实现目标的形式。从过去100年的企业发展史来看，生产导向的企业通过规模经济创造成本优势，营销导向的企业通过市场营销实现收入增长，而今天战略导向的企业通过忠诚的客户群、高效的内部业务流程、先进的信息系统、士气高昂且训练有素的员工队伍、阳光坦诚合作的企业文化来为股东创造价值。从上述实现利润最大化目标的形式的变化我们不难理解，衡量企业目标及其实现过程的业绩评价指标体系为何会变化。这是实务界和理论界与时俱进及创新精神的生动体现。不管业绩评价体系如何变化，激励计划中奖金来源于净利润的实质始终没有变化。并且企业将业绩评价与激励机制结合得越有效，企业目标的实现就越容易。

本书的结构为：第一章为业绩评价与激励机制概述；第二章至第五章分别阐述了业绩评价与激励机制的单项要义，即业绩评价指标、业绩评价标准、业绩评价技术和激励计划；第六章至第十章分别阐述了业绩评价与激励机制的成本模式、财务模式、价值模式、平衡模式和其他模式；第十一章为案例汇总。

与上一版相比，在保证原版体系和体例的基础上，结合业绩评价与激励机制理论和实践的变化发展，本版进行了如下改动：

1. 第一章的变化主要是将原第三节至第六节重新整合为目前的第二节"业绩评价与激励系统"，并新增了基于战略的业绩评价与激励系统的系统框架和要素等内容，更换了章尾案例。

2. 第二章的变化主要是加入了对 KPI 的概述。

3. 第四章的变化主要是将原第一节和第二节的内容合并为一节"数据规范化处理方法"；修正了权重确定的分类方法，在多指标综合评价方法中补充了 TOPSIS 法，以及对功效系数法的案例数据进行了更新。

4. 第五章的变化主要是新增了对限制性股票的介绍，更换了章内案例。

5. 第六章的变化主要是更新了职工薪酬的定义，对全章案例数据进行了更新，增加了章尾案例。

6. 第七章的变化主要是将原第一节和第二节的内容合并为一节"财务指标业绩评价"；新增了一节"基于预算的业绩评价"；加入了对阿米巴经营模式的介绍，替换了章尾案例。

7. 第八章的变化主要是新增了经济增加值（EVA）考核指标并替换了章尾案例。

8. 第九章的变化主要是加入了对绩效棱柱模型的介绍；对第六节"平衡计分卡管理系统分析"进行了重新修订；更换了章尾案例。

9. 第十章为新增章节，主要介绍了业绩评价的其他模式，包括主观业绩评价、相对业绩评价与 OKR。

10. 第十一章为新增案例章节，便于加强读者对前述章节内容的理解。

本书的特点主要体现在：

1. 先进的理论。本书在系统地回顾了业绩评价与激励机制发展历程的基础上，引入了当前最为流行的平衡计分卡、战略地图、OKR、经济增加值等理论。

2. 成熟的方法。从技术角度来讲，本书所阐述的许多业绩评价与激励机制理论和方法在西方已有悠久的历史，尤其是标准成本法、财务评价法等方法在实践中均有成熟的运用。

3. 经典的案例。本书在章中和章末还提供了大量基于中国本土企业，比如阿里巴巴、宝钢和中国联通等的业绩评价和激励机制案例。通过案例研读，读者能够深入理解业绩评价与激励机制的理论和方法。

参加本书编写工作的有刘俊勇、李鹤尊、衡芥荻、郑文鉴、刘睿语、王昊天、胡怡晴、霍子明、祝思远、刘润萌、王子航和窦元熹。全书最后由刘俊勇统一定稿。

本书可以作为高等院校会计专业硕士、工商管理硕士等经济管理类研究生教材，也可以作为财务管理专业、会计学专业、经济管理类专业高年级本科生教材，还可供经济管理人员、管理会计人员自学使用。

囿于学识和经验，本书难免会存在不足之处，敬请广大读者朋友不吝赐教。

**刘俊勇**

2020 年 10 月于北京太阳园

# 目录

# 第一章 业绩评价与激励机制概述

**学习目标**

1. 理解业绩评价和激励的定义；
2. 熟悉业绩评价和激励系统的要素；
3. 理解业绩评价与激励机制的作用；
4. 理解设计业绩评价与激励机制需要考虑的因素；
5. 了解业绩评价与激励机制的历史发展。

## 第一节 业绩评价与激励的概念

### 一、业绩评价的基本概念

业绩评价作为企业管理的重要组成部分，成为理论界和实务界研究的热点。近年来，国内理论研究者翻译、介绍了大量西方有关业绩评价的专著、论文，实务工作者结合企业自身实践，设计了各自的业绩评价系统。所以在研究业绩评价之前，有必要对有关概念做出界定。

#### （一）业绩

业绩在英文中使用“performance”一词，中文也有译作“绩效”“效绩”的。根据《韦伯斯特新世界词典》的解释，业绩的意思是：“（1）正在执行的活动或已完成的活动，（2）重大的成就”，即正在进行的某种活动或者取得的成绩。因而，业绩既可以看作一个过程，也可以看作该过程产生的结果。《现代汉语词典》将业绩解释为：（1）建立的功劳和完成的事业；（2）成就。可见，中文和英文中对业绩的理解既有相同之处，又有不同之处。相同之处是二者都强调业绩的结果性，即业绩是重大的成就；不同之处是英文强调业绩的过程性，而过程往往是结果的动因。

财政部原统计评价司认为，企业效绩是指一定经营期间的企业经营效益和经营者业绩。企业经营效益水平主要表现在企业的盈利能力、资产运营水平、偿债能力和后续发展能力等方面。经营者业绩主要通过经营者在经营管理企业的过程中对企业经营、成长、发展所取得的成果和所做出的贡献来体现。①

### （二）评价

《现代汉语词典》对“评价”的解释是：“评定价值高低；评定的价值”。

冯平认为，人类对世界的认识有两种取向，一是揭示世界的本来面目，二是揭示世界的意义或价值，对前者我们可称之为认知，对后者我们可称之为评价。也就是说，评价是人类的一种认识活动，它的目的在于揭示客观世界的价值。②

财政部原统计评价司认为，评价是指为了达到一定的目的，运用特定的指标，比照统一的标准，采取规定的方法，对事物做出价值判断的一种认识活动。简单地说，评价就是通过比较分析做出全面判断的过程。③

### （三）业绩评价

财政部会计司认为，业绩评价，是指企业运用系统的工具和方法，对一定时期内企业的营运效率与效果进行综合评判的管理活动。绩效评价是实施激励管理的重要依据。④ 绩效管理，是指企业与所属单位（部门）、员工之间就绩效目标及如何实现绩效目标达成共识，并帮助和激励员工取得优异绩效，从而实现企业目标的管理过程，绩效管理的核心是绩效评价和激励管理。⑤

## 二、激励的基本概念

### （一）经济学意义

从经济学上来讲，激励（incentive）的目的是把个体行为的外部性内部化，通过规则的强制性，迫使产生外部性的个体将社会成本和社会收益转化为私人成本和私人收益，使得行为主体对自己的行为承担完全责任，从而通过个体的最优选择实现社会最优。经济学中的激励就是积极性问题⑥，从广义上讲，它是指在所制定的机制下，即使每个人都追求个人目标，其客观结果是否也正好能够达到社会所要实现的目标；狭义上讲，它是指在企业中，如何促使企业代理人实现委托人的目标。

### （二）管理学意义

管理学中的激励（motivation）是指激发鼓励之意，指激发人的动机，使人有一股内在动力，朝着所期望的目标前进的心理活动过程。

在企业管理中，激励主要是指激发特定主体的动力，使特定主体产生内在动机，朝着所期望的目标前进的活动过程，即特定主体在追求既定目标时的意愿程度。它含有激发动

---

① 财政部统计评价司. 企业效绩评价问答. 北京：经济科学出版社，1999：3.

② 冯平. 评价论. 北京：东方出版社，1995：31.

③ 财政部统计评价司. 企业效绩评价问答. 北京：经济科学出版社，1999：1.

④⑤ 财政部会计司. 管理会计应用指引第600号——绩效管理. 北京：立信会计出版社，2017：1.

⑥ 这里借用田国强对激励问题的定义，参见田国强. 激励、信息及经济机制设计理论//汤敏，茅于轼. 现代经济学前沿专题：第一集. 北京：商务印书馆，1993.

机、鼓励行为、形成动力的意义。激励是企业管理的一项重要职能与工作。研究发现，一个人在经过激励后的表现比没有激励时的表现几乎好一倍。

## ▲ 案例

### 德鲁克与通用电气公司的激励方案

提起管理大师德鲁克（Drucker），业界无人不晓。但是，在接下来的故事中，你会看到，即使是大师，也会犯致命的错误。德鲁克曾为通用电气公司（GE）开发了一套全新的激励体系。之前，德鲁克刚刚为西尔斯（Sears）公司做过关于激励机制的咨询项目，积累了丰富的经验。在西尔斯公司的薪酬方案设计中，他将每位商店经理的薪酬与年销售收入挂钩。在GE项目中，他将每位业务单元负责人的薪酬与投资报酬率（ROI）挂钩。而GE之所以改革激励机制，是因为GE正在重组。在这次变革中，每个业务单元被赋予的重要职责之一就是创新。你能想象出来，接下来会发生什么事情吗？德鲁克是这样回忆的：

> 显而易见，事与愿违，我们犯下了一个绝对的错误。创新需要今天的投入，但在长时间内你将无法获得任何回报。在新的激励机制中，每位总经理花费在创新上的每一分钱意味着什么？不只是意味着薪酬的减少，还意味着民心的丧失。所以，在长达10年的时间里，GE没有取得任何创新。新激励方案出台后不久，事情的结果就十分明朗了，我们为创新设置了巨大的障碍。

显然，GE的发展战略是希望通过创新获得成长。因此，激励机制的设计要与创新战略相结合。结合的关键点就是业绩评价指标的选择。在本案例中，德鲁克选中了最为常用的投资报酬率，该指标的计算公式为：

$$\text{投资报酬率}=\frac{\text{收入}-\text{成本}}{\text{占用资本}}\times 100\%$$

从投资报酬率指标的计算公式我们可以看出，提高投资报酬率的基本方法有三种：

- 增加收入；
- 降低成本；
- 减少占用资本。

对于一个有任期限制的管理者来说，在上述三种方法中，减少那些当期投入未来才有产出的成本是最有效的。这种成本最典型的代表就是研究和开发费用。可见，由于业绩评价指标的问题，GE没有实现预期的战略目标。

那么，投资报酬率指标是不是与战略无关呢？答案是否定的。这一指标在100多年前就被杜邦（Dupont）公司首次应用于分部业绩评价中。当时的背景是，杜邦公司面临着多元化经营和分权管理的挑战，投资报酬率及其分解出来的杜邦分析系统图恰好满足了杜邦公司发展战略的需要。

# 第二节　业绩评价与激励系统

## 一、基于战略的业绩评价与激励系统框架

本书基于战略构建业绩评价与激励系统，帮助管理者制定决策，需要回答如下9类问题：

(1) 企业的使命、愿景和价值观是什么？企业成功的关键因素是什么？企业采用何种战略以实现差异化竞争？

(2) 如何描述战略？如何提升战略的清晰度？

(3) 如何衡量战略？如何设计业绩评价指标体系？

(4) 企业如何为业绩评价指标设立目标值？目标值的难易程度如何影响未来业绩水平？怎样减少预算参与的负面影响？

(5) 企业评价个人、团队、整个组织业绩所遵循的程序是什么？业绩评价是客观的、主观的还是两者兼有？相对业绩评价是否有效？

(6) 如果管理者和其他员工实现了业绩目标值或其他被评价的业绩，那么他们会获得什么（财务、非财务）奖励？团队奖励有效吗？

(7) 对信息和各种控制机制进行了怎样的应用？

(8) 业绩评价与激励系统如何随组织和环境的变化而变化？应该关注业绩评价与激励系统变化的原因、过程，还是结果？业绩评价与激励系统的功能可能受哪些因素影响？

(9) 考虑要素之间的一致性时需要考虑哪些因素？

上述9类问题形成了基于战略的业绩评价与激励系统（Strategy-based Performance Evaluation and Motivation Systems，SPEMS）框架（见图1－1）。该框架有助于描述实践

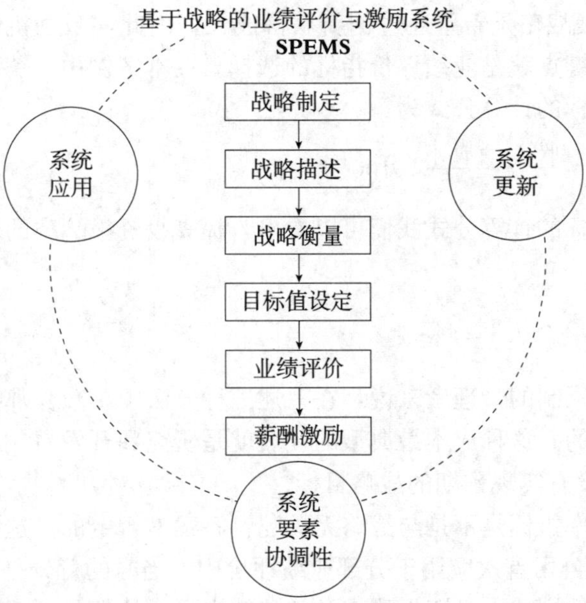


**图1－1　基于战略的业绩评价与激励系统框架**

中业绩评价与激励系统的设计和运用。尽管无法穷尽，但是上述问题对业绩评价与激励系统的设计和运用将产生重要影响，同时也形成了一个首尾一贯的框架。每个问题不存在好与坏之分，都是设计和使用业绩评价与激励系统时必须考虑的。

## 二、基于战略的业绩评价与激励系统要素

### （一）战略制定

业绩评价在现代企业管理控制系统中的主要功能之一是控制功能，即通过业绩评价来监控企业战略目标的实现情况。以往研究早已证实：用来衡量业绩表现的战略计划对于控制是十分有必要的。为了满足股东的期望，组织通常要设定复杂且有竞争性的目标。满足多重目标使业绩成为一个多维概念，没有一种单一指标能够满足业绩评价的要求。缺少战略方向是实践中的一个重要控制问题，不能很好地将组织战略和计划向组织成员传达会导致组织成员不知道自己的工作是如何为整体战略做贡献的。所以，业绩评价是实现企业战略的重要手段。由此可知，业绩评价与激励系统的起点是企业的战略和计划。战略制定是系统的第一个要素，它的内容从界定组织高层面的愿景入手，直到高层管理者和团队启动组织去实施协同的战略性行动方案为止。

我们将通过回答以下三个问题来具体阐述战略制定：

第一，企业的使命、愿景和价值观是什么？

高层管理者制定战略的起点是企业的使命、愿景和价值观。使命描述了“组织的价值是实现股东期望这一目的”；愿景则描绘了“理想的未来状态：该组织的愿望”；价值观指的是组织内部的行为指南。因此，与组织明确表明的目标相比，组织的愿景和使命更值得观察。愿景和使命是企业信仰系统的一部分，它们体现了企业的核心价值观和宗旨；对愿景和使命的陈述也引导着企业在面临不断变化的环境时对企业的战略做出调整。

第二，企业成功的关键因素是什么（进行战略分析）？

在进行战略分析的过程中，企业将审视其竞争和运营环境，尤其是上一轮战略制定后发生的重大变化。这些更新的信息来源于三种渠道：外部环境（PESTEL：政治、经济、社会、技术、环境和法规）；内部环境（关键流程，如人力资本状态、运营、创新、技术运用）；以及现有战略的执行状况。环境分析会在 SWOT 表中以优势、劣势、机会、威胁的矩阵总结出来，这样就将战略制定时必须关注的一系列问题找出来了。

第三，企业采用何种战略以实现差异化竞争？

战略是企业为了追求长期目标所选择的方向。组织需要发展自己的优势来匹配自己的关键成功要素，以获得它们为自己设定的结果。不同的战略和计划需要不同的业绩评价与激励系统。实践中，企业可以通过回答以下五个有关战略的问题，达到实现差异化竞争的目的：我们在什么领域内竞争？什么样的客户价值定位可以使我们在该领域与众不同？什么样的关键流程会产生战略差异化？战略需要什么样的人力资本能力？战略所需的信息技术支持是什么？

### （二）战略描述

在战略导向的业绩评价与激励系统中，在完成战略制定之后，紧接着的就是战略描述。在上一要素战略制定中，对组织的使命、愿景和价值观的文字描述通常太含糊，难以

实施。因此，为了使战略最终落地且得到有效执行，弥补战略制定和战略执行之间缺失的一环，需要对战略做进一步的分解——描绘战略从而达到有效衡量战略的目的，即战略描述。

我们将通过回答以下两个问题来具体阐述战略描述：

第一个问题是，如何描述战略（开发战略地图）？

关于如何描述战略的问题，平衡计分卡的有关理论提供了一个很好的答案——开发战略地图。战略地图是一个描述和沟通战略的动态可视化工具。重点清晰的战略地图使企业在制定战略时，不会遗漏关键战略要素；无论企业采用何种方法制定战略，战略地图都提供了一种描述战略的统一方法——将战略向下分解至战略主题和战略目标，从而使衡量指标得以被制定和管理。

在战略地图中，我们可以通过战略主题来联结战略和战略目标。由于每一类战略关注的重点不同，因此它们关注的关键流程也不同；为企业创造价值的少数关键流程被称为战略主题，它们展示了所有战略维度的要点，反映了战略的主要组成部分；每个战略主题下又都有1～2个战略目标。

第二个问题是，如何提升战略的清晰度（如何确立战略主题）？

建立战略地图能迫使企业明晰如何创造价值以及为谁创造价值。因此，建立战略地图能提升战略的清晰度。在建立战略地图的过程中，如何确立战略主题是提升战略清晰度的关键。在回答第一个问题时，我们已指出战略主题是指少数关键战略流程。在一个企业中同时存在数以百计的流程，每个流程都以某种方式创造着价值。所有流程都应被管理好，但是为了有效地管理、落实战略主题，我们仅能关注少数几个创造了战略差异化价值和客户价值的战略流程。通过将概括性的战略简化、分解成几个关键的战略主题，使每个主题合乎逻辑地与客户价值主张和财务成果衔接，可达到提升战略清晰度的目的。

**（三）战略衡量**

战略主题明晰了战略的逻辑。它们将整体战略划分为具有逻辑的、便于管理和理解的子战略，且每个主题内都包含了相互关联的战略目标。战略导向的业绩评价与激励系统的下一步就是衡量战略，即为每个战略目标设立衡量指标。基于此，我们提出战略导向的业绩评价系统的第三个要素——战略衡量。

在这个要素下，我们同样提出了两个问题：

第一个问题是，如何衡量战略？

该问题阐述了为什么要使用指标衡量战略。依照平衡计分卡的理念，在战略衡量中，需要将战略目标转化为平衡计分卡的指标。一方面，设计指标衡量战略的出发点是驱动业绩提升，正如一个世纪以前英国一位著名的科学家开尔文勋爵（Lord Kelvin）所说："当你能衡量所说的并用数字表达时，你就能真正地了解它；如果你不能衡量它，不能用数字表达它，那么你对它的了解是模糊的。"可以说，如果不能衡量，就不能改进。另一方面，衡量指标和相应的目标值降低了战略目标和战略地图的语言模糊性，它们将目标具体化，使组织易于跟踪进程，实现战略目标。

第二个问题是，如何设计业绩评价指标体系？

我们将从以下几个方面论述这个问题。

1. 财务指标与非财务指标

平衡计分卡保留了作为对经营管理业绩的重要总结的财务指标，但它也强调把非财务层面（客户、内部流程、学习和成长）的业绩同长期财务成功合为一体。

（1）财务指标。

企业的衡量系统历来都具有财务性质，但是近30年来，这种广泛地甚至一味地采用财务指标的做法也遭到了很多批评。如果过分追求并维持短期财务结果，可能会造成过度投资于短期的行动，而对创造长期价值的活动投资不足，尤其是对创造未来成长的无形资产和知识资产的投资不足。在激烈竞争的环境中，财务指标不足以引导和评价企业的运行轨道。它们是滞后指标，对于今天和明天为创造未来财务价值所采取的行动，财务指标不能提供充分的指导。即使对于过去的行动，财务指标也只介绍了部分信息而非全部信息。

但是，由于财务指标可以显示企业的战略及其执行是否对改善企业盈利做出了贡献，所以我们不但不能放弃财务指标，而且应当继续注重财务结果，将财务指标作为终极目标。非财务指标内容的改进仅仅是实现目的的手段，而不是目的本身；只有当这些改进能够转化为销售额的增加、成本的降低和资产利用率的提高时，它们才能给公司带来真正的利益。事实上，并非所有非财务指标（如客户满意度）的提高都能转化为财务上的最终结果。

（2）非财务指标。

非财务指标可以弥补财务指标作为结果指标存在的滞后性、片面性的缺陷，是对财务指标的重要补充，它们能够反映企业参与者近期应该做什么才能创造未来价值。我们以平衡计分卡的其他三个层面的指标为例，简要说明非财务指标的内容和意义。客户层面指标衡量了企业对目标客户和细分市场的价值主张，它的重要性在于反映了公司财务目标的收入来源、阐明了客户和市场战略，该指标的改善可以创造出色的财务回报；内部流程层面指标重视对客户满意度和实现企业财务目标影响最大的那些内部流程，该指标的改善可以满足股东和目标客户的期望，带来财务业绩的改善；学习与成长层面指标，衡量的是企业创造长期的成长和改善所应具备的能力，该指标的改善可以使企业获得长期发展。

另外，我们需要明确这些非财务指标间的因果联系，并将它们与财务指标挂钩（具体阐述见下文“指标与战略之间的联系”）。

2. 指标与战略之间的联系

本章的业绩评价和激励系统是基于战略提出的，战略在整个框架中发挥着导向作用，衡量指标与战略目标之间应该是相互联系、前后一致且相互强化的。在建立业绩评价指标体系的过程中，关于如何将指标和战略联系起来，可遵循三个原则：

（1）因果关系。

战略是一套关于因果关系的假设，衡量系统（平衡计分卡）应该清楚地表达各个层面的目标、指标之间的关系（假设），如此才能被管理和证实。在设定衡量指标时，应该确保每个指标都是因果关系链上的一个环节，并能向企业传达业务单位战略的意义。

（2）成果与业绩动因。

一个好的业绩评价指标体系，应该既包括为业务单元战略定制的成果指标（滞后指标），又包括业绩驱动因素（领先指标）。只有成果指标而没有业绩驱动因素，则无法显示成果获得的过程，也不能及早提示战略实施是否奏效。相反，如果只有业绩驱动因素而没有成果指标，那么虽然可以帮助业务单位获得短期经营改进，但无法揭示经营改进是否带来了财务业绩的提升。常见的成果指标有获利率、市场份额、客户满意度等；常见的业绩驱动因素有获利率的财务驱动因素、业务单位选择竞争的细分市场等。

(3) 与财务指标挂钩。

如前文所述，财务指标成果的改善是企业的最终目标，为了使企业真正获利，在设定指标时，我们应做到各项指标的因果关系都与财务目标挂钩。“过分追求财务目标”的另一个极端是，目前很多企业在变革的过程中，将过多的精力集中在质量、客户满意度、创新和员工授权等非财务指标上，忽视甚至放弃了财务指标。这种做法错误地把改进的手段当作终极目标，不可能真正改善业绩，会造成企业因不能从变革方案中获得具体利益而丧失信心。近年来一些获得高质量奖项的企业出现了财务困难，从另一面证明了将反映经营改进的非财务指标与体现经济结果的财务指标结合起来的必要性。

3. 指标的数量

除了关注指标的类型和质量外，还需要考察指标的数量。一个业绩评价指标体系应该包含多少个指标才是恰当、有效的？卡普兰（Kaplan）和诺顿（Norton）认为：一个企业的平衡计分卡指标在25项左右比较合适。按照他们的观点，平衡计分卡应被看作传达一个战略的仪器，当它被看作一个战略的表现形式时，指标的数量就无关紧要了，因为所有指标都被联结在一个诠释战略的因果关系中。基于战略设定指标，这正是本章倡导的战略导向的业绩评价系统的重要内容。

“25项指标并非过多”的另一个原因是：可以把这些指标区分为诊断指标和战略指标。诊断指标是那些可以监控企业是否按部就班地运转并在出现异常现象需要立刻注意时发出警报的指标；而战略指标是为了取得竞争优势而界定一个战略的指标。事实上，企业只需要把注意力集中在有利于企业实现竞争突破的战略指标上，以获取企业赖以生存的竞争优势。

**（四）目标值设定**

目标值设定的过程与经营活动的成果一样重要。关于这个要素，我们提出的问题有以下三个：

第一个问题是，企业如何为业绩评价指标设定目标值？

设定目标值是一件困难的事。在本章提出的基于战略的业绩评价与激励系统中，目标值设定的基本思路如下：第一步，将整体的价值差距分解到每个战略主题。价值差距指组织的最高层面的挑战性目标与这个目标现状之间的差距。为了缩小这种价值差距，我们可以把价值差距分解到不同的战略主题中去，各个战略主题所创造的价值累加起来应该能弥合整体的价值差距。第二步，在每个战略主题内，根据战略地图因果关系分别设置目标值，不能孤立地设定各个战略目标值。

第二个问题是，目标值的难易程度如何影响未来业绩水平？

预算目标是企业目标或战略意图的体现。预算难度即完成预算目标的难易程度，大致可划分为困难、适中、容易。研究发现，相对于激进的目标水平，“适中”水平的目标值能使员工生产更多的产品，达到员工和企业的双赢。设定具体化目标能够产生高于一般化目标情况下的业绩，具体化目标是指可以用数字衡量的任务目标，而一般化目标指不能用数字衡量的任务目标。研究表明，只有将预算目标的难度与预算反馈结合起来，困难的预算目标才能对下属的业绩表现产生积极的激励作用。衡量预算紧度的几个属性包括：对完成预算目标的强调程度；对中期预算偏离的容忍程度；与预算相关的沟通程度；等等。不同难度的预算目标反映了上级的不同动机。根据以往的研究，如果预算目标被确定在较难实现的水平，那么对于利润中心管理者来说，其理由主要有提高在组织内获得资源的竞争能力、管理能力，增加个人挑战；对于高层管理者来说，其理由主要有公司对短期利润的需求、对利润中心的业绩不满意。

第三个问题是，怎样减少预算参与的负面影响？

预算参与，即让下属参与目标制定，能有效发挥目标激励的作用，但预算参与程度的提高可能会给下级提供预算松弛的机会，即预算参与个体会在参与过程中对自己负责的项目隐藏一些真实信息，以增加弹性空间。抛弃传统意义的目标、采纳超越预算意义的目标能有效解决由预算参与导致的负面影响。在超越预算模式下，改"预算强调"为"弹性的业绩评价方式"，以事后的相对业绩评价和主观业绩评价代替传统的"预算强调"，并加强组织的分权，是消除预算松弛动机的一种有效方法。

**（五）业绩评价**

业绩评价部分是控制活动的关键节点，起着至关重要的控制作用。

针对本章提出的业绩评价系统的第五个要素，我们提出了三个问题。

第一个问题是，企业评价个人、团队、整个组织的业绩所遵循的程序是什么？

企业在评价个人、团队、整个组织的业绩的过程中，需要注意以下内容。业绩评价过程既包括正式评价，又包括感觉类的非正式评价。需要区分例行的业绩评价（由人力资源部门执行）和由高层管理者实际执行的业绩评价。下属的感受比实际情况更重要，研究表明，各方之间的信任起重要作用。对使用平衡计分卡的业务单元的业绩评价更强调共同指标而非个性指标，而且只有在向评价者提供有关业务单元战略的详细信息时，对业务单元的业绩评价才受战略相关指标的影响。当以公司利润为基础对经理进行业绩评价时，团队导向相比个人导向能取得更大的成果。当业绩评价关注组织利润而非分部利润时，协作和整体问题解决得更加频繁。

第二个问题是，业绩评价是客观的、主观的还是两者兼有的？

业绩评价可能是主观的，也可能是客观的，或两者兼有的。在主观的业绩评价下，不同业绩维度上的权重对被评价者来说是未知的，由评价者主观决定。但是，评价者可以通过增加权重强调某些重要的方面。主观业绩评价的优势是能让评价者纠正业绩评价系统中存在的显著缺陷，但相对应的是管理者时间和认知偏见的高昂成本。平衡计分卡和主观业绩评价的结合运用由于存在偏袒和评价标准的不确定性问题而受到了批评。其他研究发现，对主观评价的运用与培训费用、未实现目标值的严重性、下级单位之间的相互依存度、薪酬满意度和生产率正相关。与之相对的是，在客观业绩评价下，不存在权重的模糊性，评价仅仅建立在实际结果之上，不允许对既定的业绩评价标准进行调整。由此，客观业绩评价适用于投入产出关系清晰、业绩可控、业绩评价制度化的企业。

第三个问题是，相对业绩评价是否有效？

近年来，相对业绩评价（RPE）受到了越来越多的关注。在相对业绩评价中，个人或实体的业绩是通过与其他个人或实体做对比来进行评价的，其目的是降低不可控因素造成的扭曲。RPE也被作为“固定业绩合同”问题的解决方案。研究发现，在任务难度变动的情况下，相对业绩合同能够带来比线性预算合同更好的激励效果，而当任务难度不变时，线性预算合同更具优势。

### （六）薪酬激励

激励是业绩评价的结果，因此从逻辑上讲，激励系统必然是分析业绩评价系统要考虑的下一个问题。

我们提出了两个问题。

第一个问题是，如果管理者和其他员工实现了业绩目标值或其他被评价的业绩，那么他们会获得什么（财务、非财务）奖励？

奖励、动机和业绩之间的关系是复杂的。奖励可以是财务的（如奖金和工资提升），也可以是非财务的（如上级的赞赏和认可、批评的减少、长期的晋升）。非财务因素及奖励包含了监管者微妙的态度和行为，因此可以极大地影响下属的行为，进而影响业绩评价与激励系统的作用。在许多组织内不同的经理人之间也存在平等、公正等问题。本问题所包含的事项与责任、公司治理密切相关，成为学术界感兴趣的课题。

奖励可用来激励员工，使其个人目标与组织目标一致。期望的行为如果没有得到奖励就会被忽略。但是有些研究认为，财务奖励并不会必然地转化为业绩。财务奖励与业绩数量（完成的任务数）而非业绩质量（如监管者的评价）正相关。

第二个问题是，团队奖励有效吗？

最近，团队奖励受到了学术界和实务界越来越多的关注。这种奖励建立在团队成果的基础上，可能有许多表现形式，如利润分享方案、以团队为基础的激励方案和收益分享计划。团队奖励制度面临着许多挑战，如搭便车、员工认为他们与组织脱离以及缺少公平。此外，难以把个人业绩与组织业绩挂钩。尽管有这些问题，但团队奖励制度有利于营造主人翁意识。研究表明，团队奖励通常是有效的。事实上，由于识别个人对总体业绩的边际贡献存在困难，当组织被看作相互作用的复杂关系网络时，团队奖励受到强烈支持。

### （七）系统应用

系统应用，具体是指对信息和控制的应用，该要素是业绩评价与激励系统的基石。我们提出的问题如下：对信息和各种控制机制进行了怎样的应用？

哈佛商学院西蒙斯教授提出了信仰控制、边界控制、诊断控制和交互控制四个控制的框架并介绍了诸多应用案例。例如，反馈信息是诊断控制应用的基础，因为它们促进了单环学习；前馈信息及其双环学习的功能可以检验战略的有效性。

### （八）系统更新

由于业绩评价与激励系统更新的频率越来越高，业绩评价与激励系统更新成为一个重要的问题。对此，我们提出以下两个问题。

第一个问题是，业绩评价与激励系统如何随组织和环境的变化而变化？应该关注业绩评价与激励系统变化的原因、过程，还是结果？

环境在变，组织在变，因此业绩评价与激励系统也要变，如此才能保持相关性和有用性。该问题关注业绩评价系统变化的原因和结果，而不关注变化的过程。例如，观察者可能会问：为什么某些指标被加入业绩评价与激励系统中，或者从业绩评价与激励系统中被移除？应观察这些决策的经济和行为后果，而不是关注更新的具体过程。

第二个问题是，业绩评价与激励系统的功能可能受哪些因素影响？

战略是业绩评价与激励系统的核心组成部分，战略的变化会引起整个业绩评价与激励系统的变化。因此，战略变化的程度有助于理解业绩评价与激励系统的功能。业绩评价与激励系统设计中还可能产生时滞问题，而时滞导致现存的系统看起来不协调，将会影响业绩评价与激励系统功能的发挥。

### （九）系统要素协调性

像其他系统一样，业绩评价与激励系统大于它的各组成部分之和，只有各部分协调一致，业绩评价与激励系统才能产生效果和效率。即使要素非常完善，但是如果它们（在设计或应用上）不能相互适应，也有可能发生控制失败。业绩评价与激励系统内部联系的强度和一致性对于理解业绩评价与激励系统是很关键的，因此，我们在拓展框架中加入最后一个要素——系统要素协调性。

前 8 个问题清楚地表明了业绩评价与激励系统各组成部分之间的联系，并且为质疑、分析和评价业绩评价与激励系统内在联系的平衡性、协调性和一致性提供了基础。在实际中考察业绩评价与激励系统要素协调性时，我们提出以下问题：考虑要素之间的一致性时需要考虑哪些因素？

这方面可以考虑的因素有：业绩评价与激励系统考虑利益相关者的程度；评价效率、效果和公平的程度；把握财务和非财务结果的程度；提供战略和运营之间的垂直联系与价值链上的水平联系的程度；提供组织如何与外界环境相关及适应能力信息的程度。在不同组织层级研究业绩评价与激励系统运营时，还可能观察到不匹配的现象，这种现象可能是某一层级的变化还未来得及传导至其他层级导致的。

## 三、业绩评价与激励系统的作用

### （一）业绩评价的作用

本部分从公司内部管理的角度对业绩评价的作用进行分析。

1. 量化企业目标

在业绩评价和战略管理领域，平衡计分卡被越来越多的管理者和研究者所熟知。可以说，整个平衡计分卡理论是围绕着企业的战略来构建的。从企业管理实践来看，平衡计分卡实施成功的一个前提条件是企业有战略。而一个能够适应环境变化，使企业在竞争中立于不败之地的战略又取决于企业有明确的战略目标。在企业战略规划实践中，往往由于对战略目标存在模糊认识，从而在设置战略目标时经常出现明显的错误，最终使战略规划流于形式，无法取得其应有的效果。[①]《中国企业战略：现状、问题及建议——2010 年中国企

① 在许多文献和企业的实践中，“战略目标”经常被作为一个词来使用。其实，这种用法混淆了“战略”和“目标”（或目的）。简单地说，“目标”是指你打算做什么，“战略”是指你怎样去完成这个目标。目标指引着战略，战略又指引着具体战术和策略，以实现目标。我们在使用“战略目标”这一表述时，更多的是指“目标”这一含义，或者理解为“长期目标”、“整体目标”。

业经营者成长与发展专题调查报告》显示：企业经营者普遍重视战略管理，对所承担的战略决策责任有一定的认识，同时企业经营者大都认为制定战略难，执行战略更难。相对来说，国有企业多是由集体决策，民营企业多是由个人决策；目前中国企业的战略形式多为“命令式”和“愿景式，员工参与度不太高”[①]。对于那些为生计而奋斗的小企业，战略显得更为遥远。将战略体系与业绩评价与激励相结合，可以帮助中国企业更有效地执行战略。

战略目标的确定在战略规划中起着至关重要的作用。战略学家在研究战略目标体系时给出了设计业绩评价指标体系的思路，即：战略目标体系中既包括经济目标，又包括非经济目标；既包括定量指标，又包括定性指标。[②] 在构建战略目标体系时，他们强调各利益相关者目标的实现，进而强调各利益相关者关系的平衡。[③] 虽然业绩评价属于战略实施和控制环节，但是关键业绩指标以及评价指标体系的构建必须与战略规划过程紧密结合。也就是说，在战略规划过程中，必须将企业的战略目标量化为一套可以计量的业绩评价指标。希曼和林格尔提出了“明确定义企业战略，量化战略目标，最终建立一种量化管理文化”[④]的思路。

尽管明确目标很重要，但是明确目标不只是确定目标，还要分解、落实目标，形成评价指标。这就要求企业的目标应该是可以计量的，只要有可能，目标就应该用定量指标描述。通过分解，企业的整体目标被转换为每一级单位的具体目标，即从企业整体目标到部门目标，再到个人目标。这一过程可借助“目标管理”的方法来实现。设定恰当而具有挑战性的目标能够对员工产生强烈的激励作用。

一个企业选择的业绩评价系统必须能够支持和增强该企业的战略，帮助管理者实现企业的目标。业绩评价不能代替战略，它捕捉到的只是战略的结果（财务成果）。如果选择得当，业绩评价不仅能体现出长期的战略成果，也能体现出短期的战略成果。优秀的企业不只是衡量结果，它们还从这些结果中看到了关键的战略驱动因素（或者称为关键成功因素），并把这些驱动因素包含在业绩评价之中，以此来评价战略目标的实现情况。

目标能否量化对战略执行尤其是业绩评价将产生很大的影响。反过来，业绩评价对战略规划也提出了要求——量化战略目标。总之，在战略规划阶段，管理者要将战略目标转化为业绩评价指标。

2. 实施企业战略

与战略制定相比，战略实施难度似乎更大。如何将企业的战略目标转化为日常的行动，是近 30 年来战略管理研究的重点（Miller and Dess，1996）。德鲁克指出，计划和实施是同一件工作的两个部分，而不是不同的工作。任何工作，如果不包含这两个部分，就不可能有效进行。如果把这两者分开，就好像要求吞下食物和消化食物由两个身体来进行一样。IBM 公司在 1995 年开始执行新的行业结构战略，但是，3 年以后该战略才完全被

① 武亚军，李兰，彭泗清，潘建成，韩岫岚，郝大海．中国企业战略：现状、问题及建议——2010 年中国企业经营者成长与发展专题调查报告．管理世界，2010（6）：83－97.

② 王方华，吕巍．企业战略管理．上海：复旦大学出版社，1997：296－303.

③ 邹昭晞．企业战略分析．北京：经济管理出版社，2001：102－113；理查德·威廉姆斯．业绩管理．大连：东北财经大学出版社，1999：53，74.

④ 威廉·A. 希曼，约翰·H. 林格尔．企业量化管理实施．北京：机械工业出版社，2001.

接受。董事长郭士纳在其自传《谁说大象不能跳舞》一书中感叹道："制定一个机构规划是容易的，但是执行并且执行好一个计划却需要3年的艰苦努力。"

业绩评价是战略实施过程中的重要环节。不全面或不恰当的业绩评价体系常常会妨碍企业战略的实施，甚至与之相抵触，它可能导致的问题包括以下几个方面：

（1）没有关注关键成功因素。

有些企业的业绩评价标准过于繁杂，有些企业的评价标准与战略目标背道而驰。例如，企业采用了增长型战略以扩大市场份额，但是依然选用销售利润率指标来进行业绩评价，后果可想而知。

（2）没有针对新战略做组织机构方面的协调。

战略实施最难的是使整个企业齐心协力朝同一方向前进。现实中有些企业不同部门和个人的业绩评价体系彼此之间没有相互协调，或者与战略目标不适应。例如，一家公司的管理层决定降低对某些大客户的过分依赖，但销售人员的业绩及奖励仍然根据从该客户身上产生的收益来评价。显而易见，高层管理者绝对不会看到他们想要的结果。如果高层管理者已经制定了明确的战略，但一线员工或者中层管理者不能把自己的业绩与公司的目标联系起来，战略的实施就一定不会收到满意的效果。

（3）对竞争环境缺乏深入了解。

为了在竞争中立于不败之地，企业必须不断地适应环境变化，观察竞争对手的新动态，但现实中企业往往由于业绩评价体系的束缚，很难改变企业的发展方向。有些企业用传统的财务指标作为业绩评价的依据，但这些财务指标只能体现过去已经实现的东西，却不能预测未来。例如，一家制造公司的管理报告系统主要运用传统的经营和财务评价指标，生产部门的业绩评价指标是"打包速度"和"打包机使用率"，销售部门的业绩评价指标则是销售额。于是问题产生了：生产部门提高了打包速度和打包机使用率，但由于整个行业处于供大于求的状况，销售的产品越多，则公司亏损得越多。在这种情况下，如果继续使用原来的业绩评价体系，则会极大地损害股东的利益。

总之，一个科学的业绩评价体系是战略成功实施的关键，它通过将已发生的结果与预先确定的评价标准进行对比来判断战略实施状况的好坏。通过业绩评价反馈的信息，可以为战略实施提供控制性信息并适时地修正和调整企业的战略。

3. 调动员工积极性

诸多经典的管理学教科书都将业绩评价作为人力资源管理的一个主要组成部分。罗宾斯（Robbins）认为，绩效评估（performance appraisal）是对员工的工作绩效进行评价，以便形成客观的人事决策的过程。[①] 从人力资源管理的角度来看，根据业绩评价的结果可以做出许多决策，如报酬、绩效反馈、培训、提升、人事规划、留用或解聘以及人事研究等。其中，报酬、培训、提升、留用或解聘是激励机制的重要组成内容，报酬属于财务激励方式，培训、提升、留用或解聘属于非财务激励方式。总之，业绩评价是构建激励机制的重要前提条件。同时，"业绩评价与激励机制是战略控制成功与否的关键"[②]。

---

① 斯蒂芬·P. 罗宾斯. 管理学：第四版. 北京：中国人民大学出版社，1997：295.

② 戴维·J. 科利斯，辛西娅·A. 蒙哥马利. 创造公司优势//戴维·J. 科利斯. 公司战略. 北京：中国人民大学出版社，2001：5，6，11.

4. 调动经营者积极性

将业绩评价结果和个人利益相结合是业绩评价制度的一部分，并且这种结合不仅仅表现为物质利益，更为重要的是它影响到经营者的人力资本价值，因而有效的业绩评价制度可以从个人利益角度调动经营者的积极性。同时，有效的业绩评价制度以保证经营者的一定经营自主权为前提，是权责利相结合的评价制度，因而比绝对的监督更能激发经营者的责任感，充分促进其创造性和主观能动性的发挥。目前，许多企业十分重视对评价结果的实际运用，即评价结果将逐步与企业经营者的收入和企业经营者的职业发展空间等结合起来。

随着对国有企业管理方式的改变，对国有企业经营者业绩的考核将成为企业管理的一项重要内容，也是实现奖惩公平的一种重要手段。开展业绩评价，可以对经营者的业绩进行全面、正确的评价，为组织、人事部门进行经营者的业绩考核、选拔、奖惩和任免提供充分的依据，有利于经营管理者阶层的优胜劣汰，推动我国企业家队伍的建设。

**（二）激励的作用**

研究表明，一个人的工作绩效与对他的激励水平有着非常紧密的关系，大致可用公式表示如下：

工作绩效$=f$(能力×激励水平)

美国著名学者、哈佛大学威廉·詹姆斯（William James）教授经调查发现[①]，按时计酬的员工一般仅需发挥20%～30%的能力，就可以完成工作，即可保住职业而不被解雇；如果受到充分的激励，则员工的能力可以发挥80%～90%。其中，50%～60%的差距是激励作用所产生的。这就是说，员工的工作绩效取决于其能力和激励水平，即积极性的高低。能力固然是取得绩效的基本保证，但是不管能力多强，如果激励水平低，都难以取得好的绩效。

相对于业绩评价而言，激励的动因非常简单而明确，就是为了挖掘员工的潜力，调动员工的积极性，以实现公司的战略目标。而有效的激励在挖掘员工潜力方面的功能和作用是十分显著的：

(1) 能够消除员工心理上的各种顾虑和消极因素，变被动为主动，由不自觉到自觉，把实现企业目标变为员工的自觉行为，最大限度地调动员工的生产经营积极性，不断提高劳动生产效率和经营成果。

(2) 能增强员工的自信心、上进心、协作精神、团队精神和向心力，从而提高企业的凝聚力、战斗力，形成企业自下而上作为一个有机整体的巨大合力，使企业在市场竞争中立于不败之地。

(3) 能充分发挥员工的聪明才智，使他们在各自不同的工作岗位上，尽职尽责而创造性地开展工作，实现在生产、技术、管理等各个领域的不断创新，促进企业的技术进步和管理水平的提高。

(4) 可以把有才能、有知识的人才吸引过来，把社会的人才变为企业的人才，让人才的价值在企业中得到体现。企业依靠人才的智慧和创造力，得到发展。人才是企业活力的源泉，是企业和社会发展的根本动力。

---

① 张石扬. 激励理论与现代企业激励机制. 山西煤炭管理干部学院学报，2003 (1)：10-11.

总之，科学、合理、稳定的激励制度，是企业各项管理及相关工作措施和制度贯彻落实的有力保障。

## 四、业绩评价与激励系统的特征

为了实现期望的业绩，业绩评价与激励系统应具备以下六个特征。①

**（一）员工必须理解他们的工资和奖励制度，同时相信该制度评价了他们所控制的工作以及对企业所做的贡献**

这个特征能确保员工认识到奖励制度是公平的，也是可预见的。如果员工不理解他们的工资或者不知道如何提高被考评的业绩，那么基于业绩评价指标的奖励制度就没有效果。在这种情况下，员工会觉得努力工作和业绩以及最终的经营成果之间没有关系。同样，如果奖励制度很复杂，员工就不能把业绩的提高和经营成果之间的变化联系起来，奖励制度的激励作用也会丧失。

**（二）业绩评价与激励系统的设计者必须对该系统是评价员工的投入量还是产出量做出一个谨慎的选择**

这一点与第一个特征紧密联系。一般来说，员工和企业利益最一致的时候发生在当业绩评价系统反映并奖励员工对企业成功所贡献的产出量时。然而，产出量通常反映的是超出员工所能控制的环境和情况。当他们这样做的时候，个人努力和被评价成果之间的联系就会减少，从而降低了奖励制度产生的激励作用。在基于成果的评价出现问题时，企业通常会选择监督和奖励投入量（如员工的学识、展示的技能和工作的时间等）。例如，在一些制造企业，员工可以通过上在职夜校来提高他们的技术水平。一旦课程上完，新的技术也掌握了，员工就能得到更高的工资。评价指标是以投入量为基础还是以产出量为基础，或者是以两者的结合为基础，这个问题的选择在业绩评价和薪酬奖励制度的设计过程中是最困难的任务之一。

**（三）业绩评价与激励系统监督和奖励的业绩应该反映企业成功的关键因素**

这个特征确保了评价系统与预期业绩相关，同时又能激励关系到企业成功与否的预期业绩。此外，业绩评价系统必须考虑到业绩的所有方面，以便员工不会为了奖励制度评价业绩的某一部分而牺牲未评价业绩的部分，这就是通过一套平衡和综合的指标（如平衡计分卡）来评价和奖励员工的作用和目的。例如，某个上司告诉某个接线员生产率很重要，那么这名接线员可能就会以不再向顾客提供礼貌而又周到的服务为代价来换取处理尽可能多的业务。

**（四）奖励制度必须制定员工可接受的明确的业绩标准**

标准有助于员工评估他们的技术和付出是否创造出了业绩评价系统能记录并且报告的结果。这个特征决定了员工对于业绩评价系统是否公平的看法。如果业绩标准对于员工来说是不明确的或者不清楚的，那么业绩和成果之间的关系就会变得模糊不清，从而减弱了业绩奖励制度的激励作用。

**（五）评价系统必须有明确的标准才可以精确地评价业绩**

这个特征确保了业绩评价系统在业绩和成果之间建立起一种明确的关系。

---

① 安东尼·A. 阿特金森，罗伯特·S. 卡普兰，S. 马克·杨. 管理会计：第4版. 北京：北京大学出版社，2006：367-368.

**（六）在决策制定以及行动中，当员工之间的协调变得很关键时，奖励制度就应该奖励团队的业绩而非个人的业绩**

许多企业现在已经认识到，想要有效率，员工就必须在团队中好好工作。这些企业正在用以团队业绩为基础的评价和奖励来代替以个人业绩为基础的评价和奖励。

### 五、业绩评价与激励系统设计中对人性的假设

要想设计一个有效的业绩评价与激励系统，管理者需要对人性有一个更为全面的认识。本书对现代经济中人的本性做出以下假设。①

**（一）人人都愿意为其组织贡献他引以为豪的东西**

我们每个人都有一种贡献的愿望。我们需要一种与众不同的感觉，我们所属的组织正是让我们得以实现这种愿望的最佳所在。这也是各种慈善机构和志愿者组织不断涌现的原因。同样，我们希望感到自己所从事的事业是很有价值和意义的，而且自己在这项事业中扮演的是积极的角色。在很多企业里，我们的价值是能够得到体现的。

**（二）企业雇用的员工有能力区分“正确”和“错误”，而且一般都会选择“正确”的方向前进**

社会有一个完善的机制来教会人们如何区别“正确”和“错误”。很多社会团体会对人们的行为进行矫正。另外，受过教育的公民也会按照法律规定做出如何行动的决定。人的行为还受他的良知支配。

**（三）人人都渴望成功**

驱使人们去工作的原因有很多，在多数情况下，人们工作是为了得到某种报酬：为了金钱、地位和赞扬等。这些都是在设计业绩评价与激励机制时需加以仔细考虑的因素。然而，每个人还有一种实现自我价值的满足感，这也是人们工作的动力。即使没有外在的压力，人们也会设定个人奋斗的目标。

**（四）人人都喜欢创新**

人类能够持续不断地提高自身生活水平，依靠的就是这种本能。处于组织中的人也具有创造新技术、发明新方法的内在要求。在很多公司，所谓“小发明”就是指员工自发地进行一些小改革。这样的力量，组织应该能够成功地加以利用。

**（五）人人都希望从事能够发挥自己才能的工作**

大多数人都对自己的能力感到自豪。出色地完成一项工作会使我们感到身心愉快。另外，人人都希望能从一开始就把事情做好，而不是事后再来修修补补。

## 第三节　业绩评价与激励机制简史

为适应企业管理的发展，过去100年来，围绕企业业绩评价与激励机制这一永恒的话题，先后出现了四种模式：成本模式、利润模式、价值模式和战略模式。

---

① 罗伯特·西蒙斯. 业绩评价与控制系统. 北京：中国人民大学出版社，2016.

## 一、简单产出指标

从 19 世纪初开始，企业生产规模不断扩大，经营地域不断拓展。到 19 世纪末，纺织业、铁路业、钢铁业和商业的管理者根据各自行业的经营特点，先后建立了相应的业绩衡量指标，用于激励和评价企业内部的经营效率。规模经济优势使这些企业仅关注同类产品的生产效率，如将原材料加工为棉布或钢材，运输客户和货物，销售和采购商品。这些企业的管理者普遍认为，如果企业的基本经营活动被有效执行，那么企业将会获利。用于评价这些基本经营活动是否被有效执行的业绩指标有每码成本、每吨公里成本、每吨铁轨所耗用的焦炭、销售毛利等。上述指标都是按照明确的产品类型和经营过程建立起来的，它们的共同特征为："都是通过将投入资源转化为完工产品或销售收入来计量经营效率。"[①] 由于企业的产品类型或业务类型十分集中，所以企业使用简单的产出汇总指标成为可能，如纺织业的棉布码数、铁路业的吨公里量、钢铁业的钢材吨数、商业的销售收入等。这些企业的经营业绩能够按照同类计量指标来反映，并且这些指标也可以用来激励和评价企业经营效率。

## 二、成本模式

产生于 19 世纪中叶的金属制造业由于其产品品种及耗用资源的多样化，对单一的产出指标提出了挑战。为了对企业的生产效率进行系统的分析评价，金属制造业的工程师们开创了科学管理运动。20 世纪初，科学管理之父弗雷德里克·泰勒（Frederick Taylor）对工作效率进行了系统的研究，并按照理想状态为每种产品制定了原材料和人工的数量标准。此后，工程师们和会计师们一道将数量标准扩展成为每小时人工成本、单位产品原材料成本等价格标准，进而建立了产品的标准成本。以标准成本为核心，标准成本会计、弹性预算、差异分析、激励制度等管理方法逐步建立并系统化，成为生产导向时代的主流业绩评价与激励机制，极大地促进了企业生产效率的提高。与评价成本指标相对应，激励机制设计关注成本费用降低。另外，与成本类指标联系最为密切的还有质量和效率指标。

## 三、信用评价模型

19 世纪后期，美国铁路公司通过财务报表来评估和比较不同铁路线的经营效益。19 世纪中叶，由于企业生产规模不断扩大，外部融资数额日益上升，银行开始根据企业的财务报表判断企业的还本付息能力，企业信用评价也随之产生。

20 世纪初，亚历山大·沃尔（Alexander Wole）在其《信用晴雨表研究》和《财务报表比率分析》中提出了信用能力指数的概念，把若干个财务比率用线性关系结合起来，以此评价企业的信用水平。他选择了 7 项指标，分别给定了其在评价体系中的权重，总和为 100%。然后确定标准比率，并将实际比率与其进行比较，评出每项指标的得分，最后求出总评分。沃尔选择的 7 项指标及其权重如表 1－1 所示。

---

① 罗伯特·S. 卡普兰，安东尼·A. 阿特金森. 高级管理会计. 大连：东北财经大学出版社，1998：3.

表 1-1 沃尔评分法

| 指标 | 权重（%） |
|---|---|
| 流动比率 | 25 |
| 净资产/负债 | 25 |
| 资产/固定资产 | 15 |
| 销售成本/存货 | 10 |
| 销售收入/应收账款 | 10 |
| 销售收入/固定资产 | 10 |
| 销售收入/净资产 | 5 |

但是，沃尔并未给出选择这 7 项指标及它们的权重的理由。沃尔的评价方法从技术上来讲有一个问题，就是某一指标严重异常时，会对总评分产生不合逻辑的重大影响。这个缺陷是由相对比率（实际比率/标准比率）与权重相乘引起的。

## 四、利润类财务指标

20 世纪初，许多公司开始从单一业务向多元化业务发展，经营地域也开始从集中向分散变化，杜邦公司就是典型的代表。早期的杜邦公司是以生产和销售火药为主的企业，在 20 世纪初，杜邦公司开始走多元化经营之路，这在管理体制上要求企业从集权管理走向分权管理。同时，多元化公司面临着如何在不同业务单元间有效配置资源的难题，这些来自管理方面的挑战为业绩评价与激励机制的创新提供了机会。早在 1903 年，杜邦公司就开始采用投资报酬率法来评价公司业绩，“显然这是第一次使用这种重要的手段”①。杜邦公司的财务主管唐纳森·布朗（Donaldson Brown）将投资报酬率法发展成为一种评价各个部门业绩的手段。布朗建立了杜邦公式，即资产净利率（投资报酬率）＝资产周转率×销售净利率，并发明了至今仍广泛应用的“杜邦分析系统图”，如图 1-2 所示。根据杜邦公式和杜邦分析系统图，投资报酬率指标发挥了重要的作用，相应的预测和控制方法被建立起来，以规划和协调各个分部的经营活动。1923 年，通用汽车公司的董事长小艾尔弗雷德·斯隆（Alfred Sloan，Jr.）提出的分权管理就是利用了布朗的理论。

杜邦分析系统在企业管理中发挥的巨大作用也奠定了财务指标作为评价指标的统治地位。

1929—1933 年的经济危机之后，来自企业外部的会计准则和各种规范越来越多。比如，美国在 1933 年和 1934 年相继出台了《证券法》和《证券交易法》。这些要求使企业将越来越多的注意力集中在编制对外财务报告上。鉴于信息收集、处理及编报的高成本，企业将向外部利益集团报告的信息用于指导企业的内部经营管理。

第二次世界大战以后，由于跨行业企业合并的增加，许多公司实行多元化经营，从而使投资报酬率成为最主要的业绩评价指标，经营管理者的升职和奖励主要依据投资报酬率。

因此，业绩评价指标以财务指标为主是外部环境和内部条件共同作用的必然结果，并

① 丹尼尔·A. 雷恩. 管理思想的演变. 北京：中国社会科学出版社，1986：206.

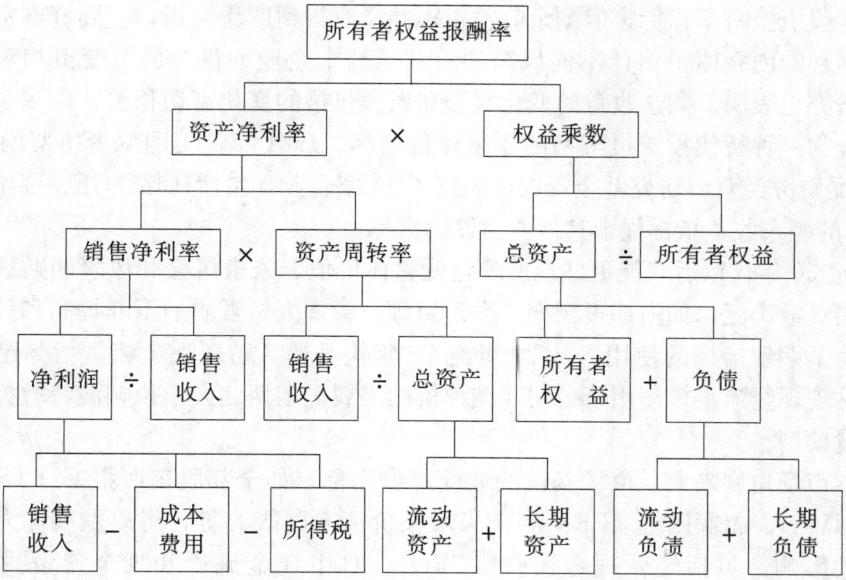


**图1-2 杜邦分析系统图**

且这种局面一直持续到20世纪80年代。

## 五、对财务指标的两大批评

为何说财务指标作为主流业绩评价指标的局面只持续到20世纪80年代呢？因为自20世纪20年代财务指标成为主流业绩评价指标以来，对它的批评也从未间断过。德鲁克在GE犯下的错误就是真实的写照。对财务指标的批评大致可以分为两个方面：

• 一方面来自外部，资本市场和股东认为财务指标无法真实反映企业的现实状况和未来价值创造。

• 另一方面来自内部，管理者认为财务指标无法全面地评价企业业绩。

尽管对财务指标的批评很多，但瑕不掩瑜，之后提出的业绩评价指标体系都只是针对财务指标的缺陷从不同角度进行了修正。这些修正大致可分为两种思路，这两种思路从不同角度解决了GE激励机制设计的难题。

## 六、价值模式

第一种思路是“调整”，即通过对财务指标的调整，设计出更接近企业经济现实并反映出企业未来价值创造的指标。应用最为广泛的利润类财务评价指标有息税前利润（EBIT）、净利润、投资报酬率、权益报酬率、每股收益（EPS）等财务指标。从数据质量来看，会计数据易于获取，可比性强，这些特点使业绩评价更具可操作性。但是，GE激励案例暴露了投资报酬率的不足。因此，早在20世纪30年代，日本的松下公司为了适应分权经营的需要创立了类似于剩余收益（RI）的业绩评价指标。1955年，GE管理部门在一本手册中对基于净资产收益率和投资报酬率的激励问题表示忧虑，因此他们也提出了用剩余收益指标来评价企业内部各部门的业绩的主张。虽然剩余收益指标在理论上和实际操作上都优于投资报酬率指标，但剩余收益指标并没有得到广泛应用，直到资本资产定价模型（CAPM）的创立使得估计不同风险项目甚至整个企业的机会成本变得相对容易。另外，实证研究也表明，剩余收益的变化与公司股票价格的变化密切相关，许多公司开始将剩余收益作为一种替代投资报酬率的业绩评价指标。1961 年，美国学者所罗门斯（Solomons）接受财务经营者研究基金资助，研究了 25 家企业，包括杜邦、GE、强生等。结果表明，GE 的剩余收益指标优于其他业绩评价指标。

20 世纪 50 年代以后，能更好地反映企业整体价值、未来机会和风险的贴现现金流量指标的应用日益广泛，如内部报酬率、净现值等。管理人员素质的不断提高和计算机的广泛应用加速了贴现指标的使用。从 20 世纪 70 年代开始，贴现现金流量指标已占主导地位。推动贴现现金流量模型用于公司业绩评价的当属美国西北大学拉帕波特教授提出的股东价值衡量模型。

从资本市场角度来看，市场基础的业绩衡量指标，如全部股东回报率（TSR）、市场增加值（MVA）、超额回报（ER）和未来增长价值（FGV）等，得以发展。为了避免应计制会计的影响，包括经营现金流量（CFO）、自由现金流量和现金流量投资报酬率（CFROI）等在内的现金流量衡量指标被设计出来。

在前人研究的基础之上，1982 年，思腾思特（Stern Stewart）公司提出了经济增加值（economic value added，EVA）。EVA 通过对当前会计数据的调整解决了这一问题，从而得到了实务界和理论界的推崇。EVA 的计算公式如下：

$$\begin{aligned}\text{EVA} &= \text{净利润} - \text{资本成本率} \times \text{占用资本} \\ &= (\text{投资报酬率} - \text{资本成本率}) \times \text{占用资本}\end{aligned}$$

从公式可以看出，企业净利润大于零、投资报酬率为正并不能表明管理者为股东创造了价值。GE 激励机制设计的失败使德鲁克对各位管理者提出了谆谆教诲：“你一定要赚到超过资本成本的钱才算有利润。”那么，EVA 能否解决管理者不创新的难题呢？答案是肯定的。以研究和开发支出为例，在财务会计准则体系中，对于研究和开发支出有两种处理方式：费用化和资本化。前者是将研究和开发支出直接计入发生的当期，因而当期利润减少，直接打击了管理者的创新积极性。后者是将研究和开发支出在以后的受益期内摊销，当期利润并不会大幅下降。而在 EVA 体系中，研究和开发支出被资本化处理，这将极大地鼓励管理者对创新进行投入。尤其是 EVA 与期权或股权等长期激励机制相结合时，更会鼓励管理者从长远考虑创新的重要性。

## 七、战略模式

修正财务指标缺陷的另一种思路是“补充”，即通过补充非财务指标从多个角度来全面反映企业业绩。第二次世界大战以后，随着企业竞争的日益加剧，企业管理重心由生产管理转向经营管理，因而产品品种数、客户满意度、市场占有率、员工满意度、员工出勤率等非财务指标成为企业经营业绩优劣的衡量指标。美国 GE 选用的非财务指标包括：生产率、市场地位、产品领先情况、个人发展、员工的态度、社会责任。飞利浦公司选用的非财务指标有：出勤率、质量指数、可靠性、生产率、生产速度、销售实现率、销售增长率、存货保证率、消费者服务水平和记录准确性。从理论研究角度来看，1965 年，斯坦利·E. 西肖尔（Stanley E. Seashore）提出了将各种评价指标及其相互关系组合而成的金字塔模型。由马克奈尔、林奇和克罗斯（McNair，Lynch，and Cross，1990）提出的业绩金字塔模型强调了公司总体战略与业绩指标间的重要联系。非财务指标的产生与发展为平衡模式的产生与发展奠定了基础。在这一思路下，最为成功的当属 1992 年由哈佛商学院教授罗伯特·卡普兰和复兴方案咨询公司总裁戴维·诺顿提出的平衡计分卡理论。在平衡计分卡中，卡普兰和诺顿使用客户、内部流程、学习与成长三个层面的评价指标来补充财务指标，构建了财务指标与非财务指标相结合的评价指标体系，以衡量企业的战略目标。对于 GE 的激励难题，可以使用研究和开发支出占销售收入的比重、研发项目立项数量、新产品上市周期等衡量创新战略的非财务指标来补充投资报酬率这一传统的财务指标。

## 八、常用业绩评价指标

简单来讲，业绩评价指标可以分为财务指标和非财务指标两大类。长期以来业绩评价指标以财务指标为主导，后来的发展也只是对财务指标的“调整”和“补充”。“调整”形成了贴现现金流量指标等价值指标，对于上市公司来讲还有反映股价的指标；“补充”形成了非财务指标。图 1－3 列示了一些常用的业绩评价指标。

- 成本指标
  - 标准成本指标：标准成本、成本差异
  - 责任成本指标：可控成本、不可控成本
  - 核算成本指标：产品成本、期间费用、单位成本
  - 决策成本指标：变动成本、机会成本、相关成本
  - 成本结构指标：产品成本结构、部门成本结构、价值链成本结构
- 财务指标
  - 盈利指标：净利润、EPS、ROI、EBIT、客户利润率、产品利润率
  - 营运指标：资产周转率、存货周转率、应收账款周转率
  - 偿债指标：流动比率、速动比率、资产负债率
  - 发展指标：销售收入增长率、营业利润增长率
  - 现金指标：经营现金流量、自由现金流量、现金到期债务比率
- 价值指标（调整的财务指标）
  - 经济利润指标：RI、EVA、REVA
  - 贴现指标：NPV、IRR、SVA
  - 市场指标：股票市价、市值
- 非财务指标
  - 客户指标：客户满意度、客户忠诚度
  - 内部流程指标
    - 营运管理指标：供应商评价、生产周期
    - 客户管理指标：目标客户获利率、战略客户数量
    - 创新管理指标：新产品开发速度、新产品上市时间
    - 社会责任指标：环保指数、员工健康、安全
  - 学习与成长指标：员工人均培训时间、最佳实践共享数量

**图 1－3　常用业绩评价指标**

## 九、平衡计分卡的发展历程

自 1992 年罗伯特·卡普兰和戴维·诺顿创造性地提出了平衡计分卡理论之后，30 余年来，平衡计分卡理论已发展成为一套完善的战略执行工具。至今，《财富》1 000 强企业

已有70%运用了平衡计分卡，《哈佛商业评论》更是将其誉为“75年来最伟大的管理工具”。目前，我国已有越来越多的企业关注和运用平衡计分卡。因此，有必要对平衡计分卡的发展历程进行简要介绍。

1992年，卡普兰和诺顿的平衡计分卡理论一经提出，立即在全球引起了很大反响，得到了理论界和实务界的广泛推崇。一项理论能在实务界备受青睐，其核心力量就在于自创立伊始它就是一个理论和实践相结合的典范。

1990年，来自哈佛商学院的会计学教授卡普兰和复兴方案咨询公司总裁诺顿参加了一个由12家国际知名企业总裁参与的题为“衡量组织未来绩效”的研究项目。在为期1年的研究中，一家企业实行的一个名为“企业计分卡”的管理工具吸引了项目中的每一个人。这个充满了魔力的管理工具就是平衡计分卡在企业实践中的最早雏形。通过大家对它的研讨、升华，最终由卡普兰和诺顿两位大师将其提炼为“平衡计分卡”。

平衡计分卡的核心是将战略分解为财务、客户、内部流程、学习与成长四个层面的衡量指标，从而形成一个财务指标与非财务指标相结合的全面业绩衡量指标体系。财务指标是战略执行的有形成果，非财务指标是未来财务成果的驱动因素。

这个理论本身来自企业实践，因此在实际应用中取得了很好的效果，从而又进一步推动了平衡计分卡理论的研究。卡普兰和诺顿将这些经过反复推敲的经验总结为四个管理程序：描述战略、沟通与联系、制订经营计划、反馈与学习。这四个程序中的后三个在他们随后出版的《平衡计分卡》一书中的后半部分进行了详细的阐述。

此后，根据企业运用这些战略管理程序的经验，他们又推出了《战略中心型组织》一书。在这本书里，卡普兰和诺顿提出了将企业转变为战略中心型组织的五项原则：将战略转化为执行层面的语言；以战略为中心整合组织资源；把战略落实为每个员工的日常工作；让战略成为持续的循环流程；高层管理者带动变革。在这五项原则的第一项里，卡普兰和诺顿使用的工具就是平衡计分卡。

在借鉴了诸多学者在战略管理、客户管理、流程管理、人力资源管理、信息管理和企业文化等领域的最新成果的基础之上，卡普兰和诺顿在2004年再度携手出版了《战略地图》一书。《战略地图》的核心就是描述企业如何创造价值，并为管理者制定的战略找到一个标准化的战略要素检查清单，帮助管理者检查战略规划中有无漏项和缺项。在该书中，卡普兰和诺顿提出了绘制战略地图的五项原则：战略要平衡长短期财务目标之间的矛盾；战略以差异化的客户价值主张为基础；价值通过内部流程来创造；战略包括一系列相辅相成的关键流程；战略的协调性和一致性决定了无形资产的价值。

卡普兰和诺顿根据平衡计分卡理论体系的三部著作总结出了战略执行的新公式，如图1-4所示。

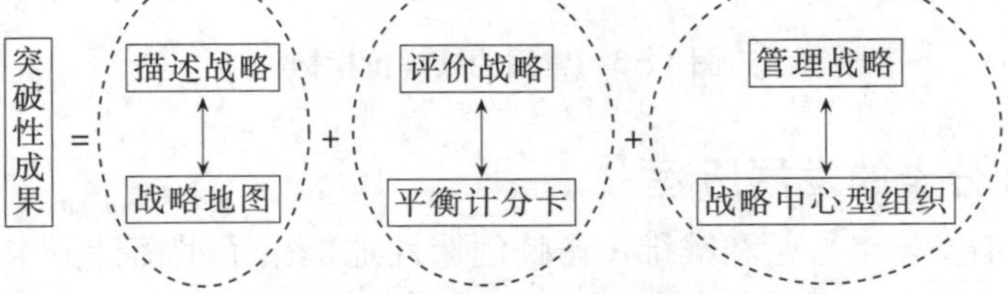


**图1-4 平衡计分卡体系与战略执行的关系**

上述公式中，左边的突破性成果有赖于企业战略的有效执行，右边的三个关键战略执行要素的作用分别为：战略地图描述战略；平衡计分卡评价战略；战略中心型组织管理战略。并且，两位大师用两句话精辟地总结了三个战略执行要素之间的关系："如果你不能衡量，那么你就不能管理；如果你不能描述，那么你就不能衡量。"这正是平衡计分卡理论的核心和精髓。

2006年初，针对企业集团、非营利组织和政府机构等大型组织如何应用平衡计分卡，卡普兰和诺顿又出版了第四本书《组织协同》。该书重点讲解了集团总部如何通过推行平衡计分卡，使企业内部各个部门协调一致，创造组织合力，实现企业战略目标。

2008年，卡普兰和诺顿出版了第五本书《平衡计分卡战略实践》，提出了将战略运营一体化的闭环式管理理论，它包含了制定战略、转化战略、组织协同、规划运营、监督与学习、检验与调整六个相辅相成的环节。

平衡计分卡理论源于实践，并指导实践，在世界各地得到了良好的应用和发展。目前运用平衡计分卡的组织不仅包括东京三菱银行、信诺保险公司等知名企业，也包括如美国商务部、英国国防部、美国陆军等在内的非营利组织和政府机构。

近几年来，平衡计分卡理论在我国也得到了很好的普及应用。华润集团、北京汽车集团等大型知名国有企业，北京吉野家、镇泰（中国）工业有限公司这样的大型民营企业，河南省肿瘤医院等大型公立医院，还有正祥和家政事业（广州）有限公司这样的中小企业都采用了平衡计分卡管理理念，并取得了不错的效果。

## ▲ 案例

### 阿里巴巴集团的业绩管理创新

在"互联网+"时代，创新驱动最为关键，技术、工具方法及一系列先进理念的出现颠覆了传统企业的管理模式，推动了企业的管理实践创新。知识与经验的积累在信息时代显得尤为重要，员工成为企业的首要生产要素，如何建立员工与企业、上级与下级之间平等协作的业绩管理模式成为管理者重点关注的课题。作为行业的移动商务领导者，阿里巴巴集团在2018财年的收入达到2 502.66亿元，在中国互联网公司中具有最大的人均产值。为探寻新的业绩管理模式，阿里巴巴在深入分析公司面临的机遇与挑战后，基于互联网企业强调业绩管理的目标导向、价值观多元化、注重日常反馈以及广泛利用信息技术的特征，构建了"互联网+"时代背景下的业绩考核模型。

#### 一、业绩考核模型的构建与内涵

为适应互联网行业的发展需求，阿里巴巴从模式、内容、方式、工具四个角度出发，对传统的业绩管理体系进行改革，具体包括核心视角的拓展、考核内容的丰富、管理侧重点的转变以及先进信息技术的应用。管理模式的重心由结果导向变为目标导向，提升了员工的积极性；在管理内容方面引入价值观考核，形成硬性要求与软性约束并存的新局面；在管理方式方面更加注重员工的全过程参与，从而形成平等、合作的企业文化；工具的开发与运用则进一步提升了企业的业绩管理效率。

## 二、业绩管理实践

### （一）基于目标管理的业绩管理模式

阿里巴巴创新的业绩管理模式摈弃了传统模式单纯追求销售额增长的绩效目标，以其核心价值观“客户第一”为依托，围绕客户价值设定业绩目标并进行追踪分解。

在设定业绩目标时，此种管理模式始终将为消费者提供高质量服务放在首位，同时为了避免传统业绩管理过分注重个人业绩导致整个组织业绩下降的问题，强调要将组织整体目标与个人目标相结合，达成共识进而形成目标；重视对业绩管理全过程的追踪，时常总结前段工作以便修正后期业绩目标，将管理视为日常活动而不仅是对结果的考核。

为实现对业绩目标的有效分解和传递，阿里巴巴在内部推行“晒 KPI”制度，通过 KPI 实现业绩目标的精细化分解，促进业绩目标的透明化。“晒 KPI”不仅能使上层领导更清晰地将战略逐层落实到团队的 KPI 上，同时也能让员工找到共同目标，增加工作热情，进而持续提高业绩。具体措施包括：(1)“晒”的事前准备；(2)“晒”的过程管理；(3)“晒”的事后复盘。

### （二）基于能力与价值观的双轨式业绩管理内容

引入价值观作为评价指标，既丰富了考核内容，又为组织业绩管理提供了理念基础，进而创造了一种能够促进员工业绩提升的内在文化。

1. 设计可行办法并辅以组织保障，推动价值观考核落地

阿里巴巴具有独特的价值观，其核心理念“客户第一、团队合作、拥抱变化、诚信、激情与敬业”，被亲切地称为“六脉神剑”。为切实落实价值观考核，阿里巴巴建立了一系列较为完善的管理办法，具体包括将价值观的核心内容具体细分为业绩考核评价指标、在价值观考核过程中运用“通关制”的考核方法以及借助政委体系推动价值观建设。

首先，阿里巴巴将每个价值观的核心内容具体细分为 5 小项，最终形成 30 项业绩指标。各项指标都设有业绩标准，从而将模糊的价值观具化为明确的行为与精神约束，进而规避员工多元化价值冲突与企业核心价值观的动摇。图 1-5 举例说明了“拥抱变化”价值观下的 5 项具体指标。

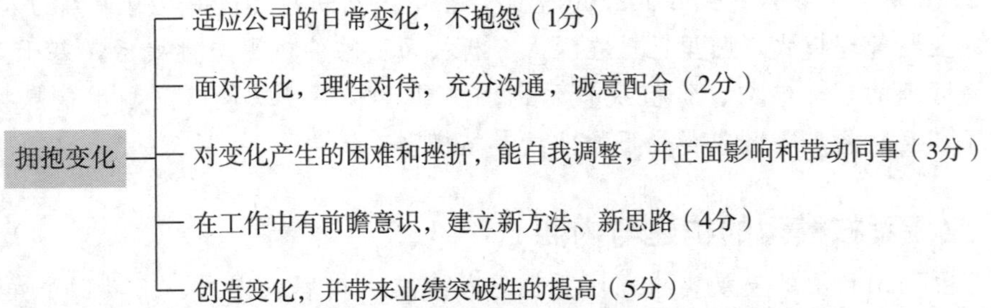


**图 1-5　阿里巴巴的价值观评价指标（以“拥抱变化”为例）**

其次，在价值观考核过程中运用“通关制”的考核方法，即根据员工的具体行为表现找到与之匹配的层级与分数进行评价，员工需要先达到低层次的考核标准与分数，再逐渐

递进至较高层次。这一规定强制性地使员工迎合企业整体的价值观，迫使员工注重基层价值观建设。

最后，随着企业层级的逐渐增多以及跨区域发展的明显趋势，阿里巴巴构建了独具特色的“政委体系”以支持业务发展，促进价值观建设。所谓政委，指阿里巴巴在各业务线配置的人力资源管理者和价值观管理者，他们直接参与到价值观的业绩考核过程中，通过在团队内部宣讲，使员工更好、更为深入地理解价值观考核的意图，进而为全面认同价值观奠定基础，推动价值观考核落地。

2. 根据考核结果进行分布与奖惩，实现业绩管理的结果运用

阿里巴巴的考核体系分为两个维度，具体包括由硬性指标组成的业绩考核以及由软性指标组成的价值观考核。为确保业绩管理结果的运用，阿里巴巴首先应用象限分布法综合体现考核结果，针对不同的象限结合企业独有的文化进行命名，鼓励员工同时追求两个维度的高目标。具体指标分布情况见图 1-6。

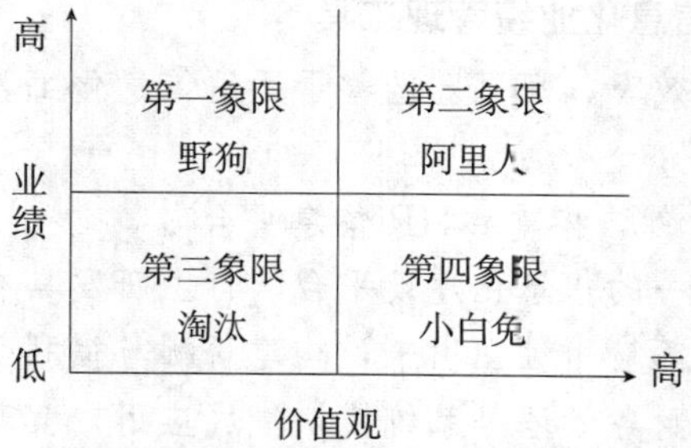


**图 1-6 阿里巴巴考核结果的象限分布**

此外，阿里巴巴还对业绩考核体系有严格的排序要求，即强制正态分布业绩并实行末位淘汰制。具体来看，阿里巴巴实行 3-6-1 强制分布，即规定每次的考核结果中，团队内部必须有 30%的员工被评为“好”，有 60%的员工被评为“中”，余下 10%则对应“差”。对公司所有层级的前 30%的员工进行奖励提升，同时加强对末位 10%的员工的问责。通过此项措施树立员工的职业危机感，用业绩导向激励员工进步，从而达到更高的业绩目标。

**（三）基于成长导向的交互式业绩管理方式**

1. 关注员工需求，鼓励业绩管理的全员参与

针对业绩目标设定考核指标时，阿里巴巴强调从员工发展的角度设计 KPI。为提高员工对业绩管理的参与度，阿里巴巴实行自评和他评相结合的方式。员工首先根据前述的 30 条价值观考核标准自我评价，然后由其上一级领导进行他评。此外，员工与管理层之间定期组织一对一面谈，针对自评与他评的结果展开讨论，从而明确员工业绩现状及存在的问题，进而为下一步的业绩目标指明方向。

2. 柔性考核与硬性约束并用，提升业绩考核的公平度

为保证考评结果真实可靠，阿里巴巴制定了一系列措施进行约束，主要包括以下三类：

（1）采用“三对一”的考核评价方式。阿里巴巴推行“三对一”业绩考核机制，即在

考核过程中要有更高层级的管理者参与，通过对过程的监督控制确保考核结果的准确性。例如，总监对经理进行考核时，其上级副总和相应部门的人力资源管理者需要同时参加。同时通过鼓励员工轮岗，使得员工的最终考核结果由多位主管共同评价，从而使企业的考核变得公平、公正。

（2）对考核过程与结果进行制度约束。阿里巴巴将所有业绩考核都建立在制度的基础上，制度的约束使得员工的考核结果更为客观可靠，不存在严重的主观性问题。

（3）采用股权激励制度。阿里巴巴信奉“客户第一，员工第二，股东第三”的经营管理思想，为促进员工与企业的共同成长建立了一种长效的股权激励制度——“受限制股份单位计划”。在这种制度下，企业以分批分期的形式发放受限制股份普惠诸多员工，员工收到受限制股份单位之后，工作满一年才能行权。每份受限制股份单位采用按年授予的方式，每次发放25%，员工只有未来继续工作4年以上，才可完全获得其分得的全部股份。这一制度增强了员工的归属感与使命感。

**（四）基于效率目标的信息化业绩管理工具**

为提高企业业绩管理的效率，阿里巴巴善于运用信息化工具与手段，具体包括以下两方面：

1. 借助人力资源管理软件，搭建e-HR信息平台

阿里巴巴构建了集团统一的信息化建设平台，自主研发具有其文化特点的模块，把主数据、绩效管理、晋升管理等应用独立出来，构建薪酬与福利管理、电子绩效管理和培训管理等不同模块，并将其与财务管理等系统模块集成应用，实现全面整合，从而能够快速响应组织与外部环境变化。

2. 开发多样化社交性平台，实现业绩管理全面覆盖

阿里巴巴的业绩信息化系统以用户体验为中心，坚持移动优先并融入社交网络服务（SNS）理念让全员随时随地参与业绩管理，基于业绩管理应用场景进行个性化系统功能需求设计，让各级员工基于目标任务执行情况的沟通、评估及反馈更直接、人性化和社交化。

## 思考题

1. 简述业绩评价与激励机制的含义和作用。
2. 简述公司业绩评价与激励系统的构成要素。
3. 简述业绩评价与激励系统的特征。
4. 简述业绩评价与激励机制的四种模式。

# 第二章

# 业绩评价指标

**学习目标**

1. 理解业绩评价指标的特征、分类与设计原则；
2. 掌握业绩评价指标的分解；
3. 理解业绩评价指标体系的时间和空间结构；
4. 理解建立业绩评价指标体系因果结构的步骤；
5. 运用业绩评价指标体系。

## 第一节　业绩评价指标概述

### 一、业绩评价指标及其特征

业绩评价指标是对业绩目标进行衡量或计量，并可用来做比较的量化的值。业绩评价指标具有以下特征：

1. 多层次性

业绩评价指标具有多层次性，如公司、分公司、分厂和部门的指标等。

2. 多角度性

业绩评价指标具有多角度性，如财务指标、经营指标和技术经济指标等。

3. 多方位性

业绩评价指标具有多方位性，如采购、库存、生产、运输、销售等方面的指标。

业绩评价指标体系所包含的评价指标显然比会计制度、会计法规等单一的财务评价指标复杂。

### 二、业绩评价指标分类

当前最为流行的业绩评价指标分类是将其分为财务指标和非财务指标。除此之外，我们还可将其分为相对指标和绝对指标、定量指标和定性指标。

**（一）相对指标和绝对指标**

评价中是采用“相对指标”还是“绝对指标”，在一般意义上指的是采用比率指标还是总量指标。例如，在对投资中心进行评价时，选择使用投资报酬率指标还是剩余收益指标。

在全面预算管理中，预算目标与指标选取密切联系。如果选择“绝对指标”，那么在制定各部门预算目标时假定目标总量不变，采用切块分解方法确定预算目标；如果选择“相对指标”，就假定消耗率（或单位收入）不变，根据业务量变化确定预算目标。我们在实际中看到这两种确定预算目标的做法都存在。

不少单位的管理费用预算采取“绝对指标”分解的做法。先用预计市场销售量和预计价格减去必须发生的各种固定费用，倒推允许发生的变动费用（可控费用），然后根据以往的经验，按一定比例得到各项费用的总额，再分解到各部门。例如，某公司预计下一年维修加班费共 30 万元，分解到下属 6 个生产部门包干使用，但是由于实际年度生产装置非计划停工维修的时间短于预期，抢修和维修工作量明显减少，加班支出应该低于预算，但是到年底各单位为了使明年的基数不降低，各显神通，最后各家都略有超支。而另一家公司的加班费采取“相对指标”控制，与劳动生产率（人均产值）指标挂钩，在劳动生产率高于预定的标准后，按照预先核定的单位产值加班费定额控制该项费用支出，取得了较好的效果。

但是相对指标使用中也存在问题。例如，某企业对除材料之外的制造成本采用费用率的方法进行评价，由于制造费用中固定成本的存在，当生产任务不饱和时，完成评价指标很困难，而当生产量大时完成预算任务比较容易，所以各生产部门都希望增加生产任务，卖不出去也不管。如果上级强制限产，则把完不成任务的责任全都推到产量上；如果产销挂钩进行评价，有的单位会通过增加应收账款的做法虚增收入和利润。

从理论上说，面对上述问题，只需区分成本（收入）的性态是变动的还是固定的，相应地采用相对指标或绝对指标评价即可。但是在实际中区分变动成本（收入）或固定成本（收入）并不容易，即使判断出它们的性态，确定其变动的“动因”也非易事，需要仔细权衡。

**（二）定量指标和定性指标**

在业绩评价中，人们一般比较重视“定量指标”，因为它比较容易计算，是看得见的指标。但是，有时“定量指标”受“定性指标”影响，忽视“定性指标”可能会降低“定量指标”的评价效果。

最容易看到的例子是“数量”和“质量”的关系。如某绿化管理机构实行预算管理，对栽培、灭虫等各项作业都规定了工作量和标准工时消耗定额，但由于对工作质量缺少评价手段，仅从经费上评价，导致有些部门采取诸如减少喷药次数或降低药水浓度的方法降低消耗。

另有某制造企业，在进行装置设计时要求采用高品质材料，生产部门多年来材料消耗一直处于较高水平。近来由于高品质材料的市场价格居高不下，产品利润空间大大缩小，技术部门认为可以通过装置改进换用低品质材料，从而大大降低成本，但生产部门的材料消耗量预算指标将会被突破，并失去自己在消耗率指标方面的先进地位，因而生产部门极力抵制换用低品质材料。

这些例子说明：评价指标的确定必须考虑对企业整体发展的影响，考虑它引起的行为是否符合企业要求。

## 三、关键业绩指标

关键业绩指标，英文简称 KPI（Key Performance Indicator），是对企业业绩产生关键影响力的指标，是通过对企业战略目标、关键成果领域的绩效特征进行分析，进而识别和提炼出的最能有效驱动企业价值创造的指标。

关键业绩指标的优点包括：一是使企业业绩评价与战略目标密切相关，有利于战略目标的实现；二是通过识别的价值创造模式把握关键价值驱动因素，能够更有效地实现企业价值增值目标；三是评价指标数量相对较少，易于理解和使用，实施成本相对较低，有利于推广实施。

关键业绩指标的缺点包括：关键业绩指标的选取需要透彻理解企业价值创造模式和战略目标，有效识别核心业务流程和关键价值驱动因素，指标体系设计不当将导致错误的价值导向或管理缺失。

## 四、业绩评价指标设计原则

原则是设计系统时必须遵守的规则。它们是人们从长期的经济活动中总结出来的，具有普遍的适用性，集中体现了企业业绩评价活动的共生。将企业战略目标转化为具体业绩评价指标时，必须遵循以下几条原则：

（1）与企业目标一致或正相关；

（2）兼顾短期和长期利益；

（3）财务指标与非财务指标达成平衡；

（4）基本客观，便于计量；

（5）反映管理层的关键行动和作业；

（6）受到管理层和员工行为的影响；

（7）容易为员工所理解；

（8）保持一贯并合乎规律；

（9）成本-效益原则。

## 五、业绩评价指标分解

著名管理学家、诺贝尔经济学奖获得者西蒙（Simon）通过对人的思维过程的研究，提供了一种新的决策方法，即所谓的“目标-手段分析法”。这种方法的具体实施过程是：首先为要实现的总目标找到一些手段和措施，然后把这些手段和措施又看作新的、次一级的目标，再为完成这些次一级的目标找出一些更详尽具体的手段和措施来。这样分层反复找下去，直到有了现成的解决方法为止。将企业的总体目标分解为部门和个人目标，也就找到了问题的解决方法。

在计划经济体制下，企业对国家下达的计划指标进行层层分解，落实到有关科室、车间、班组和个人。以财务指标为例，指标分解通常有三种方式。[①]

第一种方式是根据全厂考核指标总额，划分为若干分项指标。比如，全厂流动资金定额划分为储备资金、未完工产品资金和成品资金三部分，其中：储备资金分解落实给各物资管理部门所属的材料库、工具库、备件库等，有的还可落实一部分到车间二级仓库；未完工产品资金除待摊费用由财务科负责外，其余部分分别下达给各车间和半成品库；成品资金则由销售部门成品库负责。各个分项指标之和就是全厂总额指标。

第二种方式是根据全厂考核指标的形成过程，层层深入分解成若干原始指标。比如在机械制造业中，总成本和主要产品单位成本指标确定以后，可按其制造过程分别确定铸锻件成本、零部件成本、装配成本等。此外，还可核定每个车间的单件或单台成本、小时加工费用、废品损失、车间经费总额等。各项原始指标不能加总以求得总指标，但两者有着直接的联系，各项原始指标的实现可以保证总指标的完成。

第三种方式是根据考核指标的形成原因，确定若干措施指标。比如，为了保证流动资金定额的完成，除了给各单位下达分项资金定额以外，还要规定和控制材料在途天数、整理准备天数、产品生命周期、产品选配包装天数、发运天数、处理积压指标等。这些措施指标同考核指标之间不一定存在直接的数值关系，但对考核指标的完成有着重要的影响。

通过这几种方式对经济指标进行分解，就形成了一个“个人保班组、班组保车间、车间保全厂”的经济指标体系。

19 世纪末 20 世纪初意大利经济学家帕累托（Pareto）提出了二八定律，即在一家企业的价值创造过程中，每个部门和每一位员工 80%的工作任务是由 20%的关键行为完成的，这一经济学原理为业绩考核指明了方向，由此关键业绩指标应运而生。它通过对组织内部流程的关键参数的量化分析，构建企业各个层面自上而下的业绩指标体系，从而把企业宏观的战略目标分解为可操作的工作目标。考核工作围绕关键业绩指标展开，是一种最为常见的基于目标管理的管理工具。

下面通过某大型 IT 公司的案例来说明如何分解业绩指标。该公司的主营业务为 IT 产品的分销，其分销渠道遍布全国，销售规模在同行中名列前茅。该公司有明确的宗旨和量化的长期、中期目标。由于分销渠道的层次多，分销的产品种类多，加之公司业绩控制系统的指标体系不完善，部门与公司整体之间、部门之间存在诸多矛盾；由于员工个人负责的指标不够量化，个人业绩与薪酬激励脱钩。这些问题的存在严重影响了公司战略目标的实现。如何加强战略控制，完善评价体系，成为公司发展壮大的过程中面临的一个重大问题。通过对公司现状的科学分析，公司决定从 2001 年开始在全公司推行 KPI 管理。进行 KPI 管理的目的在于通过建立每个部门及个人的 KPI 以及与之相关的激励机制，将公司的战略目标转化为个人的行动。通过近 1 年的时间在全公司的宣传和试点，企业员工牢固树立了“价值创造”的战略理念，使 KPI 成为公司的基本管理制度，并与年度预算紧密地结合在一起。在对公司整体 KPI 的分解中，该公司创造了“价值树”这一直观易懂的概念，为员工所喜闻乐见。“价值树”要求每个员工都要在树上找到自己的位置，即“人人上树”。如果你在树上没有位置，也就意味着你没有为公司的价值创造做出贡献。该公司某

① 王庆成，李相国，顾志晟. 工业企业财务管理. 北京：中国人民大学出版社，1981：34.

部门的 KPI“价值树”如图 2-1 所示。[①]

| 一级指标 | 二级指标 | 三级指标 | 四级指标 各大区 | 五级指标 各平台 | 六级指标 各业务员 | 七级指标 销售助理 |
|---|---|---|---|---|---|---|
| 投资报酬率 | 税前利润率 | 销售收入分支 | | | | |
| | | | 销售收入 | 销售收入 | 销售收入 | 技术支持 |
| | | | 培训收入 | 各培训员收入 | | 市场专员 |
| | | | 市场份额 | | | |
| | | | 市场规模 | | | |
| | | 销售毛利分支 | 销售毛利 | ××× | ××× | ××× |
| | | | 目标管理(MBO)返点 | ××× | ××× | ××× |
| | | 成本调整 | ××× | ××× | ××× | ××× |
| | | 期间费用分支 | ××× | ××× | ××× | ××× |
| | | 削价准备金 | ××× | ××× | ××× | ××× |
| | | 坏账准备金 | ××× | ××× | ××× | ××× |
| | | 税前利润 | ××× | ××× | ××× | ××× |
| | 贷款周转率 | 应收账款周转率 | ××× | ××× | ××× | ××× |
| | | 存货周转 | ××× | ××× | ××× | ××× |
| | | 应付周转 | ××× | ××× | ××× | ××× |
| | | 资金管理 | ××× | ××× | ××× | ××× |

支持系统（业务管理、技术支持、技术培训、市场专员、销售助理）

**图 2-1 KPI 分解图**

企业的每一个业绩指标都要依靠管理者和员工的具体行动来实现。如果企业的目标无法与个人的行动联系起来，企业的战略也就难以成功实现。本案例中 IT 公司的 KPI 管理对这一问题做出了很好的诠释。它通过设置科学的指标体系，将公司的目标与个人的行动有机地联系在一起。该公司的“价值树”实质上是一个指标分解体系。通过“价值树”，每个人不但在树上找到了自己的位置，即个人在公司价值创造中所发挥的作用，而且明白了个人的行动与公司整体目标之间的关系。在“价值树”中既有财务指标，又有业务指标，并且指标之间存在量化关系。比如指标体系中的前三级财务指标存在量化关系，后四级指标既有财务指标，又有过程指标和动因指标。该公司通过建立结果与动因指标之间的因果关系，满足了公司战略管理的需要。

## 第二节 业绩评价指标体系的时间结构

波士顿矩阵将产品或企业的生命周期分为引入期、成长期、成熟期、衰落期四个阶段，由于在各个阶段市场状况、企业经营风险、财务风险、融资来源、股利政策、现金流

① 引用该图的目的在于说明指标要分解到人。由于涉及企业商业秘密，图中没有将全部指标列示出来，已列示出来的指标也并未一一标明数据。图中有些指标之间存在数量关系，有些指标可以被量化。

量状况均不相同，所以业绩评价指标也各不相同，具体如表 2-1 所示。

**表 2-1　企业生命周期与业绩评价指标**

| 指标 | 引入期 | 成长期 | 成熟期 | 衰落期 |
|---|---|---|---|---|
| 经营风险 | 非常高 | 高 | 中等 | 低 |
| 财务风险 | 非常低 | 低 | 中等 | 高 |
| 融资来源 | 权益融资 | 权益融资 | 债务融资 | 债务融资 |
| 股利支付率 | 零 | 一般 | 高 | 100% |
| 现金流量 | 负 | 负/正 | 正 | 正/负 |
| 业绩评价指标 | ·细分市场销售增长率<br>·新产品、服务、客户收入占销售收入比重<br>·人均收入<br>·投资（占销售收入比重）<br>·研发（占销售收入比重）<br>·关键决策点<br>·更新的贴现现金流量指标 | ·贴现现金流量指标<br>·市场增长速度<br>·市场份额<br>·目标客户占有率<br>·交叉销售<br>·新应用占收入比重<br>·客户与产品盈利率<br>·成本比竞争者低<br>·成本降低率<br>·间接开支占收入比重<br>·营运资金比率<br>·资本报酬率（按资产类别）<br>·资产利用率 | ·ROI、EVA、股东价值增加值（SVA）<br>·边际利润<br>·现金流量<br>·市场份额<br>·客户与产品利润率<br>·非盈利客户比率<br>·单位成本（单位产出、每项交易）<br>·回收期<br>·生产能力 | ·自由现金流量<br>·现金周转期<br>·回收期<br>·生产能力 |

资料来源：根据以下内容整理而得：陈毅（2000）；卢斯·班德，凯斯·沃德. 公司财务战略. 北京：人民邮电出版社，2003：36；阿尔弗洛德·拉帕波特. 创造股东价值. 昆明：云南人民出版社，2002；罗伯特·S. 卡普兰，大卫·P. 诺顿（即正文中提到的戴维·诺顿）. 平衡计分卡. 广州：广东经济出版社，2004：42.

## 一、引入期的指标设计

引入期是企业生命周期的初期，此时企业的产品或服务拥有巨大的成长潜力。为了发挥这一潜力，企业必须投入大量的资源来开发和改进新产品和服务；建设和扩大生产设施；增强经营能力；投资于信息系统、基础设施和销售网络，从而加强与市场的联系；培养和发展客户关系。处于引入期的企业实际上可能出现负的现金流量，其投资报酬率也可能很低。这些为未来发展耗费的现金，可能比目前有限的基本产品、服务和客户所能创造的现金多得多。所以处于引入期的企业的整体财务目标是保持收入增长率，提高目标市场、客户群体和地区销售增长率，维持适当的开支水平，以支持产品和流程开发、建设信息系统、提高员工技能及开拓新的营销、销售和分销渠道。

此外，在引入期还要关注一些关键决策点。关键决策点是指项目进行过程中的一些可行性分析，它的成本可以根据预算得出。用它作为引入期的评价指标，是与该阶段的高风险特征相适应的，因为一旦发现项目有不可行成分，该指标就会发出退出信号。如果用贴现现金流量（DCF）指标，那么无论净现值（NPV）还是 EVA 和 SVA，都是整个生命周期的预期现金流量的综合结果。用它们衡量现金流量波动极大的引入期业绩，必然导致错误评价。比如，虽然项目实际运行效果很差，但通过 DCF 得到的 NPV、EVA 或 SVA 指标良好，企业可能继续投资，甚至追加新的投资。更新的 DCF 指标是一个良好的建议，但操作性尚需考证。

## 二、成长期的指标设计

在成长期，企业的现金流量波动性减小，可以较准确地预测未来现金流量，但当期的现金流量仍然可正可负，因此仍不适合用 ROI 作为评价指标，DCF 指标考虑整个生命周期或一定时期的现金流量，可以引入对长期效益的考虑，故适用于此阶段。同时，由于该阶段市场自身增长速度很快，所以为了客观评价管理者业绩，必须对企业市场份额与市场增长速度进行对比分析。

此外，处于成长期的企业继续进行投资和再投资，但是必须提高投资报酬率。企业期望维持现有的市场份额，最好每年还有适度的增长。投资项目旨在突破瓶颈、提高生产能力，这与引入期所做的回收期长、以成长为目的的投资的性质不同。处于成长期的大多数企业都将采用与获利能力有关的财务指标，如投资报酬率、资本报酬率、经济增加值等。该时期评估投资项目，采用标准的贴现现金流量和资本预算分析。这些指标都反映了企业的财务目标——从提供给企业的资本中赚取丰厚的利润。

## 三、成熟期的指标设计

在成熟期，企业的现金流量为正，采用 ROI、EVA 或 SVA 评价业绩比较理想，但由于 ROI 是一种会计利润指标，易被操纵，所以必须与边际利润等指标结合起来进行综合评价。例如，管理者为提高 ROI 可能盲目增加产量，因为在完全成本法下，这样可以让更多的固定成本被存货吸收，从而虚增当期利润，提高 ROI。此时，可配合边际利润进行分析，因为边际利润不会随产量增加而增加，从而弥补了 ROI 的不足，并可得到更客观的评价结果。

在这一阶段，企业想要收获前两个阶段的投资。对这些企业，已经没有理由再进行大量投资——只要足以维持设备和生产能力即可，而无须扩大或增强新的能力。任何投资项目都必须具有十分明确和快速的回收期，因为这个阶段的主要目标就是使现金回流最大化。对成熟期的企业而言，总的财务目标应该是拥有经营现金流量和减少对营运资金的需求。

## 四、衰退期的指标设计

在衰退期，企业一般要从该行业撤资，不再增加固定资产和流动资产投资，因而自由现金流量指标是一个理想的选择。管理者要增加自由现金流量以提高业绩，一方面可以加速现金回收速度；另一方面可以减少固定资产或流动资产投资，这与此阶段战略相符。相反，在成长期不宜使用自由现金流量指标，因为管理者可能为提高业绩而减少投资，从而损害企业长期价值。

## 第三节　业绩评价指标体系的空间结构

组织理论认为，企业是分层级的，从董事会到总经理，再到部门经理和普通员工。由于不同层级员工的职责范围不同，控制范围也就不同。从指标设置的可控性原则出发，也就需要不同指标与之匹配。

### 一、组织管理方式与指标结构

迈克尔·詹森（Michael Jensen）教授认为，为任何个人或业务单位选择合适的业绩评价指标都将主要依据以下两个因素：企业战略、被评价的个人或部门能够采取的对企业战略成功有所帮助的行动。原则上说，根据组织管理方式的不同，业绩评价指标可以分为集权方式下的业绩评价指标和分权方式下的业绩评价指标。

詹森教授是经济增加值单一评价指标的支持者，他认为，衡量个人或业务单位业绩的评价指标（单一财务指标，如 EVA）受到一系列价值驱动因素（非财务指标）的影响。在分权方式下，企业只为业务单位确定恰当的业绩评价指标，然后由个人和业务单位来确定业绩驱动因素是什么，这些驱动因素如何影响业绩，以及如何管理这些驱动因素。在这种方式下，结果（业绩评价指标）和决策变量（对业绩驱动因素的管理）被明显区分开来。高层管理者能够帮助业务单位及其员工认识到业绩驱动因素是什么，如何管理它们。但是，来自高层管理者的帮助仅限于此，因为有关价值驱动因素的知识，一般而言是在各经营单位，而非总部。所以，最终是各业务单位，而不是总部，具备那些相关的知识来决定业绩驱动因素，明确这些驱动因素和最终成果之间的关系，以及如何管理这些驱动因素。另外一个极端是完全的集权式管理。在这种方式下，总部不仅决定业绩评价指标（财务指标），还将给出业务单位业绩指标的计算公式，从而明确了业绩驱动因素及其相应的权重。某一期间的业绩则将通过对各期间的业绩驱动因素进行加权平均来计算。这种方法可帮助大家有效地理解如何将在企业的各个层面创造价值的任务集中到高层管理者，其他管理者的任务就是管理好高层管理者告诉他们的业绩驱动因素。这种方法的问题是它只在一定的情况下有效——当对驱动因素变动和业绩成果指标变动之间关系的细节知识存在于企业的高层管理者时。尽管这包括了一些非常小的企业，但排除了大部分较大的、多部门的企业，尤其是在当今快速变化的商业环境中。

齐默尔曼（Zimmerman）也对组织结构与业绩评价指标进行了考虑。他认为，分权、业绩评价和薪酬计划是现代企业控制的三条腿。分权无疑是引发企业组织结构变革的重要原因。从 U 形到 M 形再到矩阵形，不同的组织结构也要求评价指标的不同分配。在 1994 年思腾思特公司举行的 EVA 圆桌会议上，他指出："如果企业是分权的，部门经理有投资决策权，那么用 EVA 衡量他的业绩没有问题，但是对一些稳定的、成熟的、技术含量不高的企业，它们更注重集权管理，此时再用 EVA 衡量部门经理业绩，便不太合适了。"

另外，思腾思特公司创始人之一约尔·M. 斯特恩（Joel M. Stern）于 1994 年提出，现代组织结构越来越强调协作，也就是说，团队式组织有别于职能式或事业部式的组织。在这样的组织内，过分强调绝对的竞争性业绩评价指标，也许会破坏部门间协作，损害企业长期价值。

平衡计分卡（BSC）学习与成长层面的人力资本、组织资本指标便考虑了这些问题，它们不但强调员工激励、客户导向的企业文化、协调性和一致性、领导力开发和团队合作，而且强调这些无形资本指标与内部业务流程的配合，从而提高企业的长期竞争力。

## 二、组织层级与指标结构

一个大型企业可以分为若干层级，不同层级所适用的评价指标也不尽相同。刘力和宋志毅（1999）阐述了修正的经济增加值（REVA）和 EVA 分别适用于企业整体（总经理）和部门（部门经理）的业绩评价，原因在于 REVA 计算中包含了资本的起初市场价值，而这一价值中包含的企业未来战略投资的价值是在总经理控制之下，部门经理显然无法控制企业的战略投资，因此其评价指标只包含部门的有形资产价值，这与 EVA 的计算对应。

EVA 的计算更适合于部门（部门经理）和企业整体（总经理），对于普通员工来讲不太适合。普通员工可能只对价值驱动因素（非财务指标）产生影响，进而间接地影响 EVA 的计算。而 BSC 可以从企业层面分解至部门和员工层面，在个人的计分卡中，虽然可以列明企业高层和部门关注的四个层面的业绩评价指标，但是员工个人可能只负责其中少量的非财务指标，当然，员工个人将看到个人指标是如何影响企业高层和部门的目标的。

从组织层级和控制方式综合考虑，高层管理者多使用财务指标，只使用少量或不使用非财务指标；中层管理者既使用财务指标也使用非财务指标；基层员工较多地使用非财务指标，较少使用财务指标（见图 2－2）。

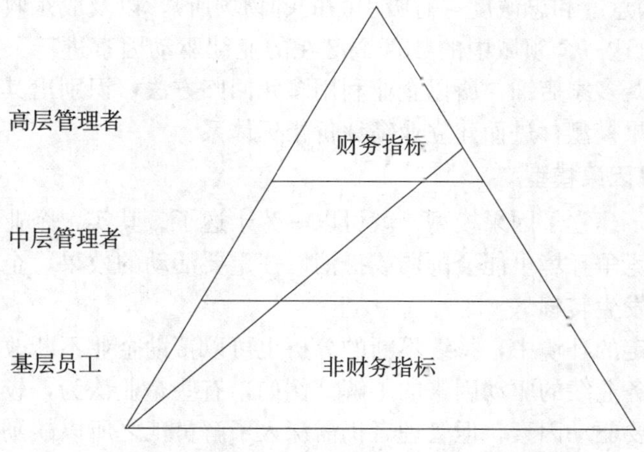


**图 2－2 组织层级与指标类型**

# 第四节 业绩评价指标体系的因果结构

## 一、建立因果结构的步骤

### （一）绘制战略地图

这一步就是根据企业战略计划的假设，绘制战略地图，建立一个因果模型。然而不幸的是，许多企业的战略计划更像是使命宣言或愿景陈述，而非清晰的战略地图。由于战略含糊不清而且缺乏具体描述，因此，管理者对哪些业绩评价指标是企业成功的关键往往有不同的看法，很难就因果模型达成共识。在这种情况下，最好的办法是测试几个不同的因果模型，比如，前文提到的业绩金字塔、业绩多棱柱或平衡计分卡战略地图。一旦有效性最终得到验证，被选定的模型将不再引发争议，并且将成为大家对战略广泛认同的基础。

**（二）收集数据**

大多数企业已经在日常运营中跟踪了大量的非财务指标。为了避免重复收集数据，企业应该小心保存数据库资料。数据库资料不应该局限于业绩评价指标体系，还应延伸到包括有用数据的所有信息系统（如采购、制造和客户服务等）。有用数据是指与关键业绩驱动因素有关的数据。此外，这一步还可以产生附带效应：促使企业把模糊不清的定义修订得更为清晰，并为整个企业制定统一的评价指标体系。

在企业缺乏建立因果模型所需数据的情况下，管理者可以先关注某个业绩指标（如员工满意度），因为这一指标被认为有可能推进企业战略并对企业的财务业绩产生积极影响。进而企业将采取更多的行动（比如培训），因为这些行动被认为可能改善员工满意度。最后，企业应精确而持续地衡量这些行动的结果（比如培训是否提高了员工满意度）。

**（三）将数据转化为信息**

检验因果模型的方法有很多种，包括定性方法和定量方法。[①] 大多数企业在进行市场调研和质量改进时，都采用相关分析和多元回归方法。比如，零售企业西尔斯公司力求在三个领域建立因果模型和业绩评价指标体系。这三个领域分别是员工满意度（有吸引力的工作场所）、客户满意度和忠诚度（有吸引力的购物场所），以及股东收益（有吸引力的投资对象）。该公司对这三个领域中的数百个潜在的业绩驱动因素进行了跟踪。由于相关数据来源于所属的800多家店铺，所以企业利用多元回归方法，识别出其中真正的业绩驱动因素，将其纳入因果模型，进而建立业绩评价指标体系。

**（四）不断改进因果模型**

许多企业认为，建立了因果模型，就可以一劳永逸了。其实，企业应该不断地改进因果模型，因为新的竞争环境可能会削弱或抵消以往重要活动的效果，企业战略的调整也会使业绩评价的重点发生转移。

即使在相对稳定的环境中，持续不断的分析也可以帮助企业不断改进业绩评价指标体系，加深对影响财务业绩的驱动因素的了解。例如，有些企业认为，较低的员工缺勤率是财务业绩的一个主要驱动因素，但管理者仍需深入了解员工之所以缺勤是因为对报酬不满意，还是对工作条件不满意，抑或是出于其他原因。总之，持续改进过程应永远进行下去。在已经得到验证的业绩驱动因素背后，可能还存在更深层次的驱动因素。由于企业永远无法知道是否挖掘得足够深，所以对驱动因素的探究将永无止境。

**（五）在研究成果的基础上展开行动**

如果企业希望借助非财务指标改进财务业绩，就必须将由数据分析得出的结论应用于决策之中。显然，企业应该根据那些有望获得最大财务成果的结论采取行动。例如，一家

---

① 这些方法可参阅邱东．多指标统计评价方法的系统分析．北京：中国统计出版社，1991.

大型金融公司发现，员工满意度、业务操作误差率和客户满意度这三项指标的重要性依次递增，是最基本的财务业绩驱动因素。因此，该公司开始要求管理者根据驱动因素的重要性来提出资金配置的建议，还要求他们解释如何衡量这三个领域的成功，以及如何估算这三个领域带来的财务成果。

### （六）对结果进行评估

这一步确定行动计划以及相应投资是否产生了预期的结果。进行“事后审计”可以确认投资是否真正得到了回报。现实中，许多企业没有进行事后审计。其实，哪怕事后审计显示财务成果为负值，它也具有积极作用：能够对现有因果模型提出改进意见，也能解释管理者在数据收集过程中所犯错误和人为操纵。

## 二、业绩评价指标体系

建立因果结构的业绩评价指标体系的基础是平衡计分卡战略地图，具体分为四个层面。在财务层面使用的指标既有价值指标，也有财务指标；在其他三个层面使用了非财务指标。

### （一）财务层面

企业财务目标典型地与盈利能力相关，如用营业收入、投资报酬率、净资产收益率、经济增加值、股东增加值等指标来衡量。拉帕波特（Rappaport，1998）从股东价值最大化角度比较了几种常用的财务业绩评价指标，并认为 EVA 变动值和股东增加值是最好的评价指标，如表 2-2 所示。

**表 2-2 各种财务业绩评价指标的特点**

| | 营业收入 | ROI 或 ROE | EVA | ΔEVA | SVA |
|---|---|---|---|---|---|
| 是否考虑投资因素 | 否 | 是 | 是 | 是 | 是 |
| 是否考虑风险因素 | 否 | 否 | 是 | 是 | 是 |
| 避免会计失真 | 否 | 否 | 否 | 是 | 是 |
| 价值最大化的可靠信号 | 否 | 否 | 否 | 是 | 是 |
| 价值变化的最佳评估 | 否 | 否 | 否 | 否 | 是 |

资料来源：阿尔弗洛德·拉帕波特. 创造股东价值. 昆明：云南人民出版社，2002：136.

### （二）客户指标

1. 共性客户指标

客户层面常用的指标包括：市场份额、客户获得率、客户保持率、客户满意度、客户获利率等。这些指标代表了精心制定并良好实施的战略成功结果，它们的释义如表 2-3 所示。

**表 2-3 客户指标及释义**

| 指标 | 释 义 |
|---|---|
| 市场份额 | 反映一个业务单位在既有市场中所占的业务比率（以客户数量、消费金额或销售量来计算） |
| 客户获得率 | 衡量一个业务单位吸引或赢得新客户或新业务的比率，可以是绝对数目或相对数目 |
| 客户保持率 | 记录一个业务单位与既有客户保持或维系关系的比率，可以是绝对数目或相对数目 |
| 客户满意度 | 根据价值主张中的特定业绩准则，评估客户的满意程度 |
| 客户利润率 | 衡量一个客户或一个细分市场扣除支持客户所需的特殊费用后的净利润 |

2. 个性客户指标

对于任意一种竞争战略，企业都应当设计代表它们客户价值主张的业绩评价指标，这些指标应结合客户价值主张的三个属性来设计。下面我们通过表 2-4 来列示不同客户价值主张的目标和指标。表 2-3 所列示的客户指标是各种客户价值主张都可以用的，称为共性指标。与不同客户价值主张直接相关的指标，称为个性指标。

**表 2-4　不同客户价值主张的目标和指标**

<table>
<tr><th>客户价值主张</th><th>目标</th><th>个性指标</th><th>共性指标</th></tr>
<tr><td>总成本最低</td><td>提供一致、及时和低成本的产品和服务</td><td>· 成本最低的供应商数量<br>· 质量稳定性（高）<br>· 客户采购时间<br>· 产品种类（适当）</td><td rowspan="4">· 市场份额<br>· 客户获得率<br>· 客户保持率<br>· 客户满意度<br>· 客户获利率</td></tr>
<tr><td>产品领先</td><td>突破现有业绩边界，提供令人高度满意的产品和服务</td><td>· 表现优异的产品（速度、尺寸、精确性、质量等）<br>· 首先进入市场（时间）<br>· 新细分市场渗透率</td></tr>
<tr><td>全面解决方案</td><td>为客户提供最优的全面解决方案</td><td>· 已提供方案的质量<br>· 每位客户的产品和服务数量<br>· 客户保持率<br>· 客户生命周期利润率</td></tr>
<tr><td>系统锁定</td><td>· 最终用户的高转换成本<br>· 为辅助厂商增加价值</td><td>· 提供多种选择和便利的接入<br>· 提供广泛使用的标准<br>· 平台稳定性方面的创新<br>· 提供大量的客户基础<br>· 提供易用的平台和标准</td></tr>
</table>

### （三）内部流程层面

企业有数以百计的内部流程，但是按照创造价值周期的长短，我们可以将内部流程分为四大类，即运营管理流程、客户管理流程、创新流程、社会责任流程。这四类内部流程具有不同的目标，对这些目标的衡量形成了内部流程层面的业绩评价指标（见表 2-5、表 2-6、表 2-7 和表 2-8）。

**表 2-5　运营管理流程的目标和指标**

| 1. 供应商关系管理目标 | 指标 |
|---|---|
| 降低获得成本 | · 获得材料和服务的作业成本（包括订货、接收、检查、储存和处理缺陷的成本）<br>· 采购成本占采购总价的百分比<br>· 电子化采购（电子数据交换或互联网）的百分比<br>· 供应商排名：质量、交付、成本 |
| 获得适时供应商的能力 | · 从订货到收货的提前期<br>· 交货及时率<br>· 订单迟到率<br>· 供应商直接将订货送到生产流程中的百分比 |

续表

| | |
|---|---|
| 开发高质量供应商的能力 | ·到达订货中每百万件的次品数或次品率<br>·送货免检的供应商所占的百分比<br>·接收优质订货的百分比 |
| 运用来自供应商的新理念 | ·来自供应商的创新数量 |
| 实现供应商伙伴关系 | ·直接向客户提供服务的供应商数量 |
| 外包成熟、非核心产品和服务 | ·外包关系数量<br>·外包伙伴的基准化业绩 |
| 2. 生产产品和服务目标 | 指标 |
| 降低生产产品和服务的成本 | ·关键运营流程的作业成本<br>·单位产出成本（生产相似产品的组织）<br>·营销、销售、分销和管理费用占总成本的百分比 |
| 持续改进流程 | ·持续改进流程的数量<br>·减少无效或不增值流程的数量<br>·每百万件缺陷率<br>·合格率<br>·报废和废品率<br>·检查和测试成本<br>·质量总成本（预防、评价、内部失败、外部失败） |
| 加快流程反应速度 | ·周转期*（从生产开始到产品完工）<br>·加工时间**（产品实际被加工的时间）<br>·加工效率（加工时间占周转期的比率） |
| 提高固定资产利用率*** | ·生产能力利用百分比<br>·设备可靠性（可用于生产的时间的比率）<br>·故障次数或百分比<br>·灵活性（生产和交付产品/服务的流程的范围） |
| 提高营运资本效率 | ·日存货、存货周转率<br>·日应收账款<br>·库存比率<br>·现金周转期（应收账款周转期加上存货周转期减去应付账款周转期） |
| 3. 向客户分销及交付产品和服务目标 | 指标 |
| 降低服务成本 | ·向客户交付和储存的作业成本<br>·通过低服务成本渠道到达的客户比率，如将客户交易方式从人工和电话交易方式转向电子交易方式 |
| 快速反应向客户交货 | ·从订货到交付的提前期<br>·从产品/服务完成到可供客户使用的时间<br>·准时交付率 |
| 提高质量 | ·无缺陷交付项目的百分比<br>·客户投诉的数量和频率 |

续表

| 4. 风险管理目标 | 指标**** |
| --- | --- |
| 管理财务风险/保持高信用质量 | ·劣质负债比率<br>·坏账比率<br>·来自利率、外汇或商品价格波动的风险或损失<br>·过时或变质存货<br>·负债权益比率<br>·利息保障倍数<br>·每月薪水的现金支出 |
| 管理运营风险 | ·积压订单<br>·现有订单和积压订单所需生产能力的比率 |
| 管理技术风险 | ·与竞争对手相比，产品或工艺的技术排名 |

说明：* 周转期是从生产开始到产品完成所需要的总时间。

** 加工时间代表了加工实际需要的时间，不包括等待、搬运和调整时间。例如，抵押贷款审批的周转期可能是28天，但是实际处理时间只占28天中的40分钟。

*** 提高固定资产利用率目标对于瓶颈资源是最重要的。

**** 财务风险管理指标的目标值不可能为零。承担某种程度的风险是值得的，因为规避的代价也很高。仅向信誉最卓著的客户销售产品将牺牲许多潜在的销售收入。

**表 2-6　客户管理流程的目标和指标**

| 1. 客户选择目标 | 指标 |
| --- | --- |
| 了解细分客户 | ·细分客户的盈利贡献 |
| 筛选非盈利客户 | ·非盈利客户百分比 |
| 瞄准高价值客户 | ·战略客户数量 |
| 管理品牌 | ·关于品牌认知和偏好的客户调查 |
| 2. 客户获得目标 | 指标 |
| 宣传价值主张 | ·品牌认知（调查） |
| 定制化大规模营销 | ·客户对活动的响应率<br>·使用促销样品的客户数量 |
| 获得新客户 | ·客户线索转化率<br>·获得每个新客户的成本<br>·获得新客户的寿命价值（估计） |
| 开发经销商/分销商关系 | ·经销商计分卡<br>·经销商调查反馈 |
| 3. 客户保留目标 | 指标 |
| 向客户提供优质服务 | ·优质客户数量<br>·优质客户的质量评价<br>·解决客户关注的问题或投诉<br>·客户对咨询初次应答不满意的比率 |
| 创建增值伙伴关系 | ·来自单一来源合同的收入比率及金额 |
| 提供卓越服务 | ·服务水平（来自渠道） |

续表

| | |
|---|---|
| 创造高度忠诚的客户 | ·账户份额（赢得客户某项消费的百分比）<br>·推荐新客户的数量<br>·通过现有客户推荐获得新客户的数量<br>·来自“使徒”客户的推荐数量<br>·忠诚客户对产品和服务提升的建议数量 |
| 4. 客户增长目标 | 指标 |
| 交叉销售客户 | ·每位客户使用的产品数量<br>·交叉营销收入、入门级产品以外的市场或产品创造的收入 |
| 解决方案销售 | ·联合开发的服务协议数量<br>·售后服务的收入/利润<br>·客户可获得的增值服务数量 |
| 与客户结为伙伴 | ·单一来源合同数量<br>·获得共享协议的数量<br>·从获得共享协议中赚取的收入<br>·与客户打交道的时间 |

**表 2－7 创新流程的目标和指标**

| 1. 识别机会目标 | 指标 |
|---|---|
| 预期未来客户需求 | ·花费在关键客户上的时间，了解他们的机会和需求<br>·基于新客户推出的新项目数量和百分比 |
| 发现和开发新的、更有效的或更安全的产品和服务 | ·为开发提出的新项目和概念的数量<br>·确定新增值服务的数量 |
| 2. 管理研发组合目标 | 指标 |
| 为优秀的创新和客户定位、业绩和利润积极管理产品/方案组合 | ·项目的实际和预期组合（高级开发、平台、衍生和外包）比较<br>·每个项目的实际与预期花费<br>·技术排名（独立对手的当前技术能力研究）<br>·项目传递途径的产品净现值<br>·扩展（在传递途径中，基于产品原型的客户反馈和收入计划）<br>·项目组合的选择权价值 |
| 把当前的产品平台拓展到新的市场 | ·利用既有平台（瞄准新市场）的项目数量<br>·生命周期延长的项目数量 |
| 通过协作拓展产品组合 | ·被许可产品的数量<br>·新市场的合资项目数量<br>·技术或产品伙伴数量 |
| 3. 设计和开发目标 | 指标 |
| 管理项目组合 | ·专利数；专利引用数<br>·项目通过率（进入下一步的项目所占百分比）<br>·进入每个产品开发流程的项目数量<br>·利用阶段分析或其他正式开发回顾流程的项目所占百分比 |

续表

| | |
|---|---|
| 缩短开发周期 | · 及时交付的项目数量<br>· 项目在开发流程的开发、试验和上市阶段的平均时间<br>· 总时间（从概念到上市） |
| 管理开发周期成本 | · 每个开发阶段项目的实际费用与预算费用 |
| 4. 产品上市目标 | 指标 |
| 新产品的快速上市 | · 从试产到全面实现产能的时间<br>· 再设计循环数量<br>· 新产品上市或商业化数量 |
| 新产品的有效生产 | · 新产品的制造成本（实际成本与目标成本）<br>· 新产品制造流程产量<br>· 从客户那里获得的收益或遭受的损失<br>· 初始保证和现场服务成本<br>· 消费者对新上市产品的满意度或投诉<br>· 新产品的安全事故量<br>· 新流程的环境事故量 |
| 新产品的有效营销、分销和销售额 | · 新产品的 6 个月收入（实际收入与预算收入）<br>· 新产品的脱销或毁约 |

**表 2-8　社会责任流程的目标和指标**

| 1. 环境业绩目标 | 指标 |
|---|---|
| 能源和资源消耗 | · 能源来源或能源类型（与上一年相比）<br>· 每千美元销售成本耗用焦耳数 |
| 污水排放 | · 清洁水需求量<br>· 污水排放总量 |
| 废气排放 | · 有毒气体和致癌气体排放量 |
| 固体废弃物产生和处置 | · 有害和无害废弃物的产生和处置量 |
| 产品业绩 | · 上一代产品的处置和重新利用<br>· 环境认证 |
| 综合环境指标 | · 对环境的总影响<br>· 环境事件指数<br>· 无事故排放<br>· 经营环境指数 |
| 2. 安全和健康目标 | 指标 |
| 安全和健康 | · 每百名员工可记录职业安全与健康标准（OSHA）事件数量<br>· 每百名员工事件数量<br>· 每 200 000 工时失去的工作日 |

续表

| 3. 员工雇佣目标 | 指标 |
| --- | --- |
| 员工多样化 | ・各种职业中妇女和少数民族的百分比<br>・当地人担任地区负责人的比率 |
| 4. 社区投资目标 | 指标 |
| 社区投资 | ・对社区非营利组织的货币贡献<br>・企业员工为社区提供的支援活动<br>・来自基金管理者和社区资助项目管理者的产出和成果数据 |

### （四）学习与成长指标

对于员工能力和协同、信息技术、组织气氛和文化等无形资产的衡量，一直是困扰理论界和实务界的难题。但是，大家对无形资产的衡量原则具有清晰的认识。无形资产不应当用开发它们花费多少钱这一指标来衡量，它们的价值也不应当用对 HR 或 IT 资产的能力和价值的独立评估来决定。无形资产的价值源于它们如何与战略优先任务协调一致，而不是源于开发它们的成本或它们在独立情况下的价值。如果无形资产与战略严格一致，那么它们将为企业带来更大价值；反之，即使对它们投入更多的资金，也不会创造更多价值。无形资产与企业战略的协调一致程度，被称为无形资产战略准备度（Kaplan and Norton，2004）。无形资产战略准备度又具体细分为人力资本准备度、信息资本准备度和组织资本准备度。对无形资产战略准备度的衡量可以分为三个步骤：（1）描述无形资产。（2）协调和整合无形资产。（3）衡量无形资产。描述无形资产的常用指标如表 2-9 所示。

**表 2-9　描述无形资产的常用指标及释义**

| 无形资产 | 指标 | 释义 |
| --- | --- | --- |
| 人力资本 | 战略能力 | 执行战略活动所要求的技能、才干、技术诀窍等能力 |
| 信息资本 | 战略信息 | 支持战略所要求的信息系统、知识运用和基础设施能力 |
| 组织资本 | 企业文化 | 执行战略所需要的共同使命、愿景和价值的意识和内在化 |
| | 领导力 | 调动公司朝着战略发展的各级高素质管理者的可获得性 |
| | 协调性和一致性 | 组织各级的战略与目标、激励的协调性和一致性 |
| | 团队合作 | 知识、员工资产与战略潜力的共享 |

这些目标描述了重要的无形资产，为它们与战略的协调和整合提供了强有力的框架。利用战略工作组群、战略 IT 组合和组织变革议程可以将人力资本、信息资本和组织资本与内部流程进行协调和整合。本书重点阐述如何衡量无形资产。

衡量无形资产，可以利用公司在资产负债表中衡量有形资产和金融资产时所使用的原则。会计人员通过归类组织了资产负债表的资产方，如现金、应收账款、存货、房地产、厂房、设备和长期投资等。资产按流动性进行排列，流动性是指资产变现的容易程度。应收账款比存货更易于流动（快速变现），因为一般情况下，应收账款和存货在 1 年内变现，所以它们被称为短期资产。长期资产，顾名思义，是需要花费较长时间收回对它们的投资的资产。例如，房地产、厂房和设备，为把原材料转换为存货提供了能力，这些存货销售出去成为应收账款，最后变成现金。但是，在收回初始长期投资之前，需要进行许多次这样的转换。

通过增加销售收入和降低花费，平衡计分卡战略地图框架可以帮助人力资本、信息资本和组织资本表现为最终转换为现金或流动资产的资产。战略准备度可以用来衡量无形资产支持企业战略的程度。战略准备度与流动性雷同，准备度越高，无形资产协助创造现金的速度就越快。

只有当内部流程创造了更高水平的收入和利润时，战略准备度才能转换为有形价值。组织不可能将一项有意义的财务价值归因于“士气高昂且训练有素的员工”等无形因素，因为有形价值只能来源于战略环境。从战略地图的财务层面来看，战略的成功执行对于收入增长是值得的，或对于股东价值是值得的。已实现战略准备度满意水平的员工是一个因素，但它只是帮助收入增长或股东价值创造得以实现的因素之一。因此，人力资本这种无形资产的准备度对于战略成功是必要条件，而不是充分条件。

无形资产衡量可以采用层层分解模型，与公司在资产负债表中衡量有形资产和金融资产的方法类似。资产负债表的一级项目，根据流动性对不同的资产进行归类，如现金、应收账款、存货、房地产、厂房和设备等。二级项目则表述了某一具体分类资产的组合，如应收账款可以包括以下次级项目：信用期内（短于 30 日）、逾期未付（30～60 日）、逾期未付（60～90 日）和逾期未付（超过 90 日）。

同样，存货可以分为原材料、在产品和完工产品等几个次级项目。每个次级项目的资产有不同程度的风险。最后，三级项目描述了特定资产（如：张三欠 5 290 元，是 30～60 日逾期未付款；公司拥有价值 6 000 元的钢材）。

把这一资产负债表模型用于无形资产，一级项目提供了人力资本、信息资本和组织资本这三种资产的总括信息；二级项目描述了每项无形资产如何与目标内部流程相结合的信息；三级项目描述了单项无形资产的特征。

表 2-10 提供的战略准备度报告样本显示了无形资产各层级发挥其战略作用的能力。公司必须评估表 2-10 中 6 项无形资产的地位，并把它们作为衡量战略准备度的指标。数字显示了公司在信息组合准备度方面存在主要缺陷；在新方向下使员工适应企业文化的教育和激励也是滞后的，这将对战略的执行进而对核心价值的实现造成可怕的障碍。

**表 2-10　战略准备度报告**

| 资产 | 目标 | 指标 | 目标值 | 实际值 |
|---|---|---|---|---|
| 人力资本 | 人力资本组合 | 战略工作准备度 | 75% | 65% Ⓨ |
| 组织资本 | 领导力 | 领导力差距 | 90% | 92% Ⓖ |
| | 企业文化 | 实现的核心价值 | 80% | 52% Ⓡ |
| | 协调性和一致性 | 战略认知度 | 80% | 75% Ⓨ |
| | 团队合作 | 共享最佳实践 | 75% | 80% Ⓖ |
| 信息资本 | 信息资本组合 | 信息组合准备度 | 95% | 70% Ⓡ |

## 思考题

1. 简述业绩评价指标的特征、分类与设计原则。
2. 简述业绩评价指标体系的时间结构。
3. 简述业绩评价指标体系的空间结构。
4. 简述建立业绩评价指标体系因果结构的步骤。

# 第三章
# 业绩评价标准

**学习目标**

1. 理解业绩评价标准的基本类型；
2. 了解标杆法的起源及其类型；
3. 掌握标杆法在业绩评价标准中的应用步骤；
4. 理解递进平均法；
5. 理解业绩评价标准选取的战略导向。

## 第一节　业绩评价标准的基本类型

业绩评价是通过一系列评价指标来进行的。那么，计算出的评价指标实际值必须与一定的标准值进行对比，才能判断经营业绩的好坏。因此，如何选择评价指标的判别标准，便成为一个十分重要的问题。墨菲（Murphy，2001）划分了"内部决定"业绩标准（如历史标准和预算标准）和"外部决定"业绩标准（如外部标准）。前者直接受到管理层当前或上年行动的影响，后者却不容易受到影响。

### 一、历史标准

历史标准是企业根据过去的业绩制定的标准。在进行业绩评价时，历史标准的具体运用方式有三种，即与上年实际比较、与历史同期实际比较、与历史最好水平比较。在与历史数据进行对比时，要注意剔除因物价变动、会计核算方法变更等带来的一系列不可比因素，以便合理评价企业经营业绩。历史业绩标准提供的信息可能符合财务会计的可靠性要求，但它对于企业经营管理者来说，相关性是不足的。具体表现为：在前后两个阶段的经营期内，经营环境可能已经发生变化，但历史业绩标准对此难以捕捉，并且历史业绩中可能含有不合理因素，以此为依据实际上认可了企业过去的不足，并将其不足作为合理成分延续到今天乃至今后。历史业绩标准表现出的“惯性定律”在竞争环境日益激烈、经营环境日趋变化的今天，很难维持有效性。此外，从激励角度来看，历史业绩标准还会产生“棘轮效应”（俗称鞭打快牛）。

比如某家公司的部门经理只有在利润比上年增加时才能拿到奖金，因此，结果自然是可以预见的，并且最终是不合规的：部门经理可能操纵向客户发货的时间以及采用欺骗手段预付客户并未得到的服务。在另一家公司，销售人员只有在客户订阅了比上年更多的企业信用报告服务时，才能赚取佣金。在 1989 年，这家公司面临着数百万美元的法律诉讼，因为销售人员通过夸大公司产品发挥的作用来欺骗客户购买更多的订阅服务。总之，历史业绩标准很难有效地适应战略管理对业绩评价的要求。

## 二、预算标准

预算标准是企业力争达到的业绩标准。企业事先确定的目标、计划、预算、定额、标准等都可以看作预算标准。通过与预算标准对比，可发现实际业绩与目标业绩之间的差距。预算标准的优点在于预算是从合理性出发，实际业绩与预算业绩的差异表明了公司某种工作中的不足，说明经营业绩未达到预期目标，从而便于深入分析其背后的原因。不足之处在于预算编制的主观性太强，未能适时监控外部经营环境的变化。20 世纪 90 年代以后，预算的作用日益减弱。许多跨国公司认为，预算具有淡化战略意识、难以促进企业业绩持续改善的缺陷。同时，编制预算又要耗费很多时间和财力，对公司的实际价值也不大。通用电气公司前总裁杰克·韦尔奇认为：“制定预算等于追求最低绩效，你永远只能得到员工最低水平的贡献，因为每个人都在讨价还价，争取制定最低指标。”大量的证据表明，基于公司预算建立的业绩标准产生了无效的激励，阻碍了预算编制流程。例如，阿迪兹（Adizes，1989）描述的典型预算谈判过程如下：

> 员工们竭尽所能来调低目标，从而保证他们的业绩绝不会低于预算标准。管理层自然不会接受这些低标准预算，他们能够自上而下地将其抬高，但是这会带来其他长期负面影响。它创立了一种不信任的氛围。下属（在任一级别）都将提出低预算目标，因为他们知道上级（在任一级别）将通过谈判来抬高预算标准。上司之所以通过谈判来抬高预算标准，那是因为他们假设下属提出了低预算目标。这是一群人你来我往地相互欺骗的开端。最终得到批复的预算并不能反映组织的真实能力或者市场的真实机会。这仅仅是组织中不同层级之间信任或不信任的一个写照。

类似地，在《财富》杂志上一篇题为《为何预算损害了企业》的文章中，斯图尔特和塔利（Stewart and Tully，1990）是这样总结的：

> 预算、预测、计划——不管你怎么称呼它们，你都无法逃脱这一年度仪式。对于追踪资金去向，预算可谓是一流的。当预算被要求发挥更大的作用时，也就是当预算变成管理层衡量业绩的主要工具，或者当它曲解了长期计划，阻碍管理者根据需要配置资源时，它们变得极不公正。然后，预算自身就成了追求的目标。管理者将雷达锁定在他们自己发出的信号上。“完成预算数字”使他们恣意践踏着企业目标……管理

者做出各种令人难以置信的蠢事来完成预算，尤其是在预算与薪酬激励之间存在利益攸关的关系之时。

从理论上来讲，在所有组织中，预算编制实际上是一种重要的规划与沟通工具，并形成了真实的且最终有用的预算，这需要来自整个组织内部纵向与横向的、不带任何偏见的信息。将管理层奖金与满足预算要求联系起来，不仅产生了激励效果，避免了管理者当前采取影响未来预算的行动，而且在预算谈判过程中带来了存在各种偏见和误导的信息。总之，基于预算的奖金制度首先动摇了预算的基本原理：汇集并传递有关组织的真实能力的信息。

目前，有些跨国公司已经放弃使用年度预算，改用“并行计划流程”（concurrent planning process）。这种方法兼顾企业长期利益，运用关键业绩指标、滚动预测等更具灵活性的指标来衡量企业经营业绩。此外，还有机构认为，对预算的修修补补已不能适应企业战略目标的需要，于是提出了“超越预算”（beyond budgeting）的计划，旨在摆脱传统预算方法的束缚，从而形成能适应战略部署、规划、资源配置和业绩管理等更具现实意义的新方法。

传统预算与激励机制的紧密联系是其在西方企业遭到批评的一个重要原因。20 世纪 90 年代以来，西方企业预算管理理论在我国得到推广，并且呈现出方兴未艾之势。这与预算在西方的遭遇并不相同。根据笔者的调查，国内许多企业并未将预算管理与业绩评价挂钩，更多地还是停留在预算编制阶段。

## 三、外部标准

外部标准是以其他企业业绩为评价依据。其困难在于：很难找到一个非常相似的横向比较对象。从同行业中挑选具有效率的可比企业作为业绩标准，事实上并非易事。第一，从哪里可以得到众多企业的资料供选择？第二，从何种角度认定它是可比对象？第三，各企业有各自的经营方式与理财方法，如果事先不对同业的财务资料内容进行深入了解，则实在难以选择究竟将哪些企业作为比较对象。有鉴于此，外部标准通常以行业标准来表示。

行业标准就是以企业所在行业的特定指标数值作为业绩评价的标准。在实际工作中，具体做法有多种：（1）本企业的业绩指标与同行业公认的标准指标对比。（2）与同行业的先进水平指标对比。（3）与同行业的平均水平指标对比。行业标准指标的比较有利于揭示本企业与同行业的差距。

墨菲曾对 177 家公司进行研究，将它们在激励机制中选用的业绩评价标准分为三组：以外部标准为主、以内部标准为主和内外部标准相结合。根据这个分类，有 20 家公司（11.3%）属于“以外部标准为主”、有 22 家公司（12.4%）属于“内外部标准相结合”。显而易见，绝大多数公司（135 家，76.3%）在制定年度激励计划中的业绩评价标准时更多地使用了内部标准，如预算标准、上年业绩或董事会确定的标准。在下列情况下，同行业绩这一外部标准将比上年业绩这一内部标准更加受到偏爱，原因包括：（1）衡量同行业绩的成本较低。（2）上年业绩比同行业绩的“噪声”更大。（3）上年业绩标准引起的激励功能紊乱问题难以解决。

## 四、目标设定理论与业绩评价标准选择

激励理论中的过程学派认为，通过满足人的需要实现组织的目标有一个过程，即需要

通过制定一定的目标影响人们的需要，从而激发人的行动。

最具代表性的是弗洛姆（Vroom）的“期望理论”。该理论认为，一个目标对人的激励程度受两个因素影响：

一是目标效价，指人对实现该目标有多大价值的主观判断。如果实现该目标对人来说很有价值，那么人的积极性就高；反之，积极性就低。

二是期望值，指人对实现该目标可能性大小的主观估计。只有当人认为实现该目标的可能性很大时，才会去努力争取实现该目标，从而在较高程度上发挥目标的激励作用；如果人认为实现该目标的可能性很小，甚至完全没有可能，那么目标激励的作用就小，甚至完全没有。

在弗洛姆之后，美国管理学家洛克（E. A. Locke）和休斯（C. L. Huse）等人又提出了“目标设置理论”。概括起来，该理论主要考虑了三个因素：

（1）目标难度。目标应该具有较高难度，那种轻而易举就能实现的目标缺乏挑战性，不能调动人的奋发精神，因而激励作用不大。当然，高不可攀的目标也会使人望而生畏，从而失去激励作用。因此，应把目标控制在既有较大难度，又不超出人的承受能力这一水平上。

（2）目标的明确性。目标应明确、具体，诸如“干好”“努力工作”等笼统空泛、抽象的目标对人的激励作用不大。而能够观察和测量的具体目标，可以使人明确奋斗方向，并明确自己的差距，这样才能产生较好的激励作用。比如，“生产 200 件合格产品”的要求就比“今天你要竭尽全力”好。

（3）目标的可接受性。只有当职工接受了组织目标，并将它与个人目标协调起来时，目标才能发挥应有的激励作用。为此，应该让职工参与组织目标的制定，这比由管理者将目标强加于职工更能提高目标的可接受性，可以使职工把实现目标看成自己的事情，从而增强目标的激励作用。员工也需要定期接受对其工作成果的反馈，以对自己的表现有所了解。如果对结果一无所知，员工就无法衡量自己的表现与所渴望的表现之间存在什么差异。

这些关于需要和目标的研究，都成为设计业绩评价体系必须考虑的因素，特别是激励的过程理论中提出的若干要求，对于设计有效的业绩评价体系具有指导意义。

目标设定理论与成就动机之间似乎存在矛盾：中度的具有挑战性的目标将激发成就动机，而目标设定理论则认为，设定具有一定难度的目标将产生更大的激励作用。其实这两种说法并不矛盾。首先，目标设定理论是针对一般大众而言的，而成就动机的结论仅仅基于高成就需要者。对于大多数人而言，更容易接受目标设定理论。其次，目标设定理论适用于那些承诺并接受工作目标的人。具有一定难度的目标只有被人们所采纳，才会产生更高的工作业绩。

## 第二节　运用标杆法选择业绩评价标准

### 一、标杆法的缘起

阿特金森（Atkinson）等人将业绩标准设定并归纳为四种类型：第一种是在预计作业

潜力的基础上设定过程业绩标准；第二种是在改善以往业绩的基础上设定过程业绩标准，可以采用持续改进法（continuous improvement）；第三种是将业绩标准建立在本行业中最好的经营者的基础上，可以选用标杆法（benchmarking）；第四种是选择满足或者超过客户期望的标准，即要考虑成为目标客户的第一供给者都需要满足哪些条件。

从竞争战略角度来看，企业应基于行业标杆来制定业绩评价标准。否则，只和自己的过去比，会使企业为业绩的些微提升而沾沾自喜，殊不知竞争对手已远远超越了自己。因而，处于竞争环境中的企业，急需引入标杆管理。

公元前 4 世纪，中国就已经有了标杆比较这一概念。中国古代著名军事家孙武在《孙子兵法》中写道："知己知彼，百战不殆。"数百年来，标杆成为国界勘察员的常用工具之一，勘察员把标杆当作确定本国与他国之间界线的一种主要参照点。从产品参照的角度来看，标杆比较法自 20 世纪初以来一直被当作了解和分析竞争对手的产品是如何制造出来的，以及产品性能如何的一种重要手段。第二次世界大战后，日本企业"周游"全球，对全球各种组织进行标杆扫描，将标杆比较概念发展到了一个全新的高度，在历史上第一次将标杆比较的关注点从产品本身转移到组织流程。自 20 世纪 60 年代以来，企业对标杆比较法的高度关注，起因于大多数美国企业的运营流程所存在的高额成本与低绩效这一突出矛盾。IBM 公司和施乐公司最早开始实施标杆管理，随后摩托罗拉、惠普、美国电话电报公司、波音公司等企业也将其作为改进绩效的工具。

标杆管理逐渐成为西方企业设立业绩标准、优化企业实践、调整经营战略的指导性管理方法。标杆管理已经在质量管理、成本管理、市场营销、人力资源管理、新产品开发等多个管理领域得到广泛应用，并不断开拓新的应用领域。在企业业绩评价中，运用标杆管理法，选择先进企业进行财务、作业指标的对比，对于不断优化企业业绩评价标准，改善业绩评价系统运行效率有重要的意义。

罗伯特·C. 坎普（Robert C. Camp）认为，标杆管理是组织寻求导致卓越业绩的行业最佳实践的过程，该定义为国际标杆管理中心所采用。① 詹姆斯·哈里顿（James Harrington）等人认为，标杆管理是一种鉴别、认识并创造性地发展关于优秀产品、服务、设计、设备、流程以及经营管理实践并用于改善组织实际绩效的系统方法。② 运用标杆管理法的两个最主要原因就是为组织设定目标以及确认组织如何才能达到所设定的目标。③ 标杆管理的应用领域集中于业务流程、机器设备、生产（制造）流程、产品与服务。④ 标杆管理专家斯彭多利尼（Spendolini）博士对 57 家实施标杆管理的企业进行了比较研究，归纳出一个包括五个步骤的标杆管理通用模型；管理会计实地研究专家丹·以利拿丹（Dan Elnathan）、托马斯·W. 林（Thomas W. Lin）和马克·扬（Mark Young）在已有研究文献和实务的基础上构建了标杆管理研究的基本框架。卡普兰和诺顿认为，标杆管理法试图为企业在各个孤立的业务流程方面建立宏伟的目标，这种各个击破的方式未必能导致财务

---

① Sik Wah Fong, Eddie W. L. Cheng, Danny C. K. Ho. *Benchmarking: A General Reading for Management Practitioners*. MCB University Press, 1998.

② 詹姆斯·哈里顿，等. 标杆管理. 北京：中信出版社，2003：12.

③ 詹姆斯·哈里顿，等. 标杆管理. 北京：中信出版社，2003：20.

④ 詹姆斯·哈里顿，等. 标杆管理. 北京：中信出版社，2003：18.

业绩的突破。而建立在因果关系上的平衡计分卡通过为每个指标设定挑战性目标值，可以有效弥补这方面的缺陷。

## 二、标杆的类型

詹姆斯·哈里顿等人将标杆划分为五种不同的类型，分别是内部标杆、外部竞争对手标杆、行业内标杆、跨行业标杆、内外部综合标杆。

### （一）内部标杆

内部标杆是各种标杆活动的起点。内部标杆活动是任何组织开始对外部进行考察之前所应该完成的工作。如果组织是第一次开展标杆活动，那么内部标杆法是探索标杆管理的一般运作流程，以及教会组织成员如何运用标杆的有效方法。对于那些存在许多小型业务单元或/和相对独立但所从事的活动比较相似的组织而言，运用内部标杆法的效果更为明显。

内部标杆流程包括以下内容：首先，对组织内部处于不同地理区域的事业单元进行考察，了解它们各自所从事的业务是否相同或相近。然后对观察到的各个业务单元的经营管理情况进行比较分析，以确定最佳管理实践。这种形式的标杆活动最容易实施，因为它不涉及任何安全问题或保密问题，同时，由于开展内部标杆活动花费不多且能获取非常详细的资料，因而内部标杆活动几乎成为其他各种标杆活动的前提条件和必备步骤。另外，内部标杆使某一业务单元可以从其他业务单元借用有经验的人员来帮助和指导自己实施未来状态解决方案（future-state solution，FSS）。

早在 1978 年，IBM 公司就发布了一道公司指令，要求其全球范围内的所有组织每年将那些对生产流程敏感的产品进行一次标杆瞄准，并且要求将这一方法推广到每一个任务执行层面，从而发现和理解各种细微的差别。在 IBM 公司位于加利福尼亚州圣何塞市的工厂，这一活动由包括生产工程师、检验工程师与产品工程师在内的相关人员所组成的质量工程小组专门负责实施。

### （二）外部竞争对手标杆

在那些竞争异常激烈，竞争对手各自的经营哲学、管理理念、发展历史迥然不同，以及受新技术、新方法冲击较大的行业中，运用外部竞争对手标杆法是非常有效的。倒序制造法与竞争对手产品采购分析都是这一方法的常用形式，而且无论是对生产硬件产品的企业来说，还是对提供软性服务的组织而言，这些方法都是非常重要和有效的。但是，组织要想顺利实施外部竞争对手标杆瞄准并获得预期的效果，就必须在标杆方面积累相当丰富的操作经验。

外部竞争对手标杆法包括倒序制造法与竞争对手产品采购分析，要求组织对竞争对手的产品、服务、流程等进行详尽的分析，常用的方法就是购买竞争对手的产品与服务，并对其进行认真分析，以寻求产品和服务的竞争优势。

起初，一些组织对运用这一方法所涉及的行业道德问题表示担忧，然而，在市场竞争如此惨烈的今天，少有组织能在对其竞争对手的产品和服务缺乏全面、深刻的了解和把握的情况下，在市场竞争中立于不败之地，甚至一些世界巨头如 IBM 公司、施乐公司、通用汽车公司、惠普公司都热衷于探讨并运用这一方法。事实上，大多数汽车制造商都采购竞争对手的产品，将其进行拆分和比较，从而找出竞争对手的产品设计与装配方式与自己相比有何不同。

通常，组织都要对竞争对手的产品和服务进行全面、认真、细致的分析，找出竞争对手产品和服务的优势与劣势，从而对组织自身的产品和服务进行改进。一个全面的竞争对手标杆瞄准流程不仅关注与产品或服务本身相关的方面，而且应对各种关键信息进行研究。例如：通过对产品包装、操作手册、服务指南以及运输方法等各个方面进行分析，可以为组织提供大量非常有价值的信息。

**（三）行业内标杆**

行业内标杆是指将标杆比较的项目与全球范围内最优秀的组织［按照通用的行业划分标准所划分的行业（如银行业、保险业、医疗保险业、电子行业等）中的最好组织］中的相应项目进行对比。由于与竞争对手分布于不同的行业，因而这种标杆比较所涉及的标杆项目在标杆比较组织与被比较组织之间并没有直接的利益（或顾客）冲突。当组织认为与同行业中相关但非直接的竞争对手进行标杆比较可以获取某些信息的时候，通常会采用这种标杆比较法。另外，采用行业内标杆比较法的组织也应熟练掌握标杆瞄准的基本原理与操作方法。

**（四）跨行业标杆**

跨行业标杆将标杆比较流程扩展到具体的组织或行业之外，也就是说，这种标杆比较方法将非相关行业也纳入标杆比较的范围之中。事实上，组织中的许多业务流程（如库存管理、供应商管理、客户管理、广告与雇佣等）在不同的行业中都是相似的，因此，运用标杆比较法对这些项目进行比较，尤其是对不同行业的同一项目进行标杆比较，对组织的参考价值更大。通过对不同行业进行标杆比较，将发现全新的管理方法与实践，从而有助于对组织的产品、服务或流程实施变革与创新，使它们成为行业最佳。

**（五）内外部综合标杆**

最常用的标杆法就是内外部综合标杆法，它是对外部竞争对手标杆法、行业内标杆法以及跨行业标杆法的综合运用，效果更为理想。

在对各种标杆进行了基本介绍之后，我们在表 3-1 中对它们进行对比。

**表 3-1　不同标杆之间的对比**

| 标杆类型 | 未来状态解决方案所需的实施时间 | 标杆比较的合作伙伴 | 结果 |
|---|---|---|---|
| 内部标杆 | 1～4 个月 | 组织内部 | 重大改进 |
| 外部竞争对手标杆 | 6～12 个月 | 没有 | 比竞争对手更好 |
| 行业内标杆 | 10～14 个月 | 同一行业中的组织 | 重大案例等 |
| 跨行业标杆 | 12～24 个月 | 世界范围内的所有行业 | 改变游戏规则 |
| 内外部综合标杆 | 12～24 个月 | 世界范围内的所有行业 | 强中之强 |

任何一种标杆都不是尽善尽美的，不同类型的标杆各有利弊。因此，组织在实际选择并运用时，应对每一种标杆进行综合权衡。

## 三、标杆法对传统业绩评价标准设定的改进

标杆管理的发展使业绩评价标准有了很大进步。首先，标杆管理为企业管理者提供了

一套可以用于任何评价标准的方法，即这套方法既可以用于财务评价标准，又可以用于非财务评价标准，但是以非财务评价标准为主。其次，标杆管理具有转变管理层思维模式和视角的作用。标杆管理包括找出某些作业、功能或工作中表现最佳的同行业竞争者或其他行业的公司，然后用本公司的业绩与之对比。这种从外部入手的方法可以使人们了解以前被认为不可能做到的改进。相反，那种把公司本期业绩与前期业绩和本期预算相比较，或是比较企业内部各部门业绩的内部评价标准方法则很少有这种效果，而且这些注重公司内部对比的方法还有使公司将过多的精力投入公司内部竞争而非外部市场竞争的弊病。

标杆管理的运行原理说明，标杆管理本身就是一个业绩标准设定过程。就业绩标准而言，标杆管理与其他标准设定过程相比，有许多不同之处。

**（一）外部导向性**

标杆管理的业绩标准一般是参照组织外的行业或跨行业的最优基准。之所以如此，是因为标杆管理的出发点就在于：组织认为外部其他组织在经营过程、技术、产品质量或成本方面比组织自身更加卓越。另外，传统的业绩标准设定存在的最大问题是不能准确把握外部环境的变化，而标杆管理作为一种标准设定过程能不断地追踪外部客观环境的发展变化。

**（二）统一性**

一个统一的业绩评价标准一直是业绩评价系统的重要内容。从单位成本到投资报酬率再到非财务指标的发展，有关业绩评价标准的研究一直在不断进行。标杆管理就是在某个职能领域内找出卓越的领导者或创新者，然后将他们的做法与自己的做法进行比较。这种比较之所以可行，是因为所谓“卓越”往往具有共通性。这种具有共通性的业绩标准可以适用于任何企业——不管是竞争对手还是非竞争对手，不管是大型企业还是小型企业。

**（三）层级性**

标杆业绩标准不同于传统业绩标准的地方还在于它具有层级性。斯彭多利尼将标杆划分为四个等级。在实际应用中，标杆业绩标准至少可划分为三级：行业最优标准、全国最优标准、全球最优标准。处于不同生存或发展阶段的企业可根据自身经营状况选择相应的业绩评价标准，从而对自身形成较为清晰的认识。

**（四）现实性和有效性**

标杆设定要考虑现实性与有效性之间的平衡。首先，标杆业绩标准是其他企业已经实现的、客观存在的，是企业经过努力可以达到的。其次，标杆业绩标准是企业员工参与标杆管理活动的结果，他们对于该工作标准的设定不会有任何不满与冲突，且他们对实现标准的欲望与企业自身的目标是一致的。

**（五）考虑不可控因素**

标杆业绩标准是一种相对业绩标准，它采用行业先进水平或跨行业最优水平作为评价标准的目标值。这种标准可以过滤系统性不可控因素的影响，增强业绩评价与努力水平的相关程度。这种比较方式可以用于综合性财务指标，也可以用于技术性非财务指标。

## 四、标杆法在业绩评价标准确定中的应用步骤

标杆法在业绩评价标准确定中的应用步骤为：

### （一）设定标杆目标

标杆管理是一种直接的、中断式的渐进管理方法，运用标杆法设定业绩标准时，企业必须在坚持系统化思想、追求总体最优的同时，根据获益的可能性确定标杆的内容、环节和先后顺序。企业通过检查业务流程，识别、确定标杆管理内容的关键因素和变量，并结合企业实际执行结果与管理者期望存在的差距，从中选定最需要改善的目标。

### （二）寻找标杆对象

设定标杆目标后，就要选择理想的标杆对象进行瞄准。选择的对象一般是同行业企业，包括竞争对手及潜在竞争对手，选择的标准有三个：一是在瞄准的内容方面具有卓越业绩，在某行业中居于领先地位；二是与本企业或部门有相似的特点，具有可比性和兼容性；三是标杆对象应随企业组织的变化和外在环境的发展而不断更新调整。

### （三）收集数据资料

要围绕确定的标杆目标，收集能充分反映本企业标杆目标内容现状的数据资料，包括标杆对象所取得的绩效，达到优良绩效的方法、措施和管理诀窍等，这些资料的来源包括政府统计部门、数据库、咨询公司、标杆对象的客户和雇员等。

### （四）构建学习机制

收集到标杆对象的有关资料后，要将本企业指标与标杆指标进行全面比较，找出差异，提出缩小差异的行动计划与方案。从本质上看，标杆管理是一种面向实践、面向过程的以方法为主的管理方式。尽管财务指标更多地体现为一种结果，但结果的实现有赖于具体的作业环节、流程。运用标杆法确定财务业绩目标值的过程本身应成为企业学习最佳实践以求提高自身的过程，而学习最佳实践实际上是隐性知识的发现和转移过程。企业必须根据知识的可转移性，认真评估影响最佳实践转移的因素，进行制度和流程的优化，如此才能实现根据外部标杆所确定的预算目标。

### （五）确定业绩评价标准值

外部标杆仅仅是为企业业绩评价标准的确定提供了一个基本的参照，不能直接作为业绩评价指标的目标值，否则就曲解了标杆管理的思想实质，会导致企业经营、战略、管理模式的雷同。企业必须在学习标杆管理理念的基础上，确立适应自身的管理理念；在学习标杆战略的基础上，突出自身优势；在学习标杆技术的基础上，进行自身技术创新；在学习标杆组织优势的基础上，进行自身组织创新。然后根据比较、分析的结果以及所拟定的减少或消除不利差异措施的预计成本和收益，确定以外部标杆为基准的预算指标目标值。

标杆法为企业确定了一个可信、可行的预算目标，且具有较强的说服力和可操作性，但与其他确定预算指标目标值的方法相比，标杆法的过程比较复杂，且标杆对象往往是竞争对手，获取它们的资料比较困难，所以企业在运用该方法时，应综合考虑自身所处经营环境和现实可行性。

## 五、对标杆法的评价

基于标杆法确定的竞争标准是一项外部标准，它是在收集同行业最好的公司的财务、市场、经营等相关资料的基础上制定出来的，是为了实现战略目标而制定的评价标准。在竞争日益激烈的时代，企业必须关注外部竞争对手的变化，学习竞争对手的长处，才能生存、发展和壮大。但是标杆法也有其自身局限性，具体如下：

**（一）标杆法主要针对非财务指标设定评价标准**

标杆法虽然可以用于所有评价标准的制定，但主要以产品、服务、流程等非财务指标评价标准为主。因为标杆管理最终要解决企业存在的问题，所以更加关注操作层面的非财务指标。即使关注财务指标，也只是将其作为问题切入点探求原因，比如当年美国施乐公司发现本公司生产的复印机成本要远高于竞争对手日本公司的销售价格，于是从财务指标入手寻找原因。但是，标杆管理的思想也可以为财务指标确定评价标准，还为找到财务指标与非财务指标之间的联系提供了解决方法。

**（二）标杆法主要针对局部业绩改善**

标杆法对局部业绩的改善起到了积极作用，但是缺乏全局观，而这正是战略导向所要求的。

综上所述，在确定各项评价指标的评价标准时，可以借鉴标杆管理的思想，使各项评价标准始终以战略为导向。通过标杆法确定的评价标准，最终必须融入全面预算管理过程，才能转化为执行标准。

## 第三节　运用递进平均法确定业绩评价标准

现实中，有许多企业无法应用外部标杆，比如垄断行业的企业。但是，在这些企业可以运用内部标杆。本节介绍一种在设定内部标杆时较为简便的方法——递进平均法。顾名思义，递进平均法就是将递进与平均的思想结合起来确定业绩评价标准值。“递进”要反映出业绩标准值档次的变化，“平均”要反映出每一档标准值都是对应数据范围的平均数。下面对递进平均法进行介绍。

### 一、定义业绩评价标准值档次

每项业绩评价指标的标准值可以分为优秀值、良好值、平均值、较低值、较差值 5 个档次，其中：

• 优秀值表示企业的最高水平；
• 良好值表示企业的较高水平；
• 平均值表示企业的总体平均水平；
• 较低值表示企业的较低水平；
• 较差值表示企业的最低水平。

将评价标准细分为 5 个档次，能提高标准值曲线的平滑程度，减少评价误差，使评价结果更加客观、准确。

### 二、具体测算业绩评价标准值

递进平均法的基本思路为：

（1）计算所有测算指标样本数据的平均值，将其作为评价标准值的“平均值”。

（2）在所有测算指标样本数据中，筛选出大于“平均值”的样本数据，计算出这些样本数据的平均值，作为评价标准值的“良好值”。

（3）对样本数据进行进一步的筛选，挑选出大于“良好值”的样本数据，计算其平均值，作为评价标准值的“优秀值”。

（4）同样计算出评价标准值的“较低值”和“较差值”。

## 三、递进平均法举例

下面以某企业集团内部业绩评价为例，来说明如何运用递进平均法。该企业集团总共有八个下属单位。下面以总资产周转率为例，来说明该指标标准值的制定与测试，如表 3－2 所示。

**表 3－2　采用递进平均法计算五档标准值**

| 总资产周转率 | 优秀值 | 良好值 | 平均值 | 较低值 | 较差值 |
|---|---|---|---|---|---|
| 0.389 | 0.477 | 0.477 | 0.477 | 0.338 | 0.254 |
| 0.416 | 0.416 | 0.416 | 0.416 | 0.254 | 0.189 |
| 0.382 | 0.893 | 0.389 | 0.389 | 0.189 | 0.443 |
| 0.254 | **0.447** | 0.382 | 0.382 | 0.781 | **0.222** |
| 0.361 | | 0.361 | 0.361 | **0.260** | |
| 0.338 | | 2.025 | 0.338 | | |
| 0.189 | | **0.405** | 0.254 | | |
| 0.477 | | | 0.189 | | |
| | | | 2.806 | | |
| | | | **0.351** | | |

在表 3－2 中，最左侧一列为企业集团八个下属单位的总资产周转率上年实际值。五档标准值的确定过程如下：

（1）计算 8 个实际值的平均数，得到实际值为 0.351。

$$(0.477+0.416+0.389+0.382+0.361+0.338+0.254+0.189)\div 8=0.351$$

（2）在 8 个实际值中筛选出 5 个超过平均值 0.351 的实际值，计算其平均数，得到良好值为 0.405。

$$(0.477+0.416+0.389+0.382+0.361)\div 5=0.405$$

（3）在 8 个实际值中筛选出 2 个超过良好值 0.405 的实际值，计算其平均数，得到优秀值为 0.447。

$$(0.477+0.416)\div 2=0.447$$

较低值和较差值的计算过程略。

## 四、对递进平均法的评价

1999 年 6 月，由财政部等四部委联合颁布并实施的《国有资本金效绩评价规则》规定采用递进平均法测算业绩评价标准值。作为外部评价方法，递进平均法在客观评价以及横向比较方面具有科学性。在企业内部业绩评价中，也有一些企业集团效仿了这种做法。但是，企业内部业绩评价的目的是实现企业战略目标，恐怕历史标准难以担当此重任。下面我们从技术层面和管理层面对递进平均法进行分析。

**（一）技术分析**

国有资本金效绩评价侧重于不同参评对象之间的可比性，因此，按照递进平均法确定的业绩评价标准使参评对象的业绩呈现出正态分布。如果用图形来表示，业绩评价标准近似为一条直线。将前文的案例用图形表示，如图 3-1 所示。

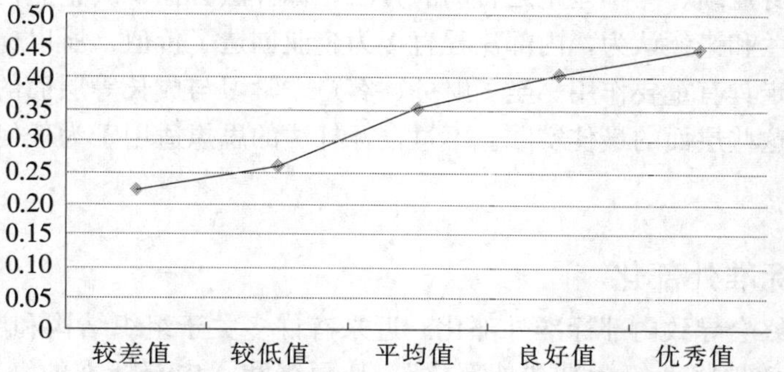


**图 3-1　采用递进平均法设定的评价标准值**

**（二）管理分析**

由前文的分析可知，历史标准容易使管理者平滑各年利润。同时，它也无法有效反映企业业绩提升与管理者努力程度之间的关系。整个业绩评价标准走势接近一条直线，无法体现出挑战性，因为业绩提升与努力程度之间不是线性关系，随着业绩不断提升，需要付出的努力和代价增大，反映在图形上应该是“高斜率”。因此，业绩评价标准走势应该是斜率不断增大的曲线或折线。

尽管利用递进平均法确定历史业绩标准存在种种缺陷，但是递进平均法中的“递进”和划分“多档”业绩评价标准的思想，对战略主导型业绩评价指标的设定具有积极意义。

## 第四节　业绩评价标准选取的战略导向

从技术层面来看，财务主导型企业业绩评价系统在业绩评价指标体系、业绩评价标准以及业绩评价方法方面已相当完善。战略管理对传统业绩评价指标体系的要求导致业绩评价指标体系实现了极大突破。那么，是否只要在财务主导型企业业绩评价系统中增加非财务指标，业绩评价标准和评价方法就可以保持不变呢？答案是“否”。从以往的研究来看，业绩评价标准的选择主要表现为两种导向：战略导向和激励导向。前者是为了实现企业战略目标，后者是与激励机制挂钩。从根本上来看，后者也是为了实现前者。有些企业将两者进行了有机结合，比如顺丰速运在设计并实施平衡计分卡时，全国各个分公司采用了统一的评价指标体系，但是依据各地的客户月贡献度指标为各地员工制定了相应的业绩评价标准，这样做保证了各个下属分公司之间的可比性，也达到了激励相容的效果。从技术层面来看，非财务指标与财务指标有许多属性（如数据获取方式）方面的差异，因而在业绩评价标准的设定上也不尽相同。因此，本章将专门讨论战略主导型业绩评价系统中如何设定业绩评价标准的问题。

## 一、运用标杆法设定业绩评价标准值

标杆法就是先确定企业某些职能领域的业绩评价指标，然后找出在这些特定领域内表现卓著的其他组织，比较本企业与这些组织之间的业绩差距，并通过分析其内部流程的做法来达到改善自身业绩、缩小差距之目的的方法。标杆法旨在解决企业内部流程方面出现的问题，而卡普兰和诺顿认为，内部流程直接为企业创造了价值，所以标杆法对内部流程指标的标准值设定具有重要作用。至于财务、客户、学习与成长等层面的指标，目前还很少看到标杆法在这些层面的最佳实践。不过，标杆法的思想适用于为任何指标设定评价标准值。

## 二、内部标准外部化

标杆管理最终会导致内部标准外部化。近来有许多关于组织结构和激励设计的创新，这些创新富有成效地将业绩标准“外部化”，从而缓和了内部标准的潜在问题（Stewart and Glassman，1988），也就是将业绩标准建立在超出管理者直接控制范围的客观衡量指标上。例如，在杠杆收购（LBO）和其他高负债经营的组织中，“完成预算”这一目标被“产生充足的现金流量来维持偿债能力”这一目标取代（Baker and Wruck，1989）。类似地，就基于预算的内部控制系统在大型多元化企业中发挥的重要作用而言，对完成预算的关注随着分拆和剥离的增加而减少。在公用事业和资源再生行业，相对业绩激励计划的普遍性日益增强，“优于行业水平”取代了“完成预算”。同样，在使用 EVA 来衡量业绩的公司或部门，“预算基础”目标被“产生超过资本成本的现金流量”这一目标取代。使用“长期标准”的激励计划，如迪士尼公司已废除的对超过固定业绩底线的利润按 2%奖励 CEO 的激励计划，也外部化了业绩标准。

## 三、用平衡计分卡将各个评价标准值协调一致

理论和实践都说明，局部最优未必能实现整体最优。各个部门设定的挑战性目标值未必能实现企业的战略性突破。平衡计分卡战略地图通过描绘各个战略目标之间的因果关系，也在业绩评价指标体系之间建立起了因果关系。平衡计分卡四个层面的指标之间的因果关系是建立在上下一致、齐心协力的组织氛围的基础之上的，它不同于财务评价指标体系之间完全量化的公式化关系，也不同于传统财务主导型企业业绩评价系统的层级管理控制基础。

## 四、设置多档业绩评价标准值

国有资本金效绩评价通过对 20 多万户企业上年历史数据进行分析，最终将评价标准划分为优秀值、良好值、平均值、较低值和较差值五档。从确定评价标准值的基础数据来

看，全部都是历史数据。而战略导向就是要面向未来，具有前瞻性，通过竞争分析，确定发展战略，最终实现长期目标。因此，基于历史数据的评价标准难以奏效，并且即使是优秀值也难以为企业找到追赶的对象。但是，设置多档业绩评价标准不失为一个好选择，它可以有效处理战略导向与激励导向之间的矛盾。此外，从经营安全角度来看，企业可以设置警戒值；从横向比较角度来看，企业可以采用行业标准值；等等。

### 五、业绩标准设定的流程化

在上述所有案例中，这些组织继续使用预算来规划和沟通目标，但是不再使用预算来确定业绩和决定奖金。从墨菲的分析我们可以看出，预算标准作为激励计划的组成要素确实会带来许多问题，进而影响企业战略目标的实现。所有关于预算缺陷的讨论，如编制周期过长、讨价还价、盈余操纵、棘轮效应等，归根结底都与业绩评价标准有关。传统预算中的业绩评价标准设定所存在的问题似乎又完全归因于财务评价指标。因而，本书超越预算理论提出以标杆法、平衡计分卡等方法来替代传统预算机制。预算最突出的优点是用系统化的方法来达到规划和沟通的目的，而不仅仅是业绩评价。卡普兰和诺顿在《战略中心型组织》一书中提出了完善传统预算管理的思路，为业绩评价标准设定与预算管理找到了一条途径。该书向读者传达了一个重要信息：战略行动方案是方法而非目标。许多企业在建立平衡计分卡时，常于此处犯错误。它们惯于采用的战略规划流程是：战略→行动方案→评价指标（行动方案的完成程度与成本的衡量）→预算。采用这一流程的企业，其战略规划主要包含一串行动方案的清单，并以行动方案在推动时间及成本上的里程碑作为内部作业的衡量依据。卡普兰和诺顿认为，这样的规划流程是本末倒置的。战略并非对行动方案的管理。正确的战略规划流程应为：战略→目标→评价指标→各指标的评价标准→战略行动方案→预算。在此战略规划流程中，行动方案是用来协助实现战略目标的，其本身并非目的。通过此流程，业绩评价标准设定将与预算过程有机地结合在一起。

## 思考题

1. 简述业绩评价标准的类型。
2. 简述标杆法的起源与类型。
3. 简述标杆法在业绩评价标准确定中的应用步骤。
4. 简述递进平均法在业绩评价标准确定中的应用步骤。
5. 从战略角度说明业绩评价标准选择。

# 第四章

# 业绩评价技术

**学习目标**

1. 掌握数据规范化处理方法；
2. 掌握指标计分方法；
3. 理解权重确定方法；
4. 了解多指标综合评价方法；
5. 掌握功效系数法模型。

业绩评价技术包括数据规范化处理方法、指标计分方法、权重确定方法和多指标综合评价方法等内容。

## 第一节　数据规范化处理方法

### 一、定量指标同向化处理

根据企业目标选取的评价指标，可以分为效益型指标、成本型指标和适度指标等。指标值越大越好的指标为效益型指标，反之为成本型指标；适度指标是指与某一最合适的值的偏差越小越好的指标。比如，销售利润率、资产利润率属于效益型指标；应收账款周转期为成本型指标；资产负债率为适度指标。通常情况下，在评价时要将成本型指标和适度指标转化为效益型指标后再予以评价。

#### （一）成本型指标的处理

成本型指标 $x$ 转换为效益型指标，可选用的变换是：

$$x_i'=\frac{1}{x_i}\quad (x_i>0)$$

或者

$$x_i = M - x_i$$

或者

$$x_i' = \frac{1}{k + \max\limits_{1 \leqslant i \leqslant n} |x_i| + x_i} \tag{4-1}$$

其中，$x_i$ 为指标 $x$ 的样本值，$M$ 为指标 $x$ 可能取值的最大值，$k$ 是选定的常数，且$k>0$。

**（二）适度指标的处理**

对适度指标 $x$，假定最合适的值是 $a$，与 $a$ 的偏差越大越不好，因此，$|a-x_i|$ 就反映了 $x_i$ 不好的程度，它就相当于一个成本型指标，于是

$$x_i' = \frac{1}{1+|a-x_i|}, \ i=1,2,\cdots,n \tag{4-2}$$

就是一个效益型指标。其中，$x_i$ 为指标 $x$ 的样本值。

如果适度指标的偏差在正负方向的作用是不对称的，那么用$|a-x_i|$来衡量就会有问题，可以用（$a-x_i$）或（$a-x_i$）$^3$ 乘以适当的系数来调整，例如用

$$2(a-x_i)+3|a-x_i| \tag{4-3}$$

来调整，当 $x_i<a$ 时，得 $5|a-x_i|$；当 $x_i>a$ 时，得$|a-x_i|$。这反映了 $x_i$ 偏小时影响大得多，$x_i$ 偏大时影响要小一些。用这些方法就可以比较适当地处理适度指标的转化。

## 二、无量纲化方法

业绩评价中选取的多个指标可能是异量纲的，而且数值差异较大，直接将它们加权平均是不合适的，也没有实际意义。去掉指标量纲的过程，称为无量纲化（也称为数据的规格化），它是指标综合的前提。如果把指标无量纲化以后的数值称为指标评价值，那么无量纲化过程就是把指标实际值转化为指标评价值的过程，无量纲化方法就是指实现这种转化的方法。从数学角度看，就是要确定指标评价值依赖于指标实际值的一种函数关系式。无量纲化方法有多种，其中直线型无量纲化方法对实际值按照相等的比例进行改变，常用的直线型无量纲化方法有以下几种：

**（一）阈值法**

阈值也称临界值，是衡量事物发展变化的一种特殊指标值，比如极大值、极小值、满意值、不允许值等。阈值法是用指标实际值与阈值相比以得到指标评价值的无量纲化方法，其主要公式及特点等如表 4-1 所示，其中 $n$ 为参评单位的家数。

**表 4-1 几种阈值法参照表**

| 序号 | 公式 | 影响评价值的因素 | 评价值范围 | 几何图形 | 特点 |
| --- | --- | --- | --- | --- | --- |
| 1 | $y_i = \frac{x_i}{\max\limits_{1 \leqslant i \leqslant n} x_i}$ | $x_i$，$\max\limits_{1 \leqslant i \leqslant n} x_i$ | $\left[\frac{\min x_i}{\max x_i}, 1\right]$ | 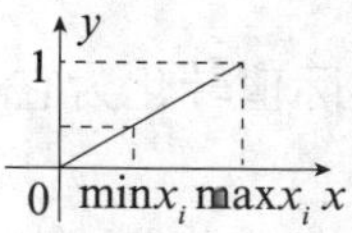 | 评价值随指标值增大而增大。若指标值均为正，则评价值不可能为零，最大指标值的评价值为 1 |

续表

| 序号 | 公式 | 影响评价值的因素 | 评价值范围 | 几何图形 | 特点 |
|---|---|---|---|---|---|
| 2 | $y_i=\dfrac{\max x_i+\min x_i-x_i}{\max x_i}$ | $x_i>0$<br>$x_i$，$\max x_i$<br>$\min x_i$ | $\left[\dfrac{\min x_i}{\max x_i}, 1\right]$ | 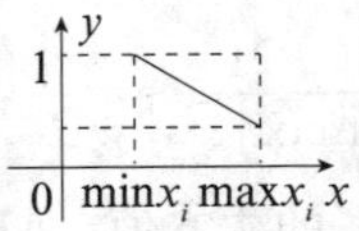 | 评价值随指标值增大而减小，适合于同时对成本型指标进行无量纲化和指标转化 |
| 3 | $y_i=\dfrac{\max x_i-x_i}{\max x_i-\min x_i}$ | $x_i$，$\max x_i$<br>$\min x_i$ | $[0, 1]$ | 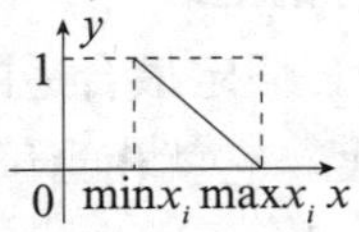 | 同 2 |
| 4 | $y_i=\dfrac{x_i-\min x_i}{\max x_i-\min x_i}$ | $x_i$，$\max x_i$<br>$\min x_i$ | $[0, 1]$ | 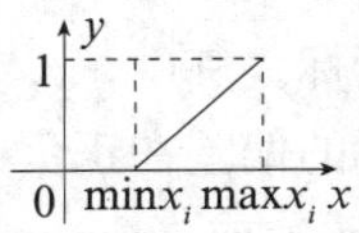 | 评价值随指标值增大而增大。最小指标值的评价值为 0，最大指标值的评价值为 1 |
| 5 | $y_i=\dfrac{x_i-\min x_i}{\max x_i-\min x_i}k+q$ | $x_i$，$\min x_i$<br>$\max x_i$，$k$，$q$ | $[q, k+q]$ | 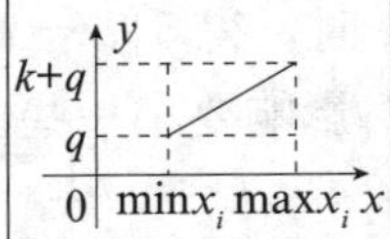 | 评价值随指标值增大而增大。最小指标值的评价值为 $q$，最大指标值的评价值为 $k+q$ |

这种归一化方法将数据缩放至 [0,1] 的范围内，并容易受极端值的影响。实际上在多数情况下，所有的指标值均大于 0，故以上所有公式都按 $x_i>0$ 处理。如果有部分 $x_i\leqslant 0$，那么公式仍然适用。最后两个公式实质上是相同的，只不过评价值的范围有所变化。可以用同样的方法将前几个公式的评价值范围变到我们希望的范围内。表 4-1 中的公式 2 和公式 3 适合用来处理指标体系中的成本型指标，比如经济效益评价中的成本类指标。当然，也可以事先将其转化为效益型指标，然后与其他指标一起无量纲化，这在后面还会谈到。在弄清这些公式的特点之后，就可以灵活选用或构造新的公式。需要再提及的是，如果所选取的评价指标都是效益型指标（或都是成本型指标），则在一次综合评价中对所有指标应采用同一种无量纲化公式；如果在评价中既有效益型指标，又有成本型指标，且不做成本型指标处理，则应分别采取两种相互对应的无量纲化公式。所谓相互对应的公式是指两种公式得到的评价值范围应是一致的，这样才可以进行综合。例如，表 4-1 中的公式 1 和公式 2、公式 3 和公式 4 都是相互对应的。将公式 3 稍做变形就可得到公式 5。经济效益评价中的功效系数法是对公式 4 的应用，即最大值、最小值分别取为满意值和不允许值。公式 5 是一种改进的功效系数法，$k$ 可以取 40，$q$ 可以取 60。

**（二）比重法**

比重法是将实际值转化为它在指标值总和中所占的比重，主要公式有：

$$y_i=\frac{x_i}{\sum_{i=1}^{n}x_i} \tag{4-4}$$

或者

$$y_i = \frac{x_i}{\sqrt{\sum_{i=1}^{n} x_i^2}} \tag{4-5}$$

式（4-4）适合指标值均为正数的情况，且评价值之和满足条件 $\sum_{i=1}^{n} y_i = 1$。式（4-5）适合指标值有负值的情况，一般情况下，指标评价值不满足 $\sum_{i=1}^{n} y_i = 1$，而满足 $\sum_{i=1}^{n} y_i^2 = 1$。

**（三）Z-Score 标准化**

根据统计学理论，如要对多组不同量纲的数据进行比较，可以先将它们分别标准化，转化为无量纲的标准化数据。综合评价就是要将多组不同的数据进行综合，因而可以借助标准化方法来消除量纲的影响。

Z-Score 标准化公式为：

$$x_i' = \frac{x_i - \overline{x}}{S} \tag{4-6}$$

其中，$\overline{x} = \frac{1}{n}\sum_{i=1}^{n} x_i$，$S = \sqrt{\frac{1}{n-1}\sum_{i=1}^{n}(x_i - \overline{x})^2}$。

指标实际值与评价值的关系如图 4-1 所示。

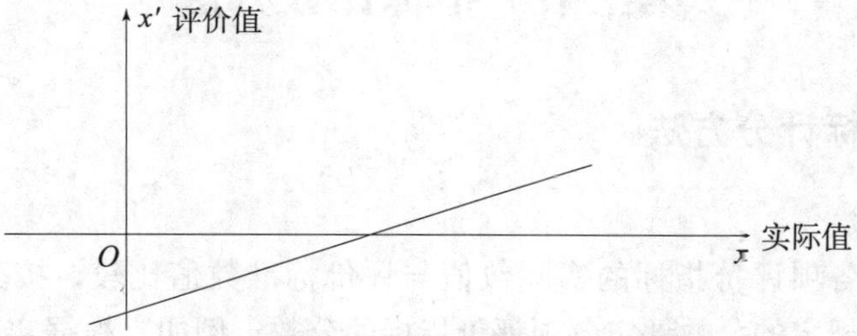


**图 4-1 指标实际值与评价值的关系**

可以看出，无论指标实际值如何，指标的评价值总是分布在 0 的两侧。指标实际值比平均值大的，其评价值为正，反之为负。实际值距平均值越远，则其评价值距 0 越远。这种方法与最小值-最大值归一化的不同之处在于：第一，它利用了原始数据的所有信息。第二，它要求样本数据较多。第三，它的评价结果超出了［0,1］区间，有正有负。为了更符合习惯，可以将其转化为百分数形式，用如下公式表示：

$$y_i = 60 + \frac{x_i - \overline{x}}{10S} \times 100 = 60 + \frac{x_i - \overline{x}}{S} \times 10 \tag{4-7}$$

上述公式也可以表示为图 4-2。

从图 4-2 可以看出，均值转化为 60 的评价值，超过均值的实际值转化为 60 以上的评价值，反之，小于均值的实际值的评价值在 60 以下。这种“百分数”还不同于一般的百分数，因为个别极端数值的转化可能超出［0,100］区间。另外，可以根据实际需要将均值转化为不同的评价值，如 50。

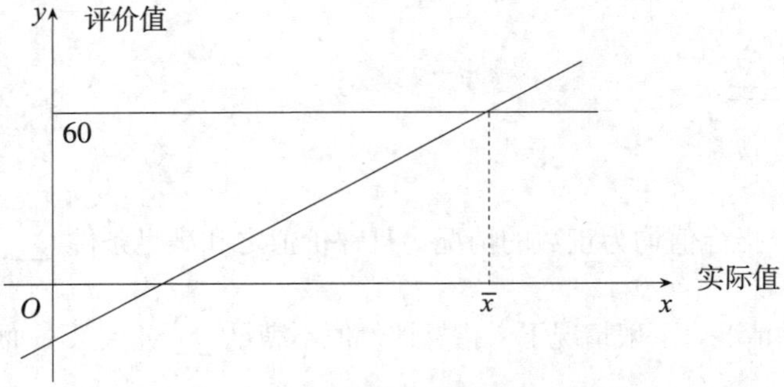


**图 4-2　百分数形式的标准化方法**

在本章后面几节介绍的综合评价的多元统计方法中，大多是用 Z-Score 标准化方法进行数据的无量纲化。

以上介绍了三种常用的直线型无量纲化方法，这些方法的最大特点是简单、直观。直线型无量纲化方法的实质是假定指标评价值与实际值呈线性关系，评价值随实际值等比例变化，也就是说，指标值在不同区间内变化对被评价事物的综合水平的影响是一样的，即在事物发展的前期和后期，指标值的相同变化量引起的评价值的变化量是相同的。而这一点与事物发展变化的实际情况往往并不符合，这也是直线型无量纲化方法的最大缺陷。

## 第二节　指标计分方法

### 一、定量指标计分方法

#### （一）分等评分

分等评分是将各项评价指标的实际数值与评价标准数值比较，按其实现程度划分等级，根据每个等级规定的分数评定各项评价指标的分数。例如，根据实际数值相比标准数值升降的情况，划分为进步、持平和退步三个等级。若评价指标实际数值好于评价标准，则为进步，评 10 分；若评价指标实际数值与评价标准一样，则为持平，评 5 分；若评价指标实际数值劣于评价标准，则为退步，评 0 分。

#### （二）比率评分

比率评分是按各项评价指标分别规定标准分数，根据评价指标实际数值实现标准数值的程度计算实现比率，评定各项评价指标应得分数。其计算公式如下：

$$\text{某项评价指标分数}=\text{某项评价指标标准分数}\times\frac{\text{某项评价指标实际数值}}{\text{某项评价指标标准数值}}$$

也可按评价指标实际值与标准数值的差距大小依一定比率扣分。比如，规定差距在10％以内的，给标准分数的 60％～90％；差距大于 10％的，给标准分数的 60％以下的分数，或按比标准数值低 1 个百分点扣 1 分等方法评分。

#### （三）功效系数法

功效系数法是指根据多目标规划原理，把所要评价的各项指标分别对照各自的标准，并根据各项指标的权重，通过功效函数转化为可以度量的评价分数，再对各项指标的单项评价分数进行加总，求得综合评价分数。功效系数法是一种常用的定量评价方法，其计算公式为：

$$单项指标评价分数=60+\frac{该指标实际值-该指标不允许值}{该指标满意值-该指标不允许值}\times 40$$

当采用功效系数法这种计分方法时，可根据需要灵活运用。比如，增加评价标准档次，将上述公式中的两档评价标准值（满意值和不允许值）增加到五档评价标准值（优秀值、良好值、平均值、较低值和较差值）。也可将上述公式中的基础分 60 分和调整分 40 分的固定比重，发展为变动的分配比重，从整体上提高评价的灵敏度和准确性。其计算公式为：

$$\begin{matrix}单项指标\\评价分数\end{matrix}=\begin{matrix}本档\\基础分\end{matrix}+\frac{该指标实际值-该指标不允许值}{该指标满意值-该指标不允许值}\times\left(\begin{matrix}上档\\基础分\end{matrix}-\begin{matrix}本档\\基础分\end{matrix}\right)$$

## 二、定性指标计分方法

综合分析判断法属于定性评价方法，指评价人员秉持独立、客观、公正的原则，利用其已有的知识、经验和分析判断能力，参照一定的标准，从不同侧面对评价对象进行质的分析，描绘出评价对象的总体特征的方法。

企业业绩评价体系中所应用的综合分析判断法，指评价人员根据评价对象的实际情况，按照评价工作制度的规定，充分发挥其知识、经验和聪明才智，综合考虑影响企业经济效益和经营者业绩的各种潜在因素或非计量因素，参照评价参考标准，对企业业绩评价指标体系中定性指标所反映的内容及其他相关因素进行深入、广泛的研究和分析，并以此形成评判意见，然后对评价人员意见进行综合，形成对评价对象全部情况的总体判断的方法。

# 第三节　权重确定

## 一、概念与分类

指标的权重就是在综合评价时对指标的重视程度。目前，关于权重的确定方法有数十种之多，根据计算权重时原始数据来源的不同，这些方法大致可分为三类：第一类是主观赋权法，它是根据决策者主观上对各个属性的重视程度来确定权重的方法，权重数据来自根据经验的主观判断。常用的主观赋权法有德尔菲法（专家调查法）、层次分析法(AHP)、G1 法。第二类是客观赋权法，该方法基于决策矩阵等客观信息，即根据属性值之间的相关关系或者属性值的变异程度来确定权重，不依赖于人的主观判断，如主成分分析法、熵权法、因子分析法、变异系数法等。第三类是组合赋权法，它将属性值反映出的信息以及决策者本身的主观信息结合起来，使得该赋权方法在使月时既能反映数据信息，又能反映专家经验，能够更好地符合客观事实。这种方法主要有熵权法与层次分析法的结合、熵权修正 G1 法等。三类赋权方法的对比如表 4-2 所示。

表 4-2 三种赋权方法对比

| 赋权方法 | 优点 | 缺点 | 代表 |
|---|---|---|---|
| 主观赋权法 | 运用决策者的经验和直觉 | 具有很大的随意性 | 德尔菲法<br>层次分析法 |
| 客观赋权法 | 从数据本身的特征获取权重，较客观 | 对所得权值的意义有时不能做出解释 | 主成分分析法<br>熵权法<br>因子分析法 |
| 组合赋权法 | 将决策者的主观意愿与数据的客观特征相结合 | 过程复杂，结果可能不如单一赋权法准确 | 熵权法与层次分析法的结合<br>熵权修正 G1 法 |

## 二、主观赋权法

目前对主观赋权法的研究比较成熟，这些方法的共同特点是：各评价指标的权重是由专家根据自己的经验和对实际的判断给出的。选取的专家不同，得出的权重也不同；这类方法的主要缺点是主观随意性大，这一点并未因采取诸如增加专家数量、仔细挑选专家等措施而得到根本改善。因而，在个别情况下，应用单一主观赋权法得到的权重结果可能会与实际情况存在较大差异。

该类方法的优点是：专家可以根据实际问题，较为合理地确定各指标之间的排序。也就是说，尽管主观赋权法不能准确地确定各指标的权重，但在通常情况下，主观赋权法可以在一定程度上有效地确定各指标按重要程度给定的权重的先后顺序。其中德尔菲法和层次分析法是具有代表性的主观赋权方法。

### (一) 德尔菲法

德尔菲法又称专家调查法，其特点在于：集中专家的经验与意见，确定各指标的权重，并通过不断的反馈和修改得到比较满意的结果。基本步骤如下：

(1) 选择专家。这是很关键的一步，专家选得好不好将直接影响结果的准确性。一般情况下，选本专业领域中既有实际工作经验又有较高的理论素养的专家 10～30 人，并需征得专家本人的同意。

(2) 将权重待定的 $n$ 个指标和有关资料以及统一的确定权重规则发给选定的各专家，请他们独立地给出各指标的权重值。

(3) 回收结果并计算各指标权重的均值与标准差。

(4) 将计算的结果及补充资料返还给各专家，要求所有专家在新的基础上重新确定权重。

(5) 重复上述第 3 步和第 4 步，直至各指标权重与其均值的离差不超过预先给定的标准，也就是各专家的意见基本趋于一致为止，以此时各指标权重的均值作为该指标的权重。

德尔菲法是一个调查、征集意见、汇总分析、反馈、再调查的反复过程，专家们处于互相不了解的隔离状态，每个人的信息都是他自己的知识、经验、专长以及调查机构反馈给他的汇总情况的集中体现，这就便于集中智慧。所以不少方法都或多或少地借鉴了这一思想，即通过反复比较、协调，取得较好的结果和比较一致的意见。

### （二）层次分析法

美国运筹学家 A. L. 萨提（A. L. Saaty）于 20 世纪 70 年代提出的层次分析法，是一种定性与定量相结合的决策分析方法。它是一个将决策者对复杂系统的决策思维过程模型化、数量化的过程。应用这种方法，决策者将复杂问题分解为若干层次和若干因素，在各因素之间进行简单的比较和计算，从而得出不同方案的权重，为最佳方案的选择提供依据。

1. 基本原理

层次分析法首先把问题层次化，按问题性质和总目标将此问题分解成不同层次，构成一个多层次的分析结构模型。问题于是变成最低层（供决策的方案、措施等）相对于最高层（总目标）的相对重要性权值的确定或相对优劣次序的排列问题。

2. 特点

（1）分析思路清楚，可将系统分析人员的思维过程系统化、数学化和模型化。

（2）分析时需要的定量数据不多，但要求问题所包含的因素及其关系具体而明确。这种方法适用于对多准则、多目标的复杂问题的决策分析，广泛月于地区经济发展方案比较、科学技术成果评比、资源规划和分析以及企业人员素质测评等。

3. 具体步骤

（1）明确问题；

（2）建立递阶层次结构；

（3）建立两两比较的判断矩阵；

（4）层次单排序；

（5）层次综合排序。

**［例 4—1］** 某企业设计了 A、B、C、D、E、F 共 6 项业绩评价指标，利用层次分析法确定权重的过程如下：

（1）建立评价量化等级表。

评价者要对 6 项指标进行两两比较，比较的结果可以采用表 4-3 的等级进行量化。

**表 4-3 评价量化等级表**

| 比较情况 | 比较结果 | 量化 |
|---|---|---|
| 两个指标同等重要 | 同等重要 | 1 |
| 据经验一项指标比另一项指标略微重要 | 略微重要 | 3 |
| 据经验一项指标比另一项指标更为重要 | 更为重要 | 5 |
| 事实证明一项指标比另一项指标更为重要 | 确实重要 | 7 |
| 理论经验与事实均表明其中一项指标比另一项指标明显重要 | 绝对重要 | 9 |
| 两项指标的情况介于上述相邻情况之间，并需要折中 | 取中间值 | 2，4，6，8 |

（2）填写比较表。

评价者对指标进行两两比较，并将比较结果填入表 4-4。

表 4-4 指标权重一览表

| 指标 | A | B | C | D | E | F | 权重 |
|---|---|---|---|---|---|---|---|
| A | 1 | 0.5 | 0.33 | 0.33 | 0.5 | 0.2 | 0.06 |
| B | 2 | 1 | 0.25 | 0.25 | 2 | 0.25 | 0.07 |
| C | 3 | 4 | 1 | 1 | 7 | 1 | 0.26 |
| D | 3 | 4 | 1 | 1 | 7 | 1 | 0.26 |
| E | 2 | 0.5 | 1 | 0.14 | 1 | 0.2 | 0.09 |
| F | 5 | 4 | 1 | 1 | 5 | 1 | 0.26 |
| 合计 | 16 | 14 | 4.58 | 3.72 | 22.5 | 3.65 | 1.00 |

说明：① 如果认为 B 比 A 稍微重要，则在 B 行 A 列交叉处给 B 记 2，在 A 行 B 列交叉处给 A 记 0.5。
② A 的权重＝(1/16＋0.5/14＋0.33/4.58＋0.33/3.72＋0.5/22.5＋0.2/3.65)/6＝0.06。其余依此类推。

## 三、客观赋权法

客观赋权法的原始数据来源于评价矩阵的实际数据，这使系数具有绝对的客观性，视评价指标对所有评价方案的差异大小来决定其权重的大小。

这类方法的突出优点是权重的客观性强，缺点是有时会与实际不符。在实际情况下，依据上述原理确定的权重，最重要的指标不一定具有最大的权重，最不重要的指标可能具有最大的权重。熵权法是具有代表性的客观赋权法。

熵权法通过研究数据本身分布的特征提取指标的意义，是定量研究中广泛应用的赋权方法。熵权法来源于信息熵的概念。信息熵与事件发生的不确定性成正比：事件的不确定性越大，所蕴含的信息量越大，对应的信息熵值越大。

就数据而言，指标数据分布越离散，指标的熵值越大。但是，影响越大的指标越集中地吸引数据分布，所以某项指标的信息效用来源于 1 与信息熵的差值，效用越大，权重越大。运用熵权法计算权重的基本步骤如下：

（1）计算熵值。

$A'=\begin{bmatrix} x'_{11} & x'_{12} & \cdots & x'_{1n} \\ x'_{21} & x'_{22} & \cdots & x'_{2n} \\ \vdots & \vdots & \ddots & \vdots \\ x'_{m1} & x'_{m2} & \cdots & x'_{mn} \end{bmatrix}$ 为规范化处理后的评价数据，共有 $n$ 个评价指标，$m$ 个评价对象，可得出各个指标的熵值为：

$$E(X_j)=-\frac{1}{\ln m}\sum_{i=1}^{m}x'_{ij}\ln x'_{ij}\text{，}j=1,2,\cdots,n \tag{4-8}$$

此外，需补充定义：若 $x'_{ij}=0$，则令 $x'_{ij}\ln x'_{ij}=0$。

（2）计算各指标的熵权值。

$$W_j=\frac{1-E(X_j)}{\sum_{k=1}^{n}[1-E(X_k)]}\text{，}j=1,2,\cdots,n \tag{4-9}$$

熵权值 $W_j$ 越大，则说明该指标所提供的信息量越大，表示其对综合评价的作用也越大。

## 四、组合赋权法

运用主观赋权法确定权重时，利用的是决策者的主观判断和直觉，所以对方案的评估可能有很大的主观随意性，也有可能受到决策者自身知识和经验水平的影响。而运用客观赋权法确定权重时，虽然利用了完善的数学理论，但有时不能充分解释权值的意义，还忽略了决策者的主观信息。由于主观赋权法与客观赋权法都有自己的优缺点，基于此，人们又提出了第三类赋权法：组合赋权法。这里介绍熵权法与层次分析法的结合这一组合赋权法。

假设根据层次分析法所得到的权值为 $W1$、根据熵权法所得到的权值为 $W2$，则组合权值 $W_j$ 符合下式：

$$W_j=\frac{W1_jW2_j}{\sum_{k=1}^{n}(W1_kW2_k)},\ j=1,2,\cdots,n \tag{4-10}$$

其中，下标 $j$ 代表第 $j$ 个指标的权重。

# 第四节　多指标综合评价方法

作为评价主体，企业都希望评价指标体系越简单越好，最好是只用一个指标就能进行全面的业绩评价，但实践中很少有企业只用一个指标进行评价。因此，现实中的业绩评价方法都是多指标综合评价方法。多指标综合评价方法具有以下特点（邱东，1991）：

- 包含若干个指标。
- 这多个评价指标分别说明被评价对象的不同方面，彼此间往往是异度量的，而且不存在一个统一的同变量因素。
- 这种评价方法最终要对被评价对象做出一个整体性的评判，用一个总指标来说明被评价对象的一般水平。

## 一、综合评分法

综合评分法是按照各项评价指标符合评价标准的程度，计算各项指标的评价分数，然后综合计算总得分，并据以进行综合评价的方法。其具体步骤为：(1) 选择具有代表性的评价指标。(2) 确定各项评价指标的标准值与标准评分值。(3) 计算各项评价指标的得分。(4) 综合计算评价总分。(5) 得出评价结论。下面重点介绍步骤 (3) 和 (4) 中所涉及的评分方法。

在计算出各项评价指标得分的基础上，对各项指标得分进行综合，得到评价总分。评价总分越高，评价结果越好。

1. 加法评分法

它是将各项评价指标所得分数累加，根据总得分进行综合评价。其计算公式如下：

$$S=\sum_{i=1}^{n}S_i \tag{4-11}$$

式中，$S$ 为总得分；$S_i$ 为某项指标的评价分数；$n$ 为评价指标数量。

2. 连乘评分法

它是将各项评价指标所得分数相乘，根据乘积进行综合评价。其计算公式如下：

$$S=\prod_{i=1}^{a}S_i \tag{4-12}$$

3. 简单平均评分法

它是将各项评价指标所得分数应用简单算术平均法计算平均分数，根据平均分数进行综合评价。其计算公式如下：

$$S=\frac{1}{n}\sum_{i=1}^{n}S_i \tag{4-13}$$

4. 加权平均评分法

它是按照各项评价指标在评价总体中的重要程度给予权重，应用加权算术平均法计算平均分数，根据加权平均分数进行综合评价。其计算公式如下：

$$S=\frac{\sum_{i=1}^{n}S_iW_i}{\sum_{i=1}^{n}W_i} \tag{4-14}$$

加权平均评分法突出了评价重点，考虑了各项评价指标对评价总体优劣的影响程度，有利于对企业经营业绩进行评价，因而应用较为广泛。

［**例 4—2**］　假定甲企业从四个方面共采用 10 项指标进行业绩评价，采用加权平均评分法综合评价企业的经营业绩。各项指标应用比率评分法评分。评分结果如表 4-5 所示。

**表 4-5　甲企业业绩评价综合得分表（比率评分法）**

| 指标 | 标准值 | 实际值 | 评分比率（%） | 权重（%） | 加权分数 |
|---|---|---|---|---|---|
| | ① | ② | ③=②÷① | ④ | ⑤=③×④ |
| 偿债能力指标 | | | | 28 | 29.64 |
| 流动比率 | 2 | 2.11 | 105.5 | 8 | 8.44 |
| 利息周转倍数 | 4 | 4 | 100 | 8 | 8 |
| 所有者权益比率 | 0.4 | 0.44 | 110 | 12 | 13.2 |
| 盈利能力指标 | | | | 36 | 38.9 |
| 销售净利率 | 8% | 9% | 112.5 | 10 | 11.25 |
| 投资报酬率 | 16% | 18% | 112.5 | 10 | 11.25 |
| 所有者权益报酬率 | 40% | 41% | 102.5 | 16 | 16.4 |

续表

| 指标 | 标准值 | 实际值 | 评分比率（%） | 权重（%） | 加权分数 |
|---|---|---|---|---|---|
| | ① | ② | ③=②÷① | ④ | ⑤=③×④ |
| 资产周转指标 | | | | 28 | 25.07 |
| 存货周转率 | 5 次 | 4 次 | 80 | 8 | 6.4 |
| 应收账款周转率 | 6 次 | 5 次 | 83.33 | 8 | 6.67 |
| 总资产周转率 | 2 次 | 2 次 | 100 | 12 | 12 |
| 发展能力指标 | | | | 8 | 10.67 |
| 销售增长率 | 15% | 20% | 133.33 | 8 | 10.67 |
| 合计 | — | — | | 100 | 104.28 |

由表 4-5 可见，该企业综合得分为 104.28 分，超过标准值（目标值或同业平均水平等），说明其经营业绩较好。其中，偿债能力指标、盈利能力指标和发展能力指标均超过评价标准值；资产周转指标低于评价标准值。具体来说，流动比率、所有者权益比率、销售净利率、投资报酬率、所有者权益报酬率、销售增长率 6 项指标超过评价标准值；利息周转倍数、总资产周转率 2 项指标与评价标准值持平；存货周转率和应收账款周转率 2 项指标低于评价标准值。因而，需要改进存货周转率和应收账款周转率指标。

## 二、综合指数法

综合指数法是根据指数分析的基本原理，计算各项经济指标的单项评价指数和加权评价指数，据以进行综合评价的方法。应用综合指数法进行企业业绩评价的具体步骤是：

（1）根据评价目的的不同要求，选择各项经济效益指标对比的标准数值。可选用各项目标数、计划数、上期数或同行业先进值作为评价标准值。

（2）将各项经济指标的实际数值与标准数值进行对比，计算各项指标的评价指数。在计算指数时，要区分评价指标的类型。评价指标可以分为效益型指标、成本型指标和适度指标。效益型指标是越大越好，如资产报酬率；成本型指标是越小越好，如存货周转天数；适度指标是适度最好，过大或过小都不好，如资产负债率。

（3）根据各项评价指标在企业经营业绩评价中的重要程度确定相应的权重。各项指标的权重不是固定不变的，可以根据不同时期的评价目的适当调整。

（4）用加权算术平均数指数公式计算综合评价指数，依据其数值大小综合评价企业经营业绩的高低。其计算公式如下：

$$S=\frac{\sum_{i=1}^{n}S_iW_i}{\sum_{i=1}^{n}W_i} \tag{4-15}$$

式中：S 为综合评价指数；$S_i$ 为某项评价指标函数；$W_i$ 为某项评价指标的权数；$n$ 为评价指标数量。当 $\sum_{i=1}^{n}W_i=1$ 时，$S=\sum_{i=1}^{n}S_iW_i$。

［例 4—3］ 以表 4－4 中的数据为例，应用综合指数法对该企业进行业绩评价的结果如表 4－6 所示。

表 4－6 甲企业业绩评价综合得分表（综合指数法）

| 指标 | 标准值 | 实际值 | 单项指数（%） | 权重（%） | 加权指数（%） |
|---|---|---|---|---|---|
| | ① | ② | ③＝②÷① | ④ | ⑤＝③×④ |
| 偿债能力指标 | | | | 28 | 29.64 |
| 流动比率 | 2 | 2.11 | 105.5 | 8 | 8.44 |
| 利息周转倍数 | 4 | 4 | 100 | 8 | 8 |
| 所有者权益比率 | 0.4 | 0.44 | 110 | 12 | 13.2 |
| 盈利能力指标 | | | | 36 | 38.9 |
| 销售净利率 | 8% | 9% | 112.5 | 10 | 11.25 |
| 投资报酬率 | 16% | 18% | 112.5 | 10 | 11.25 |
| 所有者权益报酬率 | 40% | 41% | 102.5 | 16 | 16.4 |
| 资产周转指标 | | | | 28 | 25.07 |
| 存货周转率 | 5 次 | 4 次 | 80 | 8 | 6.4 |
| 应收账款周转率 | 6 次 | 5 次 | 83.33 | 8 | 6.67 |
| 总资产周转率 | 2 次 | 2 次 | 100 | 12 | 12 |
| 发展能力指标 | | | | 8 | 10.67 |
| 销售增长率 | 15% | 20% | 133.33 | 8 | 10.67 |
| 合计 | — | — | | 100 | 104.28 |

## 三、图表法

为了集中观察各类评价指标达到与之进行对比的标准值的程度，从而便于评价企业业绩并指明改进方向，可以绘制企业业绩评价图，以反映企业经营业绩的总体情况。绘制的方法是：

（1）以一点为圆心，画三个同心圆，中圆和外圆的半径分别为内圆半径的 1 倍和 2 倍。

（2）按规定的评价指标类别，将圆等分为若干部分，并在内圆中注明指标类别。

（3）从圆心引出若干条直线，分别表示规定的各项评价指标。在直线上标明适当的刻度，将各项指标的最佳值标在直线与外圆交点处，各项指标的标准值标注在直线与中圆交点处，各项指标的最差值（或不允许值）标注在直线与内圆交点处。这样，外圆上各点标示各项指标的最佳值，中圆上各点标示各项指标的标准值，内圆上各点标示各项指标的最差值（或不允许值）。

（4）将各项指标的实际值按照刻度标注在各条直线的某个位点上。若某项指标的实际值的位点在中圆或外圆之外，说明该项指标已达到或超过标准值，甚至超过最佳值。相反，若某项指标的实际值的位点在中圆或内圆以内，说明该项指标未达到标准值，甚至低于最差值（或不允许值）。

（5）将各条直线上实际值的位点用直线连接，构成不同形状的多边形，反映企业经营业绩的不同状况，可据以观察和判断企业业绩的优劣。

［例 4—4］ 乙企业用四类财务指标评价经营业绩，并以预算值作为标准值。各类财务指标的实际数值和与之进行对比的各项数值如表 4-7 所示。

**表 4-7 乙企业业绩评价指标**

| 指标类别 | 评价指标 | 优秀值 | 标准值 | 最差值 | 实际值 |
|---|---|---|---|---|---|
| 盈利能力 | 净资产报酬率（%） | 20 | 15 | 10 | 16 |
| | 人均利润（万元） | 8 | 5 | 2 | 6 |
| 偿债能力 | 所有者权益比率（%） | 70 | 60 | 50 | 55 |
| | 流动比率 | 2 | 1.5 | 1 | 1.3 |
| 营运能力 | 总资产周转率（次） | 2.5 | 2 | 1 | 1.8 |
| | 存货周转率（次） | 12 | 10 | 8 | 9 |
| 发展能力 | 销售增长率（%） | 16 | 11 | 6 | 13 |
| | 利润增长率（%） | 20 | 12 | 4 | 14 |

根据表 4-7 中各项评价指标的不同数值，可绘制企业业绩评价图，如图 4-3 所示。

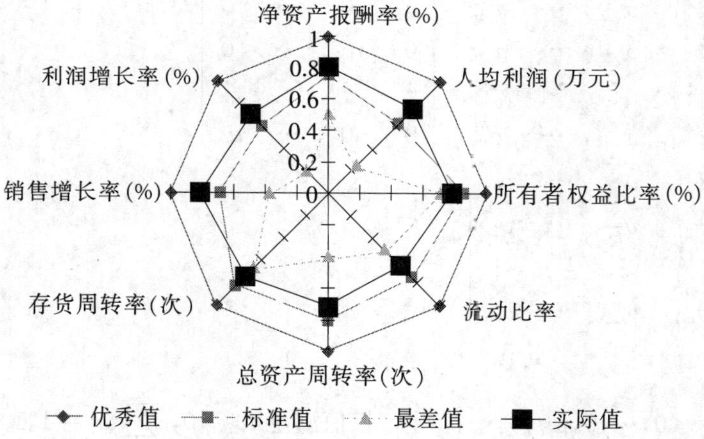


**图 4-3 企业业绩评价图**

从图 4-3 中我们可以看出，反映企业经营业绩的多边形在外圆之内，说明企业经营业绩没有达到最佳状态。多边形有些偏向左方，说明企业在经营业绩的四个方面发展不均衡，企业未能实现全部经营业绩目标。从各条折线所处位置可以看出，企业的盈利能力指标、发展能力指标超过标准值，这说明企业盈利能力和发展能力在提高；偿债能力中的所有者权益比率低于标准值，说明企业长期偿债能力较差，流动比率低于标准值，说明短期偿债能力需要改善；营运能力指标低于标准值，说明企业亟须改善营运能力。

## 四、TOPSIS 法

TOPSIS 法（technique for order performance by similarity to ideal solution）的全称为逼近理想解排序方法，是由 C. L. Hwang 和 K. Yoon 在 1982 年提出的一种多属性决策方法，该方法按照各个方案与正理想解和负理想解的接近程度对有限个目标进行相对优劣排序。

正理想解是决策者设想出的最合适的方案，它的每一个单个属性值都达到了备选方案中的最优值；而负理想解则是决策者设想出的最不合适的方案，它表示单个属性值都达到了备选方案中的最差值。TOPSIS 法的核心就是通过计算备选方案到正、负理想解的欧氏距离来进行相对优劣的排序。如果一个待选方案距离正理想解最近而距离负理想解最远，那么这个方案就是我们要寻找的最优方案。使用 TOPSIS 法进行综合评价的具体步骤如下：

第 1 步：构建规范化的评价矩阵：

$$A'=\begin{bmatrix} x'_{11} & x'_{12} & \cdots & x'_{1n} \\ x'_{21} & x'_{22} & \cdots & x'_{2n} \\ \vdots & \vdots & \ddots & \vdots \\ x'_{m1} & x'_{m2} & \cdots & x'_{mn} \end{bmatrix}=[x'_1 \quad x'_2 \quad \cdots \quad x'_n]$$

该矩阵表示共有 $m$ 个评价对象，$n$ 个属性指标，其中 $x'_{ij}$ 表示第 $i$（$i=1,2,\cdots,m$）个评价对象的第 $j$（$j=1,2,\cdots,n$）个属性指标所对应的属性值。

第 2 步：将权重矩阵 $W=(w_1 \quad w_2 \quad \cdots \quad w_n)$ 右乘规范化后的评价矩阵 $A'$ 得到价值矩阵 $V$：

$$\begin{aligned} V &= \begin{bmatrix} x'_{11} & x'_{12} & \cdots & x'_{1n} \\ x'_{21} & x'_{22} & \cdots & x'_{2n} \\ \vdots & \vdots & \ddots & \vdots \\ x'_{m1} & x'_{m2} & \cdots & x'_{mn} \end{bmatrix} \begin{bmatrix} w_1 & 0 & \cdots & 0 \\ 0 & w_2 & \cdots & 0 \\ \vdots & \vdots & \ddots & \vdots \\ 0 & 0 & \cdots & w_n \end{bmatrix} \\ &= \begin{bmatrix} v_{11} & v_{12} & \cdots & v_{1n} \\ v_{21} & v_{22} & \cdots & v_{2n} \\ \vdots & \vdots & \ddots & \vdots \\ v_{m1} & v_{m2} & \cdots & v_{mn} \end{bmatrix} \\ &= [v_1 \quad v_2 \quad \cdots \quad v_n] \end{aligned}$$

其中，$W_i=(0,\cdots,0,w_i,0,\cdots,0)^{\top}$，权值满足 $w_i>0$，$\sum_{i=1}^{n} w_i=1$。

第 3 步：确定正理想解 $S^+$ 与负理想解 $S^-$，即

$$S^+=\max\{v_{ij}|1\leqslant i\leqslant m\}=\{s_1^+,s_2^+,\cdots,s_n^+\}$$

$$S^-=\min\{v_{ij}|1\leqslant i\leqslant m\}=\{s_1^-,s_2^-,\cdots,s_n^-\}$$

第 4 步：分别计算第 $i$ 个备选方案到正理想解 $S^+$ 的距离 $D_i^+$ 以及到负理想解 $S^-$ 的距离 $D_i^-$，即

$$D_i^+=\sqrt{\sum_{j=1}^{n}(v_{ij}-s_i^+)^2}$$

$$D_i^- = \sqrt{\sum_{j=1}^{n}(v_{ij} - s_i^-)^2}$$

第 5 步：计算各方案的相对贴近度：

$$C_i = \frac{D_i^-}{D_i^+ + D_i^-}$$

第 6 步：根据 $C_i$ 的大小对各评价对象进行排序，显然 $C_i \in [0,1]$，$C_i$ 值越大，代表评价对象越好。

［**例 4—5**］ 根据表 4－8 中的 8 项指标的数值及表 4－9 中 8 项指标的权重，使用 TOPSIS 法对三家上市公司进行评价。

**表 4－8　三家上市公司的各项指标**

| 股票代码 | 股票简称 | 加权平均净资产收益率（%） | 主营业务利润率（%） | 总资产周转率（次） | 流动资产周转率（次） | 资产负债率（%） | 现金流动负债比率（%） | 主营业务增长率（%） | 资本扩张率（%） |
|---|---|---|---|---|---|---|---|---|---|
| 000026 | 飞亚达 A | 7.30 | 40.37 | 0.95 | 1.39 | 28.60 | −2.19 | 1.63 | 4.14 |
| 000078 | 海王生物 | 10.21 | 12.83 | 1.07 | 1.31 | 82.69 | −1.77 | 53.90 | 10.08 |
| 000417 | 合肥百货 | 7.15 | 18.01 | 1.04 | 1.89 | 57.58 | −6.74 | 2.81 | 3.27 |

**表 4－9　三家上市公司的 8 项指标的权重**

| | 加权平均净资产收益率 | 主营业务利润率 | 总资产周转率 | 流动资产周转率 | 资产负债率 | 现金流动负债比率 | 主营业务增长率 | 资本扩张率 |
|---|---|---|---|---|---|---|---|---|
| 权重 | 0.22 | 0.14 | 0.08 | 0.1 | 0.1 | 0.08 | 0.16 | 0.12 |

第 1 步：将效益型指标和成本型指标归一化，使用的公式为：

对于效益型指标：

$$X'_i = \frac{X_i}{\sqrt{\sum_{i=1}^{n} X_i^2}} \quad i = 1,2,\cdots,n$$

对于成本型指标：

$$X'_i = \frac{M - X_i}{\sqrt{\sum_{i=1}^{n}(M - X_i)^2}} \quad i = 1,2,\cdots,n$$

其中，$M$ 为每一列的最大值。

求得规范化的评价矩阵：

$$A' = \begin{bmatrix} 0.51 & 0.88 & 0.54 & 0.52 & 0.91 & -0.3 & 0.03 & 0.36 \\ 0.71 & 0.28 & 0.60 & 0.49 & 0 & -0.24 & 1 & 0.89 \\ 0.49 & 0.39 & 0.59 & 0.70 & 0.42 & -0.92 & 0.05 & 0.29 \end{bmatrix}$$

第 2 步：将权重矩阵右乘得到价值矩阵：

$$V=\begin{bmatrix}0.51 & 0.88 & 0.54 & 0.52 & 0.91 & -0.3 & 0.03 & 0.36\\ 0.71 & 0.28 & 0.60 & 0.49 & 0 & -0.24 & 1 & 0.89\\ 0.49 & 0.39 & 0.59 & 0.70 & 0.42 & -0.92 & 0.05 & 0.29\end{bmatrix}\begin{bmatrix}0.22 & 0 & 0 & \cdots & 0\\ 0 & 0.14 & 0 & \cdots & 0\\ 0 & 0 & 0.08 & \cdots & 0\\ \vdots & \vdots & \vdots & \ddots & \vdots\\ 0 & 0 & 0 & \cdots & 0.12\end{bmatrix}$$

$$=\begin{bmatrix}0.11 & 0.12 & 0.04 & 0.05 & 0.09 & -0.02 & 0 & 0.04\\ 0.16 & 0.04 & 0.05 & 0.05 & 0 & -0.02 & 0.16 & 0.11\\ 0.11 & 0.05 & 0.05 & 0.07 & 0.04 & -0.07 & 0.01 & 0.03\end{bmatrix}$$

第 3 步：确定正理想解与负理想解：

$$S^{+}=\max\{v_{ij}|1\leqslant i\leqslant m\}$$
$$=\{0.16,0.12,0.05,0.07,0.09,-0.02,0.16,0.11\}$$
$$S^{-}=\min\{v_{ij}|1\leqslant i\leqslant m\}$$
$$=\{0.11,0.04,0.04,0.05,0,-0.07,0,0.03\}$$

第 4 步：分别计算三只股票与正理想解、负理想解的距离：

（1）飞亚达 A：$D_1^{+}=\sqrt{\sum_{j=1}^{n}(v_{1j}-s_i^{+})^2}=0.17$

$$D_1^{-}=\sqrt{\sum_{j=1}^{n}(v_{1j}-s_i^{-})^2}=0.13$$

（2）海王生物：$D_2^{+}=\sqrt{\sum_{j=1}^{n}(v_{2j}-s_i^{+})^2}=0.13$

$$D_2^{-}=\sqrt{\sum_{j=1}^{n}(v_{2j}-s_i^{-})^2}=0.19$$

（3）合肥百货：$D_3^{+}=\sqrt{\sum_{j=1}^{n}(v_{3j}-s_i^{+})^2}=0.20$

$$D_3^{-}=\sqrt{\sum_{j=1}^{n}(v_{3j}-s_i^{-})^2}=0.05$$

第 5 步：计算三个方案的相对贴近度：

（1）飞亚达 A：$C_1=\dfrac{D_1^{-}}{D_1^{+}+D_1^{-}}=0.43$

（2）海王生物：$C_2=\dfrac{D_2^{-}}{D_2^{+}+D_2^{-}}=0.59$

（3）合肥百货：$C_3=\dfrac{D_3^{-}}{D_3^{+}+D_3^{-}}=0.20$

第 6 步：评价：

显然，$C_2>C_1>C_3$，海王生物公司最好。

# 第五节 功效系数法模型及实例

## 一、功效系数法的原理

### (一) 指标计分方法

指标计分方法是指运用业绩评价指标，将指标实际值对照相应的评价标准值，计算各项指标实际得分的方法。计算公式为：

$$指标总得分=\sum 单项基本指标得分$$

$$单项指标得分=本档基础分+调整分$$

$$本档基础分=指标权重\times 本档标准系数$$

$$调整分=\frac{实际值-本档标准值}{上档标准值-本档标准值}\times (上档基础分-本档基础分)$$

$$上档基础分=指标权重\times 上档标准系数$$

当有关指标的分母为零或为负数时，做相应的具体处理。

### (二) 标准值和权重

评价标准是评价工作的基本准绳和客观评判对象的具体参照物及对比尺度。没有明确的评价标准，就无法实施具体的评价，所以制定评价标准是实施业绩评价的前提。在本实例中，制定评价标准的样本来源于全社会企业，包括全部国有企业、部分集体企业和上市公司，并充分考虑了上市公司的特点。由此产生的评价结果不仅能反映上市公司业绩排序情况，而且能反映上市公司业绩在全社会企业中所处的水平。这种方法克服了制定评价标准样本少的缺陷，也使评价得分的现实意义明显增强。虽然单纯运用中国上市公司的财务数据作为样本制定评价标准值，并在此基础上对上市公司的业绩进行评价能得到上市公司业绩总体排序的大致情况，但缺乏普遍的可比性。

在本实例中，将评价标准细化为优秀值、良好值、平均值、较低值、较差值 5 个档次，各档次的标准系数分别为 1.0、0.8、0.6、0.4 和 0.2。

在一个指标集合中，指标权重是其中每项指标所占的比重。每项指标对上市公司的影响程度不同，其所占的权重应有所差别。本实例对具体指标的权重设置综合运用了相关性权重法和德尔菲法。首先，根据测算的各评价指标之间的相关系数，确定指标之间的关联度，根据关联度赋予每个指标权重。然后，运用德尔菲法，将测算之初设定的权重分配表分别发送给有关部门、专家，征求他们的意见，在此基础上进行意见综合，形成具体指标的权重分配。2018 年度中国上市公司业绩评价指标标准值如表 4－10 所示。

**表 4－10 2018 年度中国上市公司业绩评价指标标准值**

| 项　　目 | 优秀值 | 良好值 | 平均值 | 较低值 | 较差值 |
|---|---|---|---|---|---|
| 加权平均净资产收益率（%） | 12.7 | 9.8 | 5.0 | 1.4 | −1.2 |
| 主营业务利润率（%） | 33.3 | 23.5 | 15.4 | 7.8 | 1.3 |

续表

| 项　　目 | 优秀值 | 良好值 | 平均值 | 较低值 | 较差值 |
|---|---|---|---|---|---|
| 总资产周转率（次） | 1.0 | 0.9 | 0.7 | 0.3 | 0.2 |
| 流动资产周转率（次） | 2.2 | 1.7 | 1.3 | 0.7 | 0.5 |
| 资产负债率（%） | 28.8 | 36.7 | 49.1 | 57.6 | 66.5 |
| 现金流动负债比率（%） | 26.1 | 18.9 | 9.9 | 0.7 | −4.8 |
| 主营业务增长率（%） | 38.1 | 29.1 | 19.5 | 2.2 | −9.0 |
| 资本扩张率（%） | 15.8 | 10.0 | 6.4 | 2.3 | −1.3 |

资料来源：CSMAR 数据库。

## 二、功效系数法实例

本部分根据表 4－10 中的 8 项指标以及相应的评价标准值和权重（同表 4－9），对 2018 年度中国零售行业上市公司进行评价。

### （一）样本选取

本研究选取了中国零售业 89 家上市公司作为样本。

### （二）数据来源

本研究采用了 8 项主要财务指标，具体如表 4－11 所示。

**表 4－11　2018 年度中国零售业上市公司各指标数据**

| 股票代码 | 股票简称 | 加权平均净资产收益率（%） | 主营业务利润率（%） | 总资产周转率（次） | 流动资产周转率（次） | 资产负债率（%） | 现金流动负债比率（%） | 主营业务增长率（%） | 资本扩张率（%） |
|---|---|---|---|---|---|---|---|---|---|
| 000026 | 飞亚达 A | 7.30 | 40.37 | 0.95 | 1.39 | 28.60 | −2.19 | 1.63 | 4.14 |
| 000078 | 海王生物 | 10.21 | 12.83 | 1.07 | 1.31 | 82.69 | −1.77 | 53.90 | 10.08 |
| 000417 | 合肥百货 | 7.15 | 18.01 | 1.04 | 1.89 | 57.58 | −6.74 | 2.81 | 3.27 |
| 000419 | 通程控股 | 6.49 | 20.34 | 0.83 | 1.67 | 39.44 | 4.85 | −4.05 | 35.63 |
| 000501 | 鄂武商 A | 13.61 | 21.20 | 0.87 | 2.97 | 63.96 | 9.22 | −2.30 | 14.92 |
| 000564 | 供销大集 | 2.41 | 16.35 | 0.29 | 0.53 | 42.64 | 13.01 | −41.66 | 1.73 |
| 000679 | 大连友谊 | −34.32 | 11.15 | 0.19 | 0.23 | 81.52 | −8.46 | −41.00 | −30.42 |
| 000715 | 中兴商业 | 6.89 | 17.99 | 1.18 | 2.60 | 37.94 | −8.91 | 3.77 | 5.79 |
| 000753 | 漳州发展 | 3.60 | 14.44 | 0.61 | 0.90 | 52.72 | −6.89 | 12.04 | 7.83 |
| 000759 | 中百集团 | 12.72 | 21.99 | 1.93 | 5.00 | 54.68 | 3.97 | 0.02 | 11.75 |
| 000785 | 武汉中商 | 8.46 | 20.62 | 1.46 | 3.11 | 51.77 | 8.38 | 1.18 | 2.05 |
| 000851 | 高鸿股份 | 1.58 | 6.33 | 1.10 | 1.55 | 55.21 | −6.46 | 3.22 | 13.16 |
| 000963 | 华东医药 | 24.91 | 28.43 | 1.74 | 2.37 | 45.75 | 0.35 | 10.17 | 18.35 |

续表

| 股票代码 | 股票简称 | 加权平均净资产收益率（%） | 主营业务利润率（%） | 总资产周转率（次） | 流动资产周转率（次） | 资产负债率（%） | 现金流动负债比率（%） | 主营业务增长率（%） | 资本扩张率（%） |
|---|---|---|---|---|---|---|---|---|---|
| 002024 | 苏宁易购 | 14.71 | 14.63 | 1.37 | 2.47 | 55.78 | 7.11 | 30.35 | 5.48 |
| 002187 | 广百股份 | 7.54 | 15.43 | 1.76 | 3.36 | 37.18 | 3.37 | 10.50 | 5.94 |
| 002251 | 步步高 | 2.25 | 22.26 | 0.98 | 3.21 | 62.90 | −4.13 | 6.65 | 19.43 |
| 002264 | 新华都 | 0.00 | 21.98 | 1.92 | 3.31 | 55.17 | 5.23 | −1.76 | 0.78 |
| 002277 | 友阿股份 | 5.15 | 18.56 | 0.49 | 1.50 | 50.51 | −11.13 | −0.53 | 1.48 |
| 002336 | *ST人乐 | −22.32 | 24.79 | 1.64 | 3.25 | 69.67 | −8.85 | −8.18 | −19.95 |
| 002356 | *ST赫美 | −179.91 | 47.86 | 0.34 | 0.58 | 98.89 | −0.39 | −20.44 | −97.80 |
| 002419 | 天虹股份 | 14.36 | 26.44 | 1.21 | 2.16 | 59.57 | −0.76 | 3.25 | 9.03 |
| 002556 | 辉隆股份 | 6.35 | 4.78 | 2.12 | 2.81 | 68.71 | −0.16 | 17.43 | 5.60 |
| 002561 | 徐家汇 | 10.97 | 27.02 | 0.77 | 1.21 | 16.66 | 12.52 | −1.57 | 3.97 |
| 002607 | 中公教育 | 58.31 | 58.64 | 1.20 | 2.28 | 58.98 | 11.07 | 54.72 | 195.30 |
| 002640 | 跨境通 | 10.01 | 40.54 | 2.06 | 2.77 | 40.44 | −13.85 | 53.62 | 48.86 |
| 002697 | 红旗连锁 | 13.05 | 28.78 | 1.59 | 2.82 | 45.46 | 10.42 | 4.05 | 12.75 |
| 002727 | 一心堂 | 13.42 | 39.75 | 1.27 | 1.83 | 44.95 | −29.75 | 18.39 | 9.63 |
| 002780 | 三夫户外 | 0.74 | 41.90 | 0.50 | 0.62 | 26.66 | −81.44 | 19.62 | 0.64 |
| 002867 | 周大生 | 21.93 | 33.05 | 0.95 | 1.17 | 32.59 | −5.46 | 27.97 | 17.36 |
| 200026 | 飞亚达B | 7.30 | 40.37 | 0.95 | 1.39 | 28.60 | −2.19 | 1.63 | 4.14 |
| 300022 | 吉峰科技 | 7.97 | 16.15 | 1.51 | 1.83 | 78.57 | 5.62 | −4.02 | 2.15 |
| 300622 | 博士眼镜 | 12.25 | 73.16 | 1.02 | 1.22 | 14.00 | 3.15 | 20.10 | 11.92 |
| 600122 | 宏图高科 | −26.58 | 0.35 | 0.78 | 1.05 | 58.26 | −62.28 | −26.35 | −24.76 |
| 600272 | 开开实业 | 7.01 | 23.39 | 0.85 | 1.86 | 50.75 | −0.44 | −8.79 | −0.23 |
| 600280 | 中央商场 | −20.65 | 18.18 | 0.49 | 0.66 | 90.64 | −1.43 | −2.41 | −20.59 |
| 600293 | 三峡新材 | 6.18 | 8.70 | 1.33 | 2.72 | 43.61 | −9.96 | −21.81 | 4.05 |
| 600297 | 美罗药业 | 8.79 | 10.01 | 1.20 | 1.98 | 67.36 | −11.16 | 3.40 | 4.31 |
| 600306 | 商业城 | −148.05 | 12.81 | 0.63 | 5.57 | 98.55 | −0.71 | 8.07 | −85.07 |
| 600327 | 大东方 | 10.51 | 11.78 | 1.84 | 3.95 | 40.46 | −6.35 | −0.15 | −4.31 |
| 600337 | 美克家居 | 9.13 | 51.02 | 0.67 | 1.08 | 44.98 | 9.19 | 25.88 | −2.25 |
| 600361 | 华联综超 | 2.87 | 21.98 | 1.16 | 1.80 | 73.42 | 27.31 | −1.47 | −6.69 |
| 600386 | 北巴传媒 | 6.78 | 17.00 | 1.12 | 2.14 | 60.54 | −8.37 | 17.24 | −3.32 |
| 600628 | 新世界 | 6.22 | 30.67 | 0.48 | 1.11 | 23.32 | 8.02 | −8.15 | 2.20 |
| 600653 | 申华控股 | 14.18 | 3.75 | 0.78 | 1.42 | 68.43 | −9.05 | 23.16 | 9.97 |
| 600655 | 豫园股份 | 12.31 | 20.88 | 0.46 | 0.67 | 62.26 | 22.31 | 7.20 | 37.24 |
| 600682 | 南京新百 | −5.83 | 40.10 | 0.55 | 1.62 | 37.87 | −3.21 | −24.01 | −0.77 |

续表

| 股票代码 | 股票简称 | 加权平均净资产收益率（%） | 主营业务利润率（%） | 总资产周转率（次） | 流动资产周转率（次） | 资产负债率（%） | 现金流动负债比率（%） | 主营业务增长率（%） | 资本扩张率（%） |
|---|---|---|---|---|---|---|---|---|---|
| 600693 | 东百集团 | 10.76 | 19.56 | 0.39 | 0.72 | 68.49 | −7.71 | −22.27 | 6.65 |
| 600694 | 大商股份 | 13.13 | 24.72 | 1.35 | 2.23 | 52.71 | −3.75 | −10.75 | 9.09 |
| 600697 | 欧亚集团 | 11.40 | 21.87 | 0.71 | 2.66 | 75.27 | −1.77 | 11.58 | 7.77 |
| 600712 | 南宁百货 | −4.31 | 15.71 | 0.99 | 3.24 | 50.34 | −2.62 | −8.25 | −4.37 |
| 600713 | 南京医药 | 9.35 | 6.40 | 1.73 | 1.92 | 78.99 | 5.93 | 8.65 | 25.11 |
| 600723 | 首商股份 | 11.31 | 23.06 | 1.48 | 1.90 | 37.82 | −5.29 | −1.35 | 5.91 |
| 600729 | 重庆百货 | 16.08 | 17.75 | 2.49 | 4.31 | 59.47 | −0.94 | 3.55 | 11.12 |
| 600738 | 兰州民百 | 65.22 | 31.96 | 0.26 | 0.46 | 47.15 | 69.94 | 1.18 | 65.08 |
| 600774 | 汉商集团 | 3.82 | 30.70 | 0.63 | 6.40 | 58.38 | 3.83 | 6.85 | 3.12 |
| 600778 | 友好集团 | 6.41 | 22.72 | 1.10 | 4.33 | 84.72 | 1.45 | −4.11 | 5.29 |
| 600785 | 新华百货 | 5.70 | 20.39 | 1.61 | 4.03 | 58.95 | −2.04 | 2.56 | 5.87 |
| 600814 | 杭州解百 | 9.34 | 20.30 | 1.11 | 1.91 | 38.60 | 68.95 | 2.23 | 4.47 |
| 600821 | 津劝业 | −72.86 | 13.92 | 0.11 | 1.11 | 81.60 | −1.81 | −22.97 | −53.40 |
| 600824 | 益民集团 | 4.92 | 39.00 | 0.52 | 1.10 | 21.63 | 5.69 | −19.98 | 2.80 |
| 600827 | 百联股份 | 4.51 | 20.15 | 1.07 | 2.61 | 56.32 | 3.65 | 2.64 | −2.32 |
| 600828 | 茂业商业 | 19.58 | 27.49 | 0.68 | 3.33 | 65.88 | 4.62 | 1.28 | −0.91 |
| 600833 | 第一医药 | 6.82 | 18.92 | 1.06 | 1.65 | 37.97 | 18.04 | −24.39 | −6.23 |
| 600838 | 上海九百 | 8.00 | 58.51 | 0.05 | 0.22 | 7.74 | 98.64 | −21.93 | −3.53 |
| 600857 | 宁波中百 | 19.86 | 11.40 | 1.21 | 2.36 | 75.41 | −6.84 | 2.11 | 22.05 |
| 600858 | 银座股份 | −0.02 | 17.79 | 1.09 | 3.61 | 74.33 | 5.40 | 1.81 | −0.56 |
| 600859 | 王府井 | 11.01 | 20.13 | 1.28 | 3.17 | 47.11 | 10.49 | 2.38 | 6.39 |
| 600861 | 北京城乡 | 1.83 | 28.65 | 0.50 | 1.41 | 34.70 | −4.86 | −13.66 | 1.10 |
| 600865 | 百大集团 | 6.73 | 27.66 | 0.38 | 1.21 | 14.85 | 78.56 | −15.09 | 4.69 |
| 600976 | 健民集团 | 7.22 | 34.01 | 1.19 | 1.74 | 33.51 | −6.02 | −20.28 | 3.40 |
| 601010 | 文峰股份 | 5.47 | 18.00 | 1.00 | 3.47 | 28.57 | −12.01 | −5.21 | 3.47 |
| 601086 | 国芳集团 | 741.26 | 15.56 | 1.11 | 2.87 | 32.07 | 7.69 | 0.86 | 1.06 |
| 601116 | 三江购物 | 4.70 | 23.44 | 1.15 | 1.75 | 29.78 | 123.40 | 9.64 | 90.44 |
| 601258 | 庞大集团 | −62.13 | −0.15 | 0.87 | 1.31 | 80.28 | −52.93 | −40.37 | −51.59 |
| 601366 | 利群股份 | 4.44 | 21.59 | 1.10 | 2.79 | 64.47 | 19.37 | 8.15 | 0.73 |
| 601607 | 上海医药 | 10.35 | 13.86 | 1.44 | 1.96 | 63.40 | 4.42 | 21.58 | 17.03 |
| 601933 | 永辉超市 | 5.01 | 21.81 | 1.95 | 3.25 | 50.96 | 2.03 | 20.35 | −4.78 |
| 603031 | 安得利 | 0.97 | 18.59 | 1.09 | 3.08 | 65.26 | −4.48 | 5.73 | −1.01 |
| 603101 | 汇嘉时代 | 5.33 | 15.69 | 1.10 | 4.13 | 67.80 | 3.65 | 19.73 | 3.57 |
| 603123 | 翠微股份 | 5.69 | 18.78 | 0.94 | 2.20 | 43.77 | 5.75 | −1.43 | 3.49 |

续表

| 股票代码 | 股票简称 | 加权平均净资产收益率（%） | 主营业务利润率（%） | 总资产周转率（次） | 流动资产周转率（次） | 资产负债率（%） | 现金流动负债比率（%） | 主营业务增长率（%） | 资本扩张率（%） |
|---|---|---|---|---|---|---|---|---|---|
| 603214 | 爱婴室 | 19.51 | 28.32 | 1.98 | 2.38 | 33.05 | 105.18 | 18.12 | 126.06 |
| 603233 | 大参林 | 17.85 | 40.95 | 1.43 | 2.19 | 52.78 | 3.50 | 19.38 | 10.13 |
| 603708 | 家家悦 | 16.07 | 21.33 | 1.90 | 2.97 | 60.76 | −16.32 | 12.36 | 13.10 |
| 603777 | 来伊份 | 0.54 | 43.04 | 1.33 | 1.90 | 34.77 | −15.88 | 7.01 | −2.79 |
| 603883 | 欧派家居 | 15.58 | 34.59 | 1.25 | 2.28 | 60.29 | −5.70 | 26.26 | 8.65 |
| 603900 | 莱绅通灵 | 8.92 | 52.59 | 0.59 | 0.64 | 13.69 | −9.61 | −15.29 | 5.01 |
| 603939 | 益丰药房 | 12.02 | 39.05 | 1.09 | 1.82 | 47.00 | 19.14 | 43.79 | 31.14 |
| 900923 | 百联B股 | 4.51 | 20.15 | 1.07 | 2.61 | 56.32 | 3.65 | 2.64 | −2.32 |
| 900943 | 开开B股 | 7.01 | 23.39 | 0.85 | 1.86 | 50.75 | −0.44 | −8.79 | −0.23 |

资料来源：CSMAR数据库。

### （三）按照功效系数法进行排名

按照功效系数法的原理，通过计算得到的评价结果如表4－12所示。

**表4－12　2018年度中国零售业上市公司评价结果（按功效系数法）**

| 股票代码 | 股票简称 | 得分 | 分项得分 | | | | 排名 |
|---|---|---|---|---|---|---|---|
| | | | 财务效益 | 资产质量 | 偿债风险 | 发展能力 | |
| 603939 | 益丰药房 | 92.23 | 34.96 | 16.48 | 12.79 | 28.00 | 1 |
| 603214 | 爱婴室 | 90.85 | 34.58 | 18.00 | 16.92 | 21.34 | 2 |
| 002607 | 中公教育 | 90.70 | 36.00 | 18.00 | 8.70 | 28.00 | 3 |
| 002640 | 跨境通 | 89.57 | 31.92 | 18.00 | 7.40 | 32.25 | 4 |
| 300622 | 博士眼镜 | 82.87 | 35.31 | 13.74 | 13.63 | 20.19 | 5 |
| 002867 | 周大生 | 82.14 | 35.93 | 12.75 | 9.04 | 24.42 | 6 |
| 000963 | 华东医药 | 82.12 | 34.61 | 18.00 | 9.64 | 19.87 | 7 |
| 603233 | 大参林 | 82.03 | 36.00 | 17.97 | 8.82 | 19.23 | 8 |
| 002697 | 红旗连锁 | 81.67 | 34.71 | 18.00 | 11.48 | 17.48 | 9 |
| 002727 | 一心堂 | 78.00 | 36.00 | 16.50 | 6.67 | 18.83 | 10 |
| 603883 | 欧派家居 | 77.95 | 36.00 | 18.00 | 3.40 | 20.55 | 11 |
| 601116 | 三江购物 | 77.74 | 24.01 | 16.20 | 17.75 | 19.78 | 12 |
| 002024 | 苏宁易购 | 76.77 | 30.12 | 18.00 | 8.74 | 19.90 | 13 |
| 000759 | 中百集团 | 75.23 | 32.68 | 18.00 | 8.45 | 16.10 | 14 |
| 002419 | 天虹股份 | 73.74 | 34.04 | 17.82 | 6.33 | 15.55 | 15 |
| 603708 | 家家悦 | 73.42 | 32.45 | 18.00 | 3.29 | 19.68 | 16 |
| 000501 | 鄂武商A | 72.54 | 32.41 | 16.13 | 7.25 | 16.75 | 17 |

续表

| 股票代码 | 股票简称 | 得分 | 分项得分 | | | | 排名 |
|---|---|---|---|---|---|---|---|
| | | | 财务效益 | 资产质量 | 偿债风险 | 发展能力 | |
| 600859 | 王府井 | 72.33 | 29.48 | 18.00 | 11.23 | 13.63 | 18 |
| 600814 | 杭州解百 | 72.28 | 27.27 | 16.83 | 15.69 | 12.48 | 19 |
| 600729 | 重庆百货 | 72.23 | 31.21 | 18.00 | 6.30 | 16.71 | 20 |
| 601607 | 上海医药 | 72.16 | 26.27 | 17.06 | 6.54 | 22.29 | 21 |
| 601086 | 国芳集团 | 72.03 | 30.45 | 18.00 | 13.59 | 9.99 | 22 |
| 600738 | 兰州民百 | 70.56 | 35.62 | 2.53 | 14.31 | 18.11 | 23 |
| 002561 | 徐家汇 | 69.01 | 31.58 | 11.06 | 15.27 | 11.10 | 24 |
| 600655 | 豫园股份 | 68.65 | 31.70 | 7.52 | 10.11 | 19.33 | 25 |
| 002187 | 广百股份 | 68.39 | 23.94 | 18.00 | 11.59 | 14.87 | 26 |
| 600723 | 首商股份 | 67.85 | 30.93 | 16.80 | 7.82 | 12.30 | 27 |
| 000078 | 海王生物 | 67.83 | 25.67 | 14.05 | 2.48 | 25.63 | 28 |
| 600694 | 大商股份 | 67.59 | 33.55 | 18.00 | 7.05 | 8.99 | 29 |
| 200026 | 飞亚达 B | 67.40 | 29.31 | 13.62 | 12.36 | 12.11 | 30 |
| 000026 | 飞亚达 A | 67.24 | 29.31 | 13.46 | 12.36 | 12.11 | 31 |
| 000419 | 通程控股 | 66.45 | 24.68 | 13.68 | 11.48 | 16.61 | 32 |
| 600857 | 宁波中百 | 65.30 | 28.93 | 18.00 | 0.00 | 18.37 | 33 |
| 000785 | 武汉中商 | 65.22 | 26.58 | 18.00 | 9.91 | 10.74 | 34 |
| 600697 | 欧亚集团 | 64.25 | 30.67 | 14.85 | 2.48 | 16.25 | 35 |
| 600337 | 美克家居 | 63.99 | 30.99 | 9.93 | 11.34 | 11.73 | 36 |
| 600828 | 茂业商业 | 63.90 | 34.34 | 14.74 | 6.02 | 8.80 | 37 |
| 000715 | 中兴商业 | 63.56 | 24.23 | 18.00 | 7.80 | 13.53 | 38 |
| 600713 | 南京医药 | 62.76 | 22.19 | 16.87 | 4.11 | 19.59 | 39 |
| 603123 | 翠微股份 | 62.20 | 23.40 | 17.00 | 10.94 | 10.86 | 40 |
| 002251 | 步步高 | 62.04 | 20.61 | 17.60 | 4.61 | 19.22 | 41 |
| 600785 | 新华百货 | 61.43 | 23.97 | 18.00 | 6.10 | 13.36 | 42 |
| 601366 | 利群股份 | 61.26 | 23.05 | 18.00 | 8.96 | 11.25 | 43 |
| 601933 | 永辉超市 | 60.70 | 23.82 | 18.00 | 8.99 | 9.88 | 44 |
| 601010 | 文峰股份 | 60.63 | 22.93 | 17.92 | 10.00 | 9.77 | 45 |
| 600865 | 百大集团 | 60.62 | 27.17 | 9.25 | 18.00 | 6.20 | 46 |
| 600653 | 申华控股 | 59.79 | 25.85 | 12.05 | 0.00 | 21.88 | 47 |
| 600976 | 健民集团 | 59.66 | 29.23 | 16.18 | 8.81 | 5.44 | 48 |
| 600774 | 汉商集团 | 59.65 | 25.02 | 14.52 | 7.57 | 12.54 | 49 |

续表

| 股票代码 | 股票简称 | 得分 | 分项得分 | | | | 排名 |
|---|---|---|---|---|---|---|---|
| | | | 财务效益 | 资产质量 | 偿债风险 | 发展能力 | |
| 600628 | 新世界 | 59.48 | 27.57 | 9.26 | 14.47 | 8.18 | 50 |
| 603101 | 汇嘉时代 | 58.94 | 22.00 | 18.00 | 3.71 | 15.22 | 51 |
| 600778 | 友好集团 | 57.90 | 25.42 | 18.00 | 3.33 | 11.15 | 52 |
| 000417 | 合肥百货 | 57.13 | 24.47 | 16.77 | 4.00 | 11.88 | 53 |
| 600327 | 大东方 | 56.86 | 25.74 | 18.00 | 7.39 | 5.73 | 54 |
| 600272 | 开开实业 | 55.71 | 26.20 | 14.66 | 8.48 | 6.37 | 55 |
| 900943 | 开开B股 | 55.71 | 26.20 | 14.66 | 8.48 | 6.37 | 55 |
| 600824 | 益民集团 | 55.64 | 27.10 | 9.38 | 14.07 | 5.09 | 57 |
| 002556 | 辉隆股份 | 55.63 | 18.73 | 18.00 | 2.95 | 15.95 | 58 |
| 600827 | 百联股份 | 55.14 | 22.65 | 18.00 | 8.01 | 6.48 | 59 |
| 900923 | 百联B股 | 55.14 | 22.65 | 18.00 | 8.01 | 6.48 | 59 |
| 603900 | 莱绅通灵 | 54.96 | 30.79 | 7.78 | 10.00 | 6.39 | 61 |
| 603777 | 来伊份 | 54.84 | 21.34 | 16.81 | 8.49 | 8.20 | 62 |
| 002780 | 三夫户外 | 54.61 | 21.69 | 7.23 | 10.00 | 15.69 | 63 |
| 300022 | 吉峰科技 | 54.47 | 24.58 | 16.51 | 4.06 | 9.32 | 64 |
| 600833 | 第一医药 | 54.29 | 24.49 | 15.76 | 14.04 | 0.00 | 65 |
| 600386 | 北巴传媒 | 54.05 | 23.78 | 17.75 | 3.34 | 9.18 | 66 |
| 600297 | 美罗药业 | 53.98 | 23.09 | 17.13 | 0.00 | 13.77 | 67 |
| 002264 | 新华都 | 52.72 | 17.10 | 18.00 | 8.56 | 9.06 | 68 |
| 000851 | 高鸿股份 | 51.30 | 13.99 | 15.26 | 4.56 | 17.49 | 69 |
| 600361 | 华联综超 | 51.01 | 21.27 | 16.38 | 8.00 | 5.35 | 70 |
| 600293 | 三峡新材 | 50.93 | 20.22 | 18.00 | 6.89 | 5.82 | 71 |
| 000753 | 漳州发展 | 50.16 | 19.53 | 9.11 | 5.15 | 16.37 | 72 |
| 002277 | 友阿股份 | 49.32 | 22.83 | 10.95 | 5.67 | 9.88 | 73 |
| 603031 | 安得利 | 49.18 | 17.57 | 18.00 | 3.97 | 9.65 | 74 |
| 600838 | 上海九百 | 47.95 | 29.95 | 0.00 | 18.00 | 0.00 | 75 |
| 600858 | 银座股份 | 46.82 | 15.62 | 18.00 | 4.02 | 9.18 | 76 |
| 600861 | 北京城乡 | 45.04 | 22.00 | 10.53 | 8.51 | 4.00 | 77 |
| 600693 | 东百集团 | 43.91 | 28.89 | 7.65 | 0.00 | 7.37 | 78 |
| 000564 | 供销大集 | 40.92 | 18.76 | 5.35 | 12.39 | 4.42 | 79 |
| 600682 | 南京新百 | 38.43 | 14.00 | 11.80 | 9.87 | 2.75 | 80 |
| 600712 | 南宁百货 | 37.76 | 8.51 | 17.90 | 7.94 | 3.41 | 81 |

续表

| 股票代码 | 股票简称 | 得分 | 分项得分 | | | | 排名 |
|---|---|---|---|---|---|---|---|
| | | | 财务效益 | 资产质量 | 偿债风险 | 发展能力 | |
| 002336 | *ST 人乐 | 33.00 | 11.57 | 18.00 | 0.00 | 3.43 | 82 |
| 600306 | 商业城 | 32.23 | 7.44 | 14.51 | 2.79 | 7.49 | 83 |
| 600280 | 中央商场 | 24.63 | 9.36 | 7.61 | 2.58 | 5.08 | 84 |
| 002356 | *ST 赫美 | 23.00 | 14.00 | 6.12 | 2.88 | 0.00 | 85 |
| 600821 | 津劝业 | 15.70 | 7.85 | 5.38 | 2.47 | 0.00 | 86 |
| 600122 | 宏图高科 | 14.43 | 0.00 | 10.57 | 3.85 | 0.00 | 87 |
| 601258 | 庞大集团 | 12.21 | 0.00 | 12.21 | 0.00 | 0.00 | 88 |
| 000679 | 大连友谊 | 6.83 | 6.83 | 0.00 | 0.00 | 0.00 | 89 |

## 三、对功效系数法模型的评价

功效系数法在指标选择、标准值确定、权重确定、指标计分与合成等各方面都十分易于理解。也可以说，企业的战略思想可以更好地反映在该方法的各个环节中。利用平衡计分卡战略地图的思想，管理者所选择的指标是对战略的描述和衡量。在标准值的设定上，更多地体现战略导向，而非激励导向。当然，管理者可以通过设定多档标准值，分别从战略、激励、反映现状、预警等各方面来进行业绩评价。在权重的选择上，更是将战略导向体现得淋漓尽致，这是因子分析法做不到的。在单项指标的计分上，每个指标最多得 100 分（满分），也就是说，企业即使在某项指标上取得了突出的业绩，该指标的单项得分也还是满分。因此，企业的综合评价得分是不会超过 100 分的。在传统的财务评价（比如沃尔评分法）中，由于个别指标得分偏高，所以即使某些指标得分偏低，最终评价结果也可能取得高分；而在功效系数法中，不可能出现这种情况。企业要想取得高分，必须各项指标保持平衡，这正好符合了“战略就是平衡”的思想。最后，功效系数法不但可以对单个企业（或部门）进行评价，还可以对多个企业（或部门）进行综合排名。在各项评价参数确定的情况下，单个企业的业绩评价结果是唯一的，可以反映出企业的业绩现状，也可以从该结果追踪到单项指标的表现，最终反映出某一特定层面战略的实现情况。

综上所述，功效系数法可以更好地反映企业的战略意图，更好地描述和衡量企业战略，评价结果反馈的信息对于检验战略假设和修正战略方向都具有较强的指导意义。

## 思考题

1. 简述数据规范化的含义和方法。
2. 简述指标评分的方法。
3. 简述权重确定的方法。

# 第五章

# 激励计划

**学习目标**

1. 理解基于会计系统的激励计划；
2. 理解基于股价的激励计划；
3. 了解西方企业常用的股权激励方式；
4. 了解我国企业常用的股权激励方式；
5. 理解典型激励计划及其不足与改进办法；
6. 掌握联合基数确定法。

常见的激励计划包括：现金奖金、利润分享、增益分享、股票期权、股票增值权益、分享单位和员工持股计划等。可以把这些激励计划分为两大类：一类是依赖内部目标，即基于会计系统的激励计划；另一类是基于股价的激励计划。

## 第一节　基于会计系统的激励计划

### 一、现金奖金计划

现金奖金计划称为一揽子奖励，是根据业绩用现金支付奖金的计划。这种奖金是一次性奖励，不会成为员工日后基础工资的一部分。现金奖励可以是固定的数额，一旦员工的业绩超过评价标准便支付给员工，也可以按达到目标产量的一定比例进行支付。它可以根据个体或团体业绩支付给个体或团体。

## ▲ 案例

### 泰勒的计件工资制

弗雷德里克·泰勒（1856—1915 年）为了鼓励工人努力工作，完成定额，提出了具有激励性的工资制度。泰勒在《计件工资制度》（1895）中批评了以前的工资报酬方案，认为它们的共同缺点是不能充分发挥个人的积极性，因为奖金是按企业或部门生产的总成果计算的，由工人平均分享，不考虑个人贡献的大小，而且要到年终才能发放奖金，失去了及时刺激的作用。因此，泰勒在 1895 年提出了自己的计件工资方案。泰勒的计件工资方案包括三个方面的内容。

(1) 通过工时研究和分析，制定出一个定额或标准。这要由管理层来做：由负责定额制定的部门来设计各种工作，并把工作分解为各项要素，为每一项要素制定出定额。这样，就把定额的制定从以估计和经验为基础变为以科学为基础。

(2) 采用一种被叫作“差别计件工资制”的激励性工资制度。这种工资制度按照工人是否完成其定额而采取不同的工资率。如果工人达到或超过了定额，就按“高”工资率（正常工资率的 125%）支付工资，不仅是超额部分按“高”工资率计算工资，而且全部工作量都按这个“高”工资率计算工资。如果工人没有完成定额，就按“低”工资率（正常工资率的 80%）支付工资，以此来督促和鼓励工人完成甚至超过定额。假设某项工作的每日定额是生产 20 件，每件的正常工资率为 0.1 元。如果一个工人完成了 20 件的定额，则他一天的工资将为 2.5(＝20×0.1×125%）元。如果一个工人只完成了 19 件，没有完成定额，则他一天的工资将只有 1.52(＝19×0.1×80%）元。虽然他的工作量与定额只相差 1 件，但工资几乎相差 1 元。泰勒的本意并不是让工人只按“低”工资率得到报酬，而是促使工人完成甚至超过定额，按“高”工资率得到报酬。如果工人之所以没有完成定额不是由于懒惰，那么责任在于企业管理层，管理层应该教会工人工作或把他调到更合适的工作岗位上去；如果工人之所以没有完成定额是由于自己的懒惰，则他是自作自受，只应按“低”工资率得到报酬。后来，泰勒受到他的朋友和支持者甘特（Henry Laurence Gantt）的影响，在工资问题上的严厉态度有所缓和，更多地考虑使工人获得最低工资保障。他在 1903 年写的《工场管理》一书中，既提到了“差别计件工资制”，又提到了“任务和奖金工资制”。“任务和奖金工资制”规定，工人不论其生产量的高低，都能获得一个得到保证的日工资，如果工人完成了生产任务，就能得到奖金。奖金的多少根据工作的性质和激励工人的需要而定，为日工资率的 30%～100%。按这种规定，工人在没有完成生产任务时，仍能获得一个保证工资，因而这种制度被认为更多地考虑了人的需要方面。

(3) 工资支付的对象是工人而不是职位，即是根据工人的实际工作表现而不是根据工作类别来支付工资。这样做能防止工人“磨洋工”的现象，更重要的是能调动工人的积极性。所以，泰勒不同意为了维护工人团结而使所有从事同一类工作的工人的条件和工资一致化的做法。他认为这样做会挫伤工人提高生产率的个人积极性。泰勒认为，他提出的计件工资制能促使工人大大提高生产率。虽然工资支出增加了，但由于生产率的提高幅度大于工资的提高幅度，所以这一做法对雇主还是有利的。

## 二、利润分享计划

利润分享计划是按照企业公布利润的百分比支付现金奖金的计划。利润分享计划是团体激励补偿计划，重点在于短期业绩。所有利润分享计划都会规定可用于分配的企业公布利润的比例、分配公式、有资格参与该计划的员工和每个员工分配份额的计算公式。很多利润分享计划用于分配的是剩余利润或经济增加值。在这些计划中，公布利润要减去股东对企业的投资额的一定比例（比如12%），以保障股东要求的资本回报。剩余部分按一定比例在员工和股东之间分配，比如30%归员工，70%归股东。利润分享计划还会规定可分配给员工的利润上限。最后，利润分享计划确定了怎样对有资格参与该计划的员工进行分配。一些利润分享计划平均分配奖金；另一些利润分享计划根据个人业绩目标的完成情况分配奖金。

在这种激励方案下，一种可行的方法是：员工得到一个反映他们当年特定目标完成情况的分数。员工分数除以所有员工得分，便是个人在利润分享总额中应占的份额。一些利润分享计划按照基本工资或薪酬比例给每个员工分配利润，因为这些系统设计者相信，这种分配反映了员工对企业的贡献的大小。

利润分享计划需要企业会计系统的支持，尤其需要管理会计系统的支持。第一，企业必须具有计算利润的系统。这个过程通常需要一个外部审计系统进行监督和证明。第二，当要把所有者投资部分的一定百分比从利润总额中扣除时，需要管理会计系统计算投入资本。第三，如果利润分享计划是基于某种业绩评价指标体系（如一个反映员工达到一系列目标的能力的综合得分），就需要管理会计系统提供业绩评价指标和最终评价得分。

## 三、增益分享计划

增益分享计划是以某个业绩目标函数作为可分配总额的现金奖金分配计划。例如，某个指定部门的员工业绩超过业绩目标值时，得到一笔奖金。增益分享计划是一种团体激励，而不是个体激励。这种形式的特殊之处在于：它根据企业业绩决定奖金分配，通常应用于企业内一组员工，如一个部门。该系统有确定奖金分配的公式和基期，用于以后各期比较。除非组织流程和技术发生重大变化，否则这个基期不轻易改变。当团体业绩超过基期业绩时，增益分享计划就形成一笔奖金。

增益分享计划鼓励团队精神和决策参与。它要求员工有能力参与而且企业也鼓励员工参与。增益分享计划有三种常用的方案。

### （一）差距分享方案

差距分享方案也称为生产力增进分享方案，它通过比较给定产量下的目标人工成本与实际人工成本（直接人工效率变动）的差额，决定奖金总额。该方案确定了差额怎样在股东与员工之间分享，以及分享给每位员工的数额。

### （二）斯坎伦方案

斯坎伦（Scanlon）方案是基于以下公式（使用基期数据）：

基期比率＝工资成本/生产的产品或服务的价值

**［例5—1］** 如果基期的工资成本是2 500万元，预计产品价值为8 600万元，则基期比率应为0.29(＝2 500/8 600)。只要人工成本除以产品或服务价值的比率低于基期比率，

该期人工成本节省就带来了一笔奖金。因而，如果在某一期中，实际工资成本为2 800万元，生产的产品或服务价值为1.05亿元，则奖金数额应为

奖金总额增加量＝本期产品价值×基期比率－实际人工成本

＝105 000 000×0.29－28 000 000

＝2 450 000(元)

当人工成本除以产品或服务价值的比率超过基期比率时，有的企业会从奖金总额中减去超出部分。所有奖金会定期（通常一年一次）在公司与员工之间按一定比率分配，比率通常是50%∶50%。

**（三）拉克方案**

拉克（Rucker）方案基于以下公式（数据反映了某个特定代表性时期）：

拉克标准＝工资成本/产品价值

产品价值按照“销售净额－存货变动－原材料消耗”计算。与斯坎伦方案相同，拉克方案的思想是：定义一条有关工资成本与产品价值的关系的基线，然后按照这条基线奖励业绩得到有效改进的员工。效率体现为降低工资成本与产品价值的比率。当实际成本低于拉克标准时，员工得到一笔奖金。

增益分享计划要求管理者、员工和管理会计人员共同参与确定作为业绩评价标准的基期比率。此外，要使该计划发挥作用，企业文化必须培养团体内部的凝聚力和团体之间、管理者之间的凝聚力。管理会计系统在增益分享计划中发挥了重要作用，为其提供了业绩评价指标。大多数增益分享计划重点使用管理会计中的人工成本、实际人工成本与标准人工成本水平差异等指标。因此，业绩评价的关键问题在于准确和始终如一地衡量人工成本，确定一套员工认为公平的成本标准。

## 第二节　基于股价的激励计划

### 一、股权激励的含义

传统的激励机制，如工资和奖金，都在一定程度上激励了经营者的短期行为。工资主要根据经营者的资历条件和公司情况预先确定，在一定时期内相对稳定，因此与公司业绩的关系并不非常密切。经营者的奖金一般根据财务指标的考核来确定，因此与公司的短期业绩表现关系密切，但与公司的长期价值关系不明显，经营者有可能为了短期的财务指标而牺牲公司的长期利益。为了获得相应的奖励，经营者可能会为了追求达到企业的短期目标而置企业的长期利益于不顾。但是从股东投资角度来说，他们关心的是公司长期价值的增加。尤其是对于成长型公司来说，经营者的价值更多地体现为实现公司长期价值的增加，而不仅仅是短期财务指标的实现。

为克服传统激励机制对经营者长期激励的不足，在各国的理论与实务中出现了一种创新的激励机制——股权激励。它是企业经营者和职工通过持有企业股权的形式，来分享企业剩余索取权的一种激励行为。通过使经营者在一定时期内持有股权，享受股权的增值收益，并在一定程度上承担风险，股权激励将经营者和职工对个人利益最大化的追求转化为

对企业利益最大化的追求，或者使这两种追求方向一致，对引导经营者和职工的长期行为具有较好的激励和约束作用，对传统的激励机制进行了补充和完善。

## 二、西方企业常用的股权激励方式

在国外，与股票有关的激励方式包括股票奖励、递延股票报酬、股票期权、业绩股份、股票增值权益、虚拟股票、分享单位等。

### （一）股票奖励

股票奖励是一种即期奖励，它在会计期末以股票形式发放，通常用公司利润或个人业绩确定奖金额。它奖励的是管理者和员工在1年内所实现的业绩。因而，这种奖励有可能过于关注短期成果而使公司长期利益受损。短期业绩指标通常是财务指标，如利润或成本，但也可以是非财务指标，如质量或交货及时率。当使用非财务指标时，通常是因为这些指标是长期财务业绩的动因，且易被奖励者控制。

### （二）递延股票报酬

递延股票报酬是指递延到将来的股票报酬。递延股票报酬计划通常伴随一些限制条件，如禁止管理者出售股票，或规定公司在股票价格中的补贴部分要在一定的时间后才归管理者所有，这样做的目的是把管理者牢牢拴在公司。比如一些方案把奖金递延到高级管理人员赚得它后的3～5年支付，具体支付情况还要依高层管理者是否继续在公司工作和公司业绩是否持续向好而定。这些方案被称为“金手铐”，它使得关键的高层管理者必须付出非常高的代价才能脱离一家企业。这种方案对高技术企业非常有用，它可以减少因关键高层管理者转投竞争对手而造成的损失。

### （三）股票期权

股票期权指高层管理者有权在将来以获得股票期权时规定的价格购买公司股票。股票期权是为了鼓励高层管理者努力做投资者认为有价值的事，从而使他们抬高股票价格，这同时也能提高股票期权的价值。出于激励和纳税的考虑，发行股票期权时所规定的股票价格应高于当前市场价格。拥有股票期权后，高层管理者被认为将努力影响股票的长期价格，而不是短期利润。更重要的是，股票期权不会给高层管理者带来任何损失（因为他们并不真正拥有股票），而它可能带来的利益却是没有上限的。因而，高层管理者会减少风险厌恶行为，接受风险更大、回报更高的投资项目。不过，股票期权有一个缺点，即不能直接为管理者所控制的事件可能会强烈影响股票价格。

### （四）业绩股份

业绩股份是指高层管理者实现规定的、通常是长期的业绩目标后，公司给予其一定数量的公司股票。最普遍的业绩目标是在3～5年的时间里把每股收益增长率保持在一定水平。一般每股收益增长率目标为每年9%～15%。当每股收益增长率超过目标值时，高层管理者通常不会得到额外的奖励；如果部分完成目标值，可能只会获得一部分业绩股份。业绩股份与股票期权有同样的缺陷，即强加于管理者的风险和不为其所控制的因素的影响却要由他们承担。当业绩股份建立在财务指标的基础上时，也会出现这样的决策倾向，即管理者更重视提高由财务指标衡量的业绩，而不是公司的经济价值。

制订的业绩股份方案可以相当周密，比如，以平衡计分卡为基础来实现企业的长期战略目标。例如，一家电子元器件制造公司的激励方案为：

（1）衡量业绩的六个指标：①质量（通过次品数量衡量）；②生产效率（通过计划完工时间与实际完工时间相比较衡量）；③成本控制（通过弹性预算差异衡量）；④销售增长率；⑤获利能力（通过年报中的公司利润衡量）；⑥员工士气（通过旷工情况衡量）。

（2）报酬取决于：①实现年度目标的能力；②近 3 年来的业绩增长情况。年度目标是经上下级讨论后制定的。这些讨论不仅考虑评价标准的选择，还考虑所衡量的业绩指标的适当性和可控性。

（3）每年以前 3 年的业绩为基础发放报酬。

#### （五）股票增值权益

股票增值权益是以奖励期到支付期股票价格的上涨为基础的递延现金报酬。股票增值权益通常与股票期权方案结合使用，为高级管理人员提供一种购买股票期权方案下赚取股票的方式。

#### （六）虚拟股票

虚拟股票是奖励股票的数量单位。当高级管理人员获得规定的股票数量时，他将收到一笔现金，现金的数额等于股票数量乘以股票的现实市价。

股票增值权益和虚拟股票事实上都是递延奖金，但奖金额是将来的股票价格的函数。因此，它们具有当报酬是股票价格的函数时的一切优点和缺点。

#### （七）分享单位

分享单位与股票增值权益相似，但它与经营成果相联系，而不是与股票价格相联系。常用的经营指标包括税前收益、投资报酬率、销售量与积压量，或者由上述指标构成的指标体系。所奖励的单位可因经营成果的不同而有所不同。分享单位对于没有公开交易股票或公开交易股票较少的企业很适用，也适用于与公司整体经营情况联系不密切的部门。分享单位可以灵活地将高层管理者与企业内在长期业绩指标联系起来。这些指标不受股市波动的影响，因而减少了高层管理者报酬函数的不确定性。因为高层管理者的利益与股东的利益不一致，所以这些指标也存在不足。分享单位要求对企业长期经营成果做出细致可行的说明，并说明激励报酬是如何随经营成果的变化而变化的。

### 三、我国企业常用的股权激励方式

近年来，股权激励在我国的部分地区和企业也得到了应用，主要有以下几种方式。

#### （一）实股激励

实股激励是让企业管理人员或关键岗位员工实际持有企业股份，以实现其经营激励的方式。实股激励的具体形式又分为股票赠予计划和股票购买计划。前者主要是指企业为吸引并留住高层管理者和技术人才，作为一种激励措施向他们赠送股票；后者是指企业要求高层管理者或其他员工在其工作期间，按照一定的标准购买一定数量的股票。股票购买计划的目的在于将员工与企业真正地捆绑在一起，实现企业与员工“生死与共，同舟共济”。

#### （二）期股激励

期股介于“实股”和“期权”之间，有“期”和“股”两种含义。虽然期股是一种股票，但其持有人不是完全意义上的现期股东，其股东权利的形式仍然受到一定程度的限制。实际中，有两种做法：一是国有上市公司主管部门将经营者年薪和奖金中的一部分用于购买本公司的股票，并委托第三方持有，经营者拥有股票的分红权，但没有处置权，只有满足一定条件以后，经营者的期权才会变成“实股”；二是由企业出资人与经营者达成书面协议，允许经营者在任期内通过各种方式按既定价格获得本企业一定数量的股份，先行取得所购股份的分红等部分权益，然后分期支付购股款项，购股款项一般以分红所得分期支付，在既定时间内支付完购股款项后，取得股份的完全所有权。

**（三）股票期权**

股票期权是指企业所有者向其经营者提供的一种在一定期限内按照某一既定价格购买一定数量的本公司股票的权利。被授予人可以行使这种权利，也可以放弃这种权利。在行权前被授予人没有任何现金收益，行权后市场价格与行权价格之间的差价是被授予人获得的期权收益。

期股激励与期权激励的区别在于：

（1）标的物不同。在期权激励中，经营者获得的是一种权利；而在期股制中，经营者直接获得的是股份或股票。

（2）获得权利或股票的方式不同。在期权激励中，经营者是无偿获得或基本上不用现金就能获得这种权利；而在期股激励中，经营者必须拿出一部分现金才能获得股份或股票。

（3）获得收益的方式不同。在期权激励中，经营者在行权日之前一分钱都得不到，只有在行权日行权之后才能获得应得的全部收益；而在期股激励中，经营者在获得股份或股票之后，就相应地获得分红权，但整个股票的兑现要在全部股价款支付完毕且任期届满后才能实现。

**（四）限制性股票**

上市公司限制性股票这种股权激励是以非公开的方式向激励对象授予一定数量的公司股票，并规定锁定期和解锁期，在锁定期和解锁期内，这部分公司股票不得上市流通及转让。如果达到解锁条件，那么可以解锁；如果全部或部分股票未被解锁而失效或作废，则通常由上市公司按照事先约定的价格立即进行回购。

限制性股票的产生主要是为了保留、吸引并激励高层管理者、关键岗位人员及技术骨干人员，以实现公司长期战略目标并提高生产经营效率。《上市公司股权激励管理办法》规定，限制性股票授权日与首次解除限售日之前的间隔不得少于 12 个月，且在有效期内，上市公司应当规定分期解除限购，每期时限不得少于 12 个月，各期解除限售的比例不得超过激励对象获授限制性股票总额的 50%，多个解锁日的设置及较长时间的锁定期，可以有效避免较短的有效期带来的短视影响，减少高层管理者对会计指标的操纵。

员工认购限制性股票时需缴纳一定的认购款，虽然认购款低于所授予股票的当期价格，但这一部分资金形成了员工锁定期和解锁期的机会成本，即使最后公司业绩未达标导致限制性股票被有偿收回，员工也付出了一定的资金成本。加之股价走低可能导致的利益受损，限制性股票能够更高效地促使员工努力创造价值，提升公司股价。要说明的是，虽然限制性股票在锁定期和解锁期内不得上市流通及转让，但持有人仍享有分红权。

对于解锁条件或行权条件，应采用科学合理、客观严谨的业绩考核体系。丰富的财务类考核指标，辅之以可体现公司规模、客户满意度及市场份额和声誉等的非财务指标，有利于股权激励制度真正发挥作用。

限制性股票激励计划需要以时间为主线进行设计。例如，光明乳业的限制性激励方案为：

草案公告日：2010 年 1 月 19 日

授权日：2010 年 9 月 27 日

激励方式：限制性股票

激励范围：105 人，815.69 万股

有效期：5 年

授予价格：4.7 元/股

禁售期：自授予日起 2 年

解锁安排：三个解锁日，依次为禁售期满的次日及该日的第一个、第二个周年日，每个解锁期的解锁数量比例分别为 40%、30%、30%。

业绩考核：三个解锁期营业收入分别达到 90.80 亿元（2010 年）、113.76 亿元（2011 年）、136.51 亿元（2012 年）、158.42 亿元（2013 年），净利润分别达到 1.19 亿元、2.28 亿元、2.73 亿元、3.17 亿元；每个解锁期净资产收益率为 8%、除去经常性损益的净利润占净利润的比重不低于 85%。

**（五）员工持股计划**

员工持股计划的做法是：企业对符合计划参与条件的受雇员工，依其薪资总额，每年摊提一定比例存入员工股份信托基金中，通过基金的部分提存或者向银行借款，以公平市价购入所服务企业的股票，并将股票放在悬置账户内，随着借款的偿还，再按照确定的比例分次转入员工个人账户。员工退休或离职时，企业必须将股票交付员工。

建立规范的员工持股计划应注意以下方面：（1）明确设立员工持股计划的条件。（2）内部员工股份原则上可通过增资扩股和产权转让方式设置，企业应根据本企业情况自行确定内部员工股总额占公司总股本的比例。（3）股票要量化到个人，员工认股应遵循风险共担，利益共享，出资自愿，以及公平、公正、公开的原则。可以适当拉开激励差距。（4）成立员工持股会，以员工持股会会员大会为权力机构，还可以设立员工持股管理委员会或理事会，作为相应的管理机构和执行单位。（5）公司根据发展需要，可在内部员工持股总额中设置部分预留股份，以供具备资格的新增员工认购。（6）为了购买内部员工预留股份和回购脱离公司的员工所持股份，员工持股会可以设备用金，备用金必须专款专用。（7）红利分配应依照《中华人民共和国公司法》（以下简称《公司法》）进行，但应当先用于偿还借款本息。

**（六）管理层收购**

管理层收购（MBO）主要是指高层管理者通过外部融资机构帮助收购其所服务的企业的股权，从而完成由单纯的企业管理者到股东的转变。国外的管理层收购在激励内部员工的积极性、降低代理成本、改善公司治理结构等方面发挥了积极作用，因而得到了广泛

应用。自20世纪90年代末以来，管理层收购在我国流行起来，比如粤美的、新浪等企业均曾进行管理层收购。粤美的是我国上市公司正式实现MBO的首例。早在1998年，公司便开始酝酿管理层收购。其22名高层管理者于2000年4月正式注册了融资收购平台——顺德市美托投资有限公司，并于2000年5月和2001年1月分别以每股转让价格2.95元和3元两次协议收购当地镇政府下属公司持有的粤美的共计22.19%的法人股，从而成为粤美的公司的第一大股东。新浪在2009年实现了中国互联网企业首例MBO，2009年9月28日，以新浪CEO曹国伟为首的新浪管理层，以约1.8亿美元资金购入新浪560万股普通股（占新浪总股本的9.43%）。新浪管理团队借此成为公司第一大股东。这次管理层收购改变了新浪长期以来股权结构分散的问题。一个话语权更大的大股东有利于加快新浪的市场反应速度和决策速度。同时，由于经营者与所有者合一，新浪股东和管理者之间的代理问题得到缓解。中国企业实施的MBO具有以下三个特点：

（1）中国的MBO是潜移默化的。这一点体现得最明显的是江苏、浙江和广东的企业。企业没变、经理没变、产品没变，而产权却从当年的国家集体变成现在的管理者。

（2）中国MBO的交易方式没有金融支持，更多的是通过非金融化的融资手段，利用一些准金融和内部融资的形式。

（3）中国MBO的定价大都不需要通过市场竞价，而主要通过与当地政府和国资部门一对一谈判完成。

---

## ▲ 案例

### 期权、期股两种激励方式在我国的实际运用

## 一、期股激励

期股激励是我国的股权激励机制运用中最广泛采用的方式。其中，北京市的股权激励试点具有一定的代表性。

1999年7月，北京市颁布了《关于对国有企业经营者实施期股激励试点的指导意见（试行）》（以下简称《指导意见》），开始在一些已经基本建立现代企业制度、以国企或国有资产授权经营公司为主体投资设立的股份有限公司和有限责任公司进行期股激励试点。《指导意见》规定：期股激励的对象主要是董事长和经理，对董事长和经理的期股激励主体是公司股东会或出资人。董事长和经理各自承担的责任必须以契约形式明确规定。另外，经公司出资人或董事会同意，公司其他高级管理人员应以现金投入获得股权，形成经营者群体持股。经营者群体持股比例一般为公司总股本的5%～20%。其中，董事长、经理的持股比例应占经营者群体持股总额的10%以上。

《指导意见》中明确了期股股权的形成及获取方式：国企可以在改制过程中，由出资者通过协议向经营者转让持股权的方式形成期股股权；在公司制企业中，经营者可以通过增资扩股和国有股及其他股份转让的方式形成期股股权。经营者获取期股的方式是：根据与出资人签订的期股认购协议，以既定的价格认购、分期补入。经营者持股的出资额一般

不得少于10万元。经营者所持期股份额一般以其出资额的1～4倍确定。以按既定价格认购、分散补入的方式获取期股时，经营者在补入全部期股之前，其所持有的这一部分股份只有表决权和收益权，没有所有权。待全额补入后，其所持有的这一部分股份的表决权、收益权和所有权属于经营者所有。经营者任期届满2年后，经审计合格，其股份可通过出资人受让方式变现。经营者以期股出资成为公司股东的，应依照《中华人民共和国公司法》《中华人民共和国公司登记管理条例》的规定到市场监督管理部门办理登记注册。

经营者的期股每年所获红利，要按协议规定全部用于补入所认购的期股。企业经营者在该企业任期届满，若不再续聘，经考核其业绩指标达到双方协议规定的水平，可按协议规定，在任期届满2年后，将其拥有的期股按届满当时经评估后的每股净资产值变现，也可保留适当比例的股份在企业，按年度正常分红。经营者任期未满而主动要求离开，或在任期内未能达到协议规定的考核指标水平，均属于违约行为，应按照权责对等的原则，取消其所拥有的期股股权及其收益，其个人现金出资部分也要做相应扣除。

从以上规定可以看出，北京市所实行的期股激励方式对经营者既有一定的激励作用，又有一定的约束作用。激励作用表现在收益权的分配和期股的变现上。如果在任职期间企业经济效益好，那么经营者可按持股比例分享收益；在任职期满2年后，其拥有的期股可按当时经评估后的每股净资产值变现。约束作用表现在对违约行为的处理上。对任期未满主动要求离开的情况的处理，有利于企业留住优秀的经营者，从而维护企业领导班子的稳定；对在任期内未能达到协议规定的考核指标水平的情况的处罚，有利于对经营者偏离企业目标的行为进行约束。

在此规定中，对经营者购买期股有一定的强制性，如规定经营者持股的出资额一般不得少于10万元。这要求经营者在得到好处之前就要先付出现金，无疑加大了经营者的持股风险，降低了期股对经营者的吸引力。

## 二、华为的虚拟股权激励方式

华为技术有限公司（以下简称华为）是100%由员工持有的民营企业，截至2019年底，共有104 572名持股员工，任正非先生总持股占公司总股本的1.04%。

2001年7月，华为公司股东大会通过了股票期权计划，推出了《华为技术有限公司虚拟股票期权计划暂行管理办法》，规定其员工可享有一定数量的股票分红权和增值权，但是虚拟股票的持有人不拥有公司的所有权和股东大会的表决权。华为的虚拟股票期权计划的基本要素总结如下：（1）激励对象。只有“奋斗者”才能参与股权激励。（2）授予数量。华为采用“饱和股份制”，每个级别的员工达到上限后，就不参与新的配股。（3）授予价格。华为公司按净资产值确定股价。（4）回购价格。员工离开公司，工会委员会按当年的每股净资产价格购回。（5）资金来源。华为公司基本不提供员工购买股票的资金，员工购买股票的资金来源于银行贷款和分红款。（6）参与形式。员工签署合同交由公司保管，没有副本和持股凭证。每个员工有一个内部账号，可以据此查询自己的持股数量。

相比传统的股权激励，华为公司的虚拟股权激励政策有效地提高了员工的积极性，回避了实际股票流通可能受到的法律限制，为公司长远发展提供了便利的条件。

华为年报显示，在开始实施“饱和股份制”股权激励政策后，华为的营业收入和利润逐年提高，尤其是在政策实施的第一年（2008年），净利润率由－37.58%上升到146.23%。2019年，华为销售收入为8 588亿元，净利润率为7.3%。

## 三、中国联通的限制性股票股权激励方式

中国联合网络通信股份有限公司（以下简称“中国联通”）于2016年9月28日被国家发展和改革委员会列为混合所有制改革（以下简称“混改”）第一批试点单位。经过两年的探索与整改，2018年2月11日中国联通的员工股权激励计划方案出炉，标志着混改的基本完成。

中国联通的限制性股票股权激励方式的主要内容如下：

1. 发股数量、激励对象与授予价格

（1）发股数量：首期向激励对象授予不超过84 788万股的限制性股票，约占当前公司总股本的2.8%，计划预留4 485.6万股，占本次授予总量的5.3%，占当前公司总股本的0.1%。

（2）激励对象：总计7 855名中国联通员工，包括管理人员、战略人才和核心骨干员工三类，其中高层管理者2人。方案激励对象占中国联通员工总数的约3%。

（3）授予价格：3.79元/股，不低于下列价格中的较高者：

① 股权激励计划草案公布前1个交易日公司股票交易均价的50%；

② 股权激励计划草案公布前20个交易日、60个交易日或者120个交易日的公司股票交易均价之一的50%。

2. 解锁条件

（1）公司业绩条件。

限制性股票禁售期满后为限制性股票解锁期，解锁期至少为36个月。解锁期内分期匀速解锁，若达到当期限制性股票的解锁条件，激励对象可以依法转让其当期通过本计划解锁的限制性股票（激励对象是董事和高层管理者的，转让股份还应符合《公司法》相关规定）；若未达到本计划规定的限制性股票解锁条件，激励对象当期不得解锁限制性股票，由公司按照激励对象的授予价格回购。表5-1列示了在三个解锁期限制性股票的解锁条件。

**表5-1 限制性股票的解锁条件**

| 解锁期 | 解锁条件 |
| --- | --- |
| 第一个解锁期 | （1）2018年度主营业务收入较2017年度主营业务收入基准的增长率不低于4.4%，并且不低于同行业企业平均水平；（2）2018年度利润总额较2017年度利润总额基准的增长率不低于65.4%，并且不低于同行业企业75分位水平；（3）2018年度净资产收益率不低于2.0%。 |
| 第二个解锁期 | （1）2019年度主营业务收入较2017年度主营业务收入基准的增长率不低于11.7%，并且不低于同行业企业平均水平；（2）2019年度利润总额较2017年度利润总额基准的增长率不低于224.8%，并且不低于同行业企业75分位水平；（3）2019年度净资产收益率不低于3.9%。 |
| 第三个解锁期 | （1）2020年度主营业务收入较2017年度主营业务收入基准的增长率不低于20.9%，并且不低于同行业企业平均水平；（2）2020年度利润总额较2017年度利润总额基准的增长率不低于378.2%，并且不低于同行业企业75分位水平；（3）2020年度净资产收益率不低于5.4%。 |

（2）个人业绩条件。

中国联通将其员工业绩划分为A、B、C、D、E五个业绩贡献匹配档次，分别对应不同的解锁比例。依据激励对象所在单位的经营业绩和激励对象的价值贡献确定解锁当年的业绩贡献匹配档次，得出可解锁获得的实股数量（解锁股数计算公式：当期实际解锁股数＝当期目标解锁股数×解锁比例）。

综上，限制性股票转变为实际股票需同时满足公司业绩条件和个人业绩条件。中国联通通过以上方法，巧妙地将员工的个人利益与公司的长期价值挂钩，较好地提升了员工的工作积极性。虽然严苛的解锁条件确实在激励方面具有局限性，但在混改的大背景下该股权激励方式在一定程度上有助于促进中国联通长期股东价值的增长。

## 四、中国移动的期权激励方式

中国移动通信集团有限公司（以下简称“中国移动”）为了解决公司高层管理者报酬偏低、激励不足的现象，经过董事会讨论最终达成共识，并于2020年6月12日发布了《股票期权激励计划项下授予股票期权》的公告，正式对9 914名激励对象授予股票期权，希望通过这一激励措施更好地激励经营者、降低代理成本、改善治理结构。

中国移动的期权激励的主要内容如下：

1. 售出的股票期权数量、激励对象与行权价格

（1）售出的股票期权数量：305 601 702股股票。

（2）激励对象：全体46万名员工中的约2.2%，主要包括中高层管理者、业务骨干及技术研发人员。根据《中央企业控股上市公司实施股权激励工作指引》，中央和国资委党委管理的中央企业负责人不参加上市公司股权激励，市场化选聘的职业经理人可以参加任职企业的股权激励。

（3）行权价格：下列价格中的较高者：

① 授予日股票收盘价（实际上为每股54.25港元）；

② 授予日前五个交易日股票平均收盘价（实际上为每股55.00港元）。

2. 行权条件

中国移动此次的行权期分为三批，每批开放的期权分别占此次售出的股票期权数量的40%、30%、30%，时间分别为2年后、3年后和4年后（见表5-2）。

**表5-2　中国移动期权激励的行权条件**

| 行权期 | 行权条件 |
| --- | --- |
| 第一批 | 占售出的股票期权的40%。将于授予日起24个月后的首个交易日开放行权。 |
| 第二批 | 占售出的股票期权的30%。将于授予日起36个月后的首个交易日开放行权。 |
| 第三批 | 占售出的股票期权的30%。将于授予日起48个月后的首个交易日开放行权。 |

中国移动通过股票期权对员工进行激励，实际上是进行了分配制度方面的改革，这一长期激励方式为央企保留企业核心人才提供了担保。中国移动作为大央企能够激励近一万人（9 914人），这个激励范围还是比较广的，对员工、人才、公司都是有益的，使得员工利益与企业发展更加紧密地联系在一起。

3. 与中国联通的股权激励方式的对比

中国移动此次的激励对象数量占总员工的2.2%，虽不及中国联通的约3%，但其采用的期权激励方式的最大好处就是行权自愿原则，即员工可以选择是否购买期权，这让员工在选择是否接受激励时具有更大的自主性，因此，中国移动的股票期权激励相比中国联通的限制性股票股权激励也更具灵活性。

无论是股票期权激励还是限制性股票股权激励，企业实施它们的最终目标都是一致的。没有哪种股权激励方式是完美的，两者虽具有诸多差异，但并非互相排斥。相反，在具体实践中，两种方法的结合运用有时可达到更好的激励效果。

# 第三节 典型年度激励计划分析

## 一、典型年度激励计划

尽管在不同公司和行业间存在差异，但经营者奖金计划还是能够按照三个基本要素进行分类：业绩评价指标、业绩评价标准和薪酬与业绩之间的关系（分配公式）。图5-1显示了一个典型年度激励计划的三个基本要素。

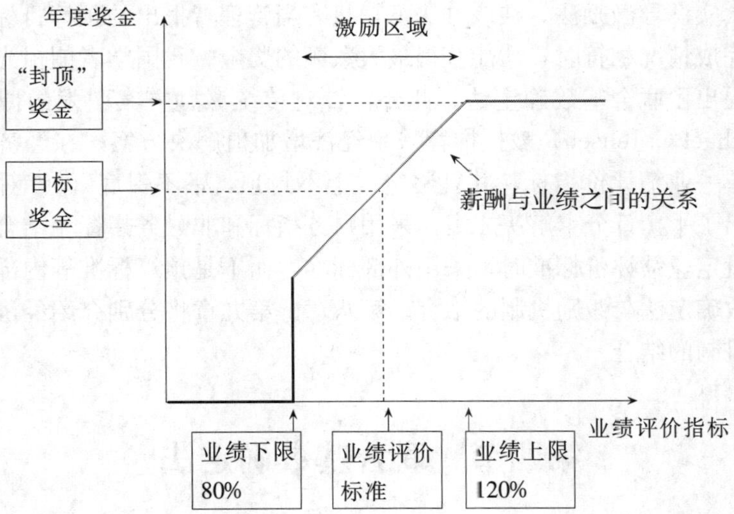


**图5-1 典型年度激励计划构成**

在典型年度激励计划中，经营者若未达到业绩下限（通常表示为业绩评价标准的百分比），将不会获得奖金；在达到业绩下限时经营者可以获得最少的奖金（通常表示为目标奖金的百分比）；达到业绩评价标准时，经营者将获得目标奖金；在超过业绩评价标准时，典型地有一个“封顶”奖金（通常表示为目标奖金的百分比或倍数）。下限和上限之间的区域被称为“激励区域”，表示随着业绩的逐步提高，奖金的相应变动范围。

## 二、典型年度激励计划的不足与改进办法

在典型年度激励计划中，一般使用单一的财务指标，如净利润，与财务指标配合的业绩

评价标准往往与企业年度预算相结合。这种做法会使管理者在业绩下限和业绩上限两个拐点处产生与激励机制进行博弈的强烈动机。只要他们相信能够达到下限标准，自然就会尽其所能提高业绩水平。首先，他们会采取合法手段，如果激励很大，他们也可能铤而走险采取非法手段。例如，把今年的费用递延到明年（延迟进货或推迟招聘），或者把未来的收入提早到今年来实现（如让客户提前订货或给予客户特殊折扣），从而以牺牲下一年度的业绩为代价来虚增当年的利润。如果管理者认为自己无法达到业绩下限，他们的动机就会180度大转变。此时，他们会想方设法把当年的利润转移到下一年。毕竟，一旦达不到业绩下限，那么不管这个差距是大还是小，他们的基本薪酬都不受影响，仍然拿全工资（当然，前提是不会被解雇）。但是，通过预付各种费用、提前冲销资产，或者延迟实现收入等方法，就可以将当年利润转移至下一年度，从而大大提高下一年度获得高额奖金的概率。这与公司财务报告“洗大澡”的操作手法如出一辙：如果要报亏，那么就一次亏个够。如果管理者当年一帆风顺，业绩接近预算目标的上限，那么也会产生将利润转至下一年度的动机。这是因为即使实际业绩超出了封顶线，他们也不会因此获得更多的奖金，而加大开支或推迟销售并不会对当年的利润产生太大的影响，但可以提高下一年度获得高额奖金的概率。尤其是当当年的业绩水平被用来设定下一年度的业绩目标值时（事实上常常如此），他们这样做的动机就会更加强烈。

为了消除管理者的博弈行为，西方学者维茨曼（Weitzman）教授在研究苏联的激励方案时提出了真实诱导激励法。在该方法下，只有当管理者报出的预算目标值（业绩评价标准）与实际完成情况相符时，才能获得最大数额的奖金。我国学者胡祖光教授在此基础上进行改进，提出了联合基数确定法。此外，针对传统激励方案引发的博弈行为，迈克尔·詹森（Michael C. Jensen）教授推荐采用经济增加值解决方案。在经济增加值激励机制中，采用了单一业绩评价指标，并且奖金“上不封顶，下不保底”。针对财务指标的缺陷，卡普兰提出了平衡计分卡解决方案，采用财务指标和非财务指标相结合的多业绩评价指标体系，在设定业绩评价标准时，采用外部标准，而不是预算标准等内部标准。下一节将介绍联合基数确定法与激励机制的结合。第八章、第九章将分别介绍经济增加值、平衡计分卡与激励机制的结合。

## 第四节　联合基数确定法

### 一、联合基数确定法原理

联合基数确定法以经济人有限理性和信息不对称性理论为前提，承认委托人与代理人处于不对称的公司信息状态。为了防止代理人利用自己的内部人地位进行信息控制，从而在与委托人谈判时取得有利地位，产生损害委托人利益的后果，需要设计一种激励相容的剩余权分享机制，使代理人在这种制度安排中能够自发地努力，达到委托人与代理人效用目标的均衡。这是业绩考核中需要解决的一个重要的机制设计问题。联合基数确定法正是为解决这一难题而做出的一种制度创新努力。

联合基数确定法的主要内容可以用一个20字口诀来概括，即“各报基数、算术平均、少报罚五、多报不奖、超额奖七”。“各报基数、算术平均”是指年初确定利润基数时，首先由上、下级（总公司与分公司、董事会与总经理）各自提出一个他们认为合适的利润基数，然后对这两个基数进行算术平均，作为承包合同基数。在实际操作中，上级为了简化，一般还可以用下级的自报数乘以80%作为上级的要求基数，两个数字进行简单算术平均后，形成利润承包基数。“少报罚五、多报不奖”是联合基数确定法成功的关键。“少报罚五”是指当下级的年终实际完成数（假定为100万元）超过其年初自报数（假定为80万元）时，上级对少报部分要收取五成罚金，即20万元×50%=10万元。“多报不奖”是指当下级的年初自报数（假定为100万元）超过其年终实际完成数（假定为80万元）时，上级对多报部分将不给予任何奖励。“超额奖七”是指当年终实际完成的利润数（假定为100万元）超过了合同承包基数（假定为90万元）时，则利润超额完成部分的70%，即该例中的10万元×70%=7万元归代理人所有。30%的部分归委托人所有。对于年终不能完成基数的，企业可以根据实际情况对代理人进行处罚或免于处罚。

根据以上陈述，设委托人要求数为$D$（demand），代理人自报数为$S$（self-offered），最终的利润承包基数为$C$（contract）。为简便起见，委托人要求数与代理人自报数各取50%的权数进行算术平均，即权数$w=50\%$。联合基数确定法公式即可以表示为：

$$C=0.5S+0.5D \tag{5-1}$$

在实际操作中，甚至可以进一步将上式简化为：

$$C=S\times 80\% \tag{5-2}$$

即合同基数（$C$）=下级自报数（$S$）×80%。换句话说，上级把下级自报数打八折，即成为下级的利润承包基数。

当然，算术平均只是联合基数确定法中一种特殊的平均方法，更加一般的平均方法是加权平均：

$$C=wS+(1-w)D \tag{5-3}$$

可以用严格的数学方法证明出：如果委托人在给代理人确定承包基数时采用上述联合基数确定法，代理人一定会自觉地报出一个他自己通过努力可以达到的最大基数。而委托人则只需提出一个保底数或把代理人自报数打八折作为委托人要求数就行了。

需要说明的是，联合基数确定法中的少报受罚系数$Q$、超额奖励系数$P$、代理人权数$w$等是重要的参数，它们的数值不是唯一确定的，而是可以根据企业的实际情况灵活地制定。但是，这三个参数必须满足如下关系式：

$$P>Q>wP$$

即，超额奖励系数>少报受罚系数>代理人权数×超额奖励系数

只要上式得到满足，下级就一定会报出一个他能够实际完成的最大数。这样，上级也就没有必要在确定利润额时抬高基数，而只要提出一个基本数就可以了。表5-3给出了一些$P$、$Q$、$w$的常用值。

**表5-3　$P$、$Q$、$w$的常用值**

| 代理人权数$w$ | 超额奖励系数$P$ | $wP$ | 少报受罚系数$Q$（$P>Q>wP$） |
|---|---|---|---|
| 0.5 | 0.1 | 0.05 | 0.075 |
| 0.5 | 0.2 | 0.10 | 0.15 |

续表

| 代理人权数 $w$ | 超额奖励系数 $P$ | $wP$ | 少报受罚系数 $Q$（$P>Q>wP$） |
| --- | --- | --- | --- |
| 0.5 | 0.3 | 0.15 | 0.22 |
| 0.5 | 0.4 | 0.20 | 0.30 |
| 0.6 | 0.1 | 0.06 | 0.08 |
| 0.6 | 0.2 | 0.12 | 0.16 |
| 0.6 | 0.3 | 0.18 | 0.24 |
| 0.6 | 0.4 | 0.24 | 0.32 |
| 0.6 | 0.5 | 0.30 | 0.40 |
| 0.7 | 0.2 | 0.14 | 0.17 |
| 0.7 | 0.3 | 0.21 | 0.25 |
| 0.7 | 0.4 | 0.28 | 0.34 |
| 0.7 | 0.5 | 0.35 | 0.42 |
| 0.8 | 0.2 | 0.16 | 0.18 |
| 0.8 | 0.3 | 0.24 | 0.27 |
| 0.8 | 0.4 | 0.32 | 0.36 |
| 0.8 | 0.5 | 0.40 | 0.45 |
| 0.8 | 0.6 | 0.48 | 0.54 |
| 0.8 | 0.7 | 0.56 | 0.63 |
| 0.8 | 0.8 | 0.64 | 0.72 |
| 0.8 | 0.9 | 0.72 | 0.81 |
| 0.8 | 1.0 | 0.80 | 0.90 |

**[例 5—2]** 假设某代理人能够实际完成的利润数为 80 万元，承包合同基数按自报数的 90%确定，超合同基数部分全部留归代理人，少报部分罚款 95%。代理人分析了五种自报数下最终的净奖励数额，如表 5-4 所示。

**表 5-4 联合基数确定法应用举例** 单位：万元

| 自报数的五种情况 | 一 | 二 | 三 | 四 | 五 |
| --- | --- | --- | --- | --- | --- |
| ① 年初下级自报实现利润数 | 60 | 70 | 80 | 90 | 100 |
| ② 合同利润数（自报数打九折） | 54 | 63 | 72 | 81 | 90 |
| ③ 年终下级预计实际完成利润数 | 80 | 80 | 80 | 80 | 80 |
| ④ 超合同利润数（奖给下级） | 26 | 17 | 8 | −1 | −10 |
| ⑤ 年初数与年终数差距＝①－③ | −20 | −10 | 0 | 多报 | 多报 |
| ⑥ 少报罚款＝⑤×95% | −19 | −9.5 | 0 | 0 | 0 |
| ⑦ 净奖励＝超额奖励④＋少报罚款⑥ | 7 | 7.5 | 8 | −1 | −10 |

显然，在上面的例子中，100%>95%>0.9×100%。代理人通过分析发现，当其自

报数为 60 万元（第一种情况）时，合同基数为 54 万元。由于他的实际完成利润数为 80 万元，他可以因超合同基数而获奖 26 万元；但同时他也将面临 19 万元的“少报罚款”。因此，他的净奖励只有 7 万元。而当自报数为 80 万元时（第三种情况），尽管超基数奖励只有 8 万元，但由于他的自报数（第一行中的 80 万元）正好等于其实际完成利润数（第三行中的 80 万元），因而避免了受罚，从而净奖励最大。经过上述分析，下级决定：他将实事求是地报出一个自报数 80 万元，这样他可以获得最大奖励 8 万元。

通过这一方法，可以改变委托人与代理人之间的不合作博弈关系，形成一种激励相容机制，大大降低谈判、监督等交易费用，并使基数确定过程变得简单、友好。

## 二、联合基数确定法应用案例

联合基数确定法研究成果自 2000 年形成后，便引起了一些管理学者和实际工作者的重视。经过多年的实际应用，已经取得了一定的成效。这里举两个应用实例，以供借鉴。

**[例 5—3]** 2001 年初，北京北辰实业股份有限公司（简称北辰实业）采用联合基数确定法对下属 7 家企业进行利润指标核定。北辰实业的做法是由委托方对所属企业提出利润基数，各企业提出经过努力可以实现的利润指标。上下级两个基数进行算术平均便成为当年该企业的基数指标。经过协商，2001 年北辰实业下属 7 家企业的平均超额奖励系数 $P$ 为 9.85%，少报受罚系数 $Q$ 为 6%。只完成基数指标时没有奖励，只给门槛报酬（基本收入）；不能完成基数指标时要扣除基本收入（以 80%的基本收入作为保底收入）。根据联合基数确定法 20 字口诀，北辰实业下属企业实际的风险（奖惩）收入为：

代理人风险收入＝超额完成数×奖励系数－企业少报数×受罚系数

这一规定颁布后，北辰实业下属企业纷纷要求提高利润自报数，出现了“跳起来摘苹果”的好现象。结果 7 家企业新增自报数 3 010 万元，实现了激励相容的财务管理新机制。

**[例 5—4]** 中国石油重庆销售公司下辖 11 个分公司和 6 个参（控）股单位，主要负责经营区域内成品油批发、零售业务，非油品销售业务等。近年来，该企业采用联合基数确定法对分公司利润总额进行考核，考核结果由两部分组成：超过基数获得的奖金和少报预算的罚款，具体的方案为：代理人权数（$w$）为 50%、超额奖励系数 $P$ 为 30%、少报受罚系数（$Q$）为 20%；合同基数（$C$）＝利润总额上级目标数×50%＋利润总额下级自报数（$S$）×50%；超额奖励＝(利润总额实际完成数－合同基数)×30%；少报惩罚＝(利润总额下级自报数－利润总额实际完成数)×20%。以该公司 2012 年的经营情况为例，对其所属的分公司 A 采用联合基数确定法进行利润总额指标考核，结果如下：A 公司所报利润总额为 2 010 万元，总公司对 A 公司利润总额的期望值为 2 969 万元，合同基数为 2 010×50%＋2 969×50%＝2 490（万元），最后完成了 4 758 万元。这样，分公司 A 可以获得的超额奖励为（4 758－2 490）×30%＝680（万元），少报惩罚为(4 758－2 010)×20%＝550（万元）。根据上述计算结果，A 公司可以获得 680－550＝130（万元）的奖励。

使用联合基数确定法可以让上下级单位积极互动，上级单位对下级单位具有明确的奖惩机制，能够让下级单位主动亮出底牌，共同形成指标合同，避免了信息不对称所造成的弊端。另外，联合基数确定法还可应用于亏损企业的绩效考核，以减亏作为增赢目标进行减亏考核，可以取得同样的成效。

### 三、应用联合基数确定法需注意的问题

需要说明的是，联合基数确定法是建立在代理人具有企业经营的较为充分的信息这一假设的基础上，同时是以经济人的生产者效用最大化—— 利润最大化——为假设目标的。然而，事实上代理人未必能够真正准确掌握公司经营的全部信息，同时对代理人的利润最大化目标假设也常常存在问题，因为代理人事实上会选择工作与闲暇之间的某种比例。不同代理人的闲暇需求是不同的，而过高的代理报酬也会导致代理人的代理劳动供给曲线向后倾斜（斜率为负），即代理人不愿再付出更多的劳动。因此，在实施联合基数确定法的过程中必须注意以下问题：

首先，由于外部市场条件与内部要素条件的变化，公司经营者常常难以在年初就准确预期全年的收益情况。并且，预期越追求精确，需要投入的精力往往也越多。针对这种情况，为了最大限度地鼓励和调动代理人的积极性，可以允许在第四季度初调整一次自报基数，但只允许往上调。如例 5—4 就将利润基数往上进行了调整，以实现激励相容的最大化目标。

其次，联合基数确定法中，激励系数与处罚系数的确定存在较大弹性。前面的“少报罚五、超额奖七”只是一个大数原则，具体的奖罚系数一般可以在满足上述 $P>Q>wP$ 的约束条件下，通过协商解决。有的公司采用的就是“超额奖四（40%）、少报罚三三（33%）、代理人不能完成基数时罚四（40%）”的原则。因此，该方法事实上仍然存在相当大的灵活性，不同企业可以根据自身的实际情况注意与传统奖惩办法适当衔接。当然，奖惩系数确定过程中的博弈会产生一定的交易费用，但这对于防止片面化、通过谈判最终形成均衡的激励相容机制是有益的。

最后，当代理人行为偏离一般的生产者效用最大化目标假设，选择闲暇最大化偏好而非利润最大化偏好，或者其行为故意与委托人目标抗衡、追求利润外收益时，采用该办法也将陷入“考核失灵”的麻烦。换句话说，代理人能够实现 1 000 万元的利润却只自报并只完成 100 万元。在这种情况下，必须寻找原因，要么更换代理人，要么调整奖惩系数以给代理人切实的激励。可见，联合基数确定法也并不是处处灵验的。

## 思考题

1. 简述现金奖金计划、利润分享计划和增益分享计划。
2. 简述股权激励的含义。
3. 简述西方企业常用的股权激励方式。
4. 简述我国企业常用的股权激励方式。
5. 用图表示年度激励计划的基本要素。
6. 简述联合基数确定法的原理。

# 第六章
# 业绩评价之成本模式

***学习目标***

1. 了解标准成本的类型；
2. 理解弹性预算；
3. 掌握弹性预算差异；
4. 掌握弹性预算差异的分解。

管理者可以利用标准成本编制弹性预算（flexible budget），通过比较实际结果与弹性预算之间的差异进行业绩评价，进而根据差异的不同情况，对相关部门和人员进行奖惩。

## 第一节　制定标准成本

公司会设定自己努力想实现的不同类型的标准。标准可以是仔细确定的价格、数量、服务水平或成本。制造业企业的标准通常以单位产品为基础制定。标准成本是一项操作或服务所应耗费的成本，或者是在假设所有事项都按计划运行（如按预期时间和预期产能运行）的情况下，一个实体预期会发生的成本。预算编制人员利用标准成本制定预算，并随环境的变化而相应地更新标准成本指标。

### 一、标准成本的类型

#### （一）按照制定方式分类

1. 权威式标准成本

权威式标准成本只能由管理层制定。权威式标准成本可以很快制定出来并长期与整个企业的目标很好地匹配，但它可能会导致员工不满，因而无法被很好地遵循。

2. 参与式标准成本

参与式标准成本通过管理层和所涉及各方之间的相互沟通制定。参与式标准成本更容易被接受，但其制定过程需要耗费较多的时间，且需要管理层和所涉及各方之间协商，以确保实现经营目标。

### （二）按照可实现情况分类

1. 理想标准成本

理想标准成本，也称最优标准成本，是一个远期目标。它是只有当所有情况都为最优状态时才可能实现的成本。理想标准成本适用于持续改进战略或全面质量管理理念。一些公司使用实际成本与理想标准成本的偏差来衡量和奖励业绩。然而，理想标准成本很难达到，频繁使用理想标准成本会导致工作让人不堪重负。如果持续要求达到很难实现的理想标准成本，这些标准就会丧失激励作用，因为员工没有动力实现这种“不可能”的目标并逐渐习惯于毫无目标。

2. 正常的标准成本

正常的标准成本是根据过去一段时间的实际成本水平，剔除生产经营活动中的异常因素，并考虑今后的变动趋势而制定的标准成本。这种标准成本将未来视为过去的延续，是一种经过努力可以达到的成本，但它的应用具有一定的局限性，即该类成本更多地考虑了过去的影响，适合在国内外经济形势比较稳定、企业生产经营比较稳定的情况下使用。

3. 当前可实现的标准成本

当前可实现的标准成本，是受过适当培训的员工按照正常速度操作应能达到当前可实现的标准的成本。绝大多数时候，当前可实现的标准成本都预期可达到。当前可实现的标准成本也不能设定得太低，否则将导致员工工作过慢，无法起到激励作用。当前可实现的标准成本不符合持续改进战略的要求。

## 二、标准成本的制定

产品的标准成本由直接材料、直接人工和制造费用三部分构成，而且都由价格标准和用量标准两项因素决定。下面分别进行阐述。

### （一）直接材料标准成本的制定

直接材料标准成本由材料的价格标准和用量标准决定。

1. 直接材料价格标准的制定

直接材料价格标准，应当包括材料的买价和预计的运杂费，通常采用企业编制的计划价格。企业在制定计划价格时，一般以订货合同的价格为基础，并考虑到将来有可能发生的变化。

2. 直接材料用量标准的制定

直接材料用量标准，也称材料的单位消耗定额，是根据有关产品的设计方案、工艺要求、生产设备等因素确定的生产单位产品所需要的各种材料的数量。直接材料用量标准一般应当包括构成产品有形实体的材料、在正常范围内允许发生的材料损耗和生产中不可避免的废品等所耗费的直接材料等。

3. 直接材料标准成本的制定公式

在确定了直接材料的价格标准和用量标准后，可以按照下述公式确定直接材料的标准成本：

$$\text{某产品的直接材料标准成本}=\sum \text{该产品所耗用的各种材料的标准成本}$$
$$=\sum \text{某材料的价格标准}\times\text{该材料的用量标准}$$

## （二）直接人工标准成本的制定

直接人工标准成本由直接人工价格标准和用量标准决定。

1. 直接人工价格标准的制定

在计时工资制下，直接人工的价格标准是小时工资率标准；在计件工资制下，直接人工的价格标准是单位产品所支付的生产工人的工资。

2. 直接人工用量标准的制定

直接人工用量标准，也称工时的消耗定额（standard hours per unit），是根据企业正常的生产技术条件确定的生产单位产品所需要的工时数量。直接人工用量标准一般应当包括产品制造加工过程所需要的时间、现有生产技术水平下必要的间歇和停工以及废品损失耗费的时间等。

3. 直接人工标准成本的制定公式

以计时工资制为例，在确定了直接人工的价格标准和用量标准后，可以按照下述公式确定直接人工标准成本：

$$\text{某产品的直接人工标准成本}=\sum \text{该产品所耗用的各种人工标准成本}$$
$$=\sum \text{某类人工价格标准}\times\text{该类人工用量标准}$$

## （三）制造费用标准成本的制定

制造费用标准成本也由价格标准和用量标准构成。

1. 制造费用价格标准

制造费用价格标准，也称制造费用分配率，是指每工时应当负担的制造费用，包括固定制造费用和变动制造费用。如果把制造费用的各明细项目按照成本习性划分为固定制造费用和变动制造费用，则制造费用的分配率可以按照以下公式确定：

固定制造费用分配率＝固定制造费用预算/标准总工时

变动制造费用分配率＝变动制造费用预算/标准总工时

2. 制造费用用量标准

制造费用用量标准的确定与直接人工用量标准相同。

3. 制造费用标准成本的制定公式

如果把制造费用的各明细项目按照成本习性划分为固定制造费用和变动制造费用，则制造费用标准成本可以按照以下公式确定：

固定制造费用标准成本＝固定制造费用分配率×标准工时

变动制造费用标准成本＝变动制造费用分配率×标准工时

### （四）产品标准成本的制定

确定了产品的直接材料标准成本、直接人工标准成本、制造费用标准成本后，可以确定产品标准成本。由于不同的成本核算方法对固定制造费用的处理不同，因此不同成本核算方法下的产品标准成本也有所不同。

$$\text{变动成本法下的产品标准成本}=\text{直接材料标准成本}+\text{直接人工标准成本}+\text{变动制造费用标准成本}$$

$$\text{完全成本法下的产品标准成本}=\text{直接材料标准成本}+\text{直接人工标准成本}+\text{变动制造费用标准成本}+\text{固定制造费用标准成本}$$

## 三、标准成本制定中的支持信息

制定标准成本要同时用到几种信息来源，包括作业分析、历史数据、市场预期与战略决策以及标杆分析。

### （一）作业分析

作业分析是作业成本法（ABC）的一部分，它是指确认、整理以及分析完成一项工作或操作所需要的作业。可以通过调查直接参与该项操作的人员以确定最有效的资源以及其他投入组合。工程师参与核算产品的组成部分并确定生产过程中所涉及的具体步骤，管理会计人员帮助分析投入的直接成本以及将一定数量的间接成本（照明、租金、维修费用等）分配到该操作中去。作业分析也可以用于评估履行任务的人员所应具备的技能水平。作业成本法中的作业分析是最彻底的成本核算法，其实施费用也最高。

### （二）历史数据

利用历史数据确定成本相对容易，但该信息没有作业分析可靠。为提高可靠性，可以利用历史数据确定一项操作的平均成本或历史成本的中值。为实施持续改进，可以将历史上的最佳业绩作为标准或至少是理想标准。然而，使用历史数据无法排除过去的无效率，或者未能考虑到新技术所带来的影响。

### （三）市场预期与战略决策

市场预期与战略决策能够决定产品的最大可允许成本水平，这与目标成本法类似。目标成本法是一种产品设计技术，即在生产结束时产品的总成本不能超过特定目标成本。然而，如果一个公司在市场上是价格接受者（换句话说，它必须接受原材料以及人工价格的变化），那么目标成本法在设定标准时就必须考虑这些市场实际成本。类似于持续改进（改善成本法）或零缺陷这样的战略决策只有在设定高标准时才能实现。

### （四）标杆分析

标杆分析是一个持续、系统化的衡量过程，它是通过与最优业绩相比较来衡量产品、服务以及各项实务的优劣。很多人认为，标杆分析是获取“同类最优”信息，但标杆分析在实际中有更广泛的应用。通常，“最好的水平”是针对该行业中处于领导地位的公司的外部标杆而言的。然而，“最好的水平”也可以以行业外具有类似流程的其他组织的内部标杆信息或指标为依据。好的标杆可以引导公司实现持续改进；相反，不好的标杆会导致显著的负面效应（例如，以一个不相容的行业为标杆会导致制定不现实的目标或缺乏挑战性的目标）。另外，标杆分析一般不会带来能实现可持续竞争优势的重大突破。

# 第二节 弹性预算和差异分析

## 一、弹性预算

### （一）固定预算

固定预算（static budget）又称总预算，它假定作业水平是固定的。也就是说，总预算的编制只针对某一特定类型的作业水平。例如，假设威宝公司是珠三角地区一家只有一个部门的企业。该公司使用传统成本核算系统，只有一个成本动因。它生产和销售受商务人士欢迎的折叠式带轮行李箱，生产这种行李箱需要若干道手工程序和机器操作程序。尽管这种产品有不同的种类，但为了研究的需要，可以将其设想为只有单一售价的单一种类产品。假设成本动因是销售量，计划作业水平（销售量）为 9 000 件，那么所有的预算数据都是依据销售 9 000 件的情况编制的。

所有的实际结果都可与初始的预算量进行比较。例如，假设实际销售量只有 7 000 件而非初始预算的 9 000 件。2019 年 6 月总预算包括简明利润表，列示在表 6 - 1 的第（2）列中，当月的实际结果列示在表 6 - 1 的第（1）列中。根据该表，总预算要求生产和销售 9 000 件产品，但仅实际生产和销售 7 000 件产品。由于没有期初存货和期末存货，故 6 月的产品全部在 6 月售出。

表 6 - 1 中的业绩报告将实际结果与总预算进行了比较。业绩报告是一个通称，通常意味着将实际结果与某些预算进行比较。一份有用的业绩报告应该包括差异，它将管理人员的注意力引导到那些与预期发生显著偏差并需要进行例外管理的地方。回想一下，差异是实际量与预期或者预算量之间的差额。表 6 - 1 列示了实际结果与总预算的差异，即所谓的总预算差异（master budget variance）或固定预算差异（static budget variance）。当实际收入超过预算收入时，差异是有利的；当实际收入低于预算收入时，差异是不利的。类似地，实际费用超过预算费用导致不利的费用差异（unfavorable expense variance）；实际费用低于预算费用则导致有利的费用差异（favorable expense variance）。对于每一项重大的差异，管理者都应当询问为什么。解释差异产生的原因将迫使经理们认识到哪些已经影响了收入或者成本，并且还将影响未来决策的变化。

**表 6 - 1 威宝公司截至 2019 年 6 月 30 日根据总预算所做的业绩报告**

| 指标 | 实际预算（1） | 总预算（2） | 总预算差异（3） |
|---|---|---|---|
| 销售量（件） | 7 000 | 9 000 | 2 000 |
| 销售收入（元） | 217 000 | 279 000 | 62 000U |
| 变动成本 | | | |
| 变动生产成本（元） | 151 270 | 189 000 | 37 730 |
| 运输费用（元） | 5 000 | 5 400 | 400F |
| 管理费用（元） | 2 000 | 1 800 | 200U |

续表

| 指标 | 实际预算（1） | 总预算（2） | 总预算差异（3） |
|---|---|---|---|
| 变动成本总额（元） | 158 270 | 196 200 | 37 930F |
| 边际贡献（元） | 58 730 | 82 800 | 24 070U |
| 固定成本 | | | |
| 固定生产成本（元） | 37 300 | 37 000 | 300U |
| 固定销售与管理费用（元） | 33 000 | 33 000 | — |
| 固定成本总额（元） | 70 300 | 70 000 | 300U |
| 营业利润（亏损）（元） | (11 570) | 12 800 | 24 370U |

说明：U 代表实际发生的费用大于预算费用而产生的不利差异。
F 代表实际发生的费用小于预算费用而产生的有利差异。

假设威宝公司的总经理要求你解释为什么预算利润为 12 800 元，而实际却发生了 11 570 元的营业损失。显然，销售收入差异 62 000 元低于预期水平，但有利的变动成本差异却容易引起误导。在销售收入低于计划水平的情况下，成本控制真的令人满意吗？当产量只有 7 000 件时，你真的愿意为可变费用支出 196 200 元吗？当然不会！因此，实际结果与总预算的比较对于例外管理并不是很有用。

**（二）弹性预算概述**

一个更加有用的分析基准是弹性预算。弹性预算，有时也称变动预算，是一种对销售量和其他成本动因作业的变动进行调整的预算。弹性预算在形式上与总预算相同，但是经理们可以用它编制任意作业水平的预算。所以，当销售量只有 7 000 件而非预算的 9 000 件时，经理们可以运用弹性预算来编制一套基于新的成本动因水平的新预算。然后，可以看到在以 7 000 件的销售量水平为基础的新预算中，变动成本总额应该是多少，并将这个数量与实际结果进行比较。为了进行业绩评价，弹性预算应该按照实际达到的作业水平编制；相反，总预算在作为业绩评价的初始基准时保持不变或固定，它仅仅反映初始计划作业水平下的收入和成本。可以说，弹性预算在固定预算与实际结果之间架起了一座桥梁。

**（三）弹性预算公式**

弹性预算是建立在相关成本动因的收入及成本性态（在相关范围内）假设基础上的。弹性预算将由作业量变动引起的对每一成本和收入的影响变化结果合并在一起。表 6－2 和图 6－1 列示了威宝公司的简单弹性预算，它只有一个成本动因，就是产出单位。威宝公司的成本弹性预算公式为：

总成本＝70 000 元＋21.80 元/件×销售量

其中，70 000 元为每月的固定成本总额；21.80 元/件为产品的单位变动成本。

威宝公司的成本函数或者说弹性预算公式在 7 000～9 000 件产品的范围内是有效的。表 6－2 的每一列（分别为 7 000、8 000 和 9 000 件产品）是采用相同的弹性预算公式编制的，并且在这一范围内的任何作业水平均可采用这一公式（如图 6－1 所示）。注意固定成本在作业水平的相关范围内是保持不变的。

**表 6-2 威宝公司的弹性预算**

| 指标 | 弹性预算公式 | 不同生产与销售水平上的弹性预算 | | |
|---|---|---|---|---|
| 单位弹性预算公式 | | | | |
| 销售量（件） | | 7 000 | 8 000 | 9 000 |
| 销售收入（元） | 31.00 | 217 000 | 248 000 | 279 000 |
| 变动成本 | | | | |
| 变动生产成本（元） | 21.00 | 147 000 | 168 000 | 189 000 |
| 运输费用（元） | 0.60 | 4 200 | 4 800 | 5 400 |
| 管理费用（元） | 0.20 | 1 400 | 1 600 | 1 800 |
| 变动成本总额（元） | 21.80 | 152 600 | 174 400 | 196 200 |
| 边际贡献（元） | 9.20 | 64 400 | 73 600 | 82 800 |
| 每月预算公式 | | | | |
| 固定成本 | | | | |
| 固定生产成本（元） | 37 000 | 37 000 | 37 000 | 37 000 |
| 固定销售与管理成本（元） | 33 000 | 33 000 | 33 000 | 33 000 |
| 固定成本总额（元） | 70 000 | 70 000 | 70 000 | 70 000 |
| 营业利润（亏损）（元） | | (5 600) | 3 600 | 12 800 |

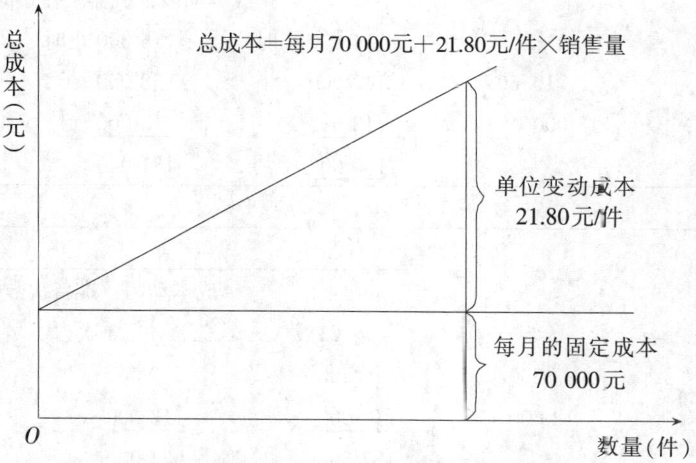


**图 6-1 威宝公司成本弹性预算图**

**（四）作业弹性预算**

表 6-2 列示的威宝公司的弹性预算是以一个成本动因——产出单位——为基础的。对于那些使用传统的、以产量为基础的成本核算系统的公司来说，这是一种适当的弹性预算编制方法。

而那些使用作业成本核算系统的公司就需要使用更详细的弹性预算编制方法。作业弹性预算（activity-based flexible budget）是基于每一个作业和与作业相对应的成本动因而编制的预算。表 6 - 3 列示了威宝公司的作业弹性预算。有 4 个作业：加工、准备、市场营销和行政管理。在每一个作业中，成本的发生依赖于一个适当的成本动因。将传统的弹性预算（见表 6 - 2）和作业弹性预算（见表 6 - 3）相比较，并注意在表 6 - 2 和表 6 - 3 里产出数量为 8 000 件的那一列，两个表的结果是相同的，另外两列的成本在两个表中出现差异。主要的区别在于：一些生产成本相对于产量来说是固定的，但相对于“准备”作业成本动因而言却是变动的。也就是说，在表 6 - 2 中固定生产成本（37 000 元）包含了相对于产量来说是固定的，但相对于“准备次数”而言却是变动的那部分准备成本。例如，用于生产准备的物料成本，每进行一次准备，都需要提供一次物料。因此，物料成本直接随准备次数的变化而变化。但是，在生产产品的过程中不会使用生产准备物料，因此在产品的大批量制造过程中，生产准备成本几乎不会改变。上述这点根本差异就是在运用两种方法计算预算成本时会产生差异的原因——弹性作业预算对成本性态做了更加准确的计量。

**表 6 - 3　威宝公司截至 2019 年 6 月 30 日的作业弹性预算**

| | 预算公式 | 销售量 | | |
|---|---|---|---|---|
| | | 7 000 件 | 8 000 件 | 9 000 件 |
| 销售收入 | 31.00 | 217 000 | 248 000 | 279 000 |
| 作业 | | | | |
| 加工 | | 成本动因：机器工作小时数 | | |
| 成本动因水平 | | 14 000 小时 | 16 000 小时 | 18 000 小时 |
| 变动成本 | 10.50 | 147 000 | 168 000 | 189 000 |
| 固定成本 | 13 000 | 13 000 | 13 000 | 13 000 |
| 作业加工总成本 | | 160 000 | 181 000 | 202 000 |
| 准备 | | 成本动因：准备次数 | | |
| 成本动因水平 | | 21 次 | 24 次 | 27 次 |
| 变动成本 | 500 | 10 500 | 12 000 | 13 500 |
| 固定成本 | 12 000 | 12 000 | 12 000 | 12 000 |
| 作业准备总成本 | | 22 500 | 24 000 | 25 500 |
| 市场营销 | | 成本动因：订单数量 | | |
| 成本动因水平 | | 350 件 | 400 件 | 450 件 |
| 变动成本 | 12.00 | 4 200 | 4 800 | 5 400 |
| 固定成本 | 15 000 | 15 000 | 15 000 | 15 000 |
| 市场营销总成本 | | 19 200 | 19 800 | 20 400 |

续表

| 行政管理 | | | | |
|---|---|---|---|---|
| | | | 成本动因：销售量 | |
| 成本动因水平 | | 7 000 件 | 8 000 件 | 9 000 件 |
| 变动成本 | 0.20 | 1 400 | 1 600 | 1 800 |
| 固定成本 | 18 000 | 18 000 | 18 000 | 18 000 |
| 行政管理总成本 | | 19 400 | 19 600 | 19 800 |
| 总成本 | | 221 100 | 244 400 | 267 700 |
| 营业利润（亏损） | | （4 100） | 3 600 | 11 300 |

说明：表中除标明单位的数据外，其余数据单位均为“元”。

### （五）利用弹性预算评价财务业绩

将实际结果与弹性预算进行比较实现了业绩评价这一重要目的。实际结果与总预算不相符的原因有两个：一是销售收入和其他成本动因作业与初始预算不同。二是收入或者单位作业的变动成本和每期的固定成本与预算不同。尽管这些原因不可能是完全独立的（例如，销售价格的上升可能会导致销售水平的下降），但分解这些影响还是有用的，因为可能有不同的人对它们负有责任，并且可能需要采取不司的管理行为。

利用弹性预算评价业绩的目的是将对实际结果的未预期影响分离出来，以便在发生不利影响时弱化不利影响，在发生有利影响时加强有利影响。由于弹性预算是按照实际作业水平（例子中是销售量）编制的，弹性预算与实际结果的任何差异均不应该被归因于作业水平。它们必须被归因于实际成本或收入与弹性预算量的背离——其原因是定价或者成本控制。这种弹性预算与实际结果之间的差异被称为弹性预算差异。

相反，总预算与弹性预算之间的任何不符或者差异均是由于作业水平，而非成本控制。总预算量与弹性预算量之间的这种差异被称为销售数量差异（sale volume variance）。换言之，最初看到的实际结果与原总预算之间的差异，实际上由两部分组成：销售数量差异和弹性预算差异。

表 6－4 摘自表 6－2（并经简化）的弹性预算，在总预算与实际结果之间架起了一座解释性的桥梁。在表 6－4 的底部，对营业利润差异进行了汇总。注意作业水平差异（这里是销售数量差异，因为销售收入是唯一被用作成本动因的作业）与弹性预算差异合起来正好等于总预算差异总额。

**表 6－4　威宝公司截至 2019 年 6 月 30 日业绩总结**

| | 实际作业水平下的实际结果<br>(1) | 弹性预算差异<br>(2)＝(1)－(3) | 实际销售作业下的弹性预算<br>(3) | 销售数量差异<br>(4)＝(3)－(5) | 总预算<br>(5) |
|---|---|---|---|---|---|
| 销售量（件） | 7 000 | 0 | 7 000 | 2 000U | 9 000 |
| 销售收入（元） | 217 000 | 0 | 217 000 | 62 000U | 279 000 |
| 变动成本（元） | 158 270 | 5 670U | 152 600 | 43 600F | 196 200 |
| 边际贡献（元） | 58 730 | 5 670U | 64 400 | 18 400U | 82 800 |

续表

| | 实际作业水平下的实际结果<br>(1) | 弹性预算差异<br>(2)=(1)-(3) | 实际销售作业下的弹性预算<br>(3) | 销售数量差异<br>(4)=(3)-(5) | 总预算<br>(5) |
|---|---|---|---|---|---|
| 固定成本（元） | 70 300 | 300U | 70 000 | 0 | 70 000 |
| 营业利润（元） | (11 570) | 5 970U | (5 600) | 18 400U | 12 800 |

总弹性预算差异 5 970U（第 (1) 列与第 (3) 列之间）

总销售差异 18 400U（第 (3) 列与第 (5) 列之间）

说明：U代表不利差异，F代表有利差异。

资料来源：第（1）列的数据来源于表 6-1；有关第（2）列的更详细的数据见表 6-5；第（3）列的数据来源于表 6-2 中销售量为 7 000 件的那一栏。

## 二、差异原因的分解

经理们利用实际结果、总预算以及弹性预算之间的比较评价业绩。在评价业绩时，区分效果（effectiveness，目标、目的或指标的实现）和效率（efficiency，为获得某一特定产出而使用投入物的程度）是有用的。

业绩可以是效果、效率，或者两者兼备，或者两者皆无。例如，威宝公司制定的生产和销售量总预算是 9 000 件产品，而实际只生产和销售了 7 000 件产品。按销售差异来计量，业绩是无效果的，因为销售目标没有实现。

威宝公司的经营是有效率的吗？经理们通过比较实际达到的产出（7 000 件产品）与实际投入（例如直接材料成本和直接人工成本）来判断效率水平。在既定的产出水平下，投入越少，经营效率越高。从弹性预算差异可知，威宝公司的经营是无效率的，因为实际投入的成本超过了达到实际产出水平的预期投入成本。

### （一）弹性预算差异

回忆一下，弹性预算差异衡量的是在实际作业水平下经营的效率。表 6-4 中，前三列比较了实际结果与弹性预算量。弹性预算差异是第（1）列与第（3）列的差额，为不利差异，总额是 5 970 元。

$$
\begin{aligned}
\text{弹性预算差异总额} &= \text{实际结果总额} - \text{弹性预算总额（计划结果）}\\
&= (-11\ 570) - (-5\ 600)\\
&= -5\ 970(\text{元})\text{或}\ 5\ 970(\text{元})(\text{不利差异})
\end{aligned}
$$

弹性预算差异总额来源于实际的销售价格、发生的变动成本以及固定成本。威宝公司的实际销售价格与弹性预算销售价格之间没有差异，所以问题的焦点在于实际成本与实际作业水平为 7 000 件产品的弹性预算成本之间的差异。如果没有第（3）列的弹性预算，就不能将成本性态差异的影响与销售量变动的影响分开。弹性预算差异反映出经营是不是有效率，它构成了定期业绩评价的基础。当然，解释弹性预算差异的最佳人选是业务经理们。

但是，主要利用差异来追究责任的公司经常发现经理们采用欺骗和破坏手段来抵制这一系统。与上级经理相比，业务经理们通常掌握了更多关于经营情况的信息。如果这些信息对其不利，可以预期下级经理为了自我保护将掩盖或谎报有价值的信息。例如，一个制造企业按照当期部门的不利差异金额减少下一期的部门预算。如果一个部门的费用预算为50 000元，不利差异为2 000元，则下期的预算将被定为48 000元。在这种情况下，系统将导致经理们欺骗、篡改报告以避免不利差异。当然，可以批评部门经理存在道德问题，但是这个系统与经理们一样是有责任的。

表6-5是一个扩展的逐步计算威宝公司总预算各项目差异的表。当把总预算作为比较的基准时（参见表6-1），应注意表面上表现为有利差异的大多数成本实际上是如何产生不利差异的。不要轻易下结论认为有利的弹性预算差异是好的，不利的弹性预算差异就是坏的，而应将所有差异解释为实际经营没有按照设定弹性预算公式时的预期准确进行的信号。对任何与弹性预算有重大差异的成本都应该做出解释。表6-5的最后一列提供了对威宝公司差异的可能解释。

**表6-5　威宝公司截至2019年6月30日成本控制业绩报告**

| | 实际发生成本 | 弹性预算* | 弹性预算差异** | 说明 |
|---|---|---|---|---|
| 销售量（件） | 7 000 | 7 000 | 0 | |
| 变动成本 | | | | |
| 直接材料（元） | 69 920 | 70 000 | 80F | 价格降低，用量增加 |
| 直接人工（元） | 61 500 | 56 000 | 5 500U | 工资率提高，用量增加 |
| 间接人工（元） | 9 100 | 11 900 | 2 800F | 生产准备时间减少 |
| 闲置时间（元） | 3 550 | 2 800 | 750U | 机器故障超时 |
| 清洗时间（元） | 2 500 | 2 100 | 400U | 溢出溶剂的清洗 |
| 物料（元） | 4 700 | 4 200 | 500U | 价格提高，用量增加 |
| 变动制造成本（元） | 151 270 | 147 000 | 4 270U | |
| 运输费用（元） | 5 000 | 4 200 | 800U | 使用飞机运输以满足发货需要 |
| 管理费用（元） | 2 000 | 1 400 | 600U | 额外的复印及长途话费 |
| 变动成本总额（元） | 158 270 | 152 600 | 5 670U | |
| 固定成本 | | | | |
| 工厂管理（元） | 14 700 | 14 400 | 300U | 工资增加 |
| 工厂租金（元） | 5 000 | 5 000 | 0 | |
| 设备折旧（元） | 15 000 | 15 000 | 0 | |
| 其他固定工厂成本（元） | 2 600 | 2 600 | 0 | |
| 固定制造成本（元） | 37 300 | 37 000 | 300U | |
| 固定销售与管理成本（元） | 33 000 | 33 000 | 0 | |
| 固定成本总额（元） | 70 300 | 70 000 | 300U | |
| 变动与固定成本总额（元） | 228 570 | 222 600 | 5 970U | |

*摘自表6-2中销售量为7 000件那一栏。

**这是将表6-4中的第（2）列逐行列示。

### （二）销售数量差异

销售数量差异衡量的是经理们完成计划销售目标的效果。在威宝公司，销售数量水平与计划水平相比下降了 2 000 件。表 6－4 的最后三列清楚地表明了销售数量差异（共计 18 400 元不利差异）如何不受任何单位价格或者变动成本的影响。为什么呢？原因在于：在构造弹性预算和总预算的时候，所使用的单位价格和变动成本都是一致的。因此，在第（3）列至第（5）列中，所有的单位价格和变动成本都是固定不变的。

由销售数量差异可知，实际销售量低于目标销售量 2 000 件导致营业利润比原预算低 18 400 元（是 5 600 元的亏损而非 12 800 元的利润）。总之，销售量下降 2 000 件导致威宝公司产生 2 000 件产品的总销售数量差异，其单位边际贡献为 9.20 元［见表 6－2 第（1）列］。

销售数量差异总额＝(实际销售量－总预算销售量)×预算单位边际贡献
＝(9 000－7 000)×9.20
＝18 400(元)(不利差异)

谁对销售数量差异负责呢？市场营销部经理通常对达到固定预算要求的销售量水平负有主要责任。当然，销售量变动可能由许多因素引起①，但无论怎样，市场营销部经理都是解释为什么实际销售作业不同于计划水平的最佳人选。

### （三）制定标准

预期成本（expected cost）或者标准成本（standard cost）是计划和控制系统的基石。预期成本是最可能实现的成本。标准成本是经过仔细研究设计确定的应该达到的单位成本。它常常与预期成本同义，但一些公司有意将其标准成本定得高于或者低于预期成本，这样做的目的是产生预期的激励效果。

在弹性预算中应当使用什么样的预期业绩标准呢？它应该制定得很严格以至于很少有机会（如果有的话）达到，还是应该有 50％或者说 90％、20％的机会可以达到呢？每一个一辈子从事制定和评价业绩标准方面工作的人都会有不同的看法，因此对这一问题没有统一的、确定的答案。本章第一节讨论了标准成本的两种类型。

制定合理标准的主要原因是：

（1）合理标准是为多重目的服务的。例如，有关成本的合理标准可以用于财务预算、存货计价以及编制部门业绩预算；相反，最优标准就不能用于存货计价或者财务预算，因为它们是不准确的。

（2）合理标准会对员工产生预期的激励作用，尤其是当它与为持续改善而采取的激励措施结合起来的时候更是如此。合理标准代表了合理的未来业绩，而不是凭空想象的目标。因此，不利差异会引导管理者直接关注那些没有达到合理标准的业绩。

对于当前可达到标准的制定则应该严格。也就是说，要使员工认为他们完成标准是有可能的，虽然不一定有把握。只有高效率地运作才能达到这一标准。差异通常是不利的，

---

① 例如，销售作业差异可以进一步细化为销售数量差异、销售组合差异、市场规模差异以及市场份额差异。对销售作业差异的进一步处理可以参见美国管理会计师协会. 管理会计与报告：第二版. 北京：经济科学出版社，2007：677－681；Charles T. Horngren, George Foster and Srikant M. Datar. *Cost Accounting: A Managerial Emphasis*, Upper Saddle River, N. J.: Prentice Hall, 2000: 573－580。这种销售作业差异可能是由生产的改变、消费者需求的改变和有效的广告等引起的。

然而员工会认为这些标准严格而非不合理。采用当前可达到标准可能取得持续改善吗？答案是肯定的，但是预测必须反映改进后的生产率，并且必须将其与奖励持续改善的激励系统紧密联系起来。

**（四）不同差异的相互影响**

对于任何一家组织来说，其经营都是紧密相连的，一个经营领域的业绩水平常常影响其他领域的业绩。这种影响的任何组合几乎都是可能的：一个领域的改进会导致其他领域的改进，反之亦然。同样，一个领域的未达标准的业绩可能抵消其他领域较高的业绩。例如，一个服务性组织通过雇用不熟练的从而报酬要求更低的销售代表，可能会产生有利的人工成本差异，但是这种有利差异可能会导致不利的顾客满意程度和未来不利的销售数量差异。另一种情况是，制造商可能以高于计划价格的实际价格购买高质量的材料，从而遭受不利的材料差异，但是这种差异可能足以被更少的浪费、更少的检查以及更高质量的产品所带来的有利差异所抵消。

因为作业活动相互依赖，所以“不利”或“有利”的标签不应导致经理匆忙得出结论。这些标签本身仅仅是提出问题，为调查产生业绩的原因提供线索。它们是注意力的引导者，不是问题的解决者。而且，差异的原因可能是错误的预测，而不是经理们对计划的执行。在解释较大差异时，经理应该考虑的首要问题之一就是预测是否正确。

**（五）何时调查差异**

应该什么时候调查差异呢？经理们承认，即使每一件事情都按照计划运作，差异也不可能正好等于零。他们预计出“正常”差异的范围，这一范围是以经济分析为基础确定的。经济分析指出了多大的差异才值得调查。对某些关键性项目来说，任何偏差可能都需要调查。而对大多数项目来说，只有当与预算的差异达到了最小金额或者最小百分比时，调查才是值得进行的。例如，1 000 000 元材料成本 4%的差异可能比 10 000 元修理成本 20%的差异更值得注意。因为要想准确知道什么时候应该调查是困难的，所以许多组织采取的是一些经验法则，如“调查所有超过预期成本 5 000 元或者 25%的差异”。

**（六）与前期结果的比较**

一些组织将最近一个预算期的实际结果与上一年同期的结果进行比较，而不使用弹性预算标准。例如，一家企业将 2019 年 3 月的实际结果与 2018 年 3 月的实际结果对比。一般来说，在评价公司业绩时，这种比较不如同期实际结果与计划结果的比较有用。为什么呢？因为环境和公司发生的许多变动使得跨年度比较没有意义。很少有公司和环境会如此稳定，以至于现在与以前年度的差异仅仅是时间不同，甚至与上个月的实际结果的比较也不会比与弹性预算的比较更有用。跨期比较对重要变量，如销售量、市场份额和产品组合等的趋势分析可能是有用的，但是对于回答诸如“为什么我们在 6 月亏损 11 570 元，而我们预期的是 12 800 元的利润”这些问题是毫无用处的。

## 第三节　弹性预算差异分解

本节将深入研究弹性预算差异，重点是将人工、材料和间接费用差异区分为不同的组成部分。注意，在直接人工成本相对于总成本较小的公司（即高度自动化公司）里，直接人工成本可能被处理为间接成本项目，因此不需要单独分析人工标准、预算和差异。

## 一、直接材料和直接人工差异

威宝公司直接材料标准成本为10元，直接人工标准成本为8元。这些单位成本由两个部分构成：投入的标准数量和投入的标准价格，如表6-6所示。

**表6-6　威宝公司直接材料和直接人工标准**

| | 标准 | | |
|---|---|---|---|
| | 单位产出的预期标准投入量 | 单位投入的预期标准价格 | 单位产出的预期标准成本 |
| 直接材料 | 5公斤 | 每公斤2元 | 10元 |
| 直接人工 | 0.5小时 | 每小时16元 | 8元 |

一旦确定了标准并且观察到了实际结果，就可以计量实际结果与弹性预算的差异。为了更加充分地显示差异分析的过程，我们重新考虑威宝公司的直接材料成本和直接人工成本，如表6-7所示。假设为生产7 000件产品实际发生了如下支出：

• 直接材料：威宝公司购买并使用材料36 800公斤，实际单位成本为每公斤1.90元，实际成本总额为69 920元。

• 直接人工：威宝公司使用人工3 750小时，实际小时价格（工资率）为每小时16.40元，实际人工成本总额为61 500元。

直接材料和直接人工弹性预算差异分别为80元有利差异和5 500元不利差异（见表6-7）。

**表6-7　威宝公司直接材料和直接人工弹性预算差异**

| | 实际成本（1） | 弹性预算（2） | 弹性预算差异（3） |
|---|---|---|---|
| 直接材料 | 69 920元 | 70 000元 | 80元F |
| 直接人工 | 61 500元 | 56 000元 | 5 500元U |

直接材料和直接人工弹性预算总额［第（2）列］是指在预期效率下的耗费量，它们通常被称为准许的标准成本总额，计算公式如下：

$$\frac{\text{弹性预算或准许的}}{\text{标准成本总额}} = \frac{\text{达到的}}{\text{产出数量}} \times \frac{\text{单位产出}}{\text{准许的投入}} \times \frac{\text{投入的单位}}{\text{标准价格}}$$

准许的标准直接材料成本＝7 000件×5公斤/件×2元/公斤
＝70 000(元)

准许的标准直接人工成本＝7 000件×0.5小时/件×16元/小时
＝56 000(元)

## 二、价格差异与用量差异

弹性预算差异［如表6-7中的第（3）列所示］衡量了威宝公司生产7 000件产品时

的相对效率。接下来，可以通过分析威宝公司以下两个方面来检验其效率：(1) 公司为了达到实际产出水平是否耗用了比计划多或者少的资源；(2) 公司是否比计划的每单位产品付出了更多或者更少的成本。如果通过比较价格和用量差异来计量这两个方面，就将每一项弹性预算差异分解为以下两个部分：

• 价格差异（price variance）——实际投入价格与标准投入价格之差与实际投入数量的乘积。

• 用量差异（usage variance）——实际使用投入的数量与达到实际产出数量应该使用的投入数量之差与投入的预期价格的乘积，也称为数量差异（quantity variance）或者效率差异（efficiency variance）。

计算这些差异的目的是保持价格或者用量不变，以便分离另一因素的影响。当计算价格差异时，保持投入量为实际用量水平；在计算用量差异时，保持价格为标准价格。

威宝公司的价格差异为：

直接材料价格差异＝(实际价格－标准价格)×实际使用量
＝(1.90－2.00)×36 800
＝－3 680(元)(有利差异)

直接人工价格差异＝(实际价格－标准价格)×实际使用量
＝(16.40－16.00)×3 750
＝1 500(元)(不利差异)

威宝公司的用量差异为：

直接材料用量差异＝(实际使用量－准许标准量)×标准价格
＝[36 800－(7 000×5)]×2
＝(36 800－35 000)×2
＝3 600(元)(不利差异)

直接人工用量差异＝(实际使用量－准许标准量)×标准价格
＝[3 750 －(7 000×0.5)]×16
＝(3 750－3 500)×16
＝4 000(元)(不利差异)

为了确定差异是有利差异还是不利差异，可以使用逻辑推理而不需要记忆公式。对价格差异而言，如果实际价格低于标准价格，价格差异就是有利差异；对用量差异而言，如果实际使用量低于准许标准量，用量差异就是有利差异。反之，则意味着是不利差异。

需要注意的是，直接人工价格差异和用量差异合起来等于直接人工弹性预算差异。进一步说，直接材料价格差异和用量差异合起来等于直接材料弹性预算差异。

直接材料弹性预算差异＝－3 680 元(有利差异)＋3 600 元(不利差异)
＝80 元(有利差异)

直接人工弹性预算差异＝1 500 元(不利差异)＋4 000 元(不利差异)
＝5 500 元(不利差异)

图 6－2 是直接材料差异和直接人工差异分析方法的图示。

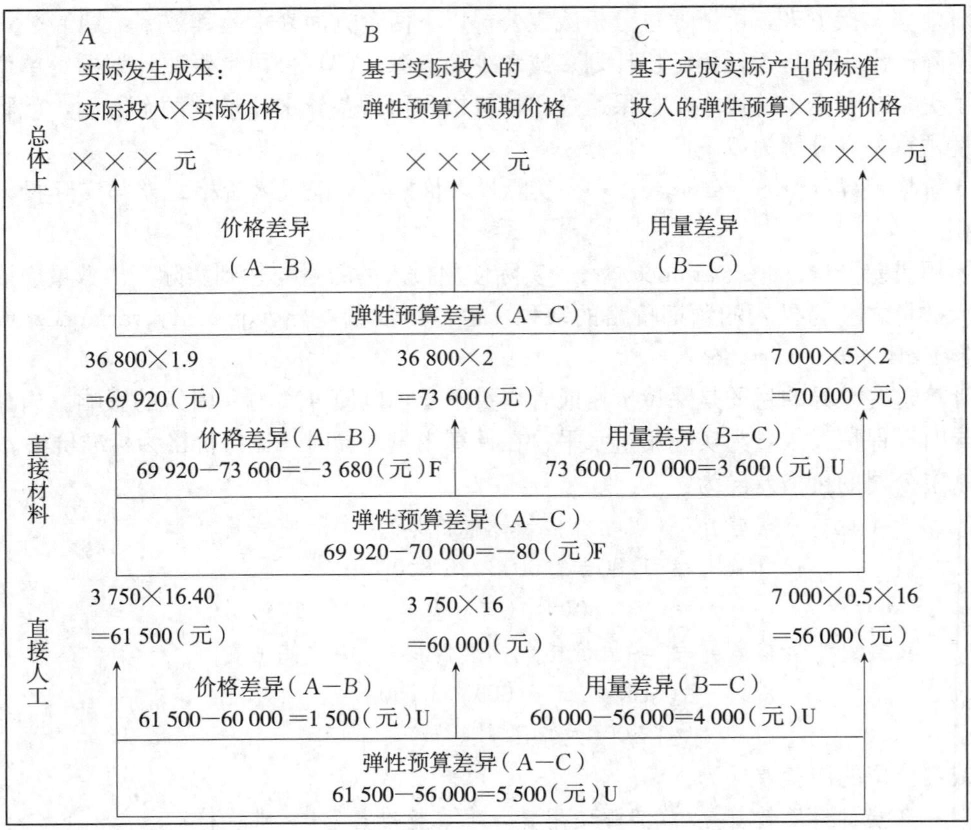


**图 6－2　直接人工差异和直接材料差异分析的一般方法**

说明：F 表示有利差异，U 表示不利差异。

## 三、价格差异与用量差异的解释

只要可行，经理们都尽量区分受他们直接影响的差异与其他不受他们直接影响的差异。这样有助于业绩记录、引导注意力和解决问题。通常采用的方法是将价格因素和用量因素分开。价格因素与用量因素相比更不容易立即受到控制，这主要是因为外部因素，如总的经济情况可以影响价格。即使当价格因素被视为管理当局无法控制的因素时，分离它们也有助于集中分析投入的有效使用。例如，小麦、燕麦、玉米和稻米的价格不受西麦公司控制，通过区分价格差异与用量差异，这家麦片生产商可以将注意力集中在谷物是否得到有效使用上。

价格差异和用量差异是有用的，它们可以为投入的责任者提供反馈信息，但是这些差异不应该是用于决策、控制或评价的唯一信息。例如，采购代理或采购者仅仅强调材料的价格差异会与公司的适时制系统和全面质量管理理念相抵触，采购者可能会被驱动通过购买大批量或低质量的材料以获取有利的材料价格差异。结果会导致超额的存货管理成本和机会成本，并且因为材料有缺陷而增加次品数量。类似地，仅仅强调人工价格和用量差异会导致主管们使用技术水平较低的工人，或催促工人加紧完成紧要任务，从而损害产品和服务质量。

差异本身并不能说明为什么预算营业利润达到或未达到，但是它们能提出问题、提供线索并引导注意力。例如，对威宝公司这组差异的一个可能的解释是：经理可能以有利的价格购买了低于标准质量的材料，节约了 3 680 元（材料价格差异）。超额浪费几乎抵消了这一节约额，如3 600 元不利的材料用量差异和80 元有利的净弹性预算差异所显示的那样。材料的浪费至少有部分可能引起直接人工的超额使用。假定 4 000 元不利的直接人工用量差异是因为材料有缺陷而返工引起的，那么经理的这一决策就是不成功的。可见，由使用低于标准的材料引起的成本无效率超过了有利的价格差异。

图 6－3 表明了价格差异和用量差异的计算。标准成本（或弹性预算）是标准用量乘以标准价格。价格差异是实际单位价格与标准单位价格的差额乘以实际用量。用量差异是标准价格乘以实际用量与标准用量（达到的产出水平准许的标准用量）的差额（注意，为清晰起见，图 6－3 中描绘的仅仅是不利差异）。

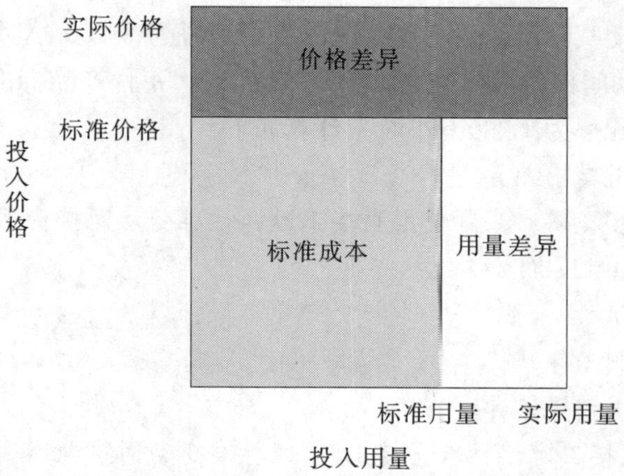


**图 6－3　价格差异和用量差异图示**

## 四、存货的影响

对威宝公司的分析被简化了，这是因为：(1) 没有产成品存货——任何生产的产品都在同期被售出；(2) 没有直接材料存货——材料在同期购买并使用。

当有产成品存货，即生产量不等于销售量时，情况将如何？此时，销售数量差异是售出产品量的固定预算与弹性预算之间的差额，而弹性预算成本差异比较的是生产的产品量的实际成本与弹性预算成本。

当有直接材料存货的时候，情况又将怎样？一般情况下，经理希望迅速得到反馈并尽早确认差异。对直接材料价格而言，确认差异的时间是材料购买之时而不是材料使用之时，材料使用的时间比购买的时间要晚得多。因此，材料价格差异通常以购买量为基础并在购买之时计算。材料用量差异仍然以使用量为基础。假定威宝公司以每公斤 1.90 元购买材料 40 000 公斤（而非使用的 36 800 公斤），材料价格差异将是（实际价格－标准价格）×材料购买量＝(1.90－2.00)×40 000＝－4 000(元)（有利差异）。材料用量差异将仍然为 3 600 元不利差异，因为它以材料使用量为基础。

## 五、间接费用差异分析

### （一）变动间接费用差异

变动间接费用弹性预算差异分为支出差异和效率差异。

1. 支出差异

变动间接费用支出差异（variable-overhead spending variance）是实际变动间接费用与实际成本动因作业水平下的预算变动间接费用之间的差额。

2. 效率差异

当实际成本动因作业量与达到的实际产出水平所准许的标准量不同时，就会发生变动间接费用效率差异（variable-overhead efficiency variance）。变动间接费用效率差异是指成本动因的实际产品数量乘以标准变动间接费用率减去成本动因的标准产品数量乘以标准变动间接费用率。

假定威宝公司本期实际产量为7 000件，使用工时为3 750小时，实际发生变动间接费用为4 700元。变动间接费用标准成本为0.6元/件，每件产品标准工时为0.5小时，标准的变动间接费用分配率为1.2元/小时。计算如下：

变动间接费用支出差异
＝实际变动间接费用－实际使用直接工时×标准变动间接费用率
＝4 700－3 750×1.20
＝4 700－4 500
＝200(元)(不利差异)

变动间接费用效率差异
＝(实际使用直接工时－标准直接工时)×标准变动间接费用率
＝(3 750－7 000×0.5)×1.20
＝300(元)(不利差异)

这300元物料的超额使用是由成本动因作业，即直接人工的无效率使用引起的。只要实际成本动因作业量超过达到的实际产出水平所准许的作业量，间接费用效率差异就是不利差异；反之亦然。实质上，这一效率差异体现了管理层不加控制地使用成本动因作业所要付出的代价。

一般来讲，支出差异与间接费用自身耗费控制有关，效率差异与成本动因控制有关。

图6-4是变动间接费用差异分析的图示。

### （二）固定间接费用差异

固定间接费用差异分为弹性预算差异和产量差异（volume variance）。

1. 弹性预算差异

固定间接费用弹性预算（fixed-overhead flexible-budget variance）数也就是计划期初编制的固定预算中的数量。对于固定成本来讲，不需要调整实际产量与预算产量之间的差异。因为在相关范围内，固定成本不受业务量变化的影响。比如，威宝公司固定间接费用中的工厂管理费，预算数为14 400元，实际发生额为14 700元。那么，

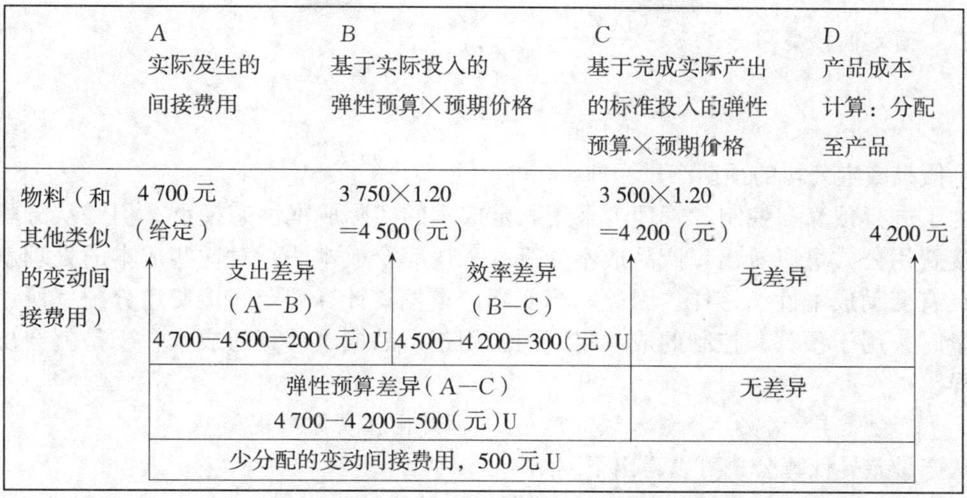


**图 6-4 变动间接费用差异分析的一般方法**

说明：U代表不利差异。

固定间接费用弹性预算差异＝实际固定间接费用－弹性预算数

＝14 700－14 400

＝300(元)(不利差异)

在前文中，变动间接费用弹性预算差异被细分为支出差异和效率差异，但固定间接费用没有效率差异。就像刚分析的威宝公司案例中，弹性预算差异并不意味着在运用固定成本资源时，一家公司可能是有效的或无效的。因为没有效率差异，固定间接费用支出差异在数量上等于固定间接费用弹性预算差异，即

固定间接费用支出差异＝实际固定间接费用－弹性预算数

一项固定间接费用支出差异表示了在预测某种固定成本的变化方面，预算程序出现失误或失灵的情况。当部门花费没有被控制时，或发生外部事件或计划外维修时，不利支出差异就会产生。

*2. 产量差异*

固定间接费用产量差异主要源于用于控制（通过弹性预算）的会计处理与用于产品成本计算（通过分配率）的会计处理之间产生的矛盾。对于变动间接费用来说，弹性预算中的预期变动间接费用与分配至产品的变动间接费用相同。比如预算和分配的变动间接费用为每件0.20元，那么每生产1 000件产品，我们预期会多消耗200元的变动间接费用，而这200元的变动间接费用需要转入存货账户中。也就是说，用于预算控制的变动成本与用于产品成本计算的变动成本相同。

相反，已分配至产品的固定间接费用则不同于弹性预算的固定间接费用。比如威宝公司固定间接费用（工厂管理）的弹性预算总额为14 400元，它不受产量的影响。但是，分配的固定间接费用依赖于实际产量。

分配的固定间接费用＝实际产量×固定间接费用分配率

其中，

$$固定间接费用分配率=\frac{预算的固定间接费用}{预期产量}$$
$$=\frac{14\ 400}{9\ 000}=1.6(元/件)$$

式中，假设威宝公司的预期产量为 9 000 件。

为了进行预算和控制，管理者采用固定成本的实际成本性态模型。但是从分配的固定间接费用公式可以看出，产品成本计算（采用完全成本法）对这些成本的处理就好像它们具有变动成本性态一样。因此，当实际产量偏离计算固定间接费用分配率所用的预期产量时，用于预算和控制的成本将不同于用于产品成本计算的成本，于是就会出现产量差异。

产量差异=(实际产量−预期产量)×固定间接费用分配率

从产量差异计算公式可以得出下列结论：

(1) 当实际产量等于预期产量时，不存在产量差异。

(2) 当实际产量小于预期产量时，产量差异为不利差异。因为生产设施的使用情况比预期的要差，所以固定间接费用少分配了。比如，当威宝公司实际产量为 7 000 件时，

产量差异=(7 000−9 000)×1.6=−3 200(元) 或 3 200 (元)(不利差异)

(3) 当实际产量大于预期产量时，产量差异为有利差异。因为生产设施的使用情况比预期的要好，所以固定间接费用多分配了。比如，当威宝公司实际产量为 10 000 件时，

产量差异=(10 000−9 000)×1.6=1 600(元)(有利差异)

图 6-5 是固定间接费用差异分析的图示。

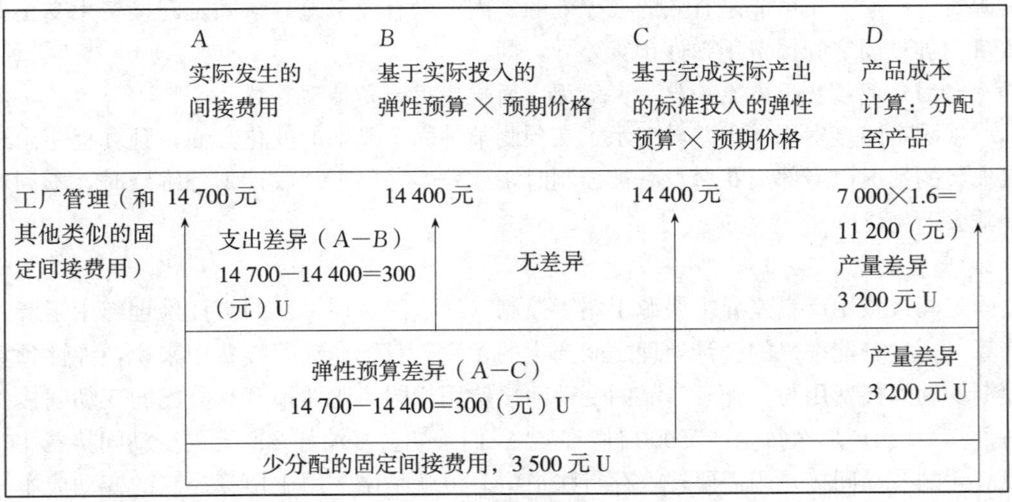


**图 6-5 固定间接费用差异分析的一般方法**

说明：U 代表不利差异。

大多数公司认为，尽管有时负责产量差异的管理者需要做出一些解释或调查，但是产量差异在短期内还是无法直接控制。有时达不到预期产量是由产能的闲置引起的，原因有诸如令人失望的销售额、糟糕透顶的生产计划、意外的机器故障、熟练工人的匮乏、罢工、经济危机等。

与固定间接费用不同，变动间接费用不存在产量差异。因为变动间接费用弹性预算与产量成正比例增减，并且预算控制目的与产品成本计算目的是完全协调的。固定间接费用之所以存在产量差异是因为预算控制目的与产品成本计算目的无法进行协调，预算控制目的将其作为固定成本处理，而产品成本计算目的将其作为变动成本处理。最主要的一点是，固定成本不像变动成本那样是可分的，它们是作为一个整体出现的，与一定数量的总生产或销售能力而不是单个产品的生产或销售相关。

许多管理者认为，产量差异是评价公司生产能力利用情况的一个很好的指标，有利（不利）差异意味着生产能力的有效（无效）利用。这种观点是错误的。产量差异只告诉了我们一件事而且是唯一的一件事：实际产量偏离计算固定间接费用分配率时的预期产量。如果一位管理者通过降低产品售价来利用闲置生产能力以避免出现不利差异，那么这样做的结果是边际贡献的降低（例如，新的售价低于变动成本），这不是对生产能力的有效利用。如果有利差异是在不顾产品质量下降或其他由设备超负荷运转所带来的无效率情况下的剩余产量带来的，那么这样的“有利差异”当然也不是所期望的。

## 六、标准成本差异的处理

标准成本法的倡导者认为，差异是受当前控制所支配的，特别是在制定当前可达到的标准时。因此，差异不能被存货化，即不应该加在存货成本上，而应该作为对当期损益的调整。持反对意见者赞成在差异产生当期将其分配到和生产有关的存货成本和销售成本上。在实际应用中，除非差异金额和存货量非常大，否则一般不进行差异分配。

### ▲ 案例

**长江电工的标准成本体系构建**

重庆长江电工工业集团有限公司（以下简称长江电工）是国家特品生产定点企业，主要产品有特品、汽车零部件、金属材料等五大系列共 60 余个品种。作为机械加工制造类企业，成本领先战略是长江电工持续发展的基础和必然选择。

## 一、将定额成本作为标准成本的基础

长江电工的标准成本以定额成本为基础，通过找出实际制造过程中资源耗费的影响动因，将实际耗费与定额差异进行量化分析，最终将定额修订为成本耗费标准，使工艺技术、生产制造、财务管控三者有机结合，形成了以实现成本领先战略为目标的标准成本体系。长江电工通过梳理，制定了近几年来常用的 7 个产品系列 45 种特品的各种工艺定额消耗量数据共 16 335 条。工艺技术部门联合生产管理部门依据工艺流程图纸整理了各种产品的 4 365 个工艺流程。工装消耗定额由原来的 20 个品种 200 余条精细到 45 个品种 542 条。财务部门按照在制造费用中所占的不同比重将制造费用分为折旧、管辅人员薪酬和其他制造费用三大部分，其中折旧按照给生产性单位配备的厂房和设备等资产据实计算，管辅人员薪酬定额按照人力资源部门为每个生产单位核定的管辅人员人数限制结合当年长江电工的薪酬水平制定。其他制造费用按照发生动因归集为与产量相关、与人数相关、与工时相关和专项费用4个大项67个明细项目，通过计算以前6年的历史数据的平均值确定定额。目前长江电工标准成本数据库中的产成品定额成本条目共计有7个产品系列45个品种共6 435条。

## 二、运用“五因素法”编制标准成本

长江电工结合自身管理实际，探索总结了标准成本编制的“五因素法”，即在定额基础上主要考虑五个主要调整因素对指标进行修订，推导出标准。(1) 工艺进步因素。长江电工在每年编制标准成本时要结合工艺技术的进步情况对原材料消耗定额、能源消耗定额和工时定额等进行修正。(2) 历史成本因素。长江电工在编制标准成本时参考过去生产该产品的历史平均成本数据，尤其是消耗量数据对定额进行适度修正。根据长江电工的经验，历史成本数据对专用工装、小批量下的人工成本等成本项目的标准制定具有较大的参考价值。(3) 年度预算因素。长江电工的制造费用中的物流费用、安全生产费用、维修维护费用等生产保障类费用总金额超过5 000万元，占制造总成本的6%以上，且年度间差异往往较大，导致定额准确度很低或没有定额，只能在编制标准成本时依照年度预算对定额进行修订，以保证标准成本的合理性和准确性。(4) 规模变动因素。对于某些依据较小产量规模制定定额的产品，如新投产产品、原来销量不佳的产品等，因市场变动或订单增加产量规模发生大幅变化时，其制造过程中所用的各种原材料的利用率和劳动效率等会相应上升，长江电工在制定标准成本时会修正相应定额。(5) 产能变动因素。长江电工在制定费用标准和单位人工成本标准时会根据产能的变动对费用定额和工时定额进行修正。经过几年实践，采用“五因素法”编制的标准化体系，既贴近现实制造工艺，又具备先进性，为长江电工实施成本领先战略发挥了重要作用。

## 三、将标准成本运用到企业管理中

长江电工找准五个切入点将标准成本运用融入生产经营实践，实现了标准成本与其他管理工作的有机对接，为公司全面预算、成本领先、价格管理等提供了坚实的数据基础和参照标准，促进了技术、业务与财务的交汇融合，有效提升了企业的管控决策质量。

资料来源：张德勇，潘锡睿. 长江电工的标准化成本体系构建. 财务与会计，2015 (2)：24-27.

# 思考题

1. 简述成本标准的类型。
2. 简述固定预算和弹性预算的区别。
3. 简述弹性预算差异。
4. 简述销售数量差异。

# 第七章
# 业绩评价之财务模式

***学习目标***

1. 了解财务评价模式；
2. 掌握偿债能力指标和盈利能力指标；
3. 掌握营运能力指标和发展趋势指标；
4. 理解财务指标的优缺点；
5. 理解杜邦分析系统图；
6. 了解对杜邦分析系统图的改进；
7. 理解责任中心划分；
8. 掌握内部转移价格及其确定方法。

## 第一节　财务指标业绩评价

### 一、财务模式概述

#### （一）财务评价系统的构成要素

业绩评价的主客体随着委托代理关系的不同而不同。对企业来讲，委托代理关系包括：股东与董事会、董事会与总经理、总经理与部门经理、部门经理与员工。财务评价系统使用的业绩评价指标为财务指标，但不同评价客体采用的指标会有所不同。评价数据来自会计系统。评价客体为各种类型的责任中心，包括成本中心、利润中心和投资中心。评价标准与预算管理相结合，以预算标准体现。将会计系统计量的指标实际执行结果与预算标准对比，计算每项指标的得分，再采用加权评价方法计算出综合得分。按责任中心编制评价报告，将各责任中心实际执行结果与预算标准进行对比，找出差异，提出改进措施，最终形成各个部门的业绩评价报告。

### （二）与财务评价系统配套的制度安排

从管理的角度来看，业绩评价只是企业管理控制流程中的一个环节，其作用是保证企业战略规划得以顺利实施。因而，在设计业绩评价系统时，必须系统地考虑业绩评价系统与其他管理环节的协调与配套。

对财务评价系统来讲，它以全面预算管理和责任会计制度的实施为前提，并将业绩评价结果与激励制度相结合。这样安排的结果是，将企业的总目标层层分解为每个责任中心的子目标。这些子目标常常直接用财务报表中的数据或根据财务报表计算的财务指标来表示，如成本、利润、投资报酬率等，并且与总目标共同构成一个具有量化关系的逻辑分析体系（如杜邦分析系统）。一旦这些子目标被分解，公司总部就会给予各部门充分的自由以保证各部门目标的实现，进而保证公司总目标的实现。这个过程通常以年度预算的形式来实现。年末时，将预算实际执行结果与预算标准进行比较，对各部门的业绩进行评价，并根据评价结果进行奖惩。此外，为保证企业目标的实现，企业还需要建立健全完善的投资决策制度、资金管理制度等相关的财务管理制度。

## 二、财务评价指标

企业的资产负债表、利润表和现金流量表中有大量的数据，可以根据评价的需要计算出很多有意义的指标。这些指标可以分为以下几类：偿债能力指标、盈利能力指标、营运能力指标和发展趋势指标等。

### （一）偿债能力指标

企业偿债能力是指企业偿还其债务的能力。通过对企业偿债能力的评价，能揭示一家企业财务风险的大小。企业的投资者、财务人员和银行都十分重视对偿债能力的分析。

1．短期偿债能力指标

企业的短期偿债能力是指企业支付其短期债务的能力。短期偿债能力是财务评价中必须十分重视的一个方面，若企业短期偿债能力不足，企业就无法满足债权人的要求，可能会引起破产或造成生产经营的混乱。企业的短期偿债能力可通过下列指标来评价。

（1）流动比率。

流动比率是流动资产与流动负债的比率。其计算公式为：

$$流动比率=\frac{流动资产}{流动负债}$$

上式中的流动资产是指在1年内或长于1年的一个营业周期内变现或运用的资产，主要包括现金、短期投资、应收及预付款项和存货。流动负债是指在1年内或长于1年的一个营业周期内偿还的债务，主要包括短期借款、应付及预收款、应付票据、应交税金、应交利润、应付股利以及短期内到期的长期负债。由此可知，流动资产是短期内能变成现金的资产，而流动负债则是在短期内需要用现金来偿付的各种债务。流动资产与流动负债的对比说明了能在短期内转化成现金的资产对需要在短期内偿还的负债的一种保障程度，能较好地反映企业的短期偿债能力。根据惯例，流动比率等于2的时候最佳。流动比率太低，表明企业缺乏短期偿债能力；流动比率太高，虽然说明短期偿债能力强，但也说明企业的现金、存货等流动资产出现闲置或对流动负债的利用不足。

(2) 速动比率。

速动比率是速动资产和流动负债的比率。其计算公式为：

$$速动比率=\frac{速动资产}{流动负债}$$

$$=\frac{流动资产-存货}{流动负债}$$

上式中的速动资产是指能迅速转化为现金的资产，主要包括现金、短期投资、应收及预付款项等。在企业的流动资产中，存货的变现能力最差，所以，当企业流动资产变现时，存货就极有可能产生损失，用流动比率来反映偿债能力有时会出现失误。而速动比率由于在计算时不包含存货因素，所以能比流动比率更好地反映企业的短期偿债能力。通常速动比率等于1时最好。当然，还要结合行业和企业的具体情况进行分析。

(3) 现金比率。

现金比率是可立即动用的资金与流动负债的比率。其计算公式为：

$$现金比率=\frac{可立即动用的资金}{流动负债}$$

公式中可立即动用的资金主要是库存现金和银行活期存款，如果企业持有的短期有价证券的变现能力极强，也可把它们看作可立即动用的资金。现金比率是对短期偿债能力要求最高的指标，主要适用于那些应收账款和存货的变现能力都存在问题的企业。这一指标越高，说明企业短期偿债能力越强。

上述三个指标是反映短期偿债能力的主要指标，在进行分析时，要注意以下几个问题：(1) 上述指标各有侧重，在分析时要结合使用，以便全面、准确地做出判断；(2) 上述指标中分母均是流动负债，没考虑长期负债问题，但如果有近期到期的长期负债，则应予以充分重视；(3) 财务报表中没有列示的因素，如企业借款能力、准备出售长期资产等，也会影响企业短期偿债能力，分析时也应认真考虑。

2. 长期偿债能力指标

企业的长期偿债能力是指企业支付长期债务的能力。企业长期偿债能力与企业的盈利能力、资金结构有十分密切的关系。企业长期偿债能力可通过下列指标来进行评价。

(1) 资产负债率。

资产负债率又称为负债比率或负债对资产的比率，是企业的负债总额与资产总额的比率。其计算公式为：

$$资产负债率=\frac{负债总额}{资产总额}\times 100\%$$

企业的资产总额就是企业的全部资金总额，资产负债率反映的是在企业全部资金中有多大的比例是通过借债筹集的。因此，这一比率能反映资产对负债的保障程度。对债权人来说，最关心的就是所借出款项的安全程度。如果这一比率很高，说明投资者投入的资本在全部资金中所占比重很小，而借入资金所占比重很大，企业的风险主要由债权人来负担。因此，这个比率越高，说明长期偿债能力越弱；反之，这个比率越低，说明偿债能力越强。当然，也并不是说这个比率越低越好。

(2) 所有者权益比率。

所有者权益比率是企业的所有者权益总额与资产总额的比率。其计算公式为：

$$所有者权益比率=\frac{所有者权益总额}{资产总额}\times100\%$$

上述两个比率是反映企业长期偿债能力的最主要指标，在进行分析时，要注意以下几个问题：(1) 上述指标中的资产总额是指资产净值总额，而不是原值总额；(2) 从长远来看，企业的偿债能力与盈利能力关系密切，盈利能力决定偿债能力，因此，在分析长期偿债能力时，应结合盈利能力指标来进行；(3) 要充分考虑长期租赁、担保责任等对长期偿债能力的影响。

3. 企业负担利息、固定费用和股利的能力的指标

企业负担利息、固定费用和股利的能力是指企业用所实现的利润支付利息、固定费用和股利的能力。这是企业进行筹资决策时必须认真考虑的一个重要因素。企业负担利息、固定费用和股利的能力通常用以下几个指标来反映。

(1) 利息周转倍数。

利息周转倍数是息税前盈余相当于所支付利息费用的倍数。其计算公式为：

$$\begin{aligned}利息周转倍数&=\frac{息税前盈余}{利息费用}\\&=\frac{税后利润+所得税+利息费用}{利息费用}\\&=\frac{利润总额+利息费用}{利息费用}\end{aligned}$$

这一指标反映了企业用所实现的利润支付利息费用的能力。企业的这一指标的值越大，说明企业支付利息的能力越强；反之，则说明企业支付利息的能力越弱。此指标的值若低于1，说明企业实现的利润不足以支付其当期利息费用，表明企业有较大的财务风险。

(2) 固定费用周转倍数。

固定费用周转倍数是企业的盈利相当于其固定费用的倍数。其计算公式为：

$$固定费用周转倍数=\frac{税前及支付固定费用前利润}{利息费用+租金+优先股股利\div(1-税率)}$$

公式中的利息费用和租金都可在税前支付，而优先股股利必须从税后利润中支付，故后者应除以（1−税率）。这里的税率是指适用于企业的所得税税率。固定费用周转倍数反映了企业用盈利支付固定费用的能力，这一指标的值越大，说明企业支付固定费用的能力越强。

(3) 股利保障倍数。

股利保障倍数是普通股每股盈余相当于普通股每股股利的倍数。其计算公式为：

$$股利保障倍数=\frac{普通股每股盈余}{普通股每股股利}$$

该指标越大，说明企业支付股利的能力越强。与股利保障倍数相关的指标有股利支付率和留存盈利比率。

股利支付率是指普通股每股股利与普通股每股盈余的比率。它与股利保障倍数是倒数

关系，其计算公式为：

$$股利支付率=\frac{普通股每股股利}{普通股每股盈余}\times100\%$$

留存盈利比率是指净利润减去全部股利之后的余额与净利润之比。其计算公式为：

$$留存盈利比率=\frac{净利润-全部股利}{净利润}\times100\%$$

股利保障倍数、股利支付率与留存盈利比率这三个指标反映了公司的股利政策和筹资政策。如果企业认为有必要从内部积累资金，以便扩大经营规模，经董事会同意可以采用较高的留存盈利比率，也就是较低的股利支付率；如果企业不需要资金或者可以通过其他方式筹资，为满足股东取得现金股利的要求可降低留存盈利比率。显然，提高留存盈利比率必然降低股利支付率。

（4）现金股利保障倍数。

现金股利保障倍数是每股经营现金净流量相当于每股现金股利的倍数。其计算公式为：

$$现金股利保障倍数=\frac{每股经营现金净流量}{每股现金股利}$$

该指标的值越大，说明企业支付现金股利的能力越强。

4. 利用现金流量表数据进行偿债能力评价的指标

真正能用于偿还债务的是现金流量。现金流量和债务的比较可以更好地反映企业偿还债务的能力。分析偿债能力的现金流量比率有：

（1）现金到期债务比率。

现金到期债务比率是经营现金净流量与本期到期的债务的比率。其计算公式为：

$$现金到期债务比率=\frac{经营现金净流量}{本期到期的债务}$$

公式中，本期到期的债务是指本期到期的长期债务和本期应付票据。通常这两种债务是不能到期展期的，必须如数偿还。该指标应与同行标准比较。

（2）现金流动负债比率。

现金流动负债比率是经营现金净流量与流动负债的比率。其计算公式为：

$$现金流动负债比率=\frac{经营现金净流量}{流动负债}$$

该指标用来评价经营活动产生的现金偿付流动负债的能力。

（3）现金债务总额比率。

现金债务总额比率是经营现金净流量与债务总额之比。其计算公式为：

$$现金债务总额比率=\frac{经营现金净流量}{债务总额}$$

这个比率越高，说明企业承担债务的能力越强。

**（二）盈利能力指标**

盈利能力就是企业赚取利润的能力。无论是投资者还是债权人都认为盈利能力十分重要，因为健全的财务状况必须由较高的获利能力来支持，企业财务管理人员当然也十分重视获利能力。因为要实现财务管理的目标，就必须不断提高利润，降低风险。

1. 与销售收入有关的盈利能力指标

这类指标是由企业的利润与销售收入进行对比所确定的比率，有以下两种表示方法。

（1）销售毛利率。

销售毛利率是由毛利与销售收入进行对比所确定的比率。其计算公式为：

$$销售毛利率=\frac{销售收入-销售成本}{销售收入}\times 100\%$$

销售毛利率反映了毛利与销售收入的对比关系，是反映获利能力的主要指标。这一指标的值越高，说明企业盈利能力越强。

（2）销售净利率。

销售净利率是净利润和销售收入进行对比所确定的比率。其计算公式为：

$$销售净利率=\frac{净利润}{销售收入}\times 100\%$$

销售净利率反映了净利润和销售收入之间的对比关系，这一指标的值越高，说明企业盈利能力越强。

2. 与资金有关的盈利能力指标

这类指标是由企业的利润与一定的资金进行对比所确定的比率，主要包括以下几个。

（1）投资报酬率。

投资报酬率又称为资产报酬率，是企业税后净利润与资产总额的比率。其计算公式为：

$$投资报酬率=\frac{净利润}{资产总额}\times 100\%$$

投资报酬率反映的是企业投入的全部资金的盈利能力。它是财务管理中的一个重要指标，也是总公司对分公司下达经营目标、进行内部考核的主要指标。这一指标越高，说明企业盈利能力越强。

（2）所有者权益报酬率。

所有者权益报酬率又称为净资产报酬率、股东权益报酬率、权益资本报酬率，是净利润与企业所有者权益总额的比率。其计算公式为：

$$所有者权益报酬率=\frac{净利润}{所有者权益总额}\times 100\%$$

这一指标反映了所有者投入的资金的盈利能力，该指标的值越高，说明盈利能力越强。

3. 与股票数量或股票价格有关的盈利能力指标

这类指标是由企业的利润与股票数量或股票价格进行对比所确定的比率，主要有以下几个。

（1）普通股每股盈余。

普通股每股盈余简称为每股盈余或每股利润，是由企业的税后净利扣除优先股股利后的余额与发行在外的普通股股数的比率。其计算公式为：

$$每股盈余=\frac{净利润-优先股股利}{发行在外的普通股股数}$$

其中，发行在外的普通股股数可以根据股本得出，也可以从公司年报中查得。

这是一个非常重要的财务指标，这一指标的值的高低，对股票价格会产生重大影响。

（2）普通股每股股利。

普通股每股股利简称每股股利，它反映了每股普通股获得现金股利的情况。其计算公式为：

$$普通股每股股利=\frac{支付给普通股的现金股利}{普通股股数}$$

（3）市盈率。

市盈率又称为价格盈余比率，是普通股每股市价与普通股每股盈余的比率。其基本公式为：

$$市盈率=\frac{普通股每股市价}{普通股每股盈余}$$

该比率反映了投资者对每元净利润所愿意支付的价格，可以用来估计股票的投资回报和风险。它是市场对公司的共同期望指标，市盈率越高，表明市场对公司的未来越看好。在每股市价确定的情况下，每股盈余越高，市盈率越低，投资风险越小；反之亦然。在每股盈余确定的情况下，每股市价越高，市盈率越高，风险越大；反之亦然。

使用市盈率指标时应注意以下问题：该指标不能用于不同行业之间的比较，充满扩张机会的新兴行业市盈率普遍较高，而成熟行业的市盈率普遍较低，这并不说明后者的股票没有投资价值。在每股盈余很小甚至为负时，市价不会降至零，所以很高的市盈率往往不能说明任何问题。市盈率的高低受净利润的影响，而净利润受可选择的会计政策的影响，从而使得企业间比较受到限制。市盈率高低受市价的影响，市价的影响因素有很多，包括投机炒作等，因此观察市盈率的长期趋势很重要。通常投资者要结合其他有关信息，才能运用市盈率指标判断股票的价值。

按国际惯例，发达国家的市盈率在10～20倍较为合理，发展中国家可略高一些。一般而言，投资于高市盈率的股票承担的风险较大。

（4）股票获利率。

股票获利率是普通股每股股利与普通股每股市价的比率。其计算公式为：

$$股票获利率=\frac{普通股每股股利}{普通股每股市价}\times 100\%$$

该指标反映了股利和股价的比例关系。股票持有人取得收益的来源有两个：一是取得红利；二是取得股价上涨的收益。只有当股票持有人认为股价将上升时，他才会接受较低的股票获利率。如果预期股价不会上升，则股票获利率就成了衡量股票投资价值的主要依据。

使用该指标的限制因素在于：有些企业采用非常稳健的股利政策，留存大量的净利润以扩张规模。在这种情况下，股票获利率仅仅是对股票投资价值的非常保守的估计，此时分析股价的未来趋势成为评价股票投资价值的主要依据。

股票获利率主要应用于非上市公司的少数股权。在这种情况下，股东难以出售其股票，也没有能力影响股利分配政策。他们持有股票的主要动机在于获得稳定的红利收益。

4. 与现金流量有关的盈利能力指标

（1）销售现金比率。

销售现金比率是经营现金净流量与销售收入的比率。其计算公式为：

$$销售现金比率=\frac{经营现金净流量}{销售收入}$$

该比率反映了每元销售额收到的净现金，其数值越大越好。

（2）每股经营现金净流量。

每股经营现金净流量是经营现金净流量与普通股股数的比率。其计算公式为：

$$每股经营现金净流量=\frac{经营现金净流量}{普通股股数}$$

该指标反映了企业分红的最大能力，超过此限度，就要借款分红。

（3）总资产现金回收率。

总资产现金回收率是经营现金净流量与总资产的比率。其计算公式为：

$$总资产现金回收率=\frac{经营现金净流量}{总资产}$$

该指标反映企业资产产生现金的能力，可与同行业平均数比较，来反映企业的资产产生现金能力的强弱。

（4）营运指数。

营运指数是经营现金净流量与经营应得现金的比率。该指标用于评价企业的收益质量。其计算公式为：

$$营运指数=\frac{经营现金净流量}{经营应得现金}$$

其中，

经营应得现金＝经营活动净收益＋非付现费用

经营现金净流量＝净利润－非经营收益＋非经营损失

该比率越高，说明企业的收益质量越好。该指标小于1，说明收益质量不够好，即有部分该收到的经营收益没有收到。

有时为了简化，营运指数也可直接用经营现金净流量与净利润的比率来表示。公式如下：

$$营运指数=\frac{经营现金净流量}{净利润}$$

**（三）营运能力指标**

企业的资产周转情况直接影响企业的偿债能力和盈利能力，因此，在对企业偿债能力和盈利能力进行分析后，还必须分析企业的资产周转情况。主要指标有：

1. 应收账款周转率

应收账款周转率是利用赊销收入净额与平均应收账款余额进行对比所确定的一个指标，有应收账款周转率（次数）和应收账款周转天数两种表示方法。其计算公式分别为：

$$应收账款周转率（次数）=\frac{赊销收入净额}{平均应收账款余额}$$

$$应收账款周转天数=\frac{360}{应收账款周转率}=\frac{平均应收账款余额\times 360}{赊销收入净额}$$

一定时期内应收账款的周转次数越多，说明应收账款周转越快，应收账款的利用效果越好。应收账款周转天数又称为应收账款占用天数、应收账款账龄、应收账款平均收现期，是反映应收账款周转情况的另一个重要指标。周转天数越少，说明应收账款周转越快，利用效果越好。

由于赊销收入净额数据不易获得，尤其是对外部投资者而言，所以可用销售收入净额来替代。

2. 存货周转率

存货周转率是由销售成本和平均存货余额进行对比所确定的指标，有存货周转率（次数）和存货周转天数两种表示方法。其计算公式分别为：

$$存货周转率（次数）=\frac{销售成本}{平均存货余额}$$

$$存货周转天数=\frac{360}{存货周转率}=\frac{平均存货余额\times 360}{销售成本}$$

一定时期内存货周转次数越多，即存货周转天数越少，说明存货周转越快，存货利用效果越好。

3. 流动资产周转率

流动资产周转率是销售收入与平均流动资产余额的比率。其计算公式为：

$$流动资产周转率=\frac{销售收入}{平均流动资产余额}$$

一定时期内流动资产周转次数越多，说明流动资产周转得越快，利用效果越好。周转一次所需天数越少，说明流动资产周转得越快，利用效果越好。周转一次所需天数越少，则在一定时期内，流动资产周转次数越多。

4. 固定资产周转率

固定资产周转率是企业年销售收入净额与固定资产平均净额的比率。其计算公式为：

$$固定资产周转率=\frac{年销售收入净额}{固定资产平均净额}$$

5. 总资产周转率

总资产周转率是主营业务收入净额与平均资产总额的比率。其计算公式为：

$$总资产周转率（次数）=\frac{主营业务收入净额}{平均资产总额}\times 100\%$$

6. 现金满足投资比率

该指标的计算公式为

$$现金满足投资比率=\frac{近5年经营现金净流量}{近5年资本支出、存货增加、现金股利之和}$$

该指标反映了企业财务弹性的大小。财务弹性是指企业适应经营环境变化和利用投资机会的能力。这种能力来源于经营现金净流量和支付现金需要的比较。现金流量超过需要，说明企业有剩余的现金，适应能力强。因此，财务弹性的衡量是将经营现金净流量与支付要求进行比较。支付要求可以是投资需求或承诺支付等。

该指标越大，说明资金自给率越高。达到1时，说明企业可以用经营获取的现金满足所需资金；若小于1，则说明企业要靠外部融资来补充所需资金。

**（四）发展趋势指标**

1. 总资产增长率

总资产增长率是企业本年总资产增长额与年初资产总额的比率。其计算公式为：

$$总资产增长率=\frac{本年总资产增长额}{年初资产总额}\times 100\%$$

总资产增长率衡量企业本期资产规模的增长情况，反映了企业经营规模总量上的扩张程度。该指标的值越大，说明企业在一个经营周期内资产经营规模扩张的速度越快，企业的发展后劲越大。但应注意资产规模扩张的质与量的关系，避免盲目扩张。

2. 利润增长率

利润增长率是企业本年净利润增长额与上年净利润的比率。其计算公式为：

$$利润增长率=\frac{本年净利润增长额}{上年净利润}\times 100\%$$

对于利润增长率的变化，在进行分析时，应进一步揭示其变化的原因。比如公司利润之所以下降，是因为产品销售价格下降，以及营业费用增加。

3. 销售收入增长率

销售收入增长率是企业本年销售收入增长额与上年销售收入的比率。其计算公式为：

$$销售收入增长率=\frac{本年销售收入增长额}{上年销售收入}\times 100\%$$

该指标从销售收入扩张方面来衡量企业的发展能力，在分析时可与市场占有率指标结合起来分析。

**（五）财务指标的优缺点**

1. 财务指标的优点

（1）具有可比性。企业严格遵循会计准则，从会计报表中获取有关数据，可以最大限度地减少数据的人为调整，便于进行横向和纵向的比较，还有助于减少数据调整的工作量。

（2）具有客观性。根据历史成本原则，会计报表中的数据均为历史数据，与未来预测数据相比，更具客观性。并且，会计数据属于内部数据，比外部数据更容易核查。

2. 财务指标的缺点

（1）财务指标具有强烈的短期性，单一的财务指标会使责任中心的经理行为短期化。由于财务指标（如利润等）与激励机制挂钩，可能导致经理业绩造假以及为追求部门利益而损害整体利益的现象。

（2）财务指标容易受到会计政策的影响，不同的会计政策会使财务指标发生较大的变化。如选择不同的存货计价方法、折旧方法、所得税费用的确认方法、对外投资收益的确认方法，将反映出不同的财务状况和经营成果，进而影响业绩评价的结果。

(3) 在公认会计准则下，会计收益的计算仅仅扣除了债务资本的成本，忽略了对权益资本的补偿。

(4) 由于物价变动的影响，传统的根据历史成本进行业绩评价的方法会使不同币值的金额混合在一起。虽然理论上可利用一些新的财务指标，如现金流量将传统的会计信息加以调整，以预测企业未来的现金流量，然而在实务上这些新的财务指标存在客观性与可靠性的问题。

(5) 财务指标作为事后的结果指标，无法反映出财务指标和非财务指标之间的因果关系，无法对业务流程进行适时监控。因而，在现实中，除了财务指标外，还需要通过一些非财务指标来判断企业的得失成败。

## 第二节 杜邦分析系统

### 一、杜邦分析系统原理

本章第一节的第二部分介绍了许多财务指标，但每一个指标都是从一个侧面反映企业的财务状况，都有一定的片面性和局限性，为此，必须把指标综合在一起进行分析，杜邦分析系统就是一种比较好的分析方法。杜邦分析系统是在考虑各财务比率的内在联系的条件下，通过制定多种比率的综合财务分析体系来考察企业财务状况的一种分析方法。杜邦分析系统是由美国杜邦公司在 1919 年前后率先采用的一种方法，故此得名。杜邦分析系统的结构如图 7-1 所示。

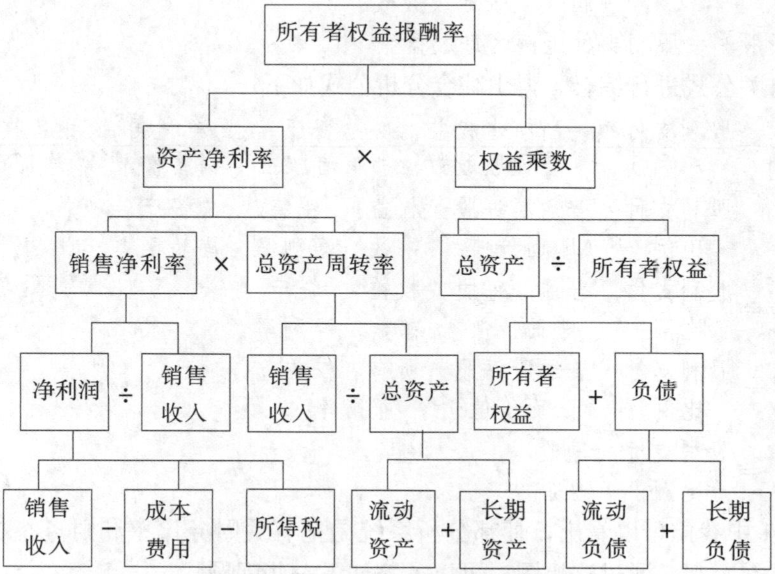


**图 7-1 杜邦分析系统图**

要掌握杜邦分析系统，必须掌握有关公式的分解。为此，先介绍公式分解的一般原理。

**1. 与所有者权益报酬率有关的公式分解**

$$所有者权益报酬率=\frac{净利润}{所有者权益}$$

$$=\frac{净利润}{总资产}\times\frac{总资产}{所有者权益}\times100\%$$

所有者权益报酬率＝资产净利率×权益乘数

**2. 与资产净利率有关的公式分解**

$$资产净利率=\frac{净利润}{总资产}$$

$$=\frac{净利润}{销售收入}\times\frac{销售收入}{总资产}$$

资产净利率＝销售净利率×总资产周转率

**3. 与每股盈余有关的公式分解**

$$每股盈余=\frac{净利润}{普通股股数}$$

$$=\frac{净利润}{所有者权益}\times\frac{所有者权益}{普通股股数}$$

每股盈余＝所有者权益报酬率×普通股每股账面价值

**4. 与每股股利有关的公式分解**

$$每股股利=\frac{股利支付额}{普通股股数}$$

$$=\frac{股利支付额}{净利润}\times\frac{净利润}{普通股股数}$$

每股股利＝股利支付比例×每股盈余

把以上有关公式进行综合，得出综合分析公式如下：

$$每股股利=\frac{股利支付额}{净利润}\times\frac{所有者权益}{普通股股数}\times\frac{总资产}{所有者权益}\times\frac{净利润}{销售收入}\times\frac{销售收入}{总资产}$$

$$=股利支付比例\times普通股每股账面价值\times权益乘数\times销售净利率\times总资产周转率$$

$$=股利支付比例\times普通股每股账面价值\times权益乘数\times资产净利率$$

$$=股利支付比例\times普通股每股账面价值\times所有者权益报酬率$$

$$=股利支付比例\times每股盈余$$

从图 7－1 中我们可以看出，杜邦分析系统是把有关财务比率和财务指标以系统分析图的形式联系在一起，通过这幅图，可以了解如下一些问题：

（1）所有者权益报酬率是一个综合性很强、与企业财务管理目标相关性最大的指标，它由企业的销售净利率、总资产周转率和权益乘数决定。可见，所有者权益报酬率是指标体系分析的核心。

(2) 企业的税后净利润是由销售收入扣除成本费用再扣除所得税得到的，而成本费用又由一些具体项目构成。通过对这些项目的分析，能了解企业净利润变动的原因。

(3) 企业的总资产是由流动资产和长期资产构成的，它们各自又包括一些明细项目。通过对总资产构成和周转情况的分析，能发现企业资产管理中存在的问题与不足。

(4) 企业的总资产由所有者权益和负债两部分构成。通过对总资产结构的分析，能了解企业的资产结构是否合理以及财务风险的大小，从而及时发现企业筹资中存在的问题，以便采取有效措施加以改进。

## 二、对杜邦分析系统的改进

### (一) 传统杜邦分析系统的不足

传统杜邦分析系统的核心是所有者权益报酬率，它是所有财务比率中综合性最强、最具有代表性的一个指标，是企业财务管理的重要目标之一。杜邦分析系统通过层层分解财务指标，直观地反映了影响所有者权益报酬率的因素及其内在的联系，揭示了企业筹资、投资和生产运营等方面的经营活动效率，是一种行之有效的综合财务分析法。若能结合两期以上的资料进行分析，则不仅可以发现指标的变动原因和变动趋势，而且能为进一步采取措施指明方向。

然而，传统的杜邦分析系统也有明显的不足，主要体现在以下几方面。

(1) 局限于财务领域，就财务论财务，只是一种对结果的考评，评价和考核没有深入到经营管理过程中去。同时，由于财务指标本身仅仅是一种抽象的价值指标，因此它不具备直接的可操作性。部门或个人或许知道各自应该达到的财务目标，但从哪些方面入手、通过哪些手段来实现这些目标，不同方面各自应该达到什么程度，都不知道。

(2) 受限于所产生的年代，杜邦分析系统是一种重视内部经营管理、忽视外部市场的分析评价体系。

(3) 传统杜邦分析系统的数据资料仅来源于两大会计报表，反映问题不全面。众所周知，企业的会计核算信息主要是通过资产负债表、利润表和现金流量表三大报表来反映的。这三张报表分别从不同角度反映了企业的财务状况、经营成果和现金流量。而传统的杜邦分析系统仅从资产负债表和利润表中取得数据，没有考虑现金流量表，所以不能反映企业在一定时期的现金流入和流出情况，反映问题不全面。

(4) 杜邦分析系统虽然提供了反映企业盈利能力的指标，但没有考虑收益的质量，分析结果往往带有片面性，反映问题不客观。目前，上市公司报表质量不高，存在盈余操纵现象，上市公司的盈利质量是一个很敏感的问题。分析盈利能力的目的是让企业的投资者、管理者及债权人了解企业获取真实利润的能力，帮助他们做出正确的决策。但是杜邦分析系统中提供的所有者权益报酬率、资产净利率、销售净利率以及净利润指标并不一定能够真正反映企业的盈利能力，因为它们只能用于评价企业盈利能力的“数量”，而不能用于评价企业盈利能力的“质量”。因此，传统杜邦分析系统中对盈利能力的分析是不客观的。

### （二）改进方案一

针对上述后两个方面传统杜邦分析系统的不足，可采用如下思路加以完善。[①] 完善后的杜邦分析系统如图 7－2 所示。

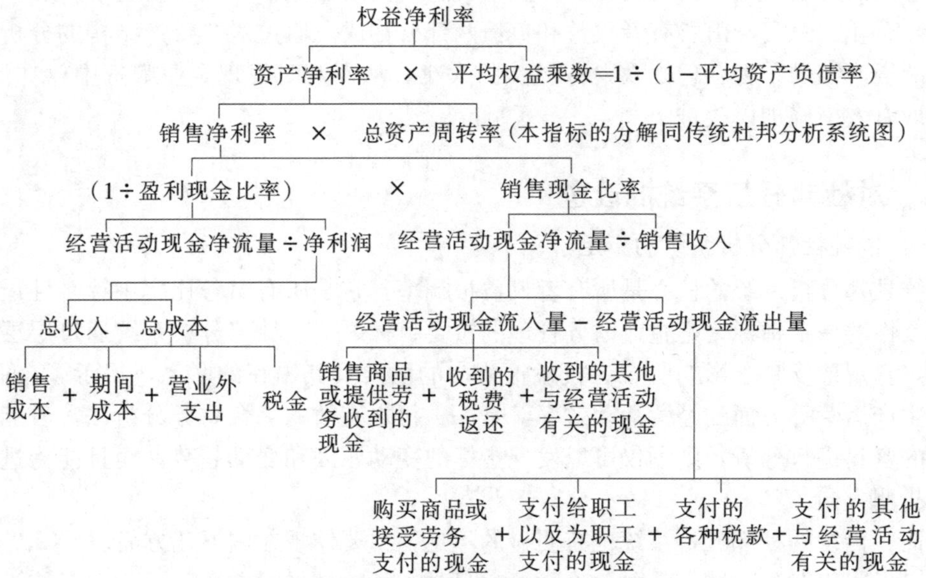


**图 7－2　改进的杜邦分析系统之一**

新的杜邦分析系统图中将销售净利率分解为（1÷盈利现金比率）和销售现金比率两部分，从而引入了反映收益质量的指标，提高了综合分析的客观性。第一，盈利现金比率是指企业本期经营活动现金净流量与净利润之比，该指标用来反映企业净利润的收现水平。在一般情况下，盈利现金比率越大，则企业净利润的含金量越高，意味着可供企业自由支配的货币增加量越大，企业的偿债能力和付现能力越强，企业盈利质量也就越高。如果该比率小于 1，说明本期净利润中存在尚未实现的现金收入。在这种情况下，即使企业盈利，也可能发生现金短缺，严重时会导致企业破产。第二，销售现金比率是指经营活动现金净流量与销售收入之比，反映企业主营业务的收现能力。销售现金比率越大，表明销售货款的收回速度越快，企业发生坏账损失的风险越小，收入的质量也就越高。如果该指标小于 1，说明有一部分主营业务未能收现，赊销业务较多，这不仅增加了应收账款所占用的资金，而且增大了坏账损失的风险。

### （三）改进方案二

对传统杜邦分析系统的第二种改进方案如图 7－3 所示。[②]

采用新的分析系统后，我们可以看出企业一定会计期间内经营活动、投资活动和筹资活动等对企业权益净现金率的影响。同时，可结合其他信息评价企业以下几个方面的事项：

---

① 上官敬芝．论杜邦系统模型的不足与改进．经济管理，2002（3）．

② 苑少敏．杜邦分析体系改造探索．天津财会，2002（2）．

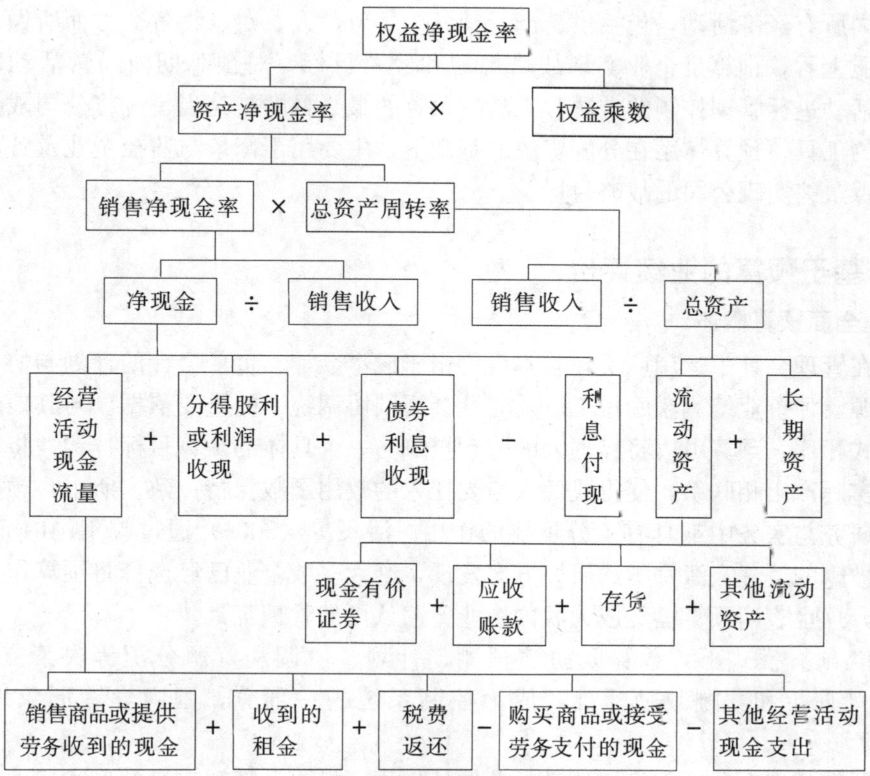


**图 7-3 改进的杜邦分析系统之二**

(1) 企业偿还债务及向企业所有者支付投资补偿的能力以及从外界筹资的需要；

(2) 企业的净利润与营业活动所产生的净现金流量发生差异的原因；

(3) 未来获取和支付现金的能力；

(4) 会计年度内影响或不影响现金的投资活动或筹资活动。

原杜邦分析系统的权益收益率是一个极易被操纵的指标，盈利的确认缺乏现金保障。由于盈利的取得和现金的流入并不同步，在企业提供现金流量表的情况下，改进的杜邦分析系统更有应用价值。通过对杜邦分析系统的改造，可以分析筹资结构对企业利润和现金流量的影响、企业的盈利质量以及企业资产产生现金的能力。新的杜邦分析系统对企业创造利润的能力的分析更为全面、综合，预测企业未来盈利能力时也更为准确。

## 第三节 基于预算的业绩评价

### 一、预算的概念

预算属于计划的范畴，它是一种以量化形式表现的计划，目的是规划、安排预算期内有关资源的获得、配置和使用。从形式上看，预算是以数量或货币为计量单位，涵盖企业经营活动、投资活动和财务活动的一张张具体而详尽的计划表。从内容上看，预算是企业对预算期内所有经济活动，包括供、产、销各个环节，人、财、物各个方面所做的统筹安排。从本质上看，预算是企业实现战略规划和经营目标，对预算期内经营活动、投资活动、财务活动进行管理控制的方法和工具。预算的最终目的是充当一种将公司战略与业绩联系起来的工具。预算体系在分配资源的基础上，主要用于衡量与监控企业及各部门的业绩，以确保最终实现公司的战略目标。

## 二、基于预算的业绩评价

### （一）全面预算概述

预算在管理会计中运用广泛，它不仅可用于成本会计、责任会计的计划与协调，而且是分配资源、评价业绩、激励员工以及与社会规则协调统一的重要依据。与其他业绩评价和激励方式相比，预算可以将经理人的劳动报酬与一个具体的预算目标挂钩，将他们的收益与企业实际产出相联系，使得代理人与委托人的效用函数保持一致。所以，预算在激励性的管理研究与实务中都具有十分重要的作用。潘飞等（2006）通过收集国内50家上市公司公开披露的经理人激励契约研究方案发现，绝大多数企业已经选择将预算作为业绩评价的标准，这也表明预算已经成为我国企业普遍认可的管理工具。

在传统预算模式下，预算既扮演预测、计划、协调和资源分配等决策支持角色，又作为业绩评价和薪酬激励标准，成为控制系统的一部分，国内学者形象地称之为“全面预算”。

全面预算是将企业全部经济活动的总体计划用数量、金额和表格的形式反映出来的一系列文件，即对企业总体规划的具体化和数量化说明。通过将全面预算与业绩评价结合起来，可以使部门和员工的业绩评价真正拥有明确、可行的目标，促进企业的各项经营活动更好地符合战略规划的要求。全面预算按其内容不同，可以分为业务预算、专门决策预算和财务预算三大类。

1. 业务预算

业务预算（operating budget）是反映企业在计划期间日常发生的各种实质性基本活动的预算。它主要包括销售预算、生产预算、直接材料采购预算、直接人工预算、制造费用预算、单位生产成本预算、期末产成品存货预算、销售费用及管理费用预算等。

2. 专门决策预算

专门决策预算（special decision budget）是指企业为不经常发生的长期投资项目或一次性专门业务所编制的预算。它与那些针对计划期间日常经济活动所编制的业务预算明显不同。专门决策预算包括资本支出预算和一次性专门业务预算。

3. 财务预算

财务预算（financial budget）是指企业在计划期内反映有关现金收支、经营成果和财务状况的预算。财务预算主要包括现金预算、预计利润表和预计资产负债表三种。前文所述各种业务预算和专门决策预算，最终都要以货币形式列入财务预算。如此一来，财务预算就反映了企业各项经营业务和专门决策的整体计划。

4. 全面预算诸表之间的主要关系

企业的全面预算实际上是由业务预算、专门决策预算和财务预算三大类各种不同预算表所组成的一个完整的预算体系。各种预算之间既相互联系，又相互制约。其中，业务预算和财务预算之间的关系如图 7 - 4 所示。

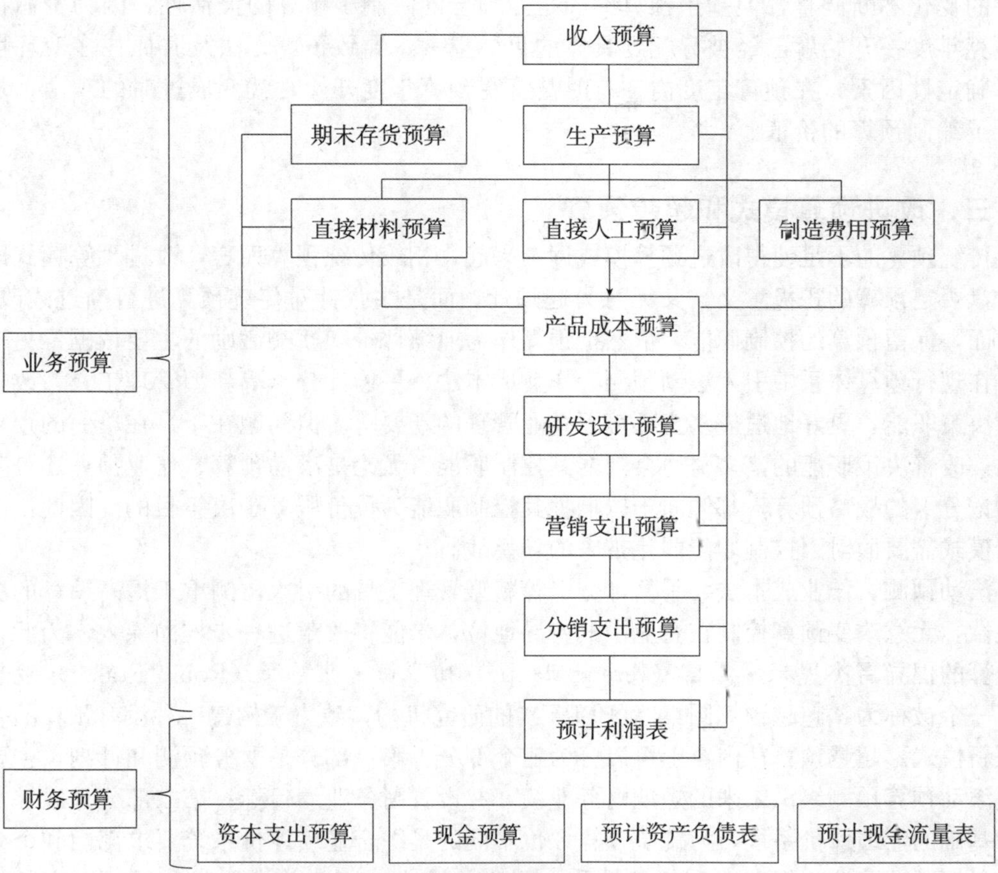


**图 7 - 4 全面预算各表之间的主要关系**

基于全面预算的业绩评价体系即企业根据自身的经营目标，确定本年度要达到的预算标准，并按照责权统一的原则往下层层分解到各个责任中心，期末通过将实际执行的结果与预算进行比较，发现企业某种工作中的不足，并深入分析其背后的原因，将实际业绩与预算业绩的差异作为业绩评价的依据。

**（二）全面预算的局限性**

该业绩评价体系在实务中面临的重要问题是以预算为标准如何判断最后执行结果的好坏。因为预算的差异可能由两方面原因造成：一是实际预算执行结果的好坏，二是期初预算目标的高低。通常认为，预算执行时超额完成预算越多说明执行效果越好，但这也说明了预算编制可能不够精确，与实际情况偏差较大，产生了“预算松弛”现象。因此，鼓励超额完成预算会激发“预算松弛”行为。然而，如果以和预算的接近程度来评价业绩，会明显地抑制业绩的持续改进，责任单位有可能担心出现过大的预算差异而满足于只完成预算目标，放弃进一步的努力。由此可见，基于预算的业绩评价体系要想取得成果，一个关键的因素在于预算制定本身必须是高质量的，但在复杂多变的内外部经营环境下，预算的质量也遭受着严峻的考验。此外，基于预算的业绩评价体系和奖惩体系会降低制定预算决策的效率。为了提高决策效率，预算目标需要根据外部环境和内部条件的变化不断调整，但基于预算的固定业绩合同限制了预算的灵活性，因为资源往往在预算年度一开始就已经被分配到具体的目标上去，导致预算无法及时抓住多变环境中的不确定性因素，在预算年度内，有时甚至在预算年度开始时就变成过时的东西，从而降低了编制预算的价值。

## 三、改进预算模式和超越预算

传统预算的不足使得改进预算模式逐渐兴起，相较传统预算而言，改进预算模式既没有全盘否定预算的积极意义，又无意另起炉灶，而是主张针对传统预算进行渐进式改革：一方面，保留预算的控制职能，依然把预算作为业绩评价和薪酬激励的主要依据；另一方面，在现行预算体系中引入滚动预测、作业成本法、平衡计分卡等新型管理工具，改善预算的决策职能，更好地适应多变环境下企业管理的新要求。但问题在于，在单一的预算体系内，改善决策职能的诸多努力会削弱其控制职能。无论是滚动预算、作业预算还是基于平衡记分卡的战略预算，都倾向于以牺牲其控制职能为代价服务于决策目的。因此，改进预算模式需要面对因控制职能弱化带来的新挑战。

滚动预测、作业成本法、平衡计分卡等新型管理工具的引入，侧重于提高预算的决策相关性，无意改变预算控制在企业中的主导地位，未能将改革进一步推向深入。为此，超越预算的倡导者杰里米·霍普（Jeremy Hope）和罗宾·弗雷泽（Robin Fraser）发起成立了一个被称为"超越预算圆桌"（BBRT）的研究机构，致力于构建一种没有预算的企业管理新模式。超越预算从内容上可以分为三个部分：第一部分是财务预测和计划，主要是通过滚动预算预测组织未来的短期财务业绩，并设置财务业绩目标；第二部分是以综合指标为基础的业绩评价系统，与传统预算评价不同的是综合业绩评价系统要求部门和个人更全面、深入地了解组织特点和任务性质，明确关键成功因素并设置紧的但可以实现的目标，综合业绩评价系统可以减少在预算控制中人们操纵短期财务报告数据或预算数据的行为；第三部分是以相对标准为基础设计激励机制，主要是指运用标杆法对相对业绩水平进行奖励，而不像在传统预算中以既定的预算目标为依据，这同样可以减轻预算中的讨价还价问题。超越预算的这三个部分的内容与传统预算都存在很大的区别，这也是超越预算的特点所在。

超越预算并不满足于对现行预算体系的修修补补，其目标是建立一个全新的、替代性的管理模式。超越预算的研究视野已远远超出了预算的范畴，其研究领域涵盖决策权分割、业绩评价和薪酬激励等组织结构的主要方面，对预算的改革与发展有整体性思考，这一点正是以往研究和实践所缺乏的。但同时也要看到，超越预算管理模式在实际执行中也存在一定的局限性，比如超越预算采用分权管理的模式，也就无法避免实施分权管理的一些弊端，容易产生代理问题；超越预算对于实施的环境要求很高，成功实施超越预算需要彻底改变企业组织结构、企业文化和管理流程，成本和风险对于其他管理模式来说过于高昂，但对于其潜在的收益目前尚缺乏足够的经验证据。

# 第四节 责任中心业绩评价

## 一、责任会计原理

责任会计旨在确保经理仅对其能控制或能自主裁决的事项负责。责任会计的四个要素是：

### （一）分配责任

经理必须了解其所负责的特定项目。用部门净收入减去可控成本是确定各个经理的控制范围的有效方法。

### （二）制定业绩衡量指标

经理必须明确所要衡量的项目。由于经理需要最大化（或最小化）被衡量的收入（或成本），因此必须确保最大化（或最小化）这些收入（或成本）项目符合公司的总体战略目标。

### （三）业绩评价

评价实际结果和预算结果之间的差异，并将这些差异划分为不同的领域。

### （四）分配报酬

经理有责任实现其预算目标，但如果由于一些不可控因素而导致实际结果与预算结果间存在不利差异，那么经理不应因这种不利差异而遭受惩罚。经理应能解释这些差异产生的原因。能实现预算目标当然应该得到奖励，但就算未能实现预算目标，只要经理能在发现不利差异时迅速采取恰当的应对措施，他们也应受到奖励。

## 二、责任中心的划分

责任会计制度是财务模式在具体工作中的应用。它的具体方法是：划分责任中心；为不同责任中心制定业绩指标（财务指标）；评价不同责任中心的业绩；做出业绩评价报告。

确定责任中心是业绩评价的前提。所谓责任中心是指企业内部的成本、利润、投资发生单位。这些内部单位被要求完成特定的职责，其责任人则被赋予一定的权力以便对该责任区域进行有效的控制。责任中心可能是一个人、一个班组、一个车间、一个部门，也可能是分公司、事业部，甚至是整个企业。根据不同责任中心的控制范围和责任对象的特点，可将其分为三种：成本中心、利润中心和投资中心。

### （一）成本中心

成本中心是责任人只对其责任区域内发生的成本负责的一种责任中心。成本中心是成本发生的单位，一般没有收入，或仅有无规律的少量收入，其责任人可以对成本的发生进行控制，但不能控制收入与投资，因此成本中心只需对成本负责，无须对利润情况和投资效果承担责任。对成本中心的考核主要针对其成本和费用。一个只负责生产产品或生产其他车间所需要的半成品的生产车间可以作为成本中心，因为它不具备销售职能，其产品只是交付销售部门销售或提供给其他车间继续加工，一般不能形成货币收入，对该车间只能考核其成本发生情况。

成本中心可以分成两种：标准成本中心和费用中心。

标准成本中心是指那些有明确、具体的产品，且对生产产品所需各种要素的投入量能够合理预计的成本中心。例如，生产某种零件的班组、生产某种产品的车间等，都可作为标准成本中心，因为其产出数量可以明确计量，对所生产的产品可以判定原材料、直接人工、间接制造费用等的相应标准。

费用中心则是指那些工作成果不是明确的实物，因而无法有效计量，或者投入与产出之间没有密切联系的成本中心。一般来说，行政管理、科研开发、广告宣传等服务性部门应被列为费用中心。费用中心的实际成本可以准确计算，但难以根据其投入与产出的数量来判定其支出是否有效、工作成绩是优是劣，因此也就不容易对无效开支进行有效控制。

如果采用另一种分类标准，那么可以把成本中心划分为复合成本中心和基本成本中心。基本成本中心是最基层的成本中心，它没有下属成本中心，不能够进一步分解。复合成本中心则下设若干个下属成本中心，并对其下属成本中心发生的成本负责。

对成本中心进行考核的主要内容是其责任成本。责任成本与传统的产品成本有所不同。产品成本以产品为成本计算对象，而责任成本则以责任中心作为成本计算对象，凡应由某责任中心负责的成本都应计为该责任中心的责任成本。

在计算责任成本时首先应区分可控成本与不可控成本。可控成本是指在特定时期内，特定责任中心的责任人可以直接控制其发生的那部分成本。成本可控与否总是针对特定的时期和特定的责任人，离开这两个条件就会失去实际意义。比如一项成本对于甲成本中心来说是不可控成本，但可能是乙成本中心的可控成本；一项固定资产的折旧费用在该资产购入以后的阶段内是不可控的，但在决策是否购置该资产时却是可控的。

成本中心只能对其可控成本产生影响，对不可控成本的发生却无能为力，因此在计算责任成本时只应包括可控成本。基本成本中心的责任成本就是其可控成本之和，复合成本中心的责任成本则是其可控成本与其下属成本中心的责任成本之和。从企业整体来看，各个责任中心的可控成本之和即为整个企业的总成本，划分责任中心等于将企业的总成本进行分解，由各有关责任中心分别控制，各司其职，于是整个企业的成本控制得到了具体的落实。

在认定各成本中心的责任成本时必须采用合理的标准。有些成本虽然在某个成本中心发生，但是由其他成本中心的活动造成的，因此应该列为引起该成本发生的成本中心的责任成本。例如，由于采购部门购入的原材料质量不合格造成生产部门生产成本增加的部分，应视为采购部门的责任成本；由于甲车间产品不合格使乙车间出现废品造成的损失，应视为甲车间的责任成本。

应该注意可控成本与不可控成本、直接成本与间接成本、固定成本与变动成本这三组概念的不同含义。成本可控与否依据成本中心对其是否具有影响力、控制力来区分；直接成本与间接成本依据成本的发生与个别产品或部门的关系来区分；固定成本与变动成本则依据成本与产量的变动关系来区分。一般情况下，成本中心的直接成本和变动成本大多是可控成本，间接成本和固定成本大多是不可控成本，但这种联系并不是绝对的。例如，将某车间作为一个成本中心，车间主任的工资是该成本中心的直接成本，但是不可控成本；

所使用的外购部件是变动成本，但也是不可控成本；从供水、供电车间转来的水、电成本是间接成本，但由于本成本中心可以控制自己的用水、用电数量，因此如果该项成本根据耗用数量计算分配，就应作为可控成本。

### （二）利润中心

利润中心是责任人对其责任区域内的成本和收入均要负责的责任中心。利润中心的责任人既能控制其成本，又能控制其收入，但不能控制投资活动。利润中心属于企业中的较高层次，同时具有生产和销售职能，有独立的、经常性的收入来源，可以决定生产什么产品、生产多少、生产资源在不同产品之间如何分配，也可以决定产品的销售价格，制定销售政策，因此与成本中心相比具有更大的经营自主权。

利润中心可以是自然形成的，也可以是人为设定的。自然形成的利润中心一般直接向企业外部市场销售产品、提供劳务以获取利润。例如，一个同时肩负生产和对外销售任务的分厂可以作为一个自然的利润中心。人为设定的利润中心则是通过将产品或劳务按照确定的内部转移价格“销售”给本企业其他生产部门或销售部门以获取收入而形成的。从这个意义来说，任何一个成本中心均可通过对其产品确定一个内部价格而成为人为的利润中心。例如，某车间生产出的半成品以厂内价格转移到后序车间继续加工，该车间即可被视为人为的利润中心；企业的供水、供电部门按厂内价格向其他部门供水、供电，也可作为利润中心。

利润中心就其利润向上级负责，实际上也就是对其成本和收入负责。其成本包括利润中心本身的可控成本及其下属成本中心的责任成本。

### （三）投资中心

投资中心是责任人对其责任区域内的成本、收入及投资均要负责的责任中心。投资中心是企业最高层次的责任中心，不仅具有充分的经营决策权，而且具有一定的投资决策权。其责任人既能控制责任中心的成本和收入，又能控制所占用的资产。整个企业本身就可以作为一个投资中心。

各投资中心的资产与权益必须明确划分，共同发生的成本应该按照合理的标准在各中心之间分配，这样才能准确计算和正确评价各投资中心的效益，分清责任，充分发挥财务控制的作用。

## 三、责任中心的业绩评价

责任会计制度对企业内部单位的行为可能产生很大的影响，其影响是积极的还是消极的取决于责任会计的具体运用方式，尤其是对各责任中心进行考核、评价的方式。首先，应该认识到，考核、评价最主要的目的在于提供有用的信息，帮助各个责任中心和企业高层管理者了解隐藏在各责任中心表面工作业绩之下的真正原因，而不是作为对员工进行批评和惩罚的工具。只有这样，各层次的员工才能够对责任会计所揭示的信息做出积极的、建设性的反应，努力改进自己的工作，争取更出色的表现。

在对责任中心进行考核评价之前，应根据企业的需要合理确定衡量责任中心工作业绩的标准，以激发各部门采取企业领导者所期望的有利于企业整体利益的行动。举例来说，在某个企业中销售部门和生产部门为相互独立的两个责任中心，由于紧急订货一般价格比较高，因此销售部门非常乐意接受紧急订单，这不仅能提高本部门的销售收入，而且能因为满足了客户的紧急需要而为将来扩大销售打好基础。但生产部门对此却并不热情，因为接受紧急订单可能打断原来的生产，并导致设备准备等成本的增加。这样一来，两个部门之间就会发生冲突，大家都从自身的利益出发考虑这个问题，却不重视对对方及整个企业的影响。如果将由于接受紧急订单而使生产部门增加的成本列为销售部门的责任成本，情况就会有所改变：销售部门在接受紧急订单时会更加慎重，经过权衡后接受能够使收入超过成本的订单，放弃收不抵支的订单；生产部门则将注意力集中到用尽可能小的成本完成各项生产计划上，于是企业的整体利益与各责任中心的目标就得到了统一。

责任中心必须定期编制业绩报告，对一定期间责任预算的完成情况进行反映。管理部门根据业绩报告对各责任中心的工作成绩进行评价，奖优罚劣，并及时提出对有关工作的改进意见，以达到责任会计激发各部门积极性、有效控制成本、促进整体目标实现的目的。

由于不同责任中心的职权范围不同，责任预算的内容、考核的具体指标和方法、激励的方法与措施也有所不同。

### （一）成本中心的业绩评价

成本中心分为标准成本中心和费用中心，两种成本中心的评价方法是不同的。

一般说来，标准成本中心的考核指标，是既定产品质量和数量条件下的标准成本。标准成本中心不需要做出价格决策、产量决策或产品结构决策，这些决策由上级管理部门做出，或授权给销售单位做出。标准成本中心的设备和技术决策通常由职能管理部门做出，而不是由成本中心的管理人员自己决定。因此，标准成本中心不对生产能力的利用程度负责，而只对既定产量的投入量承担责任。

值得强调的是，如果标准成本中心的产品没有达到规定的质量，或没有按计划生产，则会对其他单位产生不利的影响。因此，标准成本中心必须按规定的质量、时间标准和计划产量来进行生产。这个要求是硬性的，很少有伸缩余地。完不成上述要求，成本中心就要受到批评甚至惩罚。产量过高、提前产出造成积压、超产部分销售不出去等问题同样会给企业带来损失，也应被视为未按计划进行生产。

确定费用中心的考核指标是一项困难的工作。由于缺少度量其产出的标准，以及投入和产出之间的关系不密切，运用传统的财务技术来评估这些中心的业绩非常困难。费用中心的业绩涉及预算、工作质量和服务水平。对工作质量和服务水平的量化很困难，并且与费用支出关系密切。这正是费用中心与标准成本中心的主要差别。对于标准成本中心的产品质量和数量，我们有良好的量化方法，如果能以低于预算水平的实际成本生产出相同的产品，则说明该中心业绩良好。对于费用中心则不然，若一个费用中心的支出没有超过预算，则可能是因为该中心的工作质量和服务水平低于计划的要求。

通常使用费用预算来评价费用中心的成本控制业绩。很难依据一个费用中心的工作质量和服务水平来确定预算数额，解决办法之一是考察同行业类似职能的支出水平。例如，有的公司根据销售收入的一定百分比来制定研究开发费用预算。尽管很难解释为什么研究开发费用与销售额具有某种因果关系，但是百分比法还是使人们能够在同行业之间进行比较。另外一个解决办法是零基预算法，即详尽分析支出的必要性及其取得的效果，确定预算标准。还有许多企业依据历史经验来编制费用预算，这种方法虽然简单，但缺点也十分明显：管理人员为在将来获得较多的预算，倾向于把能花的钱全部花掉。越是勤俭度日的管理人员，将越容易面临严峻的预算压力。预算的有利差异只能说明比过去少花了钱，既不表明达到了应有的节约程度，也不说明成本控制取得了应有的效果。因此，依据历史实际费用数额来编制预算并不是一个好办法。从根本上说，费用中心预算水平的决定有赖于了解情况的专业人员的判断。上级主管人员应信任费用中心的经理，并与他们密切配合，通过协商确定适当的预算水平。在考核预算完成情况时，要利用有经验的专业人员对该费用中心的工作质量和服务水平做出有根据的判断，如此才能对费用中心的控制业绩做出客观评价。

明确了上述考评工作思路后，可以看到，对于成本（费用）中心的激励主要应当针对其预算期间成本（费用）预算的完成情况以及其他节约情况进行定额和按比例的奖励。当然，也可以采用组织评优活动、授予荣誉集体称号的方式进行团体精神激励，这种方式对于后面两种责任中心的激励也是适用的，本书将不再专门指出。

**（二）利润中心的业绩评价**

对利润中心进行考核的指标主要是利润。但是，也应当看到，任何一个单独的业绩衡量指标都不能够反映出某个组织单位的所有经济效果，利润指标也是如此。因此，尽管利润指标具有综合性，利润计算具有强制性和较高的规范化程度，但是仍然需要一些非货币的衡量方法作为补充，包括生产率、市场地位、产品质量、职工态度、社会责任、短期目标和长期目标的平衡等。

在计量一个利润中心的利润时，需要解决两个问题：

（1）选择一个利润指标（包括如何分配成本到该中心）；

（2）为在利润中心之间转移的商品规定价格。

这里先讨论第一个问题，后一个问题将在本章第四节讨论。

利润并不是一个十分具体的概念，在这个名词前边加上不同的定语，可以得出不同的概念。在评价利润中心的业绩时，至少有 4 种选择：贡献毛益、可控贡献毛益、部门贡献毛益和税前部门利润。

**［例 7—1］** 某公司某一部门的数据如下（单位：元）：

| | |
|---|---|
| 部门销售收入 | 150 000 |
| 已销商品变动成本和变动销售费用 | 110 000 |
| 部门可控固定间接费用 | 8 000 |
| 部门不可控固定间接费用 | 12 000 |
| 分配的公司管理费用 | 10 000 |

假设该部门的利润如下：

| | |
|---|---|
| 收　入 | 150 000 |
| 变动成本 | 100 000 |
| ①贡献毛益 | 50 000 |
| 可控固定成本 | 8 000 |

| | |
|---|---|
| ②可控贡献毛益 | 42 000 |
| 不可控固定成本 | 12 000 |
| ③部门贡献毛益 | 30 000 |
| 公司管理费用 | 10 000 |
| ④税前部门利润 | 20 000 |

以贡献毛益 50 000 元作为业绩评价依据不够全面。部门经理至少可以控制某些固定成本，并且在固定成本和变动成本的划分上有一定选择余地。以贡献毛益为评价依据，可能导致部门经理尽可能多地支出固定成本以减少变动成本支出，尽管这样做并不能降低总成本。因此，在进行业绩评价时至少应包括可控固定成本。

以可控贡献毛益 42 000 元作为业绩评价依据可能是最好的，它反映了部门经理在其权限和控制范围内有效使用资源的能力。部门经理可控制收入以及变动成本和部分固定成本，因而可以对可控贡献毛益承担责任。这一衡量标准存在的主要问题是：对可控固定成本和不可控固定成本的区分比较困难。例如，对于折旧、保险等，如果部门经理有权处理这些有关的资产，那么它们就是可控的；反之，则是不可控的。又如，雇员的工资水平通常是由企业集中决定的，如果部门经理有权决定本部门雇用多少职工，那么工资成本是可控成本；如果部门经理既不能决定工资水平，又不能决定雇员人数，则工资成本是不可控成本。

以部门贡献毛益 30 000 元作为业绩评价依据，可能更适合评价该部门对企业利润和管理费用的贡献，而不适合评价部门经理。如果要决定该部门的取舍，则部门贡献毛益是有重要意义的信息。如果要评价部门经理的业绩，由于有一部分固定成本是过去最高管理层投资决策的结果，现在的部门经理已很难改变，部门贡献毛益则不适合作为评价依据，因为它超出了部门经理的控制范围。

以税前部门利润 20 000 元作为业绩评价的依据通常是不合适的。公司总部的管理费用是部门经理无法控制的成本，由分配公司管理费用而引起的部门利润的不利变化不能由部门经理负责。不仅如此，分配给各部门的管理费用的计算方法常常是任意的，部门本身的活动与分配来的管理费用高低并无因果关系。常用的管理费用分配率有销售百分比、资产百分比、工资百分比等。许多企业把所有的总部管理费用分配给下属部门，其目的是提醒部门经理注意各部门提供的贡献毛益必须抵补总部的管理费用，否则企业作为一个整体就不会盈利。其实，通过给每个部门建立一个期望能达到的可控贡献毛益标准，可以更好地达到上述目的。这样，部门经理可集中精力增加收入并降低可控成本，而不必在分析那些他们不可控的分配来的管理费用上花费精力。

对于完成责任利润预算目标的责任中心应当给予奖励，对于未能完成预算目标的责任中心则要给予相应的惩罚。奖罚的办法可视具体情况而定，主要有以下两种：

（1）直接奖惩。规定各项责任预算目标完成后应得的奖金总额，并制定超额完成责任预算目标时增加奖金或未完成责任预算目标时扣除奖金（甚至处罚）的计算方法，然后根据各责任中心的预算执行情况计算应得的奖金。

（2）按比例奖惩。针对各责任中心的各项责任预算目标规定不同的分值，并制定不同的预算目标的权重和分值加减方法，然后据以计算各责任中心预算期间的总分值，并根据分值按照事先确定的奖惩方法按比例奖惩。

同时，为了确保各责任中心按质、按量、按时完成预算目标，组织安全生产，遵守各项制度规定，企业还可以视其重要性在评分时规定适当的权重。对于特别重要的指标，如安全生产预算的完成情况等，还可以将其作为否决性项目，规定只要没有达到目标设定的水平，即使其他责任预算完成得再好，也不予以奖励。

**（三）投资中心的业绩评价**

评价投资中心业绩的指标通常有以下四种选择：

1. 投资报酬率

这是最常见的考核投资中心业绩的指标。其计算公式为：

$$投资报酬率=\frac{部门税前利润}{部门所拥有的资产额}\times 100\%$$

假设某个部门的资产额为 20 000 元，税前利润为 4 000 元，那么

$$投资报酬率=\frac{4\ 000}{20\ 000}\times 100\%=20\%$$

用投资报酬率来评价投资中心业绩有许多优点：它是根据现有的会计资料计算的，比较客观，可用于部门之间以及不同行业之间的比较。投资者非常关心这个指标，公司总经理也十分关心这个指标，用它来评价每个部门的业绩，促使其提高本部门的投资报酬率，最终有助于提高整个企业的投资报酬率。投资报酬率可以分解为投资周转率和销售利润率两者的乘积，并可进一步分解为资产的明细项目和收支的明细项目的有关运算，从而对整个部门的经营状况做出评价。

投资报酬率指标的不足也是十分明显的：部门经理会放弃高于资金成本而低于目前部门投资报酬率的机会，或者减少现有的投资报酬率较低但高于资金成本的某些资产，使部门的业绩获得较好评价，但这样做伤害了企业整体的利益。

假设前文提到的企业资金成本为 15%，部门经理面临一个投资报酬率为 17%的投资机会，投资额为 10 000 元，每年净利润为 1 700 元。尽管对整个企业来说，由于投资报酬率高于资金成本，应当利用这个投资机会，但是它使这个部门的投资报酬率由过去的 20%下降到了 19%：

$$投资报酬率=\frac{4\ 000+1\ 700}{20\ 000+10\ 000}\times 100\%=19\%$$

假设该部门现有资产中有一项价值 5 000 元，该资产每年获利 850 元，投资报酬率为 17%，超过了资金成本，部门经理却愿意放弃该项资产，以提高部门的投资报酬率。

$$投资报酬率=\frac{4\ 000-850}{20\ 000-5\ 000}\times 100\%=21\%$$

当使用投资报酬率作为业绩评价标准时，部门经理可以通过增大公式的分子或减小公式的分母来提高这个比率。实际上，减小分母更容易实现。这样做会失去不是最有利但可以扩大企业总的净利润的项目。从引导部门经理采取与企业总体利益一致的决策来看，投资报酬率并不是一个很好的指标。

2. 剩余收益

为了克服由于使用比率来衡量部门业绩带来的次优化问题，许多企业采用绝对数指标

来将利润与投资挂钩，这就是剩余收益指标。

$$\begin{aligned}\text{剩余收益}&=\text{部门利润}-\text{部门资产应计报酬}\\&=\text{部门利润}-\text{部门资产}\times\text{资金成本率}\end{aligned}$$

剩余收益的主要优点是可以使业绩评价与企业的目标协调一致，引导部门经理采纳高于企业资金成本的决策。

根据前文的资料，可计算出：

$$\begin{aligned}\text{目前部门剩余收益}&=4\ 000-20\ 000\times15\%\\&=1\ 000(\text{元})\end{aligned}$$

$$\begin{aligned}\text{采纳增资方案后剩余收益}&=(4\ 000+1\ 700)-(20\ 000+10\ 000)\times15\%\\&=1\ 200(\text{元})\end{aligned}$$

$$\begin{aligned}\text{采纳减资方案后剩余收益}&=(4\ 000-850)-(20\ 000-5\ 000)\times15\%\\&=900(\text{元})\end{aligned}$$

部门经理会采纳增资方案而放弃减资方案，这与企业总目标正好一致。

采用剩余收益指标还有一个好处，就是允许使用不同的风险调整资金成本。从现代财务理论来看，不同的投资有不同的风险，要求按风险程度调整其资金成本。因此，不同行业部门的资金成本不同，甚至同一部门的资金成本也属于不同的风险类型。例如，现金、短期应收款和长期资本投资的风险有很大区别，要求采用不同的资金成本。在使用剩余收益指标时，可以对不同部门或者不同资产规定不同的资金成本率，使剩余收益这个指标更加灵活。而投资报酬率评价方法并不能区别不同资产，无法分别处理风险不同的资产。

当然，剩余收益是绝对数指标，不便于不同部门之间的比较。规模大的部门容易获得较大的剩余收益，而它们的投资报酬率并不一定很高。在这里，我们再次体会到引导决策与业绩评价之间的矛盾。因此，许多企业在使用这一方法时，会事先建立与每个部门的资产结构相适应的剩余收益预算，然后通过实际与预算的对比来评价部门业绩。

3. 现金回收率

现金回收率是以现金流量为基础的业绩评价指标。

$$\text{现金回收率}=\frac{\text{经营现金流量}}{\text{资产}}\times100\%$$

公式中的分子是年现金收入与年现金支出的差额，分母是部门资产的历史成本平均值。假设某部门的经营现金流量为 5 000 元，资产的历史成本平均值为 20 000 元，则

$$\text{现金回收率}=\frac{5\ 000}{20\ 000}\times100\%=25\%$$

如果各年的现金流量相同，则现金回收率为回收期的倒数。对于长期资产，如寿命在 15 年以上的资产来说，现金回收率近似于内含报酬率，即接近实际的投资报酬率。因此，这个指标可以检验投资评估指标的实际执行结果，减少为争取投资而夸大项目获利水平的现象。

尽管在计算现金回收率时未遵循权责发生制，但经验表明，企业的现金回收率是稳定的，并且从长期来看净现值与现金净流入总量相等，因而可以作为业绩评价的标准。

4. 剩余现金流量

现金回收率是一个比率指标，与投资报酬率类似，也会引起部门经理投资决策的次优化，即当现金回收率高于资金成本而低于部门现在的现金回收率时，他会拒绝该项投资。为了克服这个缺点，可以使用剩余现金流量指标来评价部门业绩：

剩余现金流量=经营现金流入-部门资产×资金成本率

假设前述企业的资金成本率为15%，则

剩余现金流量=5 000-20 000×15%=2 000(元)

使用剩余现金流量评价部门业绩，可以使部门经理在决策时与企业目标保持一致。

对于投资中心的激励，因其本身的特征，应当在其预算考评工作结果的基础上，比照企业整体的激励方式进行相应的奖惩，以调动全体人员的积极性，保证责任预算目标的顺利达成，不断提高企业经济效益。

# 第五节　内部转移价格

## 一、内部转移价格的概念

内部转移价格（transfer price）是企业的内部单位之间相互提供产品或劳务时由于结算的需要而选定的价格标准。内部转移价格对于转出部门来说相当于销售收入，对于转入部门来说则相当于成本。它同时影响到两个相关部门的利润，定价高会增加转出部门的利润、降低转入部门的利润，定价低则相反。因此，各部门的负责人都非常关心内部转移价格的制定，有时为了各自的利益甚至会发生争执。

制定内部转移价格的目的是：一方面，明确各部门的责任，避免由于成本在部门间的转移造成责任的转嫁，以便对各责任中心进行有效的业绩评价；另一方面，引导各责任中心在经营中采取与整体目标一致的决策。但这两个目的往往难以兼顾，因此在制定内部转移价格时必须根据企业的具体情况全面考虑，权衡利弊，做出最佳选择。

## 二、确定内部转移价格的方法

### （一）以市场价格作为内部转移价格

以市场价格作为内部转移价格的方法，是假定企业内各部门都可以自由地决定从外界还有内部进行购销。同时，存在该产品的竞争市场，这些产品之间只有极其微小的差别，而且有一个客观的市场价格可供利用。

其理论基础是：在对独立的企业单位进行评价时，就看它们在市场上买卖的获利能力。以市场价格为基础制定内部转移价格，没有必要考虑消除由市场价格带来的竞争压力。

以正常的市场价格作为内部转移价格有一个显著的优点，就是供需双方的部门都能按照市场价格买进（卖出）它们所需求（供给）的产品。供需双方的部门经理与外部人员一样进行交易。从公司的角度看，只要供应一方是按生产能力提供产品，也可将其视同在市场中进行交易。另外，一个公司的两个责任中心相互交易，具有质量、交货期等易于控制，可以节省谈判成本等优点。因此，公司管理层为了全公司的整体利益，应当鼓励进行内部转移。其基本原则是：除非责任中心有充分的理由说明外部交易更为有利，否则各责任中心之间应尽量进行内部转移。具体表现为：

（1）“购买”的责任单位可以同外界购入相比较。如果内部单位要价高于市场价格，则它可以舍内求外，而不必为此支付更多的代价。

（2）对“销售”的责任单位也应如此，应使它不可能从内部单位获得比向外界销售更多的收入。这是正确评价各个利润（投资）中心的经营成果，并更好地发挥生产经营活动的主动性和积极性的一个重要条件。但是，必须注意的是，“购买”部门从外界购入，将会使企业的部分生产能力闲置，但同时又能得到一定的益处。此时，就应将其向外界购买所得到的收益与企业因生产能力闲置而遭受的损失进行比较。如果前者能抵补后者，则允许向外界购入。否则，次优方案必须服从最优方案。

直接以市场价格作为内部转移价格的主要困难在于，对于部门间提供的中间产品，常常很难确定它们的市场价格，而且市场价格往往变动较大，或没有代表性。从业绩评价的角度来说，以市场价格为内部转移价格，将对“销售”部门有利。这是因为，产品由企业内部供应，可以节省许多销售、商业信用方面的费用，这方面所节约的费用将全部表现为“销售”单位的工作成果，“购买”单位得不到任何好处，因而会有所不满。另外，在进行产品由企业自制还是外购，或是否淘汰某一产品的决策时，以市场价格作为内部转移价格几乎完全无用。因为从把企业作为一个整体的观点来看，这些决策应以边际成本或差异成本为基础来制定。尽管以市场价格为内部转移价格还有这样或那样的缺点，但由于以市场价格为转移价格适合于利润中心和投资中心组织，且有利于每一个部门的业绩评价，故在产品有外界市场、“购”“销”双方可以自由对内对外销售产品的情况下，以市场价格作为转移价格仍不失为一种有效的方法。

**（二）以成本作为内部转移价格**

用产品成本作为转移价格，是制定转移价格的最简单的方法。

人们在讨论这一问题时，常用完全成本、标准成本、变动成本等不同的成本概念，这些概念对存货估价决策、业绩评价将会产生不同的影响。完全成本（实际成本）的成本资料是根据财务报告的要求编制的，具有现成可用的特点。因此，不必为制定转移价格而增加任何费用。

但是，以完全成本作为转移价格将使产品（半成品）的“销售”单位得不到任何利润，所有利润都将体现在“购买”单位的账面上。同时，由于“销售”部门的成本被全部转移给“购买”部门，因此对制造部门经理降低成本缺乏激励作用。而对“购买”单位来说，由于制造部门的成本无论高低都将会被全额转移给它，因此它就要承担不受它控制而由其他部门造成的工作效率上的责任。如果以此为依据，对有关各方面的工作成就进行评价，并按成果的大小进行“奖励”，就必然会产生偏差，不能取得应有的效果。为了弥补上述缺陷，人们认为可以采用某种形式的“标准（预算）成本”。标准（预算）成本可以极大地减少低效率问题，有利于明确经济责任，便于正确评价各自的工作成果。但是，无论是以实际完全成本还是以标准（预算）成本作为转移价格，对于短期决策来说，它们都会遇到这样一个问题：“销售”单位的固定成本在“购买”单位将被作为变动成本处理，由此决定了它们不能很好地解决“目标一致性”问题。以完全成本作为内部转移价格的方法，主要适用于成本中心相互提供的产品和劳务的计价、结算。

以变动成本作为转移价格的主要问题是：

（1）这种转移价格会使“购买”部门过分有利。

（2）由于对责任中心只计算变动成本，因而不能根据投资报酬率和剩余收益对该中心负责人进行业绩评价，投资报酬率和剩余收益只限于对成本中心进行业绩评价。

（3）如果无限制地将一个责任中心的变动成本转移给另一个责任中心，将不利于激励成本中心经理控制成本。为此，有的企业采用“变动成本加一个整数”的办法来制定转移价格。

总的说来，以成本为转移价格是一种较简单和不完善的方法，但对于包含秘方以及专利等不存在市场价格或者无外界市场的中间产品，以及某种便于整体决策的目的来说，它仍不失为一种行之有效的、必要的转移价格方法。

**（三）作业基础的转移价格**

任何以内部会计数据为基础的方法都依赖于这些数据的质量。采用作业成本法制定的转移价格更为精确。在这种方法下，四种不同性质的成本有着不同的成本标准：单位基础成本（如直接材料）、批量基础成本（如生产准备成本）、产品基础成本（如包装设计）、车间基础成本（如折旧费和保险费用）。内部转移价格用两种不同的方法来确定：单位成本及批量成本按照产量计算——部门间转移的数量和生产这些产品所用的批次。产品成本和车间成本按照利润计划与预算中计划使用的程度来计量。

这种方法克服了传统方法的很多缺点。其优点有：提供了一种更精确的评价部门业绩的方法；将基于单位及批量的成本决策与基于产品和车间的成本长期决策分离开来；激励下游管理者帮助上游管理者有效地控制生产能力和车间成本。其缺点为：比较复杂；依赖成本动因假设和数据的可靠性。

**（四）以经过协议的市场价格作为内部转移价格**

为了解决直接以市场价格作为内部转移价格所存在的缺陷，有关单位也可以以正常的市场价格为基础，由那些部门的经理定期进行协调来确定一个双方都愿意接受的转移价格作为内部计价、结算的依据。

这项制度能有效执行的一般前提条件是：有关的中间产品应有市场可以买卖，“购”“销”双方可以决定是否买卖这种中间产品，任何通过协议制定的转移价格都表示这种选择权利的存在。另外，外界市场的存在可以减少协商中讨价还价的余地。

但是，经过协商确定转移价格还是不可避免地要花费很多时间，而且还要耗费很多人力、物力。当需要进行协议的产品相当多的时候，由于需要的时间多、人力多，常常会争吵不休而无法取得结果，同时又伤害了部门间的感情。这一方法的另一个缺陷是：各部门经理之间难以确定转移价格，故往往由企业一级经理作为公断者来决定。在这种情况下，不但使用这样的转移价格进行业绩评价成为问题，而且“自治”化为乌有，失去了分权的意义，更难以起到激励的作用。尽管这一做法在某种程度上可以满足“目标一致性”的要求，但这种方法同样使“销售”单位的固定成本在“购买”单位那儿被作为变动成本，因而也限制了转移价格在进行短期决策时的作用。但这一方法在中间产品有非竞争性市场、生产单位有闲置的生产能力以及变动成本低于市场价格，且部门经理有讨价还价的自由和完全自主的情况下，是行之有效的。

▲ 资料

**基于阿米巴组织的业绩考核**

## 一、阿米巴经营模式简介

阿米巴经营模式是由被称为日本“经营之圣”的稻盛和夫（Inamori Kazuo）先生创建的小集体核算制度。“阿米巴”（Amoeba）在拉丁语中是单个原生体的意思，其最大的特性是能够随外界环境的变化而变化，通过不断进行自我调整来适应所面临的生存环境。所谓阿米巴经营模式就是将整个公司分割成许多个被称为阿米巴的小型组织，每个小型组织都作为一个独立的利润中心，按照一个小企业、小商店的方式进行独立经营。

## 二、阿米巴责任中心的划分

各个阿米巴都是独立的利润中心，既要承担构成公司整体的某一项职能，同时又是以独立核算形式开展业务活动的组织。因此，不是简单地将组织划小就行了，细分阿米巴组织必须满足以下三个条件：

(1) 切分的阿米巴为了能够独立核算，必须有明确的收入，并且能够清楚地计算为了获得这种收入所花费的支出。

(2) 作为最小组织单位的阿米巴必须是能够独立完成一项业务的单位。以京瓷的生产部门为例，最早被划分为阿米巴的是原料部门，它所负责的是生产流程中的首道工序，即独立完成将原料调和的工作。第二个被划分为阿米巴的是成型部门，该部门从原料部门购进原料，然后将成型的产品卖给烧制部门。

(3) 组织分割必须有利于贯彻执行整个公司的目标和方针。即使阿米巴可以准确计算收支，也可以独立完成某项业务，但如果它妨碍公司目标和方针的贯彻执行，就不能把这样的组织划分为阿米巴，因为这样做有可能破坏公司内部的协调，让组织的功能变得支离破碎，以致无法完成公司的使命。

## 三、单位时间核算制度

为了实现全员参与经营，就需要核算表，让没有专业会计知识的员工也能理解自己部门的经营状况，并对收支产生兴趣。单位时间核算表是一张收支计算表，能通俗易懂地说明员工追求“销售最大化，费用最小化”的结果。

单位时间核算表采用单位时间附加值（即每小时创造的附加价值金额）作为衡量贡献大小的指标。单位时间附加值的计算方法非常简单。首先，各阿米巴给自己的产品或服务设定一个价格，按照这个价格和其他部门或其他公司进行交易。该价格是交易双方协商后制定的，并非成本价。交易所得金额就是该阿米巴的收入，从收入中扣除劳务费以外的所有费用后得出的就是该阿米巴创造的附加值。然后用它除以阿米巴成员的总劳动时间，得出的数值就是单位时间附加值。

(1) 制造部门单位时间附加值可用如下计算公式表示：

总出货＝对外出货＋内部销售

生产总值＝总出货－内部采购

结算销售额＝生产总值－费用

单位时间附加值＝结算销售额÷总时间

(2) 销售部门单位时间附加值（以订货型生产方式为例）可用如下计算公式表示：

总收益＝销售额×佣金率

结算收益＝总收益－费用

单位时间附加值＝结算收益÷总时间

## 四、阿米巴的内部转移价格

首先从最终卖价向前推算，由此决定各工序的价格。某种产品的最终卖价确定后，决定阿米巴之间卖价的原则是：制造该商品的各道工序都能获得大体相同的单位时间附加值。以陶瓷制造公司为例，精加工的陶瓷产成品卖给客户的价格确定后，以此为依据逐步向前推算成型部门、烧制部门、原料部门等各阿米巴之间的买卖价格。

在决定价格的时候，做出最终判断的经营领导人必须有能力给出各方都能接受的公平的定价，并认真思考哪个部门会发生哪些费用、需要多少劳动力、产品的技术难度及与同类产品的市场价格相比的情况，具备说服大家的见识和能力。此外，为了做出公平、公正的判断，对价格有决定权的经营领导人必须兼备有关劳动价值的社会常识，比如销售电子设备的毛利、临时工或钟点工的小时工资等，对各阿米巴所需的费用、劳动力做出正确的评价，然后设定适当的公平的定价。

## ▲ 案例

### 大华公司的业绩考核实践

## 一、公司简介

浙江大华技术股份有限公司（简称大华公司）是领先的监控产品供应商和解决方案服务商，面向全球提供领先的视频存储、前端、显示控制和智能交通等系列化产品。大华公司自 2002 年推出业内首台自主研发 8 路嵌入式 DVR 以来，一直持续加大研发投入，致力于技术创新。大华公司每年将近 10%的销售收入投入研发，现拥有 4 000 余人的研发技术团队，创造了众多行业和世界第一，并立志打造高品质、高性价比的精品，持续为客户创造最大价值。大华公司在业绩考核中为了推进公司员工的奖金考评体系与公司总体战略目标的统一，设计了全面的奖金考核体系——奖金 $K$ 值模型，并在公司推广应用，收到了良好成效。

## 二、奖金 *K* 值模型的设计思路

(1) 模型引入标准销售额概念，实现压力传递效应。考核标准销售额实际就是考核销售毛利额，其目的是让销售团队既注重大单的质量又注重薄利多销。这一设定能够促使销售团队的领导者引导销售人员通过提高销售技巧、对产品的认识等方式提高所签合同的含金量，而不是通过一味降价来增加销售额。同样的 *K* 值指标也可用于考核产品中心和研发中心，其目的是让产品中心和研发中心接到销售部门传递来的价格竞争压力时，能够从优化产品物料清单（BOM）构成角度来降低产品的单位成本，提高产品在成本方面的竞争力，保证产品在降价的情况下毛利水平不下降。同理，该指标也可考核供应链。当面临销售部门传递过来的价格下降压力时，供应链可以通过降低单位产品采购成本、加工成本、物流成本来提高产品在成本方面的竞争力，保证产品毛利水平。依此类推，该指标也可用于考核财务部门。当面临产品价格下降传递来的压力时，财务部门会加强合同评审，在资源配置有限的情况下，筛选出相对优质的项目合同。总之，这个指标的应用，可以让许多不同专业部门（无论是销售部门还是支撑部门）都站在公司角度思考自身的工作对公司整体效益的贡献度。

(2) 模型引入费用控制率概念：费用节约加成奖励标准销售额，费用超支加成扣减标准销售额。采用此项扣除指标，意味着模型需要加入销售费用控制率指标，在销售额一定或者销售额无法增加的情况下减少费用开支。这能够让被考核团队注重投入产出效果。对拥有费用审批权的人都要考核此项指标。大华公司根据以往销售奖金率为1%的情况，考虑到目前公司处于快速成长期，更重要的是占领市场、取得更大的市场份额，所以对销售人员的奖金考核更加侧重于销售额方面，将费用超支和费用节约的考核系数定为10。当销售团队费用超支时，每增加一笔费用支出，就会使销售额减少相应额度。该项规则的设置提高了销售团队的违规成本。相反，当销售团队节约费用时，同样也按节约额的10倍奖励。当然，此项规则的使用是否合理，还取决于费用控制率设置的合理性。为此，在设置费用控制率时，要充分参考历史费用率水平，并且要与各部门进行充分沟通论证之后达成共识。

(3) 模型的销售回款指标任务包含到期的历史应收款，让销售团队及成员个人不但注重当前销售，而且注重当前销售回款和历史销售回款，从机制上解决了新人不理旧账的问题。*K* 值模型中加入了历史回款方面的考核后，由于回款的增加会带动整个考核额的上升，最终会影响个人的奖金，所以销售人员也愿意花时间去收回历史应收款。特别是对于新人来说，收回历史应收款未必比获得新订单的难度大，而且可以熟悉老客户，产生二次销售。

(4) 模型引入节约（超额）应收账款平均年占用资金概念。该指标是指销售人员因平均应收账款周转天数超过公司规定的法定天数所产生的超额占用资金。对于销售人员而言，此项指标的加入，会使其在关注客户账期谈判的同时，还关注超过账期的回款，有利于提高公司的应收账款周转率和公司的健康发展。

(5) 模型采用销售业绩和回款业绩加权的综合指标，销售和回款的权重可灵活调节。首先，该模型把销售、回款紧密结合在一起，既能实现销售人员当期奖金当期结

算，又能保证后续回款有人催收，有利于奖金考核标准化。同时，有利于销售人员或销售团队根据回款和销售局势，及时调整工作重点，最终达成综合目标。其次，该模型对销售和回款分别赋予60%和40%的权重。究其原因，公司目前处在高速发展期，回款相对销售来说会有所滞后，因此销售权重大于回款权重是可行的。假如公司进入低速增长的成熟期，则该权重可以分别修改为50%和50%；假如公司进入增长滞缓期，则可以将二者的权重倒过来，即销售和回款的权重分别为40%和60%，表示公司对现金流量的重视。因此这种设计在很大程度上提高了模型的灵活性，扩大了模型的适用范围。

可以说，该模型有利于管理者根据公司所处的不同发展阶段，灵活调整权重，让模型能在不同时期符合公司的战略方向。同时，权重的变化也能对销售部门及销售人员起到有效的引导作用。

## 三、操作方法

$K$ 值是一个基于多指标模型计算的综合值，这个指标包括销售额、销售毛利率、销售回款、费用控制率和应收账款周转率等关键效益指标。

### （一）$K$ 值模型架构[①]

A. $K$＝计划完成额/实际完成额。

B. 计划完成额＝年计划标准销售额×60%＋(本年销售计划回款＋历史应收款)/1.17×40%。

计划标准销售额＝$\sum$ 各产品线销售额×各产品线毛利率/标准销售毛利率。

C. 实际完成额＝年实际标准销售额×60%＋年实际回款额/1.13×40%。

(1) 年实际标准销售额＝[销售毛利额－现金返利＋(－)10×费用节约(超支)额]/标准毛利率。

(2) 年实际回款额＝本年销售回款＋历史销售回款＋(－)节约(超额)应收账款平均年占用资金额。

(3) 节约（超额）应收账款平均年占用资金额＝年平均应收账款占用额－年实际含税销售额/法定应收账款周转次数。

(4) 费用节约（超支）额＝实际费用支出额－年实际标准销售额×标准费用控制率。

(5) 标准费用控制率＝预算费用额/预算标准销售额。

### （二）$K$ 值模型架构的衍生应用

将上述模型进行一定的改造，即衍生出应用于非销售部门的 $K$ 值模型。首先，分析研发中心和产品中心的分工情况。研发中心的研发人员主要分为两大类：一类是按产品线分工的研发团队，其主要负责具体的产品线研发工作的管理、调度和产品线专用技术的研发（也称产品线研发）；另一类是按技术模块设置的公共研发（也称资源线研发）团队，这类研发人员主要是为产品线研发提供公共技术支持。同样，产品中心也分为产品线管理团队和公共资源线管理团队，公共资源线管理团队服务于产品线管理团队。对产品线研发

① 未注明含税的销售指标均不含税；公式中回款除以 1.13 是为了扣除增值税。

团队，可以直接以其所负责的产品线创造的销售额和毛利率来确定 $K$ 值；对公共资源线研发团队，则可按其服务的产品线团队管辖的产品线对应的销售额和毛利水平确定 $K$ 值。其次，生产保障部和质量部服务于所有产品线，它们是按工序分工，而不是按产品线分工，因此可按公司所有产品线的销售额和毛利率来确定 $K$ 值。同理，财务部、人力资源部等三线部门的服务对象是整个公司，因此其 $K$ 值是按公司所有产品线的销售额和毛利率来确定（具体详见表 7－1）。

（1）计划销售毛利额＝ $\sum$ 对应产品线计划销售额×对应产品线计划毛利率。

（2）实际销售毛利额＝ $\sum$ 对应产品线实际销售额×对应产品线实际毛利率。

（3）销售任务、销售额、毛利额均不含税，与销售部门的产品线考核额相同，确认方法相同。

**表 7－1　支持部门 $K$ 值计算公式**

| 考核对象 | | 计算公式（$K$＝实际考核额/计划考核额） | |
|---|---|---|---|
| | | 计划考核额 | 实际考核额 |
| 专业支持线、研发线 | 其工作服务于某条产品线的，即可以对应到某条产品线的员工 | 对应产品线计划销售毛利额 | 对应产品线实际毛利额＋（－）节约（超支）费用 |
| 专业支持线、研发线 | 其工作服务于整个部门、整个公司，或无法对应到某条产品线的员工 | $\sum$ 产品线计划销售毛利额 | $\sum$ 产品线实际毛利额＋（－）节约（超支）费用 |

## 四、应用效果

基于 $K$ 值模型的奖金考评体系统一了考评标准，解决了公司员工的奖金考评体系不能体现公司总体战略目标的问题，并且将企业战略目标与每一个员工的奖金挂钩，通过奖金考评方案促进了公司战略目标的达成。

（1）建立了以销售及毛利目标为主线的奖金考核体系，销售及毛利指标贯穿公司所有专业岗位的奖金考核，统一了员工的价值追求，规范了员工的行为要素。每个岗位的奖金都不同程度地与公司关键业绩挂钩，使各部门、各岗位的员工能够为达成公司整体的目标而共同努力。

（2）将销售回款指标落实到销售业绩考核指标体系中，有助于销售人员自我管理销售信用。

（3）采用更全面的衡量标准，改变了以往只看销售目标完成情况的做法。如销售人员的 $K$ 值将销售及毛利完成情况、应收账款周转、回款、费用纳入同一个指标中，四者相互制衡、相互影响，鼓励员工思考要达成目标的正行为是什么，以及如何减少负行为。

（4）统一了奖金考评的标准，在标准中考虑了公司不同岗位、不同业务对员工奖金的影响，使得各个部门能够统一目标，共同努力，精诚协作。

(5) 将公司现行的薪酬考核体系最终转化为一定形式的奖金考评体系，考评方案简单、公开、透明，便于各级管理人员和其他员工理解、认可并具体执行。

## 思考题

1. 简述偿债能力指标。
2. 简述盈利能力指标。
3. 简述营运能力指标。
4. 简述发展趋势指标。
5. 简述杜邦分析系统的原理。
6. 简述内部转移价格及其确定方法。

# 第八章

# 业绩评价之价值模式

**学习目标**

1. 了解贴现现金流量指标；
2. 了解经济增加值的历史发展；
3. 掌握经济增加值原理；
4. 理解修正的经济增加值；
5. 理解经济增加值激励机制的建立与作用；
6. 理解经济增加值的业绩评价系统；
7. 了解四 M 体系。

## 第一节 价值模式概述

### 一、对财务指标的调整

#### (一) 股东价值至上

在美国，价值模式的产生和发展与企业的股权结构密不可分。在美国企业的股权结构中，个人股东居优势地位。20 世纪 70 年代，个人持股比率超过 70%，20 世纪 80 年代虽有所下降，但 1990 年这一比率仍为 56%。近年来，法人股东即机构投资者在美国企业中的持股率呈上升趋势。这些机构投资者包括互助基金、养老基金、银行信托、人寿保险和共同基金等。美国机构投资者持有的普通股占全部上市普通股的比重在 1955 年为 23.7%，1965 年为 28.9%，1975 年为 37.9%，1980 年为 35.8%。[①] 根据美联储的数据，截至 2018 年底美国机构投资者持有股权占比为 56.5%，机构投资者的总资产也从 1950 年的 1 070

① 金晓斌. 现代商业银行与工商企业关系论. 上海：上海三联书店，1997：59 - 60.

亿美元上升到2018年的24.6万亿美元。美国企业的大部分资本，而且越来越多的资本是由机构投资者拥有的，机构投资者的资产则是以证券投资组合的形式存在，机构投资者已成为大公司最重要的股东。但是，机构投资者本身并没有资本，它们是运用客户（基金委托人）的资本即社会资本进行投资活动，因此机构投资者实际上代表了个人投资者的利益。作为实际的股东，基金委托人远离管理决策中心。他们的代理人，也就是基金经理，对于他们投资的企业不具备长期忠诚度，而且他们在董事会里没有代表。虽然有一些基金经理从事长期投资，但大部分基金经理为了最大限度地增加投资组合的现值而频繁地买卖股票，因为这是评价他们业绩的主要标准。这样的话，企业只有通过最大限度地获取短期利润来适应这种金融环境。它们相信，如果做长期打算，那么市场会惩罚它们。它们担心立足于长远的研发和投资政策被市场低估，使企业容易被收购，所以觉得自己被违心地推上了急功近利的道路。同时，恶意收购和杠杆收购之风助长了过分注重短期回报的行为。

此外，在许多公司，CEO的奖金是根据1年甚至半年的财务业绩来兑现的，公司的高层管理者希望通过自己的利润分红计划和股票期权保持收入的稳定增长，所以他自然会注重短期结果，甚至目光比资本市场更短浅。

有一项调查比较了美国和日本共500家大企业的目标，如表8-1所示。

**表8-1 美国、日本大企业的目标排序**

| 目标 | 美国 | 日本 |
|---|---|---|
| 投资收益 | 8.1 | 4.1 |
| 股价上涨 | 3.8 | 0.1 |
| 市场份额 | 2.4 | 4.8 |
| 改善产品结构 | 1.7 | 2.3 |
| 生产和销售的合理化 | 1.5 | 2.4 |
| 提高股东权益比率 | 1.3 | 2.0 |
| 新产品比重 | 0.7 | 3.5 |
| 改善企业形象 | 0.2 | 0.7 |
| 改善工作条件 | 0.1 | 0.3 |

说明：日本企业的291位管理者和美国企业的227位管理者给各目标打了分（10分代表最重要）。

资料来源：詹姆士·C. 阿伯格伦，乔治·斯托克. 企业经营国际化战略：日本会社如何进入国际市场. 北京：新华出版社，1990//迈克尔·德托佐斯，等. 美国制造：如何从渐次衰落到重振雄风. 北京：科学技术文献出版社，1998：57.

从表8-1中可以看出，美国企业管理者最优先考虑的是投资收益，其次是股价上涨和市场份额，新产品比重在九项目标中列第七位。对日本企业管理者来讲，市场份额是最重要的目标，投资收益列第二位，新产品比重列第三位，股价上涨排在最后。可见，美国企业管理者更为关注短期的财务指标。

**（二）从短期利润指标到价值指标**

上一章已讨论了以短期利润为核心的财务类指标的缺陷。以股东价值最大化为导向而进行的业绩评价指标改进最终产生了业绩评价的价值模式。在价值模式的形成和演进过程中，主要有两种思路：一种思路是基于未来现金流量的贴现现金流量方法，另一种思路是基于经过调整的财务指标。前者由于要对未来现金流量进行估计以及对折现率进行选择，因而在实际操作中带来了很大的不确定性；后者主要是对当期会计利润指标进行若干因素调整。这样大大减少了需要估计的项目，因而增强了可操作性。

## 二、贴现现金流量指标

20 世纪 50 年代以后，能更好地反映公司整体价值、未来机会和风险的贴现现金流量指标的应用日益广泛，如内部报酬率、净现值等。[①] 管理者素质的不断提高和计算机的广泛应用，加速了贴现指标的使用。从 20 世纪 70 年代开始，贴现现金流量指标已占主导地位。推动贴现现金流量模型用于公司业绩评价的当属“拉帕波特模型”。

1986 年，阿尔弗洛德·拉帕波特在《创造股东价值》一书中提出了一种衡量公司业绩的新方法。他在考虑了现金流量、价值增长的潜在时期和加权平均资本成本等七项因素的基础之上，得出了评价股东价值的公式：

股东价值＝公司价值－债务

为了计算出股东价值，必须计算出整个公司或业务单元的价值，也就是“公司价值”。而公司价值由两个基本要素组成：预测期内经营现金流量的价值和反映预测期末业务现值的“残值”。为了更精确地计算公司价值，还必须考虑有价证券的市值以及其他能转换成现金且对经营非常必需的投资的价值。尽管这些投资及其收益均未计算在经营现金流量内，但它们显然是有价值的，因此，必须包括在公司价值的计算中。所以，公司价值的计算公式为：

公司价值＝预测期内经营现金流量的现值＋残值＋有价证券

拉帕波特对上述因素继续进行分解，构造了一幅股东价值结构图，如图 8-1 所示。

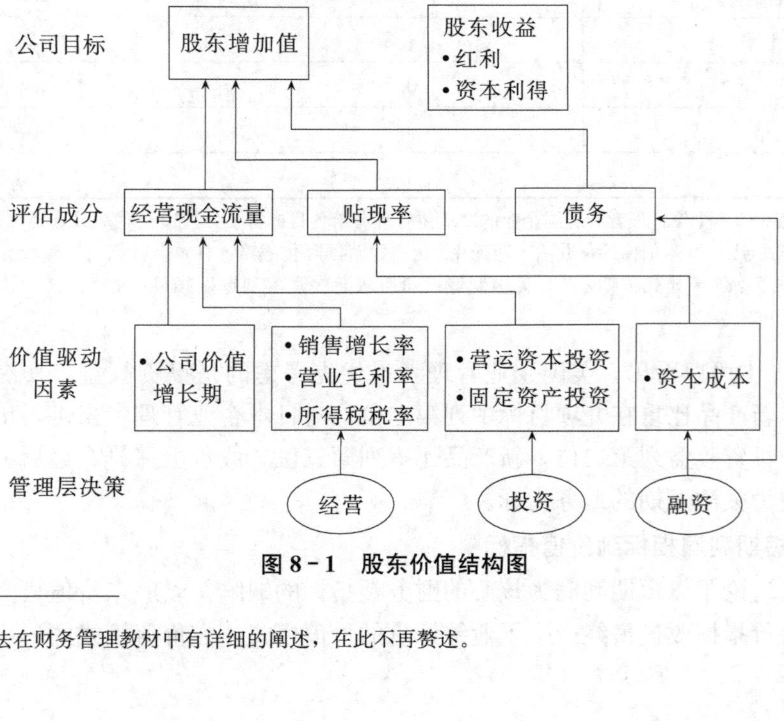


**图 8-1 股东价值结构图**

① 这些方法在财务管理教材中有详细的阐述，在此不再赘述。

股东价值结构图阐明了创造股东价值这一公司目标与基本价值评估参数或价值驱动因素（销售增长率、营业毛利率、所得税税率、营运资本投资、固定资产投资、资本成本和公司价值增长期）之间的基本联系。

销售增长率、营业毛利率和所得税税率这三个价值驱动因素反映了公司在产品组合、定价、营销、广告、分销和客户服务等方面的经营决策水平。营运资本投资和固定资产投资这两个投资价值驱动因素反映了存货水平上升和生产能力扩张等方面的投资决策水平。经营风险和管理层融资决策则决定了资本成本这一价值驱动因素。融资决策就是采用适当的债务与权益比例和适当的融资工具用于公司筹资。公司价值增长期这一价值驱动因素是管理层所预测的公司投资收益率大于资本成本的年限。

如图 8-1 所示，股东价值方法是与那些业务经理十分熟悉的变量紧密联系的。第一个价值评估成分经营现金流量由经营价值驱动因素、投资价值驱动因素和价值增长期决定。第二个价值评估成分贴现率是根据资本成本计算得出的，而经营现金流量的现值即为公司价值。为了得到股东价值，最后一个评估成分债务要从公司价值中扣除。股东增加值则是向股东提供红利和资本利得的基础。

该方法可以用来分析上市公司和私有企业，也可以用来分析业务单元、战略或产品线。《创造股东价值》一书的问世，极大地促进了有关股东财富、公司价值和价值影响因素研究的发展。拉帕波特的理论运用了净现值的思想，但是计算净现值需要估计未来的现金流量，从而使该方法不易为财务人员以外的管理人员所理解。同时，这种方法也缺乏可操作性，因而在应用时受到了限制。

## 三、经过调整的财务指标

1982 年，思腾思特公司提出了经济增加值（economic value added，EVA）指标。EVA 也称为经济利润，是指扣除了股东所投入的资本成本之后的企业真实利润。思腾思特公司用这种方法征服了包括可口可乐和新加坡政府投资公司等在内的一大批机构，也成了高盛、JP 摩根和瑞士信贷第一波士顿等一大批投资银行分析公司价值的基本工具。思腾思特公司坚持认为，这一基于股东价值创造的企业管理和投资评价学说，真正揭示了 20 世纪 90 年代美国经济获得成功的主要秘密。

思腾思特公司的管理合伙人约尔·M. 斯特恩在《EVA 挑战——实施经济增加值变革方案》一书中认为，迈克尔·詹森无疑在 EVA 实践及 EVA 计划体系中起到了更大的作用。詹森与威廉·麦克林（William Meckling）开创的代理理论认为，管理人员可能背离股东利益行事，因此股东需要承担监督管理人员行为的成本，特别是要采用能将管理人员利益与股东利益更紧密地结合起来的薪酬体系。詹森在 20 世纪 80 年代撰写的有关自由现金流量的论文确切地论证了公司内部储存过剩资产的危险，以及将这种资产用于投资收益欠佳的项目对股东利益的威胁。詹森 1989 年发表于《哈佛商业评论》上的题为《公共公司的消逝》的论文在思腾思特公司引发了相当大的争论。该公司的一些专业人士认为，詹森的担心可以通过利用契约促使公司周密设计激励体系来解决，该激励体系应该能够消灭股东的过剩资产，并能推动包括管理人员在内的所有员工成为价值创造的力量。根据这种安排，本该因不景气而被放弃的成熟的工业公司可以证明它们只是暂时处于停滞状态。通过恰当的 EVA 及观念的转变，这些公司将释放出巨大的增值能量。

从计算过程来看，经济增加值是扣除了包括股权成本在内的所有资本成本后的利润，即股东财富的净增加值。其实，经济增加值取代财务指标是经过了逻辑推理和实证检验的。① 从原理上讲，能够反映股东财富增加的最优指标是市场价值增加值（市值－总资本）。如果你把一家公司看作诸多投资项目的组合，那么市场价值增加值就是股票市场对所有这些项目净现值总和的估计值。由于市场价值增加值存在不能作为内部业绩评价指标等缺陷，而经过实证检验，经济增加值与市场价值增加值之间的相关程度要高于财务指标，因此，经济增加值就成为市场价值增加值的最优替代指标。1997 年，杰弗里（Jeffery）等人提出修正的经济增加值指标，进一步发展了经济增加值指标。② 尽管人们试图将经济增加值变成一种优于财务指标的业绩评价指标，但它仍是通过对财务数据的调整计算出来的财务指标。由于对非财务指标的考虑不足，经济增加值无法控制企业的日常业务流程。此外，该指标也没有充分考虑企业的其他利益相关者。

价值模式中较为成熟的方法，是思腾思特公司的经济增加值方法。另外，还有一些咨询公司开发了不同的业绩评价指标，如沃尔特价值咨询公司的投资现金回报（CFROI）、波士顿咨询公司的完全商业回报（TBR）和艾意凯咨询公司的股东价值创造。③

## 第二节　经济增加值原理

### 一、经济增加值的计算原理

EVA 是公司经过调整的营业净利润（NOPAT）减去该公司现有资产的经济价值的机会成本后的余额，其公式为：

$$EVA=NOPAT-k_W\times NA \tag{8-1}$$

其中，$k_W$是企业的加权平均资本成本，它考虑了公司股东和债权人对公司的资本投入情况。$NA$ 是公司资产期初的经济价值，是对公司会计账面价值进行调整的结果。NOPAT 是以报告期的营业利润为基础，经过下述调整得到的：(1) 加上坏账准备的增加；(2) 加上 LIFO（后进先出法）计价方法下存货的增加；(3) 加上商誉的摊销；(4) 加上净资本化研究开发费用的增加；(5) 加上其他营业收入（包括投资收益）；(6) 减去现金营业税；等等。④ 企业的加权平均成本通过以下公式得出：

$$k_W=\frac{D_M}{D_M+E_M}\times(1-T)\times k_D+\frac{E_M}{D_M+E_M}\times k_E \tag{8-2}$$

其中，$D_M$＝公司负债总额的市场价值；

$E_M$＝公司所有者权益的市场价值；

---

① AI. 埃巴. 经济增加值——如何为股东创造财富. 北京：中信出版社，2001.

② 刘力，宋志毅. 衡量企业经营业绩的新方法. 会计研究，1999 (1).

③ 大卫·格拉斯曼，华彬. EVA 革命——以价值为核心的企业战略与财务、薪酬管理体系. 北京：社会科学文献出版社，2003：154.

④ 在实际应用中，思腾思特公司一般对客户营业利润进行 5～15 项调整，最多可达 160 多项。

$T$＝公司的边际税率；

$k_D$＝负债的税前成本；

$k_E$＝所有者权益的成本。

下面的公式可以很好地说明 EVA 的构成[①]：

EVA＝经营活动净现金流量＋应计项目＋税后利息费用－资本成本＋调整项目

NCFO　Accrual　ATInt　CapChg　AcctAdj

收益（EBIT）＝NCFO＋Accrual

营业利润（NOPAT）＝收益（EBIT）＋ATInt

剩余收益（RI）＝营业利润（NOPAT）－CapChg

经济增加值（EVA）＝剩余收益（RI）＋AcctAdj

其中，

NCFO＝经营活动净现金流量。

Accrual＝所有与经营活动有关的应计项目，如折旧、摊销、非现金流量资产的增加，流动负债（除去应付票据和1年内到期的长期负债）的增加，以及非流动部分的递延税款增加。

ATInt＝税后利息费用。

CapChg＝$k$×Capital。$k$ 为企业的加权平均资本成本；Capital 为投入持续的经营活动的资产（扣除折旧后的净额）。

AcctAdj＝$AcctAdj_{op}$－($k$×$AcctAdj_c$)。$AcctAdj_{op}$ 为对营业利润的调整，$AcctAdj_c$ 为对资本的调整。调整主要是为了将研究与开发支出资本化和摊销。

运用 EVA 指标可以对企业业绩和股东财富是否增加做出解释：这里假设公司的投资者可以自由地将他们投资于公司的资本变现，并将其投资于其他资产。因此，投资者应至少从公司获得其投资的机会成本。这意味着，从经营利润中扣除按权益的经济价值计算的资本的机会成本后，才是股东从经营活动中得到的增值收益。

## 二、经济增加值的会计调整原理

### （一）调整思路

在计算 EVA 的过程中，思腾思特公司站在经济学的角度对财务数据进行了一系列调整（最多可达160多项）。会计调整的潜在可能性很多，因而无法一一详述。然而，各种各样的调整都包括对以下项目的处理：确认支出和营业收入的时间、对可转让证券的消极投资、证券化资产和其他表外融资项目、重组费用、通货膨胀、外币折算、存货估价、各项准备、坏账确认、无形资产、税收、年金、退休后支出、营销费用、商誉和其他收购问题，以及战略性投资。有些调整是为了避免把经营决策和融资决策混同起来；有些调整是为了提供一个长期视角；有些调整则是为了避免把存量和流量混同；有些调整是将公认会

① Gary C. Biddle, Robert M. Brown, James S. Wallace. "Does EVA Beat Earnings? Evidence on Association with Stock Return and Firm Values." *Journal of Accounting and Economics*, 1997 (24): 301-306.

计准则的权责发生制项目转换为收付实现制项目，而其他调整则是把公认会计准则的现金流量项目转换为资本的加项；还有一些调整（比如管理费用分摊和转移定价问题）改变了内部会计处理，以便解决造成决策扭曲的组织层面上的问题。

实施 EVA 管理的公司在进行会计调整时应保持谨慎的态度。会计调整应该按照四个评判标准来衡量：

（1）可以得到必要的数据。

（2）管理人员能够理解这项调整。

（3）这项调整可以向员工、董事会和股东解释。

（4）这项调整是确定的，即这项调整能够被具体化，且至少在 3 年中不必更改。

**（二）主要调整项目**

下面列举并说明一些主要的调整项目，这些调整主要是把 NOPAT 和资本概念建立在经济合理的基础之上，然后进一步说明在这些领域中公认会计准则是如何扭曲现实的。这些调整项目包括：R&D（研究与开发）支出、战略性投资、对商誉的处理、费用识别、折旧、重组费用、递延税款。

1. R&D 支出

对 R&D 支出的处理是反映会计学和经济学之间差异的一个非常恰当的例子。一般来讲，股东和管理者理所当然地把 R&D 支出看作对未来产品的投资。然而公认会计准则要求公司把 R&D 支出作为费用，立刻从利润中扣除（当然，软件开发商是一个明显的例外）。按照公认会计准则的理解，美国公司 1 年中在 R&D 方面 1 000 多亿美元的投资是没有价值的。对于研究密集型高技术公司来说，这种对 R&D 的惩罚性处理会产生特别负面的后果。把 R&D 支出作为费用处理，等于把公司的一笔最重要的资产一笔勾销，减少了公司的账面价值。相对于其他公司，高科技股通常能以数倍于账面价值的价格出售。之所以如此，一个最主要的原因就是，它们的账面价值已经被严重低估了。

EVA 方法将 R&D 视为投资，即资产负债表上的一项资产，在一个合适的期间进行摊销。合理的摊销期间因不同的投资对象而有所不同。一般来讲，所有行业的平均 R&D 摊销期为 5 年，思腾思特公司在“1 000 家公司 EVA 业绩排名”中使用的摊销期正是 5 年。所有 R&D 支出巨大的公司都应该将其视为投资。为什么呢？因为这种调整不时地会对决策产生重大影响。一位按照公认会计准则行事的 CEO 为了增加利润，会在利润微薄的年份削减 R&D 支出，尽管这可能意味着该公司放弃了一项回报大于资金成本的投资，从而牺牲了股东财富。如果 R&D 的投资回报低于资金成本，则该公司一开始就不应该做这种投资。或者，CEO 不愿意增加 R&D 支出以赢得先行优势，尽管该项投资的前景被看好。

有研究表明，即使在正常年份，对 R&D 按公认会计准则进行处理也会产生不良的后果。康奈尔大学的罗伯特·吉本斯（Robert Gibbons）和哈佛大学的凯文·墨菲（Kevin E. Murphy）研究了 CEO 在退休前最后几年的 R&D 支出模式：R&D 支出并没有减少，但 R&D 投资的增长率下降了。吉本斯和墨菲认为，如果 CEO 的年金与其退休前最后几年的公司利润挂钩，那么他们就会在 R&D 支出上十分吝啬，以增加自己的年金收入。他们的调查还发现，这些 CEO 完全清楚自己的所作所为将给股东带来的后果。当 CEO 持有相当多的公司股票或股票期权时，R&D支出的下降就不是很显著，因为削减R&D支出会使他们手中的股票和股票期权贬值。[①]

如果使用EVA方法，使奖金和年金与EVA挂钩，而不是与利润挂钩，CEO就不会面临这种带有破坏性的诱惑，因为削减R&D支出对管理者也有压力。在未来若干年里摊销的R&D支出使管理者感到对投资结果负有责任。相当多的公司把R&D支出简单地制度化，规定一个确定的水平不得突破，这都是由于它们把R&D支出视为费用。而如果把R&D支出作为投资来处理，EVA系统就会自动产生较大的灵活性，以增加对有吸引力的项目的开支。另外，扣除资金成本和与业绩挂钩的EVA奖金制度保证了研究人员客观地评估投资项目。

2. 战略性投资

战略性投资是指对企业未来发展有重大影响的投资，这些投资项目，比如新建生产线、收购行动等，可能在近期不会产生利润。对于这种战略性投资，EVA公司不是从投资之日就开始扣减资本成本，而是在一个临时账户上将该投资“搁置”起来。在投资带来经营利润之前，计算EVA时并不考虑临时账户上的资本支出。在此期间，临时账户上的资金费用只是简单地累加起来，这个累加的数字反映了投资的全部机会成本，包括累计的利息。进而，在投资按计划开始产生NOPAT以后，对EVA的计算才会考虑临时账户上的资本成本。

这就是一种“有记忆”的战略性投资。这种处理方式扩大了管理者的视野，鼓励他们考虑那些长期的投资机会。提出投资建议的管理者知道，他们不会由于采取长期策略而受到惩罚；他们同时也知道，自己最终要对所投入的资金负责。然而，同设定EVA计划公式一样，关键的一点是：公司要预先建立对“战略性投资”的会计处理规则，然后付诸实施。

3. 对商誉的处理

如果一家公司收购了另外一家公司，并且采用“购入法”来记录这笔交易，那么支付价高于被收购公司资产“公允价值”的部分，在资产负债表资产项下记为“商誉”。从算术的角度看，商誉只不过是收购价减去“公允价值”之差。在经济意义上，商誉却可以代表任何东西。商誉可能包括专利价值、技术秘诀或正在进行的R&D项目。商誉的某一部分可能恰恰是该名称所指的意思，即被收购公司及其品牌、客户群和供应商一起形成的“商誉”。

不管其真正内容是什么，商誉都是一种无形资产。会计人员对这类看不见、摸不着的东西感到很不习惯。因此，公认会计准则要求，公司应当在40年以内把商誉摊销掉。对商誉的这种处理方式扭曲了财务报告反映的信息。每年的摊销费用减少了公司的股权和资产，从而造成了权益报酬率和资产报酬率的高估。

对商誉合理地进行经济处理的方法是，在商誉的整个经济寿命内逐步将其摊销掉。但思腾思特公司建议，最好让商誉留在资产负债表上，永远别摊销它。第一，这种做法可以使管理者更加关注现金流，而不仅仅是记账。第二，大多数商誉资产的寿命是无限期的，

---

① Al. 埃巴. 经济增加值——如何为股东创造财富. 北京：中信出版社，2001：234.

比如品牌、声誉和市场地位等。第三，管理者不必操心一个收购目标如何影响公司的报告利润，但是他们必须始终意识到，股东期望被收购企业升值，其回报永远等于或者超过资本成本。因此，EVA 方法对此的处理是，把当前阶段的商誉摊销加到 NOPAT 中去，把过去年份已经摊销的商誉加到资本中去。

股权合并法则带来了另外一些完全不同的问题。在这样的案例中，两家公司的资产负债表简单汇总，完全不用考虑商誉。没有商誉则意味着，对于公司报告的利润，不存在每年扣除摊销商誉的不利影响。于是，股权合并法对于收购方的管理者颇具吸引力。不过，这种处理方法是按照目标公司会计账面价值计价，而不是按照更高的收购价格计价。因此，股权合并法低估了资本和资本成本，因而扭曲了 EVA。合理的 EVA 处理方法是，把股权合并法处理方式转变为购入法处理方式，以使管理者更加关注收购活动的资本成本。

4. 费用识别

许多公司宁愿承担市场营销费用，以建立新品牌、进入新市场，或争取市场份额。例如，为争取到一个新的客户，一些移动电话公司通常花费 250～300 美元，以远低于成本的价格出售移动电话，以便获取被称为“用户”的新资产，因此，这一支出应被视为投资。然而，按照公认会计准则，这些支出必须作为当期的费用来处理，即，应立刻将其从利润中扣除。如此一来，移动电话公司在争取新用户方面越成功，就越不盈利。但是，移动电话公司真的无利可图吗？不是。移动电话公司真正要做的是争取新的用户，这些用户以后每月都要支付电话费。如果移动电话公司把争取用户的营销费用作为投资，然后在适当的期限内摊销，那么公司利润和账面价值就会更高。这显然是一种更为合理的经济处理方式。更重要的是，一家成长中的公司切不可仅仅为了使每季度的利润数字好看一些，便使用各种理由削减那些市场营销支出。

5. 折旧

对于大多数公司来说，对工厂和设备采用公认会计准则的直线折旧法是可以接受的。尽管直线折旧法与实物资产的实际经济折旧过程不完全一致，但其实际偏差微不足道，并没有误导决策。然而，对于拥有大量长期设备的公司来说，这个结论就不对了。在这类情形中，运用直线折旧法来计算 EVA 会造成很大的偏差，不利于对新设备的投资。其原因在于，相对于资产本身价值的不断下降，EVA 方法中扣减的资本成本也在下降，因此旧资产看起来比新资产要便宜得多。这样一来，管理者就不愿用“昂贵”的新设备取代“廉价”的旧设备。

为了消除这种扭曲，拥有长期设备的公司可以采用偿债基金折旧法来取代直线折旧法。在偿债基金折旧法下，前几年提取的折旧很少，在随后几年里提取的折旧迅速增加。但是，每年提取的折旧总额与 EVA 方法扣除的资本成本之和保持不变，就如同偿还抵押贷款一样。这样，拥有一项资产就像租赁一项资产一样，消除了采用新设备的不利影响。这种做法与经济现实也更加接近，因为大多数长期设备在最初几年贬值幅度很小，随着技术老化和物理损耗一起发挥作用，在最后几年价值急剧下降。

6. 重组费用

按照公认会计准则的观点，重组费用是对投资失败带来的损失的确认。这种处理方法从理论上看似乎有道理，但是从管理角度看，并没有反映重组的真实过程。在管理者看来，重组应当是资本的重新配置，目的在于纠正过去的错误，减少持续发生的损失，从而提高今后的获利能力。公认会计准则着眼于过去的错误，把重组变成一个检讨“错误”的过程，这是多数管理者都尽力避免的。相反，EVA 处理方法着眼于增加股东财富，把重组变成一种机遇，这种机遇是管理者急于追求的。EVA 处理方法认为，重组费用应该资本化，即重组费用是项目在未来取得成功的必需投资。但是，重组费用并不在随后的期间里摊销。比如，当关闭一家工厂时，其执行成本和残值之间的差额被记作费用。资本化了的费用代表这样一种成本：如果重组费用在停工时就被允许在余下的期间里摊销掉，那么这项成本会在该固定资产余下的使用年限里继续以计提折旧费用的形式提取。根据常识，关闭一家工厂就等于延长它的使用寿命是毫无道理的。所以，重组费用不应在随后期间里摊销。

7. 递延税款

递延税款产生的原因是应税所得和使用公认会计准则得出的账面所得之间的时间差。折旧是影响大多数公司的递延税款的最重要因素。因为公司在计算账面所得时采用直线折旧法，在计算应税所得时采用加速折旧法。这两种折旧方法在折旧总量上是相同的，但是两种方法下折旧额的提取有时间差。通常，这一时间差会使账面所得大于应税所得，由此产生了递延税款负债。

这种会计处理的麻烦在于，大多数公司永远也不会缴纳它们的递延税款。即使公司的固定资产增长缓慢，对于纳税利润扣除的折旧也会使递延税款无限地增加。

EVA 的支持者认为，对递延税款支出应忽略不计，因为它们不是现金成本。他们用当期发生的递延税款负债的变动值来调整 NOPAT，以削弱递延税款的影响。如果递延税款负债额增加，则增加相应数量的 NOPAT，反之亦然。按同样的道理，应将递延税款资产的增加额从 NOPAT 中扣除，将递延税款资产的减少额增加到 NOPAT 中去。如果递延税款账户是贷方余额，则资本投入应增加相应数额；如果是借方余额，则资本投入应减少相应数额。通过上述方法调整的 NOPAT，可以剔除公认会计准则对所得税支出的影响，从而得出用于计算 EVA 的所得税支出，其数额与实际应付给税务部门的税款更为接近。

**（三）调整项目的成本和可替代性分析**

由于调整项目的存在，EVA 变得相对复杂，这是调整项目的必要性受到质疑的一个重要原因。下面首先对调整项目的成本进行分析，然后对调整项目的可替代性进行分析。

1. 调整项目的成本

（1）调整会使管理者难以理解 EVA，从而失去 EVA 的激励作用。EVA 是从股东的角度对管理者设计的一种机制，其根本目的在于通过机制运行使管理者和股东利益变得一致。机制良好运行的前提是管理者的充分参与，而充分参与是建立在充分理解的基础上的。EVA 概念本来是直观而又简单的，但如果在计算时加入一些调整项目，尤其是对折旧等较为复杂的项目进行调整，则管理者对 EVA 的理解就会大打折扣。

（2）调整会使会计信息系统变得复杂。大多数 EVA 调整项目会横跨多个会计期间，如“研发费用”“折旧”“商誉”等项目。这样，每期计算 EVA 时不但要关注本期新发生的调整项目，还要考虑前期已发生的调整项目对本期的影响。EVA 的调整又是和 GAAP 背道而驰的，这就不得不在正常的会计核算体系之外另建一套针对调整项目的记录体系，并且还要注意两套记录体系的衔接无误。对于存在多个 EVA 中心且每个中心的调整项目各不相同的集团公司而言，要完成对 EVA 结果的准确计算和及时呈报，就必须对会计系统进行专门的设计和规划。

(3) 调整会使会计信息的外部使用者对会计信息的可靠性产生怀疑。详细的 EVA 报告只有公司的大股东和管理人员才可以看到，众多的社会股民和其他无条件接触公司内部信息的利益相关者只能去看公司的会计报表。如果公司的 EVA 计算经过了大量调整，结果就会与根据会计报表数据直接计算的结果有较大的偏差。这一偏差可能会让专业化程度不高者感到困惑，甚至失去对公司的信任。

(4) 调整可能会引发管理者与股东的矛盾和冲突。有相当一部分 EVA 调整项目是站在股东角度考虑问题的，管理者对这些调整可能会感到不公，即使勉强接受也耿耿于怀。另外，现有调整项目的存在会使管理者不断去发现一些新的对其有利的“应该进行”的调整，然后要求股东改变 EVA 计算办法，而股东未必会接受。即使对于已被普遍接受的调整项目，在调整口径、方法、时间上，管理者与股东也可能存在不同意见。例如，对于战略性投资计算资本成本的时间，管理者可能认为时间还早，而股东则认为早就应该开始了。

2. 可替代性分析

EVA 的调整成本与调整项目数量和调整项目金额有直接关系，调整项目越多、金额越大，调整成本可能越高。因此，下面讨论 EVA 调整项目的可替代性。

(1) 在公认会计准则范围内通过会计政策的合理运用可以达到调整要实现的一些目的。公认会计准则不是固定不变的，而是在不断地调整和完善。随着金融证券市场的不断活跃和完善，财务报告目标已经由反映企业历史客观信息的“受托责任观”向为决策提供有价值的信息的“决策有用观”转化，公认会计准则的诸多修正就是针对这一转化进行的。因此，通过会计政策的合理运用可以在一定程度上减少调整项目的数量。例如，后进先出法会引起期末存货计价不实，但通过“存货减值准备”的提取就可以避免后进先出法的不利后果。

(2) 可以在 EVA 评价指标外再辅以其他财务指标，来达到调整要实现的目的。例如，将 R&D 支出占销售收入的比重与未经调整直接计算的 EVA 同时作为评价指标，管理者忽视长远利益削减 R&D 支出的问题就可以很好地得到解决。又如，用直接计算的 EVA 与反映现金流量的相关指标，如营运指数，共同组成评价指标体系，EVA 针对权责发生制的调整项目就可以避免。

(3) 可以引入非财务评价指标。会计信息本身的局限性在财务指标部分已经讨论过，尽管 EVA 是经过调整的财务指标，但从本质上来讲，还是属于财务指标的范畴，因而不可避免地具有财务指标的种种不足。如果选取一些非财务指标与 EVA 结合或补充，则既可将 EVA 调整项目消除，又会使企业业绩评价体系更加完善、合理。

## 三、修正的经济增加值

1997 年，杰弗里等人提出了修正的经济增加值（refined economic value-added，REVA）方法。根据 REVA 指标，公司用于创造利润的资本价值总额既不是公司资产的账面价值，又不是公司资产的经济价值，而是其市场价值。所谓市场价值，是指公司利用其资产创造的未来收益的现值。它不但反映了企业资产的经济价值，而且反映了市场对企业管理者利用资产创造收益的能力的评价。在这种方法下，NOPAT 的计算仍然以公认会计准则为基础。REVA 的计算公式为：

$$REVA_t = NOPAT_t - k_W \times (MV_{t-1})$$

其中，$NOPAT_t$表示第 $t$ 期末公司调整后的经营净利润；$MV_{t-1}$表示第 $t-1$ 期末公司资产的市场总价值，即公司所有者权益的市场价值加上经过调整的公司负债价值（第 $t-1$ 期的总负债减去无利息的流动负债）。

REVA 指标对 EVA 指标进行修正的理由是：公司用于创造利润的资本价值总额既不是公司资产的账面价值，又不是公司资产的经济价值，而是其市场价值。账面价值不能反映资产的实际价值。但是经济价值的着眼点也是当前，无法反映出市场对公司未来收益的预期，因而通过对经济价值的修正得到市场价值。以市场价值为基础计算的 REVA 不但对公司当前的经营收益状况做出了评价，同时也对公司未来的经营收益能力做出了评价。公司市场价值主要通过公司股价的变化表现出来，如果股票市场是有效率的，并且从一个较长的时间跨度来检验，那么 REVA 与 EVA 应是吻合的。① 但是，在现实中，由于从较短的时间跨度来评价企业的经营状况，因而 REVA 与 EVA 会存在一定的偏离。

一般来说，EVA 和 REVA 大于零，意味着从经营利润中减去整个公司的资本成本后，股东投资得到了净回报。EVA 和 REVA 的值越高，表明管理者的业绩越好。公司 EVA 和 REVA 持续增长意味着公司市场价值不断增加和股东财富不断增长，从而一步步实现股东财富最大化的目标。

在现实当中，可根据不同评价对象来选择是应用 EVA 还是 REVA。一般说来，对公司的高层管理者的评价应以 REVA 为基础。企业的价值包括两部分：一部分是实物资产的价值，另一部分是与公司的竞争战略相关的未来投资的机会价值。这两部分都在公司高层管理者的决策范围之内。公司的市场价值在 REVA 指标中代表实物资产和经营战略的价值之和，而在 EVA 指标中仅代表实物资产的价值。由于经营战略主要由公司高层管理者决定，对较低层的管理者来说，他们能控制的是 EVA 指标中的企业现有资产的经济价值。因此，高层管理者的报酬应与 REVA 挂钩，而部门经理及更低层管理者的报酬应与 EVA 挂钩。

## 第三节 经济增加值激励机制分析

### 一、经济增加值激励机制的建立

现代企业的实践证明，人力资本是企业经营成功所必需的重要资源。中国许多企业尤其是国有企业的人力资源管理，特别是激励环节的管理，已经成为企业的发展瓶颈。“59

① 刘力，宋志毅．衡量企业经营业绩的新方法．会计研究，1999（1）．

岁现象”从表面上看是激励不足问题，但实质上绝不仅仅是激励是否充分的问题，还包括激励标准、激励方式组合、激励风险、激励成本等问题。

由于传统的利润指标只弥补了债务资本成本，而没有弥补权益资本成本，因此不能真实地反映企业整体以及经营者的业绩。经济增加值考虑了所有的资本成本，从而使管理者建立了更为全面的资本成本概念。通过经济增加值，投资者可以衡量企业到底是在创造价值还是在毁灭价值。经济增加值的计算结果直接反映了企业目标的实现程度。因而，将经济增加值与薪酬挂钩，更有利于企业战略目标的实现。

**（一）以 EVA 增量为奖金基础**

按照计划目标设定奖金，只对每年 EVA 的增量部分发放奖金，EVA 改进目标一般 5 年左右确定一次，而不是 1 年谈判一次。随着实际业绩的变化，计算 EVA 计划目标的基数每年自动调整一次。由于奖金上不封顶、下不保底，所以应通过建立 EVA 奖金库来缓冲奖金的大幅变动，推迟这种变动带来的影响，直到可以确定这种奖金变动与股东财富的持久变化相关。EVA 奖金计算公式如下：

$$奖金=目标奖金+y\%\ (\Delta EVA-EI)$$

式中，ΔEVA 表示 EVA 增量，EI 表示预期 EVA 增量，（ΔEVA－EI）表示超额 EVA 增量，$y\%$表示对超额 EVA 增量奖励的百分比。

管理者所得奖金总额等于目标奖金额加上超额 EVA 增量与一个固定百分比的乘积（超额 EVA 增量的数值既可以为正，又可以为负）的总和。目标奖金额是在取得了预期 EVA 值后获得的（只达到预期 EVA 时，超额 EVA 增量为零），因此，管理者所得奖金既可以为正值，又可以为负值，且没有最高和最低限额。这对管理者具有极为强烈的激励作用。

**（二）建立 EVA 奖金库**

对于经营管理者的奖金，采用延期支付方式，以激励经营者从公司的长期发展来规划企业的发展计划，避免即期支付引发的经营管理者行为短期化倾向。所以，每个经营期间以 EVA 为基准计算的奖金应采取当期支付与延期支付相结合的办法。

公司设立专门的账户来处理奖金。奖金额将被存入奖金库，奖金的发放额是依据奖金库的累计奖金余额确定的，而不是依据当年的奖金数额确定的。通常，奖金库的支付规定是：如果累计奖金额（即当年奖金额＋奖金库余额）为正数，则进行奖金分配，奖金发放额上限为目标奖金额加上累计奖金额超过目标奖金部分的 1/3。当累计奖金额为负时，则不进行奖金分配。表 8－2 说明了 EVA 奖金计划的实施过程。所采用的奖金计算公式如下：奖金额＝100 万元＋2%×(ΔEVA－5 000 万元)；第 0 年的 EVA 为－30 000 万元。

**表 8－2　EVA 奖金计划**

| 项目 | 第 1 年 | 第 2 年 | 第 3 年 |
|---|---|---|---|
| EVA（万元） | －15 000 | －20 000 | －5 000 |
| ΔEVA（万元） | 15 000 | －5 000 | 15 000 |
| EI（万元） | 5 000 | 5 000 | 5 000 |
| ΔEVA－EI（万元） | 10 000 | －10 000 | 10 000 |

续表

| 项目 | 第1年 | 第2年 | 第3年 |
| --- | --- | --- | --- |
| 目标奖金（万元） | 100 | 100 | 100 |
| $y$（%） | 2 | 2 | 2 |
| 当年奖金额（万元） | 300 | −100 | 300 |
| 累计奖金额（万元） | 300 | 33 | 300 |
| 当年奖金发放额（万元） | 167 | 33 | 167 |
| 奖金库余额（万元） | 133 | 0 | 133 |

**（三）建立基于 EVA 的杠杆股票期权制度**

杠杆股票期权与传统股票期权的不同之处在于：传统股票期权的执行价格等于当前市场价格，对比之下，杠杆股票期权的执行价格每年以相当于公司资本成本的比例上升。这一点的意义在于，如果在期权有效期内股票价格不能产生高于公司资本成本的收益率，则期权是没有价值的。也就是说，只有当股东获得最低的投资收益率时，管理者才能获得期权收益。

**（四）将杠杆股票期权方案与公司的 EVA 奖金计划挂钩**

某一年度杠杆股票期权方案与当年 EVA 奖金支出直接相关，一旦确定了奖金数量，那么管理者除了获得现金奖励外，还获得大量的公司股票期权。将股票期权奖励与 EVA 奖金结合起来，使得股票期权本身成为一种可变的报酬，提高了整个激励机制的杠杆化程度。实践证明，将 EVA 融入企业战略管理，是发挥 EVA 激励机制有效性的关键。在薪酬方案中，EVA 奖金计划必须达到风险、成本及激励之间的均衡。由于 EVA 奖金计划采用相对固定的奖金计算公式，所以它可以使管理者的目标与股东的目标保持一致，也就是说，随着股东价值的增加，管理者的奖金也会随之增加。采用奖金库的形式来递延奖金发放，可以对那些想要离开公司并通过损害远期 EVA 以达到现期 EVA 最大化的管理者进行约束。成本和风险之间的权衡问题，可以通过支付足以留住管理者的合适报酬得以解决。EVA 奖金计划建立了以业绩为基础的激励机制，使管理者有动力去关心企业业绩和股东价值。通过分析，将支付给管理者的薪酬控制在竞争性薪酬的范围之内，可以使股东成本控制在合理的范围之内。

## 二、经济增加值激励机制的作用

将经营者的个人收益与 EVA 的改善挂钩，EVA 作为一种激励机制便显现出它的诸多优越性。

（1）经济增加值激励机制的结构是管理者的个人收益与 EVA 的持续改善挂钩，因此它是一种动态的、随时间而延续的激励机制，因而将 EVA 的提高与管理者、员工的个人收益挂钩，是一种独特的激励机制，能激发管理者和员工的积极性和创造性，引导和塑造员工的行为方式，使他们能更好地为企业的长远发展考虑。管理者作为理性的经济人，为了得到最大化的个人收益，其在决策时也必然要把 EVA 的持续改善作为首要考虑因素，更加注重企业的长远发展，从而也就保证了股东的权益资本不断得到更高的回报。

（2）EVA 激励机制使管理者的利益和股东的利益变得一致，管理者增进自己利益的唯一方式就是使 EVA 持续不断地改善，为股东创造更多的财富，促进企业的长远发展，因而他们会按照股东财富最大化和促进企业长远发展的原则制定经营决策。在 EVA 激励机制下，管理者要为所拥有及使用的资本支付相应的费用，所以他们会更加合理地使用资本，放弃不能创造价值的运营项目和资产，将资源集中在那些能创造价值的业务和资产上，想方设法加速资本运营速度并减少存货，更加有效地运用资本。从而，管理者在使用股东的权益资本时不能再随心所欲，而必须考虑成本，即站在股东的立场上进行经营管理。当把 EVA 激励机制细化到企业每一位员工身上时，EVA 便把企业管理者、员工和股东凝聚在一起，在利益一致的激励下，通过团队精神最大限度地调动企业的各种力量，挖掘企业的潜能，促进企业的长远发展。

（3）EVA 奖金计划的基础不是 EVA 绝对值，而是其增量。因此，EVA 为负的问题企业如果能减少负值，那么与 EVA 明星企业进一步提高正值一样能有效提高业绩、创造价值。EVA 激励机制以业绩的改善为标准支付奖金，因而使企业管理者站在了同一起跑线上，有利于吸引有才能的管理者和员工对问题企业进行转型、重组和改造。EVA 激励机制将一部分超额 EVA 作为奖金分配给管理者，超额越多，奖励越多。因而，EVA 激励机制对企业管理者的奖金不封顶，能增强管理者创造超额 EVA 的动力，促使他们制订一些激进的计划，鼓励创新和增加科研投入，使他们的思想能跳出框框，眼光放得更长远，有利于增强企业的竞争力，促进企业的长远发展。

EVA 奖金计划的另一个特点是“奖金库”的设置。奖金库中留置了部分超额 EVA 奖金，只有当 EVA 在未来数年内维持原有增长水平时，这些奖金才会被发放给经营管理者。如果 EVA 下降了，滚入下一年度的奖金就会被取消，“奖金库”使得管理者承担奖金被取消的风险，能鼓励他们做有利于企业长期发展的经营决策，并谨慎地权衡收益与风险，从而有效地避免了短期行为。

（4）EVA 激励机制能限制去职风险，一些有价值、有能力、有抱负的经营管理人才会被 EVA 激励机制赋予他们的有挑战性的工作所吸引，使他们为了实现自我价值而更加努力地工作，从而促进企业长远发展。

## ▲ 资料

### 国资委基于 EVA 的央企考核评价

国资委对于央企的绩效考核体系一直在不断调整，最重要的一次调整便是在 2009 年修订、2010 年正式实施的《中央企业负责人经营业绩考核暂行办法》中引入了 EVA 考核，用该指标来代替原先年度考核基本指标中的净资产收益率指标。

下面是 EVA 考核细则介绍：

**（一）EVA 计算公式**

EVA ＝税后净营业利润－资本成本

＝税后净营业利润－资本占用×平均资本成本率

**（二）税后净营业利润的调整**

利息支出、研究开发费用要加回，非经常性收益要减半扣除，即

税后净营业利润＝净利润＋(利息支出＋研究开发费用调整项－非经常性收益调整项×50%)×(1－25%)

其中，非经常性收益调整项包括：变卖主业优质资产收益、主业优质资产以外的非流动资产转让收益以及与主业无关的其他非经常性收益。

计算税后净营业利润时将非经常性收益全额扣除，进一步引导企业突出主业。

**（三）资本占用的调整**

无息流动负债、在建工程要从资本占用中扣除，即

资本占用＝平均所有者权益＋平均负债合计－平均无息流动负债－平均在建工程

其中，在建工程指符合主业规定的工程。

**（四）加权平均资本成本率（WACC）的设定**

中央企业的 WACC 原则上定为 5.5%；承担国家政策性任务较重且资产通用性较差的企业的 WACC 为 4.1%；资产负债率在 75%以上的工业企业和 80%以上的非工业企业，WACC 上浮 0.5 个百分点。

**（五）EVA 的计分方法**

除军工、储备、科研、电力、石油石化企业之外，其他企业的 EVA 在年度考核指标中的权重为 50%，即基本分为 50 分。相应地，这些企业的利润指标权重降至 20%，即基本分为 20 分。

EVA 考核既设目标值又设基准值。基准值取的是上一年 EVA 完成值和前三年 EVA 平均值中的较低值。

考虑到行业差别，EVA 指标按行业设基本分：军工、储备、科研企业基本分为 30 分，电力、石油石化企业基本分为 40 分，其他类企业基本分为 50 分。当 EVA 目标值的设定等于或高于基准值时：企业完成 EVA 目标值即得基本分 40 分，且 EVA 实际完成值每超过目标值 2%，加 1 分，加分上限为 8 分；企业若没完成 EVA 目标值，则 EVA 实际完成值每低于目标值 3%，就在 40 分的基础上扣 1 分，最多扣 8 分。

当 EVA 目标值的设定低于基准值时：企业完成 EVA 目标值即得基本分 40 分，且 EVA 实际完成值每超过目标值 3%，加 1 分，加分上限为 8 分；企业若没完成 EVA 目标值，则 EVA 实际完成值每低于目标值 3%，就在 40 分的基础上扣 1 分，最多扣 8 分。对于 EVA 目标值的设定低于基准值的企业，即使完成了目标值，加分也受限。目标值比基准值低的比例越大，加分受限越多。当 EVA 目标值达到优秀水平且实际完成值≥目标值时，EVA 指标直接得满分。

当 EVA 目标值在零附近时，计分将会被特别处理。

**（六）企业负责人奖惩**

在企业负责人奖惩方面，由于加入 EVA 指标后企业完成考核的难度增大，并且 EVA 是真正的经济利润，所以递延兑现的企业负责人绩效年薪由之前的 40%降至 30%，即 70%的绩效年薪当年就能兑现。

**（七）以 EVA 条件作为 A 级企业门槛**

规定：利润总额为负或 EVA 为负且没有改善的企业，考核结果原则上不得进入 A 级。

## 第四节　经济增加值业绩评价系统分析

### 一、评价企业业绩

经济增加值是一种广义上的财务指标，只不过是对严格意义上的财务指标进行了适当的调整。它的调整依据是公司的财务数据，这就保证了评价数据的易获得性。此外，由于经济增加值采用了单一评价标准，因而回避了业绩评价系统中最为困难的问题——权重。作为一种基于战略管理的业绩评价方法，经济增加值也强调非财务指标在沟通和联系中的作用，它将非财务指标作为部门和员工易于理解的价值创造动因，只不过没有将其作为评价指标而已（Jensen，2001）。在实践中，由于权益资本成本难以确定，因而也可能会影响经济增加值的应用。

从评价主体角度来看，经济增加值不仅可以作为投资者评价企业整体业绩以及高层管理者业绩的指标，而且可以作为高层管理者评价内部各部门及相应管理者业绩的指标。也就是说，经济增加值不但可以作为外部评价指标，也可以作为内部评价指标。

### 二、评价股东财富

EVA 可以提供一种最可靠的尺度来反映管理行为是否增加了股东财富，以及增加的股东财富的数量。一般来说，EVA 大于零，意味着从经营利润中减去整个公司的资本成本后，股东投资得到了净回报。EVA 的值越大，表明管理者的业绩越好。企业 EVA 持续增长意味着公司市场价值的不断增加和股东财富的不断增长，有利于实现股东财富最大化目标。

从股东的角度来看，他们最为关注自身的财富是否得到了增长。股东的财富是否增长可用市场价值增加值（market value added，MVA）来表示，其计算公式为：

MVA＝市值－总资本

如果你把一家公司看成众多投资项目的集合，MVA 就是股票市场对所有这些项目的净现值（NPV）总和的估计值。这些项目包括那些已经动工的，也包括那些投资者预期未来要动工的。净现值的计算方法是从预期现金流入的现值中扣除项目所需的投资支出；与此相同，MVA 的计算方法是用一家公司的总市值减去到目前为止的累计资本投资，剩下的就是公司的净现值。[①]

从原理上看，MVA 是评价股东财富创造的准确方法，它胜过其他任何方法，因为：(1) 它计算了投资者投入一家公司的资本和他们以当前市场价格卖掉股票所获收益之间的差额。(2) MVA 也是从外部评价公司管理业绩的最好方法，因为它反映了市场对管理者

① 需要明确的是，MVA 与 NPV 完全相等是建立在信息充分和市场有效的前提之下的。

使用稀缺资源的效率的评价。(3) MVA 反映了企业的管理业绩。虽然 MVA 受多种因素影响，但驱动其升降的最主要因素还是管理，即管理者制定的战略是否正确，以及管理者是否出色地执行了这种战略。(4) MVA 还能反映管理者对公司的长期定位是否适当，因为市场价值是公司的预期长期收益的现值。(5) MVA 可以自动地调整风险，因为公司市值包括了投资者对风险的评价，也包括了对公司业绩的评价。总之，MVA 意味着，你可以直接用它来比较不同行业，甚至不同国家的公司业绩。因此，MVA 成为财富创造竞赛的最终目标，对每家公司来说，最终的财务目标都应当是创造尽可能多的股东财富——尽可能多的 MVA。

尽管每家公司的目标都是创造尽可能多的 MVA，但 MVA 在日常决策中不经常被使用。原因如下：(1) 基于谨慎性原则的会计准则常常偏离经济现实，几乎总是倾向于低估一家公司投入的资本总额。(2) 从短期看，股市总水平的变化可以“淹没”管理者的作为。(3) 只有当公司上市并有了市场价格以后，才能计算它的 MVA。(4) 即使是上市公司，也只能计算它的整体 MVA，公司下属部门、经营单位、子公司或生产工厂的 MVA 是无法计算的。因此，MVA 在评价公司内部各个局部的业绩方面是无能为力的。

MVA 是股东价值管理的目标，但由于其自身的缺陷，管理者不得不采用一些内部的业绩评价指标，这些指标与外部的 MVA 指标联系紧密。因此，许多公司将利润类指标(如每股盈余、利润额等)作为首选的内部指标，并按其增长给予管理者奖励。但是，现实中没有可信的证据说明利润决定股东财富，但有大量相反的证据。比如，这种错误的信念会引导公司为了取悦股东而不惜采取那些能够提高账面利润但会损害公司价值的行动。

基于上述推导和分析，EVA 评价方法应运而生。思腾思特公司通过大量事实证明了 EVA 是与 MVA 相关程度最高的内部业绩指标。该公司的研究表明，根据企业公开的会计信息，经过十几项调整后得到的“披露的 EVA”可以解释 MVA 变动的 50%。① 部分原因在于，公开的会计数据还不包括足够的细节信息，以做出某些更加精细的调整。而根据企业管理的需要，进行更多调整后得到的“量身定做的 EVA”可以解释 MVA 变动的 60%～85%。② 虽然 EVA 指标仍不是最优的评价指标，但相对于财务指标来讲，已有了显著改善。另有数据表明，在几乎所有行业，特别是在高科技和资本密集型企业中，经济增加值与 MVA 的相关性比每股盈余几乎大 10 倍，比现金流大 5 倍，比资金回报大 2 倍。③

用 EVA 作为内部业绩评价指标，不但克服了 MVA 指标的诸多缺陷，如只适用于上市公司评价、企业整体评价，而且克服了财务指标容易被操纵的缺陷。可以说，有了 EVA 之后，所有的财务决策(包括业绩评价)都能够用一种统一的度量指标来建立模型、监测、评估、沟通和补偿，从而为所有经营单位和职能部门的员工提供一种共同语言。用一个指标作为一切决策的依据，这是所有其他财务管理系统无法做到的。用一种共同的语言来沟通，将使所有员工为创造价值这样一个目标而共同奋斗。并且，从公司战略到日常

① Al. 埃巴. 经济增加值——如何为股东创造财富. 北京：中信出版社，2001：229.

② Al. 埃巴. 经济增加值——如何为股东创造财富. 北京：中信出版社，2001：230.

③ 大卫·格拉斯曼，华彬. EVA 革命——以价值为核心的企业战略与财务、薪酬管理体系. 北京：社会科学文献出版社，2003：297.

业务决策，都将根据它们对 EVA 的影响来加以考虑，从而消除了以往的冲突和迷惑。

应该说，EVA 是站在股东的角度来评价企业的业绩，能够有效地为股东创造财富。①

### 三、经济增加值实施的保证体系

运用 EVA 指标可以对企业业绩和股东财富是否增加做出解释。因而，利用 EVA 进行业绩评价或达到其他管理目的时，每一家公司都需要按自身情况来定义自己的 EVA，这里需要特别考虑公司的战略、组织结构、业务组合和会计政策，以便在简单和精确之间实现最佳的平衡。这种量身定做的 EVA 一般能作为公司业绩的一种"宪法性"定义，计算 EVA 的公式一经确定，就不应改变。对于随便改动选定的 EVA 定义的行为，高层管理者和董事会应慎重对待，就如同一个国家修改宪法一样。定义 EVA 的目的不是追求一种理论上纯粹的利润指标，而是改变管理者和员工的行为方式，以使股东财富最大化。在塑造人们的行为方面，任何措施的有效性都会随着自身的复杂程度的提高而减弱。一些具体的会计调整可能在某些行业非常重要，而在其他行业并不重要，量身定做可以使每家公司都将会计调整限制在真正必要的范围以内。其他一些业绩评价方法，包括现金流量投资报酬率，一开始就极其复杂，永远无法简化，以至于非财务管理人员难以掌握。相比之下，EVA 的起点是简单的，可以随着提供更准确信息的需要而渐趋复杂，以满足管理者和员工做出正确决策、实现股东财富最大化的需要。

作为一种评价体系，EVA 有其优越的一面，但是也不能忽视其不足的一面，即没有充分考虑企业的其他利益相关者。另外，该方法没有对非财务指标给予足够的重视，尤其是采用 EVA 无法控制日常业务流程。

由于经济增加值以追求股东财富最大化为单一目标，因而其应用范围基本限定为营利性企业，尤其适合于上市公司。

## 第五节　经济增加值管理系统分析

### 一、经济增加值管理系统——四 M 体系

EVA 不仅是一套完整的业绩评价系统，而且是一个全面财务管理的架构，是经营管理者和员工薪酬的激励机制，是战略评估、资金运用、兼并或出售定价的基础。思腾思特公司提出了"四 M"（four M's）的概念，将 EVA 体系阐述为评价指标（measurement）、管理体系（management）、激励机制（motivation）以及理念体系（mindset）。

#### （一）评价指标

EVA 是衡量业绩的最准确的尺度，对无论处于何种时间段的公司业绩，都可以做出最准确恰当的评价。思腾思特公司已经确认了 160 多种对 GAAP 所得收入及收支平衡表可能做的调整措施。这些措施涉及诸多方面，包括存货成本、货币贬值、坏账储备金、重组收费和商誉的摊销等。针对每家公司的具体情况，确认那些确实能够改善公司业绩的调

① AI. 埃巴. 经济增加值——如何为股东创造财富. 北京：中信出版社，2001：10.

整措施。

**（二）管理体系**

在EVA体系下，管理决策的所有方面都被囊括在内，包括战略企划、资本分配、并购或撤资的估价、制订年度计划——甚至包括每天的经营计划。采用EVA体系的公司的管理者清楚地明白，要增加价值只有三条基本途径：一是通过更有效地经营现有的业务和资本，提高经营收入；二是通过投资于回报率超出公司资本成本的项目；三是通过出售对别人更有价值的资产或通过提高资本运用效率，比如加快流动资金的运转、加速资本回流，从而达到把资本沉淀从现存营运中解放出来的目的。

**（三）激励机制**

如今许多针对管理人员的激励报酬计划过多强调报酬，而对激励不够重视。无论奖金量是高还是低，都是通过每年讨价还价的预算计划确定的。在这种体制下，经营管理人员最强的动机是制定一个易于完成的预算任务。并且因为奖金是有上限的，所以他们不会超出预算太多，否则会使来年的期望值太高，甚至使其信誉受损。EVA体系提出现金奖励计划和内部杠杆收购计划。现金奖励计划能够让员工像股东一样得到报酬，而内部杠杆收购计划则可以使员工对企业的所有者关系真实化。正是EVA体系的蓬勃生命力，使得股东价值最大化。

**（四）理念体系**

在EVA体系下，所有财务营运功能都从同一基础出发，为公司各部门员工提供了一条相互交流的渠道。EVA体系为各分支部门的交流合作提供了有利条件，为决策部门和营运部门建立了联系通道，并且根除了部门之间互有成见、互不信任的情况（这种互不信任尤其会存在于运营部门与财务部门之间）。

## 二、经济增加值体系对企业价值管理的影响

EVA不仅是有效的业绩评价指标，而且是企业全面价值管理的基础。这套全面价值管理体系涵盖了企业制定战略、指导应用的政策方针和方法、过程，以及业绩评价指标（见图8-2）。通过EVA，管理者可以更好地决策，合理安排产品、客户、生产能力以提高运营效率，优化资源配置。

**图8-2 企业价值管理体系**

企业价值管理体系是一个良性循环过程，它从根本上改变了企业决策的方法。由图8-2可知，它主要涉及8个方面。

1. 业绩评价指标选择

企业确定愿景和战略之后，需要选择一个准确、客观、全面的业绩评价体系来确保战略的分解和实施（详细内容见关于业绩评价理论的章节）。EVA将股东价值最大化和企业的最佳经营联系起来，是当今较为准确和有效的业绩评价指标。

2. 业务目标设置（企业和业务层面）

EVA还能贯穿于企业目标细分过程。根据所确定的EVA的各大驱动因素，管理层和各部门能细化并确定自己工作所能影响的因素，将其定为指标和目标。

3. 计划、预算及报告周期

整个计划周期也将以EVA为导向，保证与企业战略吻合。

4. 计划评价

在做出计划后，还需要对计划进行评价。

5. 资源配置/多元化战略

EVA被作为决策的依据，管理者将因此高度关注资本成本，确保资源配置合理化和多元化战略的准确性。

6. 业绩跟踪/报告

业绩报告将包括EVA及其关键驱动因素。

7. 薪酬体系

薪酬体系建立的主要目的是留住和激励人才，以EVA为核心的体系将包括有竞争力的薪金、强烈的业绩激励、与价值相关联的激励薪酬等。

8. 企业价值管理的文化

最重要的、最富有挑战性的是让EVA的概念融入企业文化中，将EVA打造为企业的沟通语言和共同理念，重塑公司成员的行为，以在商品和资本市场的激烈竞争中立于不败之地。

**▲ 案例**

**宝钢的EVA①**

## 一、背景

宝钢集团公司（简称宝钢）建于1978年，是由国家投资建立的大型钢铁厂。经过多年的发展，宝钢如今已成为中国钢铁企业的领头羊，是我国最大、最现代化的钢铁联合企业，在国际钢铁市场上也属于世界级钢铁联合企业。它在成为我国市场主要钢材供应商的同时，产品还出口日本、韩国、美国多个国家。《世界钢铁业指南》认为宝钢是未来最具

①

发展潜力的钢铁企业之一。然而2008年前后，宝钢的净资产收益率却增长缓慢，具体如表8-3所示。

**表8-3 宝钢2007—2009年的净资产收益率（%）**

| 年份 | 2007 | 2008 | 2009 |
|---|---|---|---|
| 净资产收益率 | 13.74 | 6.99 | 6.27 |

## 二、具体做法

早在21世纪初，宝钢在国资委要求央企开展EVA考核之前就已经接受了思腾思特公司的培训，首次接触了EVA的概念，并在后续几年间进行了初步的探索。2010年，在国资委的指导下，宝钢在经营业绩考核中正式加入EVA指标，并将其确立为核心导向性指标。

(1) 在EVA考核实施过程中，宝钢对整个公司上至管理层下至每一位员工均开展了讨论、培训和研究专题工作。宝钢聘请了思腾思特公司作为外聘咨询专家对本公司进行培训，使员工能够进一步了解并熟悉EVA的运作评价机制。为了确保EVA绩效目标有效实现，宝钢通过召开季度经营分析、绩效对话会和年度绩效总结分析报告，使公司高层管理者能够和执行单元领导一并就公司和各执行单元的绩效进行交流，动态监督EVA，大体上建立了包含绩效目标修订、绩效执行跟踪、绩效评价、绩效结果应用等在内的闭环管理体系。

(2) 宝钢领导对于EVA考核工作高度重视，多次组织开展有关企业价值增值和资产运营效率提升的专题研讨会，不断强化EVA评价导向。2010年底，公司开始启动“提升集团资产运营效率”的专题活动，并以此作为2011年和2012年的集团重点工作，经过专题研讨、各子公司宣讲、优秀案例选评等活动，极大地提升了公司各级管理者对于EVA业绩评价机制的关注，形成了重视资产运行效率的良好氛围。

宝钢集团的EVA计算：

(1) 税后净营业利润（NOPAT）。表8-4列出了宝钢2009年税后净营业利润的计算过程。本案例中采用的税后净营业利润的计算方法为：税后净营业利润＝净利润＋(利息支出＋研究开发费用调整项－非经常性收益调整项×50%)×(1－25%)。

**表8-4 2009—2010年宝钢NOPAT计算中涉及的会计科目**

| 年份 | 2009 | 2010 |
|---|---|---|
| 税率（%） | 25 | 25 |
| 税后净利润（元） | 6 095 201 718 | 13 360 887 605 |
| 利息支出（元） | 1 664 655 690 | 1 597 733 799 |
| 研究开发费用调整项（元） | 1 155 201 772 | 1 769 685 408 |
| 非经常性收益调整项（元） | 40 789 154 | 410 467 971 |
| 税后净营业利润（元） | 8 194 798 881 | 15 732 526 520 |

(2) 资本成本。根据经调整的资本占用公式：资本占用＝平均所有者权益＋平均负债合计－平均无息流动负债－平均在建工程，资本成本＝资本占用×平均资本成本率，资本

成本率按照国资委设定的平均资本成本率 5.5%来计算。表 8-5 列出了宝钢 2009—2010 年 EVA 计算数值表。

**表 8-5 宝钢 2009—2010 年 EVA 计算数值表**

| 年份 | 2009 | 2010 |
| --- | --- | --- |
| 平均所有者权益（元） | 99 528 494 077.09 | 106 280 898 131.08 |
| 平均负债合计（元） | 101 053 465 645.17 | 102 323 045 001.98 |
| 平均无息流动负债（元） | 35 430 422 654.27 | 36 760 860 194.94 |
| 平均在建工程（元） | 15 011 371 069.72 | 11 754 788 499.32 |
| 资本占用（元） | 150 140 165 998.28 | 160 088 294 438.80 |
| 平均资本成本率（%） | 5.50 | 5.50 |
| 资本成本（元） | 8 257 709 129.91 | 8 804 856 194.13 |

（3）EVA。表 8-6 列出了宝钢 2009—2010 年 EVA 计算过程。EVA＝税后净营业利润－资本成本。

**表 8-6 宝钢 2009—2010 年 EVA 计算**

单位：元

| 年份 | 2009 | 2010 |
| --- | --- | --- |
| 经调整的税后净营业利润 | 8 194 798 881.00 | 15 732 526 520.00 |
| 资本成本 | 8 257 709 129.91 | 8 804 856 194.13 |
| EVA | —62 910 248.91 | 6 927 670 325.87 |

## 三、实施结果

从宝钢的 EVA 值可以看出，2009 年宝钢虽然从传统会计角度来看是盈利的，但其 EVA 值为负值，说明公司实际上并没有创造价值，股东的利益是在减少的。而自 2010 年宝钢正式实行 EVA 考核之后，其 EVA 值由负转正，2010 年达到了近 70 亿元。与此同时，EVA 考核也使各项传统会计指标得到提升，比如净利润由 2009 年的 61 亿元提升至 133.6 亿元，增长率超过 100%；平均所有者权益从 2009 年的995.3 亿元增长至 1 062.8 亿元，增幅达到 6.8%，说明企业的资产运用效率提高，盈利能力大大增强，开始走上健康发展之路。

## 四、启示

EVA 是一种有效的公司业绩度量指标，也是一个全面财务管理的架构，还是一种对管理者和员工有效的薪酬激励机制，在公司发展目标设定、财务计划核算、战略规划评估、资源分配、投资决策薪酬设计等方面都能够得到广泛的应用。2010 年国资委在业绩考核体系中引入 EVA 指标，推广资本机会成本的理念，能够有效遏制中央企业投资冲动，引导企业优化资本结构，提高资本使用效率，自觉维护出资人利益，为作为股东的国人创造真正的价值。EVA 考虑了全部的资本成本，与传统的评价指标相比，用其来衡量及表示公司的绩效更为真实、科学、有效。固然，中国还存在公司治理结构不合理、国资委制定的平均资本成本率过低、会计信息失真问题较为严重等应用 EVA 的障碍，但正是因为这些障碍的存在，人们才意识到了这些问题并对其予以改善，从而使得 EVA 管理体系在我国还有很大的应用空间。为了更好地融入国际市场，提高企业的资源管理效率，改善经营业绩，为股东、企业和国家创造财富，EVA 管理体系是不可或缺的。

## 思考题

1. 简述经济增加值的计算原理。
2. 简述修正的经济增加值。
3. 简述经济增加值激励机制的作用。
4. 简述四 M 体系。

# 第九章 业绩评价之平衡模式

**学习目标**

1. 了解非财务指标的兴起；
2. 了解日本的企业经营力评价；
3. 掌握典型的非财务指标；
4. 理解非财务指标的优缺点；
5. 掌握平衡计分卡的四个层面；
6. 掌握业绩评价指标的平衡关系；
7. 掌握建立平衡计分卡的步骤；
8. 理解与平衡计分卡相关的薪酬体系；
9. 理解与平衡计分卡结合的激励计划的设计与实施；
10. 学会运用平衡计分卡管理系统。

## 第一节　平衡模式概述

### 一、非财务指标的兴起

通过“调整”的方式，价值模式弥补了利润类财务指标的不足。对财务指标不足进行弥补的另一种模式，即“补充”，就是在财务指标的基础上补充非财务指标。这样就构成了一个多指标的业绩评价指标体系，这时不但要考虑财务指标与非财务指标之间的相互补充，还要考虑各个指标的权重。关于这一模式的形成，还是从科学管理说起。

科学管理虽然极大地提高了企业的生产效率，但是无法解决由于环境变化而出现的各种新问题。从企业内部来看，劳资双方的矛盾不断加剧，这一环境变化促进了行为科学理论的发展。从外部环境来看，经济危机之后出现了生产过剩、供大于求的局面。尤其是第二次世界大战以后，许多军工企业转而生产民用产品，生产厂家不断增多，企业生产的产品种类也越来越多，市场上产品越来越丰富，市场开始由卖方市场转变为买方市场，消费者力量不断壮大，这些环境变化促进了市场营销、管理科学等理论的发展，从而形成了“管理的丛林”。在这种背景下，企业管理实现了第一次飞跃，即由生产管理向经营管理转变。经营管理突出了以市场为中心、以消费者需求为重心的特点，营销、生产、财务、研发、人力资源等职能的作用得到了平衡发展。显然，仅仅对企业的生产效率进行评价已无法满足经营管理的需要，因而，产品品种数量、客户满意度、市场占有率、员工满意度、员工出勤率等指标成为企业经营业绩优劣的衡量指标。经营管理是战略管理的前奏，它并不强调竞争，只是对企业活动中各职能的一次清楚的划分和规范，以应付环境变化的需要。但是，各职能独立行事，协调性较差。为满足经营管理的需要，企业中的各个部门都针对各自的业务建立了各自的业绩评价指标。在平衡模式下，平衡计分卡是最具代表性的方法，我们将自本章第三节至第六节介绍。下面，介绍平衡模式下的其他几种方法。

## 二、西肖尔的金字塔模型

1965 年，斯坦利 · E. 西肖尔（Stanley E. Seashore）在《密歇根商务评论》7 月刊上发表的《组织效能评价标准》一文对衡量企业各种目标的指标进行了详细的分析和论述，并将各种评价指标及其相互关系组合成一个金字塔式的层次结构，从而使原先处于混乱状态的评价指标体系具有了逻辑和秩序。之后的企业管理实践和理论研究证明，虽然西肖尔将衡量组织经营效能的各种评价指标组织进一个金字塔式的层次结构的思路是正确的，但他为各类指标安排的位置却未必适当。

## 三、马克奈尔、林奇和克罗斯的业绩金字塔模型

业绩金字塔由马克奈尔（McNair）、林奇（Lynch）和克罗斯（Cross）于 1990 年提出，它强调了公司总体战略与业绩指标间的重要联系。从图 9 - 1 可以看出，他们将企业分为四个层次。公司总体战略位于最高层，由此产生企业的具体战略目标，并在企业内部逐级传递，直到最基层的作业中心。有了合理的战略目标，作业中心就可以开始建立合理的经营效率指标，以满足战略目标的要求。然后，这些指标被反馈给企业高层管理者，作为制定企业未来战略目标的基础。

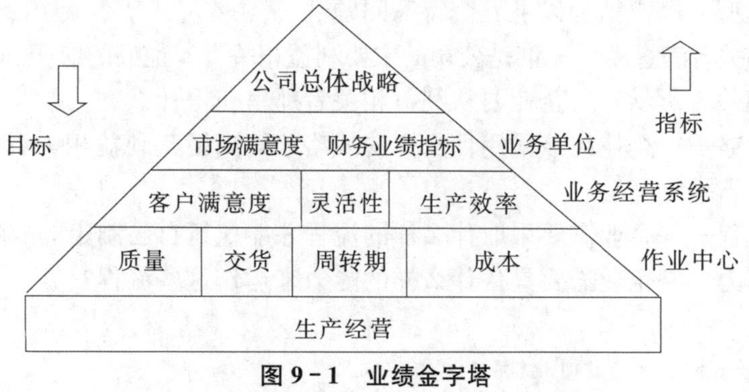


**图 9 - 1　业绩金字塔**

通过业绩金字塔可以看出，战略目标传递的过程是多级瀑布式的。首先，它传递给业务单位，由此产生了市场满意度（市场目标）和财务业绩指标（财务目标）。其次，战略目标再继续向下传递给企业的业务经营系统，产生的指标有客户满意度、灵活性、生产效率等。前两者共同影响企业的市场目标，生产效率则影响企业的财务目标。最后，战略目标传递给作业中心，分解为质量、交货、周转期和成本这几个方面。质量和交货共同影响客户满意度，交货和周转期共同影响灵活性，周转期和成本共同影响生产效率。

由此，业绩信息渗透到整个企业的各个层面。这些信息由下而上逐级汇总，最终使高层管理者可以利用这些信息制定未来的战略目标。

业绩金字塔着重强调了企业战略在确定业绩指标的过程中所扮演的重要角色，反映了战略目标和业绩指标的互动性，揭示了战略目标自上而下和经营指标自下而上逐级反复运动的层级结构。这个逐级的循环过程体现了企业持续发展的能力，为正确评价企业业绩做出了重要的贡献，具有深远的意义。

业绩金字塔的最主要的缺点是没有考虑企业的学习和创新能力，而在竞争日益激烈的今天，对企业学习和创新能力的正确评价尤为重要。

业绩金字塔模型十分注重业绩动因与结果之间的联系，而这种联系与战略计划制订过程中应用的因果联系思想极为相似。在指标体系的综合性方面，业绩金字塔与本章后文要介绍的平衡计分卡是相似的。这两种模型通过对关键成功因素的简明扼要的概括，向各个部门的管理者揭示了企业战略和日常经营之间的密切联系。但与业绩金字塔相比，平衡计分卡在描述企业的业务活动方面应用更为广泛。业绩金字塔模型从战略管理角度给出了业绩指标体系之间的因果关系，对指标体系的设计具有启发性，但没有形成具有可操作性的业绩评价系统。因此，虽然这个模型在理论上是比较成型的，但在实际工作中较少采用。

## 四、尼利和亚当斯的绩效棱柱模型

绩效棱柱模型是由克兰菲尔德学院的教授安迪·尼利（Andy Neely）与安达信咨询公司的克里斯·亚当斯（Chris Adams）于2000年联合开发的三维绩效框架模型。它是指以利益相关者满意度为出发点，以利益相关者贡献为落脚点，以企业战略、业务流程、组织能力为手段，用棱柱的五个构面（如图9-2所示）构建三维绩效评价体系，并据此进行绩效管理的方法。结合我国财政部出台的《管理会计应用指引第604号——绩效棱柱模型》，我们将绩效棱柱模型的主要内容做一概述。

绩效棱柱模型可以概括为以下五个特殊问题[①]：

（1）利益相关者满意度——谁是公司的主要利益相关者？他们的愿望和要求是什么？

（2）利益相关者贡献——企业要从利益相关者那里获得什么？

（3）组织战略——企业应该采用什么样的战略才能满足其利益相关者的需求，同时也满足企业自己的需求？

（4）业务流程——企业需要采取什么样的流程才能执行自己制定的战略？

（5）组织能力——企业需要具备什么样的能力来运作这些流程？

---

① 王普查. 绩效棱柱法. 企业管理，2005（2）：54-55.

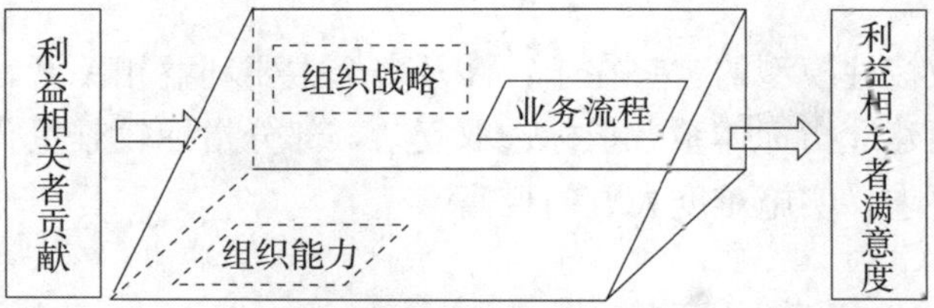


**图 9-2 绩效棱柱模型**

**（一）绩效棱柱模型五个层面的指标**

(1) 利益相关者满意度评价指标。与投资者（包括股东和债权人，下同）相关的指标有总资产报酬率、净资产收益率、派息率、资产负债率、流动比率等；与员工相关的指标有员工满意度、工资收入增长率、人均工资等；与客户相关的指标有客户满意度、客户投诉率等；与供应商相关的指标有逾期付款次数等；与监管机构相关的指标有社会贡献率、资本保值增值率等。

(2) 组织战略评价指标。与投资者相关的指标有可持续增长率、资本结构、研发投入比率等；与员工相关的指标有员工职业规划、员工福利计划等；与客户相关的指标有品牌意识、客户增长率等；与供应商相关的指标有供应商关系质量等；与监管机构相关的指标有政策法规认知度、企业的环保意识等。

(3) 业务流程评价指标。与投资者相关的指标有标准化流程比率、内部控制有效性等；与员工相关的指标有员工培训有效性、培训费用支出率等；与客户相关的指标有产品合格率、准时交货率等；与供应商相关的指标有采购合同履约率、供应商的稳定性等；与监管机构相关的指标有环保投入率、罚款与销售比率等。

(4) 组织能力评价指标。与投资者相关的指标有总资产周转率、管理水平评分等；与员工相关的指标有员工专业技术水平、人力资源管理水平等；与客户相关的指标有售后服务水平、市场管理水平等；与供应商相关的指标有采购折扣率水平、供应链管理水平等；与监管机构相关的指标有节能减排达标率等。

(5) 利益相关者贡献评价指标。与投资者相关的指标有融资成本率等；与员工相关的指标有员工生产率、员工保持率等；与客户相关的指标有客户忠诚度、客户毛利水平等；与供应商相关的指标有供应商产品质量水平、按时交货率等；与监管机构相关的指标有当地政府支持度、税收优惠程度等。

**（二）权重分配**

企业分配绩效棱柱模型指标权重，应以主要利益相关者价值为导向，反映所属各单位或部门、岗位对主要利益相关者价值贡献或支持的程度，以及各指标之间的重要性水平。首先根据重要性水平分别对主要利益相关者分配权重，权重之和为 100%；然后对不同主要利益相关者的五个构面分别设置权重，权重之和为 100%；单项指标权重一般设定为 5%～30%，对特别重要的指标可适当提高权重。

**（三）模型的优势和劣势**

(1) 优势。绩效棱柱模型的优势在于：坚持主要利益相关者价值取向，使主要利益相关者与企业紧密联系，有利于实现企业与主要利益相关者的共赢，为企业可持续发展创造良好的内外部环境。

（2）劣势。绩效棱柱模型的劣势在于：涉及多个主要利益相关者，对每个主要利益相关者都要从五个构面建立指标体系，指标选取复杂，部分指标较难量化，对企业信息系统和管理水平有较高要求，实施难度大、门槛高。

## 五、日本的企业经营力评价

日本经济产业省对企业经营力的评价包括三个方面：经营业绩、员工士气和企业柔性。

1. 经营业绩是日本企业经营力评价的首要目标

经营业绩着眼点在于观察企业的增长性与收益性，评价增长性的指标选用销售收入增长率，评价收益性的指标选用总资产利润率。

2. 员工士气是日本企业经营力评价的重要内容

员工士气可以解释为对劳动的一种欲望、干劲和归属意识的总和。影响士气的因素主要包括：工资、晋升、上下级关系、经营方针、公司风气、公司内教育培训制度、福利卫生设施的完善、企业社会性作用的强弱、社会地位的高低等各种要素。通过调查问卷，对提问项目按 a～e（其中：a. 低，b. 稍低，c. 几乎相同，d. 稍高，e. 非常高）给予 1～5 分的评分，即可得出。这些提问项目包括：能力开发制度的采用个数、提高士气办法的采用个数、工资水平、员工的固定率（即对企业的忠诚度）。

3. 企业柔性是日本对企业经营力评价的重要组成部分

企业柔性是指企业对急剧变化的环境的适应能力。企业柔性要从高级管理者、组织、技术开发、财务以及其他要素等方面来分析。

4. 日本对企业经营力的具体评分

（1）经营业绩评分。

$$经营业绩评分=增长性评分+收益性评分$$

其中，增长性评分、收益性评分分别根据销售收入增长率、使用总资金利润率转化为 0～5 分的评分标准。例如：

$$销售收入增长率=\frac{2017年销售收入+2018年销售收入+2019年销售收入+\cdots}{2016年销售收入+2017年销售收入+2018年销售收入+\cdots}$$

$$使用总资金利润率=\frac{2019年度税后净利润}{2019年度平均使用总资金}$$

（2）员工士气评分。

员工士气评分根据各要素分别评为 1～5 分（对大学本科生与中学生取其平均分）。

（3）企业柔性评分。

$$企业柔性评分=\frac{A1评分+A2评分+A3评分+A4评分+A5评分}{5}$$

A1 评分＝“干部的平均年龄”，评为 0～5 分。

A2 评分＝“对组织改革的抵制”的三要素，分别评为 0～1 分、2～2.5 分、3～5 分。

A3 评分＝“基础研究水平”“应用研究水平”，各评为 1～4 分，将这些合计后再评为

0～5分。

A4评分＝“自有资金使用占总资金的比例”，评为0～5分。

A5评分＝“关联公司数”，评为0～5分。因此，各项内容评分的分数范围如表9-1所示。

**表9-1 日本企业经营力评价分数表**

| 项目 | 分数 | 备注 |
|---|---|---|
| 一、经营业绩评分 | 0～10分 | 增长性评分＋收益性评分 |
| 其中：增长性评分 | 0～5分 | 销售收入增长率 |
| 收益性评分 | 0～5分 | 使用总资金利润率 |
| 二、员工士气评分 | 1～5分 | |
| 三、企业柔性评分 | 0～5分 | |

综上所述，在金字塔模型、经营力评价中都不同程度地使用了非财务指标，以对财务指标进行补充。

# 第二节 非财务评价指标

## 一、运用非财务评价指标的必要性

业绩评价系统在制定战略、评价公司目标的实现情况和给管理人员付酬方面起着关键作用。选择业绩评价指标是对公司的一种挑战。无论从实践方面还是从理论方面来讲，都亟须以非财务指标来补充财务指标。

(1) 一般情况下，财务指标无法涵盖影响企业业绩的所有因素，尤其是不能涵盖那些对企业业绩具有重要影响却又难以量化的因素。我国目前的会计信息制度尚不完善，企业财务报表存在信息不对称问题，在企业会计信息发生严重异常情况（如数据失真、部分资料丢失等）或企业受外部环境因素影响的程度提高的情况下，如果单纯采用财务指标评价，所得结果必然带有很大片面性。采用非财务指标进行评价，可以从外部环境和非财务角度对财务指标评价结果进行修正和补充。

美国波士顿安永商业创新中心进行的一项调查表明，非财务指标与股票价值评价相关。典型的机构投资者确实对非财务指标给予了重要关注，它们在做出投资决策时，会积极地运用有关企业的非财务指标。研究人员通过使用建模技术，不仅给出了非财务指标对股价冲击的证据，而且给出了估计数值，如表9-2所示。

**表9-2 非财务指标的财务价值**

| 非财务指标 | $P/E$ 相当值 |
|---|---|
| 管理质量 | 2.6 |
| 产品和服务质量 | 0.9 |
| 客户满意度 | 0.0 |

续表

| 非财务指标 | $P/E$ 相当值 |
|---|---|
| 公司文化力量 | 0.0 |
| 投资者沟通质量 | 0.5 |
| 行政补偿政策效果 | 0.6 |
| 新产品开发效果 | 5.3 |
| 市场地位 | 0.3 |

说明：P/E 相当值表示某个非财务指标提高 1%，导致一个公司 $P/E$ 相应增加的百分比。

资料来源：加里·阿什沃思. 整合绩效管理——实现股东价值的有效方式. 北京：电子工业出版社，2002：28-29.

（2）一方面，企业可以将非财务指标和财务指标结合起来，对企业业绩给出综合全面、科学严谨的评价；另一方面，对于某些特殊企业，如缺乏必要的基础会计资料、会计信息失真或无须进行定量评价的企业，可单独利用非财务评价指标直接对企业进行定性评价。

（3）非财务评价指标体系的建立，有助于客观全面地对企业业绩做出评价，从而克服企业的短期行为，促进与市场经济相适应的企业管理机制和管理方式的形成，促进企业激励机制和约束机制的建立，使企业更加注重长远和全面发展。

## 二、典型非财务评价指标

从系统的角度对非财务指标研究的成果较多。霍尔认为，评价企业的业绩需以四个尺度为标准，即质量、作业时间、资源利用和人力资源开发。[①] 台湾管理会计学会会长李宏健在研究了企业面临的环境变化的基础之上，概括了一个非财务评价指标体系，包括七个方面，即产品质量、存货、原料及废料、生产力、生产及交货、机器以及创新与学习。许多社会评价体系也采用了大量的非财务指标。比如，设立于 1988 年的美国波多里奇国家质量奖（Baldrige National Quality Award）使用了七大类评价指标，分别是领导力、信息及分析、战略规划、人力资源管理及发展、流程管理、经营成果以及客户满意度。《财富》（中文版）根据企业综合指标、经营管理能力、产品及服务质量、创新精神、市场适应能力、吸引和留住人才的能力、对中国市场的承诺、客户服务、社会责任感与对中国的技术转让这十项指标评选“中国最受赞赏的外商投资企业”。

对于非财务评价指标，许多人按照“除了财务指标就是非财务指标”的思路来理解。财务指标通常可以分为盈利能力、偿债能力、营运能力和发展趋势四个方面，但是非财务指标的外延太广泛了，大致可以分为客户、员工、市场、内部业务流程、创新、社会责任等几个方面。与财务指标不同，许多非财务指标难以计量，下面从可计量角度对一些典型非财务指标予以介绍。

### （一）市场占有率

市场占有率是本企业某种商品销售量占该种商品市场总量的比率。其计算公式为：

---

① 白蔚秋. 正确评价企业的经营业绩. 工业企业管理，2001（5）.

$$市场占有率=\frac{本企业某种商品销售量（额）}{该种商品市场总量（额）}\times 100\%$$

市场占有率反映了企业产品在市场上的竞争能力，该比率需通过一定的市场调查才能得出。对该比率进行趋势分析，更能反映企业的产品竞争能力。据 2018 年全球知名经济类媒体《日本经济新闻》的数据，格力电器以 21.9%的全球市场占有率位列家用空调领域榜首。[①] 市场占有率体现了企业在市场中销售的某种商品所占份额的大小，反映了该企业对市场的控制程度和客户对该企业的依赖程度。在市场经济体制下，企业几乎无时无刻不面临剧烈的竞争，也因此无时无刻不密切关注竞争对手的动向和业绩。市场占有率使得企业一方面可以衡量自身在竞争中所处的地位，另一方面可以发扬自身的优势。

**（二）客户满意度**

客户满意度是反映客户满意战略是否成功的重要指标。只有不断提高客户满意度，企业才能不断扩大市场占有率，也才有可能不断提高盈利能力。客户满意度指标主要包括产品交货及时率、客户保持率、客户获得率、客户流失率、客户忠诚度、客户利润率等。其中，客户保持率可用企业当期客户数减去当期所增客户数与上期客户数之比来表示；客户获得率可用当期客户数减去当期所增客户数与企业上期客户数之比来表示；客户流失率可用基数减去客户保持率来表示；客户忠诚度可用当期再次购买的客户数与企业总的消费人数之比来表示。下面举例说明部分指标的计算。

1. 产品交货及时率

产品交货及时率是指企业按客户的要求及时交货的比率。其计算公式如下：

$$产品交货及时率=\frac{本期产品及时交货的次数}{本期产品交货的总次数}\times 100\%$$

公式中的“及时”可根据公司对客户的承诺来确定，比如 5 天内交货。

2. 客户保持率

客户保持率是指一定时间内保留或维持同老客户的业务关系的比率。其计算公式如下：

$$客户保持率=\frac{企业期末客户量-企业本期新增客户量}{企业期初客户量}\times 100\%$$

公式中所涉及的老客户、新客户数量由销售部门提供。公式中的客户量也可以用业务量来表示。

一般而言，客户保持率越高越好，但对客户保持率的降低应做具体分析。

3. 客户获得率

客户获得率是指一定时期内企业吸引或赢得新客户或业务的比率。其计算公式如下：

$$客户获得率=\frac{企业本期新增客户量}{企业期初客户量}\times 100\%$$

4. 客户利润率

客户利润率反映了为不同客户提供产品或服务时获得利润的能力。其计算公式为：

---

① 该数据来自格力电器 2018 年年度报告。

$$\text{某客户利润率}=\frac{\text{某客户的净利润}}{\text{该客户的服务成本}}\times 100\%$$

公式中的净利润是指扣除支持某一客户所需的服务成本后的净利润。客户服务成本是指运用作业成本法分配给客户的研发、制造、营销、售后服务等方面的成本。

### （三）员工满意度

员工满意度指标主要是从员工的角度对企业的经营业绩进行评价。员工满意度主要是指员工对生理（如工资、福利、工作条件）、安全（如失业保险、意外事故保险、医疗保险）、尊重（如晋升机会、奖励）、社会交往（如同事关系、上下级关系）、自我实现（如发挥个人特长、满足感、成就感）五个方面的满意度。员工满意度指标主要有员工流失率、员工保持率、员工知识水平、员工业务能力、员工服务意识和态度、员工培训次数、技术开发人员比率、经营管理者素质等。下面举例说明员工培训费用比率和大学毕业人数比率的计算。

1. 员工培训费用比率

员工培训费用比率是企业员工培训费用与销售收入相除得出的比率。其计算公式为：

$$\text{员工培训费用比率}=\frac{\text{员工培训费用}}{\text{销售收入}}\times 100\%$$

在知识经济时代，人力资源成为企业最宝贵的资源，因而在员工培训费用方面的支出对上市公司来说是一种战略性投资，有助于提升公司的竞争能力；对员工来说，培训费用不仅有助于提高技能，而且是一种激励措施。

2. 大学毕业人数比率

大学毕业人数比率是企业员工中大学及以上毕业人数占企业全部职工人数的比率。其计算公式为：

$$\text{大学毕业人数比率}=\frac{\text{大学及以上毕业人数}}{\text{企业全部职工人数}}\times 100\%$$

大学毕业人数比率反映了企业员工的质量，尤其是对上市公司中的高科技企业来说，这项比率更能反映出其竞争力强弱。

### （四）技术创新

技术创新评价指标主要有研究开发费用率、新产品研究开发费用率、新产品贡献率、研究开发费用增长率、工艺改造能力等。下面举例说明研究开发费用率的计算。

研究开发费用率是企业研究开发费用与销售收入相除得出的比率。其计算公式为：

$$\text{研究开发费用率}=\frac{\text{研究开发费用}}{\text{销售收入}}\times 100\%$$

从当前国际和国内经济发展态势来看，研究开发支出已成为企业的战略性投资，是企业的经常性支出。研究开发活动不是“一锤子买卖”、可有可无或若干年才发生一次。我国目前正在开展的技术创新工程以及国家创新体系的建立，要求企业成为研究开发的主体，越来越多的企业已建立或正在建立研究开发机构。研究开发活动已成为企业在竞争中立于不败之地的内在要求和动力。因此，研究开发投入成为经常性支出。世界 500

强企业的研究开发支出一般占销售收入的5%～10%，电信、医药行业企业的这一比例甚至达到20%～30%。①

**（五）业务流程**

业务流程指标主要有生产能力利用率、机器完好率、设备利用率、安全生产率、产品退货率、产品返修率、产品维修期限、成本降低率等。下面举例说明生产能力利用率的计算。

生产能力利用率是指生产设备单位时间的实际能力与计划能力、设计能力或理论能力的比率。其计算公式为：

$$生产能力利用率=\frac{生产设备单位时间的实际能力}{生产设备单位时间的计划能力（设计能力或理论能力）}\times 100\%$$

公式中的生产能力可用生产设备的台时产量来表示。影响设备生产能力的因素有很多，主要包括设备的现代化水平、操作人员的技术熟练程度、工艺过程和操作方法的改进以及加工材料的质量、性能等。

**（六）市场营销**

市场营销指标主要有广告费用比率、市场占有率、市场覆盖率、市场增长率、市场收益率、企业的市场规模和市场发展潜力、产品或服务的销售额、价格竞争力、分销商规模和整体实力、广告促销实力和收益率、国际市场渗透率和增长率等。下面举例说明广告费用比率的计算。

广告费用比率是企业广告费用与销售收入相除得出的比率。其计算公式为：

$$广告费用比率=\frac{广告费用}{销售收入}$$

企业投入大量的广告宣传费用，通过包括广告在内的各种促销手段向消费者宣传产品，说明了广告宣传能为企业带来巨大的收益。市场监管总局最新数据显示，2018年中国广告市场的市场规模近8 000亿元，其中上市公司广告费用排名前三的分别是上汽集团（135.23亿元，广告费用比率为1.5%）、伊利股份（109.55亿元，广告费用比率为13.7%）、苏宁易购（63.14亿元，广告费用比率为2.6%）。

我国2019年修订的《企业所得税法实施条例》第四十四条规定：企业发生的符合条件的广告费和业务宣传费支出，除国务院财政、税务主管部门另有规定外，不超过当年销售（营业）收入15%的部分，准予扣除；超过部分，准予在以后纳税年度结转扣除。

广告费用比率较高的企业，从实质上来讲税收负担较重。一般来讲，食品、药品、洁具和化妆品行业的上市公司广告费用比率较高，在进行分析时，应予以关注。

**（七）社会生态环保指标**

社会生态环保指标也称为绿色指标，主要包括三类。

1. 减少能源消耗类指标

这类指标主要包括产品的原料密集度（生产每单位产品所使用的原料数量，用原料总成本与生产产品的总产值之比表示）、产品的能源密集度（生产每单位产品所使用的原料

---

① 张志刚. 抓住机遇 深入开展技术创新——在全国企业技术创新工作会议上的讲话. 中国经贸导刊，1999（7）.

数量，用能源总成本与生产产品的总产值之比表示）、产品的服务强度（每单位产品所提供的服务效能，服务效能可以根据产品的功能性、可回收性、易于升级性、耐用强度等与同行业平均水平的比较系数来评价）、原料的可回收率（可回收原料成本占产品原料总成本的比率）。

2. 控制污染类指标

这类指标主要包括产品的排放物效率（每单位排放物所创造的利润额，排放物主要指温室气体、破坏臭氧层物质等）、污染成本率（每年因污染所支付的成本占产品总成本的比率）。

3. 环境改善投入类指标

这类指标主要包括环保投入资金率（企业环保资金投入占企业总投入的比率）和产品的寿命周期年平均成本（即产品原料、能源消耗成本和回收处理费用之和与产品的寿命周期之比）。

## 三、非财务指标的优缺点

非财务指标越来越受到重视，其优缺点总结如下：

### （一）非财务指标的优点

1. 与公司的长期战略有着更密切的联系

非财务指标所要反映的正是那些关系到企业长远发展的关键因素。例如，反映客户或竞争对手情况的评价指标与企业的战略规划密切相关，在这些指标上的进步可以直接导致企业战略上的成功。此外，信息时代的集成管理使得一些非财务评价方法立足于企业整体角度而不是各个分部角度进行评价，产生了前所未有的整体组合效应。

2. 可以反映无形资产

在许多行业中，关键成功因素是员工的智力资本和客户对公司的感情等“无形资产”，而不是资产负债表上所表现出来的“有形资产”。一项有关无形资产的非财务指标的调查发现，一些与创新、管理能力、雇员关系、质量和品牌价值有关的评价指标在很大程度上反映了一家公司的价值。着重于财务的评价指标排除了这些无形资产，使经理们做出拙劣的甚至有害的决策。

3. 可以更好地衡量未来财务业绩

即使最终目标是最大限度地提高财务业绩，现有的财务评价标准也不一定能从现行决定中获取长期的好处。根据公认会计准则，研究与开发费用和营销成本必须在发生期内入账，因而降低了利润。但是，成功的研究与开发项目如果投放市场，就能够提高未来的利润。同样，对客户满意度的投资能够通过增加收入、培养现有客户对公司的感情、吸引新的客户和减少交易成本提高未来的财务业绩。

4. 更少受到外来“干扰”

所谓“干扰”，是指经理或公司无法控制的业绩评价指标的变化。经理们必须明白公司的业绩中有多少是由他们的工作取得的，否则他们就不知道如何最大限度地发挥自己对公司业绩的作用。由于许多非财务指标比财务指标更少受到外来干扰的影响，所以使用它们可以更准确地评价经理们的工作，从而提高经理们的业绩。这也降低了经理们在确定工资、酬金时所承受的风险。

5. 过程适时跟踪评价

非财务评价指标的运用，是以管理系统信息化和信息系统网络化为基础的。在这种条件下，管理人员能够及时、连续地对所要控制的项目进行跟踪监视，使这些问题及时得以解决。而在传统方法下，业绩报告通常是定期编制的，其时效性受到一定程度的限制。

6. 直接而非间接评价

非财务指标直接计量一家企业在创造股东财富活动中的业绩，比如计量制造与提供优质产品和劳务，以及为消费者提供服务这类活动中的业绩。

**（二）非财务指标的缺点**

非财务指标虽有许多优点，但绝非完美无缺。同时，并非所有的非财务指标都同样有用。研究结果表明，与战略执行相关联的非财务因素，如管理信誉、战略质量、创新、市场份额以及公司吸引和留住人才的能力比其他因素的作用更持久。相比较而言，客户满意度、质量奖励计划、员工培训计划以及环境和社会政策等因素的重要性就要弱一些（Ashworth，2002）。非财务指标的缺点主要表现在以下几方面：

1. 不易贯彻实施

非财务指标上的改进难以用货币来衡量，所以非财务指标上的改进与利润之间的相关性较难把握，并且管理人员在非财务指标上的努力很难立刻取得成果，因而不易贯彻实施。非财务指标是以多种方式衡量的，缺乏共同的尺度。在不同的指标之间取得平衡是十分困难的，因为有的指标是时间，有的指标是数量或百分比，还有的指标是随意的。

2. 难以权衡决策

非财务指标之间的关联勾稽关系较弱，有些指标之间甚至是互斥的，容易引起部门之间的冲突，管理当局很难权衡决策。许多公司采用了非财务指标而未能阐明各种指标间的关系，也未能核实这些指标与会计和股票价格业绩的关联性。这种未被认识的或未经核实的因果关系环节在评价业绩时会产生两个问题：不正确的评价指标把注意力集中在错误的目标上；改进措施不能与未来的结果挂钩。例如，施乐公司根据客户满意度的提高会转化为更好的财务业绩这一假想，投资几百万美元对客户进行调查，但后来的分析却发现两者之间并无联系。于是，施乐公司转而采用一种关于客户对公司的感情的评价指标，后来发现这种指标确实是衡量财务业绩的最重要的指标。

3. 过分注重非财务业绩，企业很可能因为在财务上缺乏弹性而导致财务失败

要用非财务指标来评价企业经营业绩，首先需要将这些非财务因素量化。其中一条很重要的原则就是：所选择的计量指标要能够准确地反映出该因素的内在特性。如果有的非财务因素是多层面的，那么就需要用多个计量指标来对其进行综合反映。

4. 缺乏统计上的可靠性

像满意度评价之类的非财务性数据调查，往往只有很少的答卷人，提出的问题很少。这些评价标准的统计可靠性一般都很差，从而削弱了它们识别优秀业绩或预测未来财务业绩的能力。

5. 时间和成本问题

调查发现，推行财务和非财务综合评价指标体系所耗费的成本大于收益，使用在短期

内可能相互冲突的多种评价指标也可能耗时很多。有一家银行采用了一种财务指标和非财务指标相结合的综合评价系统，后来发现地区经理评价分行经理所耗时间从每季度不到 1 天增加到了每季度 6 天。

## 第三节　平衡计分卡原理

卡普兰是哈佛大学工商管理学院的财会学教授，诺顿是复兴方案咨询公司的总裁。两人发表在《哈佛商业评论》上的三篇文章（1992 年 1/2 月号的《平衡计分卡：良好绩效的测评体系》、1993 年 9/10 月号的《平衡计分卡的实际应用》、1996 年 1/2 月号的《把平衡计分卡作为战略管理体系的基石》）构成了著名的平衡计分卡方法，成为业绩评价研究领域新的里程碑。1996 年安永公司举办的一次银行首席财务官圆桌会议表明，平衡计分卡已为 60%的大银行所采用。另外一项对 236 家北欧大型公司的调查（Kald and Nilssom，2000）表明，61 家已经使用了平衡计分卡，还有 140 家打算在 2 年之内引进平衡计分卡。高德纳咨询公司的调查表明：在《财富》杂志公布的排名世界前1 000 位的公司中有 70%的公司采用了平衡计分卡，贝恩公司（Bain & Company）的调查也指出，50%以上的北美企业已采用平衡计分卡作为企业内部业绩评价的方法。并且，平衡计分卡所揭示的非财务评价方法在这些公司中被广泛运用于员工奖金计划的设计与实施中。在 2018 年针对 47 个已实施平衡计分卡的国家的企业调查中，有 75%的企业表示平衡计分卡非常有用，并且有 96%的企业愿意进一步更新使用它们的平衡计分卡，《哈佛商业评论》更是把平衡计分卡称为 75 年来最具影响力的战略管理工具。

### 一、全面的业绩评价系统

当企业管理进入战略管理阶段后，管理一个企业的高度复杂性要求经理们能同时从几个方面来考察业绩。孤立地从某一方面研究业绩评价系统是毫无意义的。平衡计分卡是一套能使高层管理者快速而全面地考察企业的业绩评价系统。卡普兰和诺顿将平衡计分卡比作“飞机驾驶舱”，在这个驾驶舱的仪表盘上显示了与企业战略相关的各种信息。平衡计分卡包含财务指标，它们说明了已采取的行动所产生的结果。同时，平衡计分卡通过对客户满意度、内部程序及组织的创新和提高活动进行测评的业务指标，来补充财务指标。业务指标是未来财务业绩的推进器。平衡计分卡并不是取代财务指标，而是对其加以补充。平衡计分卡能从四个层面来考察企业，这四个层面分别是财务层面、客户层面、内部流程层面、学习与成长层面，如图 9－3 所示。

#### （一）财务层面

财务指标显示了公司的战略及其执行是否有助于利润的增加。典型的财务指标有：营业收入增长率、资本报酬率、现金流量和经济增加值等。

#### （二）客户层面

客户所关心的事情有四类：时间、质量、性能和服务、成本。平衡计分卡要求经理们把自己为客户服务的承诺转化为具体的测评指标，这些指标应能真正反映与客户有关的因

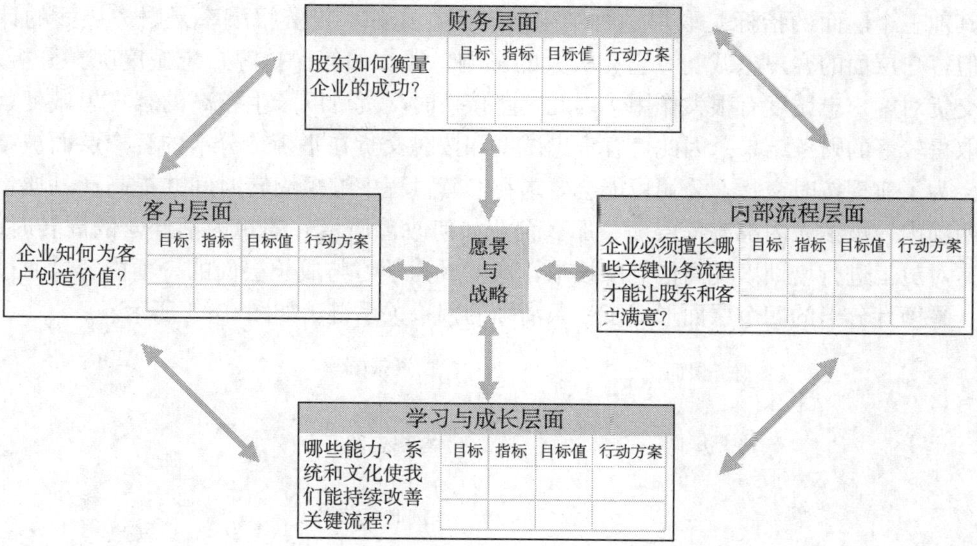


**图 9-3 平衡计分卡**

素。典型的指标包括：客户满意度、客户保持率、客户获得率、客户利润率、市场占有率、重要客户的购买份额等。

**（三）内部流程层面**

战略管理以客户为导向，优异的客户绩效与组织的研发、生产、售后服务密不可分，经理必须从内部价值链分析入手，对企业内部进行考察。典型的指标包括影响新产品引入、周转期、质量、雇员技能和生产率的各种因素。

**（四）学习与成长层面**

公司学习与成长的能力是与公司的价值直接相关的。也就是说，只有通过持续不断地开发新产品，为客户提供更多价值并提高经营效率，公司才能打入新市场，增加收入和利润，实现发展壮大，从而增加股东价值。典型的指标有：开发新产品所需时间、产品成熟所需时间、销售比重较大的产品的百分比、新产品上市时间等。

## 二、业绩评价指标的平衡关系

基于战略管理的业绩评价指标体系应体现多方面的平衡，本部分将着重探讨这些平衡关系。

**（一）结果指标与动因指标的平衡**

典型的平衡计分卡包括四个层面，每个层面有 4～7 个单独的指标。因此，一个平衡计分卡有大约 25 个指标。但是，企业有可能专注 25 件单独的事情吗？如果一个业绩评价指标体系中包含太多的指标，而这些指标又被用于反映不同的决策目标，那么这种复杂的反映多目标的指标体系能行得通吗？答案显然是否定的。

一个由多个指标组成的指标体系应被视为单一决策的工具，即企业要用一个具有因果关系的指标体系来阐述和传达它的战略。在平衡计分卡中，财务层面的指标是企业追求的结果，其他三个层面的指标是取得这种结果的动因。比如，投资报酬率是财务层面的计量指标，但客户层面的客户忠诚度对它有极大的影响。那么如何保持客户忠诚度呢？分析表明，按时交货对客户忠诚度有很大作用。因此，坚持按时交货可以产生较高的客户忠诚度，同时也将取得较好的财务结果。因此，客户忠诚度和按时交货在平衡计分卡的客户层面被结合在一起。为了实现按时交货，公司可能会要求在经营过程中缩短周转时间并提高产品质量，于是这两项内容被纳入内部流程层面。那么企业如何改善质量并缩短内部经营的周转时间呢？答案是对员工进行培训以提高他们的技术，这就成为学习与成长层面的一项内容。通过上述分析，平衡计分卡的四个层面形成了一条清晰的因果关系链，如图 9－4 所示。

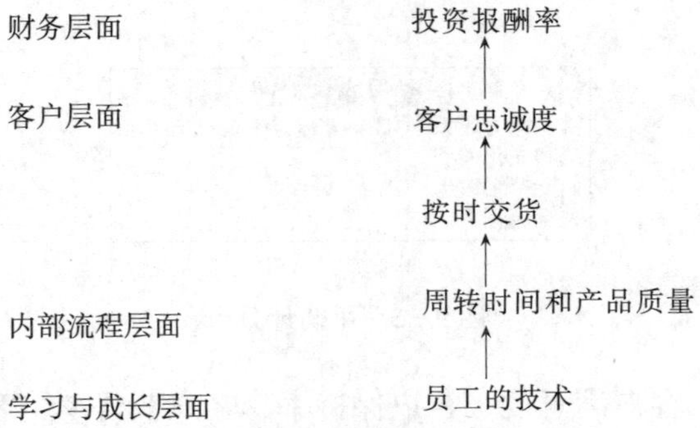


**图 9－4　因果关系链**

### （二）日常指标和战略指标的平衡

关于目的与环境的关系，巴纳德（Chester Irving Barnard）认为：一方面，有了目的，才能识别环境中限制或促进目的实现的因素和中立的因素；另一方面，只有认识了环境以后，才能确定目的。如果对环境的认识很模糊，那就只能确定较为笼统的目的。有了笼统的目的，再对环境做较具体的分析。如果对环境的认识比较具体，就能确定较为具体的目的。然后再从具体的目的出发，对环境进行更具体的分析。如果对环境的识别进一步具体化，则可确定更详细的具体目的。最后，详细的具体目的就可转化为实现目的的行动。目的的具体化是通过依次渐进的决策使目的和环境相互反映的过程，如图 9－5 所示。

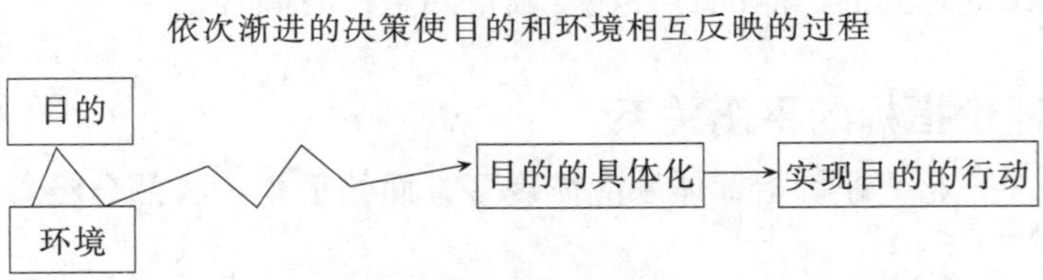


**图 9－5　目的的具体化**

巴纳德认为，组织的决策包括两个因素：心理因素和事实因素。心理因素是指在决定组织目标时必须考虑的道德因素，即以“好”或“不好”这种价值判断为基础的指导思想。至于决策的事实因素，就是在一定的目的和一定的环境下必须进行决策的客观存在。合理决策的客观存在本质上是通过分析过程即上述依次渐进的决策过程体现的。巴纳德以决策的客观性为依据，提出了战略因素的概念。所谓战略因素就是实现某种目的所必需而当时又不存在的制约因素。例如，汽车在行驶中由于汽油用完而抛锚，汽油就成为战略因素。在另外一种情况下，如果汽车轮胎坏了，则轮胎就成了战略因素，而其他因素（汽油、合格的司机）则成为补充因素。所以，战略因素（制约因素）和补充因素是会变化的。制约因素若被控制，就变成补充因素，而其他因素可能成为战略因素。根据在一定的时刻要实现的一定的目的来决定什么是战略因素，就规定了为了实现目的而需要采取什么样的行动。

巴纳德在《经理人员的职能》一书中指出，经理人员的任务就是从企业内部和外部环境探索“战略要素”，以便做出恰当的决策。所谓“战略要素”就是在当时当地起决定性作用的要素。在适当的时间、地点，以适当的方式控制可变的战略要素，就可以做出有效率的决策。

能够用于业绩评价的指标各种各样，但哪些指标能够纳入基于战略管理的业绩评价系统呢？根据企业战略管理的需要，评价指标可分为常规指标和战略指标两类。常规指标是用来监督经营是否保持在控制范围内，并且当例外事件发生时，能及时反映的指标，是一种诊断指标。战略指标是为了增强竞争能力和未来取得成功而制定的指标。犹如一个人的体温必须保持在一定范围一样，将常规指标保持在正常范围是绝对重要的；但正如体温和血压等指标保持正常不是决定一个人事业成功与否的关键因素一样，常规指标保持在正常范围不是企业竞争能力增强和战略成功的关键指标。当然，如果常规指标没有保持在正常范围，将会妨碍企业达到目标，甚至使企业不得不修改目标，因此必须对这类指标进行监督和诊断。战略指标不是对常规业绩指标的取代，它是在对企业所处环境和自身条件进行综合分析的基础上，选择那些管理者和员工等利益相关者直接关注的因素而制定的指标。这些指标的良好表现将直接导致企业竞争能力的突破和战略的成功。

对于不同的企业，同一企业的不同时期，常规指标和战略指标是不同的，并且两者是可以相互转化的。例如，20 世纪 80 年代许多西方公司的产品质量远远无法与竞争对手日本公司相比，这些西方公司不得不把提高质量作为优先发展的目标。从这一点来看，产品质量是决定战略成功的关键，必须作为公司的战略指标。经过多年奋斗，这些西方公司产品的质量已完全可与其竞争对手媲美。公司必须继续保持现有的产品质量并不断提高，但质量可能不再是制定未来决策时最重要的考虑因素。在这种环境下，质量指标被作为常规指标。公司需要找到其他能使竞争能力进一步得到突破的因素，比如企业对客户需求的快速反应能力，进而制定出周转次数（周转期）指标作为其战略指标。

从战略管理要求来看，战略管理强调根据不同的发展战略确定不同的关键业绩指标及其延伸指标。因而，评价指标是否具有战略性，主要体现在该指标是否能够对该企业成功的关键因素进行计量、指标体系的结构、每一指标的评价标准和权重等方面。

**（三）利益相关者之间的平衡**

美国著名的《企业责任》杂志公布了第 20 届最佳企业公民 100 强榜单，微软公司名列首位。第 20 届最佳企业公民 100 强榜单是对在七大领域中有杰出表现的上市公司的高度认可。这七个领域包括环境、气候变化、雇员关系、人权、公司管理、财务状况和慈善事业。该评比具有深刻的社会背景。在全球闻名的“安然事件”发生后，企业责任感被提高到日渐重要的地位，当前企业的诚信既受到了合作伙伴的关注，又受到了竞争对手的质疑。该榜单通过对罗素（Russel）1000 指数公司中最具影响力的美国上市公司的评审，利用从公开信息源采集到的信息和业绩测度的数据点制作而成，所运用的方法由企业责任官协会的评分排名委员会制定。因此，《企业责任》杂志运用的综合评判标准，被认为是对企业责任感的重新定义的精华所在。

在市场经济条件下，各利益主体间的关系是“合作伙伴”关系，强调的是“双赢”。无论制定何种财务政策，都必须合理兼顾企业所有者利益与其他主体的利益，绝不能厚此薄彼，更不能顾此失彼。只有这样，才能正确处理好各种经济关系，使财务分配政策保持动态平衡，获得各利益主体的信任与支持，保证企业的生产经营正常进行，并实现持续稳定发展。现代企业作为各种契约的集合体，使我们认识到了两个重要的现实问题。

（1）有着不同目标的利益相关者必须在合作互惠的关系下共同帮助企业实现它的目标。

（2）目标的实现过程是一个“投入和获取”（give and take）的过程，每个利益相关者之所以愿意为企业做出贡献，是因为他期望在与企业的合作中获得回报。

明确的契约清晰地界定了每个群体应贡献什么；不讲明的契约是建立在长期合作形成的信任基础之上的未成文的或口头的约定。无论契约是明确的还是不讲明的，企业都必须建立业绩计量系统去评价这种契约关系。一般情况下，当产品或服务能被清楚地定义或容易计量（比如企业产品的优等品率）时，明确的契约是有用的；当产品或服务是无形的并且源于特殊技能或知识的发展和应用（比如一个供应商同意利用其专长去设计和提供一种复杂的零部件）时，不讲明的契约是有用的。

企业的利益相关者在“投入和获取”的过程中，从不同方面影响企业主要目标和次要目标的实现。表 9 - 3 描述了这种“投入和获取”行为。

**表 9 - 3　利益相关者的贡献和要求**

| 利益相关者 | 投入 | 获取 |
|---|---|---|
| 股东 | 资本 | 与风险相适应的投资回报 |
| 客户 | 采购忠诚度 | 服务、质量和价值 |
| 公众 | 允许企业运作或不积极反对企业的经营活动 | 遵守法律，良好的公司形象，恰当地履行社会责任 |
| 员工 | 努力工作、技能、愿望、承担义务 | 有竞争力的工资和福利，良好的工作环境，收入稳定，待遇公平 |
| 供应商 | 努力工作、技能、愿望、承担义务 | 与其投入的时间和技能相称的收益，合乎道德的对待 |

从表 9 - 3 中我们可以看出，利益相关者的需要是至关重要的，因为他们为企业做出了贡献，所以他们要求一定的回报。如果某个利益相关者感到他从企业得到的回报不足以弥补其对企业的贡献，那么他将不再对企业做贡献。例如，如果股东不满，那么他将转移或撤出他的投资；如果客户不满，那么他将不再购买企业的产品；如果公众不满，那么他将诉诸法律或抵制企业的产品；如果员工不满，那么他将要么停止工作，要么消极怠工；如果供应商不满，那么它将停止服务或降低对企业的承诺水准。

为了有效保持和利益相关者的关系，企业必须清楚地知道期望从每个利益相关者那里获得什么以实现其基本目标，以及每个利益相关者期望的回报是什么。这是达成契约的本质。企业与每个利益相关者的契约创造了付出与回报，要想成功地实现企业的目标，企业必须监控契约双方。

企业业绩计量系统的一个最基本和最重要的作用就是监控契约双方的交易。这将帮助企业评估契约双方的期望是否得到了满足，找出问题之所在及改进的方法。业绩计量指标反映了企业的次要目标，恰当的业绩计量指标能够预测或带动企业在基本目标方面的业绩。因此，这为企业管理其基本目标方面的业绩提供了一种方式。

利用基本目标业绩指标和次要目标业绩指标进行管理是有差异的。假设你是一位高层管理者，在管理中你会选择下列两个报告中的哪一种？

（1）第一个报告中只有基本目标业绩指标。它包括一个比较利润表，这张比较利润表通过收入和成本的变化说明企业的利润下降了。

（2）第二个报告包括基本目标业绩指标和次要目标业绩指标。它在指出利润下降的同时也指出了其他问题，具体包括：产品质量差导致客户满意度下降；目前的管理模式造成员工满意度下降；企业在开发新产品时，与供应商所签订的契约没有长期激励措施，造成供应商不满；企业没有为洪灾捐款，导致公众认为企业没有同情心；企业的许多业务流程，如物流和制造系统在成本和周转期方面达不到预期的标准。

很明显，第二个报告为评价、解释和改进第一个报告中表明的利润下降问题提供了依据。这个例子说明了合适地选择次要目标业绩指标的作用。

传统管理理论认为，只要对组织内部的情况进行分析就够了。巴纳德独创性地提出了一个组织必须包括内部平衡和外部适应的思想，他反对那种认为组织是由有限的成员组成的一个有界限的孤立系统的传统看法，他认为组织的概念中应包含投资者、供应商、客户和其他虽然没有包括在公司本身的“成员”之中但对公司做出贡献的各种人。

除了上述三种平衡关系之外，一个指标体系还要体现出现实与未来的平衡、内部与外部的平衡等诸多平衡关系。至于哪些指标能够进入指标体系，取决于战略管理的需要。

## 三、建立平衡计分卡的步骤

### （一）确定平衡计分卡项目的目标

要建立成功的平衡计分卡，首先必须在高级管理层内部就为什么要建立平衡计分卡的问题达成共识并获得支持。许多管理者一接触平衡计分卡，就会被它的概念所吸引，因为他们深知财务指标的局限性，所以无须别人说服他们就会同意开发一套比较平衡的管理方法。但是，平衡计分卡在概念上的吸引力，并不足以作为实施平衡计分卡的充分理由。在采用平衡计分卡之前，高级管理层应该对这个方案的主要目的有所认识并全力支持。制订平衡计分卡方案的目标有助于：

（1）指导平衡计分卡目标和指标的构建；

（2）取得方案参与者的承诺；

（3）阐明平衡计分卡构建之后其实施和管理流程的框架。

### （二）选择适当的业务部门

与高层管理者商榷之后，设计者必须确定适合建立高水平的平衡计分卡的业务单位，大多数公司的多元化程度较高，因此很难一开始就建立公司级平衡计分卡。第一个平衡计分卡流程应该在一个战略业务单位中进行，最理想的业务单位应能从事跨越整个价值链的创新、经营、营销、销售和服务等活动。该业务单位应该拥有自己的产品和客户、市场和分销渠道、生产设施，也应该比较容易构建总括性的财务业绩指标，而不涉及与其他业务单位之间复杂的（和争议大的）产品与服务成本分摊和价格转移。

确定并选择了战略业务单位之后，设计者应该了解该单位与其他业务单位、分公司以及总公司之间的关系。

**（三）就该部门的战略目标达成共识**

设计者除了要准备有关平衡计分卡的背景资料外，还要准备公司和战略业务单位的远景、使命和战略等内部文件，然后将这些资料交给业务单位的每位高层管理者（通常为6～12人）。设计者还需要获得战略业务单位的产业和背景资料，包括市场规模和成长的趋势、竞争对手和竞争产品、客户偏好和技术发展等。

设计者通过对部门的全面了解，帮助部门管理人员理解企业的战略目标并了解他们对平衡计分卡的评估手段的建议，解答他们提出的问题。在充分交流的基础上确定企业的战略目标。确定战略目标是一个重复的过程，通常需要经过反复的讨论。

**（四）形成战略地图**

卡普兰提出，在平衡计分卡中，“无法衡量，就无法管理”。作为平衡计分卡的发展和升华，在战略地图中，他再次创造性地提出了“无法描述，就无法衡量”。平衡计分卡只是一个基本的框架，作为战略实施的指导仍显不足。而战略地图增加了细节层，可以改善战略的清晰性并突出重点。图 9－6 展示了战略地图的结构。

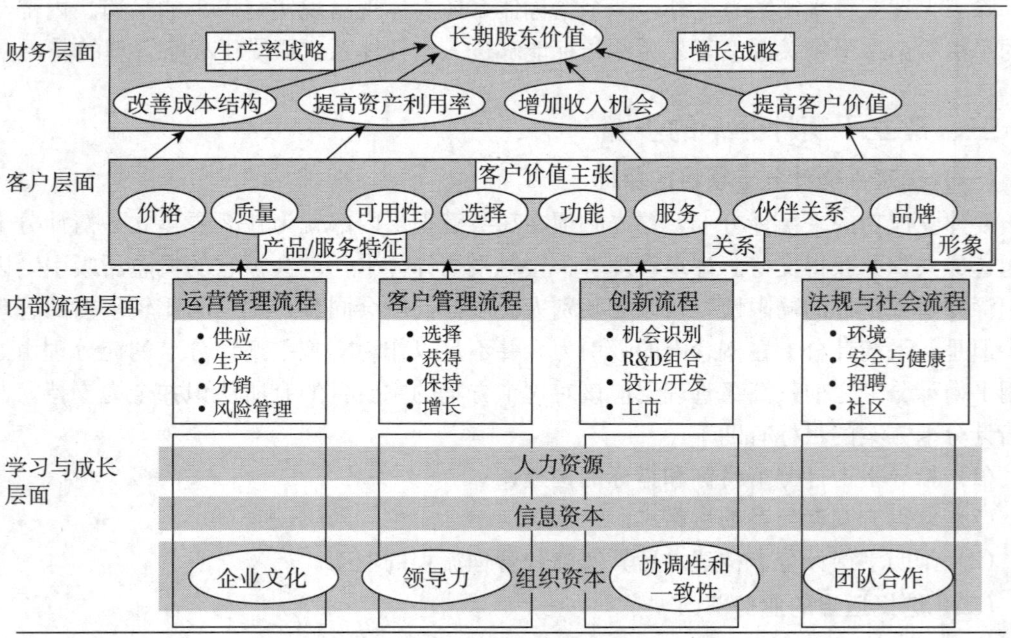


**图 9－6　战略地图的结构**

**（五）选择和设计评估指标**

为平衡计分卡选择具体指标的根本目的，是确定哪些指标最能传达战略的真正意图。既然每个战略都是独特的，那么每个平衡计分卡也应该与众不同，即应包含几个独特的指标。该阶段主要包括以下要点：对每个目标，设计能够最佳地实现和传达这种目标意图的评估指标；对每一种评估指标，找到必要的信息来源并为获得这种信息而采取必要的行动；对每一个目标的评价体系之间的相互影响以及与其他目标的评价体系的影响进行评估。下面一些核心的结果指标通常都会出现在不同的平衡计分卡上：

（1）核心财务指标。包括：投资报酬率/经济增加值；获利率；收入增长和组合；成本降低率。

（2）核心客户指标。包括：市场份额；客户获得率；客户保持率；客户利润率；客户满意度。

（3）核心内部流程指标。包括：及时交付率；生产效率；目标客户盈利性、战略客户数量。

（4）核心学习与成长指标。包括：员工满意度；员工保持率；员工生产率。

**（六）制订实施计划**

以实施平衡计分卡的目标部门的下属部门为单位，成立实施小组。各实施小组确定平衡计分卡的目标并制订实施计划。该计划包括以下内容：把评估指标与数据库和信息系统联系起来；在企业内部推广平衡计分卡；帮助下属部门制订实施计划，直至完全建立一个全新的执行信息制度。

**（七）通过最终的实施计划，把平衡计分卡融入企业的管理制度并发挥作用**

制定平衡计分卡一般需要3个月的时间。在制定过程中，主管人员有充分的时间考虑平衡计分卡与战略、信息制度以及最重要的管理过程之间的关系。制定平衡计分卡的过程，也是企业目标在组织中进行传播的过程。如果能够让企业的各级员工参与到平衡计分卡的制定中，那么战略目标将更易于推广并得到员工的认同。

**▲ 资料**

**北汽集团平衡计分卡绩效评价体系案例**

北京汽车集团有限公司（简称北汽集团）成立于1958年，是中国五大汽车集团之一，连续四年跻身美国《财富》杂志排名的全球企业500强，2016年位列第160位。然而随着中国乃至世界经济进入新常态，汽车行业竞争日趋激烈。2014年前后，随着上述趋势逐渐加重，北汽集团面临着诸多挑战：（1）外部环境变化。世界经济下行，中国增速放缓。自主品牌汽车产能过剩、劳动力成本上升、主要厂商降价等导致企业经营压力加大。（2）内部环境变化。北汽集团“十二五”期间投资规模较大，整体投资回报率受市场竞争压力的影响有所下降；许多业务条线如国际业务、服务贸易及通航等业务均处于培育期，给集团效益提升带来了一定难度；部分新投资项目风险偏高，对北汽集团整体效益的持续提升造成了一定的影响。综上所述，北汽集团提升经营质量势在必行。

2014年初，北汽集团提出“由规模发展向效益提升转变”，组织绩效考核的导向由注重市场规模调整为“市场与效益并重”，这就要求集团财务部改进并加强对各业务、责任单元现有的业绩评价与考核体系，即围绕效益提升开展对集团二级企业的业绩考核与评价工作。

最终，北汽集团引入先进工具，应用平衡计分卡体系建立了更为全面的考核体系：设置财务、内部流程、客户、成长与发展4个维度的指标。财务维度下设经济效益、资金占用、现金流量、成本控制4个二级指标；内部流程维度下设产品开发与创新、售后服务、新产品投放、专项管理、安全以及环保6个二级指标，其中安全指标与环保指标均具有一票否决的特性，突出了北汽集团的社会责任与国企担当；客户维度下设售后服务、市场指标2个二级指标；成长与发展维度则仅设置人力资源管理1个二级指标。在此基础上，通过各级指标的层层分解，确定评价部门与责任部门，集团形成了一套以提升企业经济效益、管理水平、工作效率、工作质量为目标，适用于大型集团化企业的绩效管理体系。

资料来源：北京汽车集团有限公司. 以经济效益为中心的组织绩效管理优化与实施//盛继明. 工业和信息通信业管理会计案例集（2018）. 北京：电子工业出版社，2018：201-217.

# 第四节　平衡计分卡激励机制分析

令所有公司大伤脑筋的一个问题是，是否以及如何将平衡计分卡指标与正式的薪酬制度挂钩。对于薪酬制度需不需要马上与平衡计分卡指标挂钩，目前各个公司采取了不同的做法。如果希望通过平衡计分卡来改造公司的文化，那么薪酬终归要与平衡计分卡中的目标挂钩。问题不在于这两者是否应该挂钩，而是什么时候、以何种方式来挂钩，对此有几种做法可供选择。

## 一、与平衡计分卡相关的薪酬体系

### （一）基于公司级平衡计分卡目标结果付酬

将平衡计分卡指标与薪酬挂钩的最简单的方法，是将公司级平衡计分卡作为衡量成功的标准和发放薪酬的决定因素。在这种情况下，向员工发放一定比例的激励报酬的前提，就是企业组织必须完成部分或全部的目标值。对公司级平衡计分卡的每个指标都规定一个权重，四个层面的权重之和为100%。财务层面目标通常权重较大，体现了公司价值管理继续关注财务成功的重要性。随着对结果的跟踪，计算薪酬支付的百分比并对薪酬进行分配。根据计划的复杂程度，薪酬的分配可以1个月进行一次，也可以按季度、半年或1年进行。假定某企业组织愿意以平衡计分卡结果为基础，每年增加10%的奖金（在工资的基础上）给员工。该公司跟踪了四个层面共8项指标，如表9-4所示。年末报告最后的薪酬支付结果，其计算过程如表9-5所示。

可以看出，企业达到了它的权益报酬率目标，并且因为它在所有指标中的权重为

30%，员工将得到以该结果计算的3%的奖金。以实际已经取得的平衡计分卡结果来计算薪酬，薪酬金额达到工资额的7.5%。

**表9-4 平衡计分卡指标的目标值及权重（%）**

| 层面 | 指标 | 目标值 | 权重 |
|---|---|---|---|
| 财务层面 | 权益报酬率 | 15 | 30 |
| | 收入增长率 | 25 | 10 |
| 客户层面 | 客户满意度 | 75 | 15 |
| | 重复购买率 | 80 | 5 |
| 内部流程层面 | 及时交付率 | 90 | 10 |
| | 生产效率 | 85 | 10 |
| 学习与成长层面 | 取得核心能力的员工所占百分比 | 70 | 12 |
| | 员工流失率 | 5 | 8 |

**表9-5 与平衡计分卡挂钩的薪酬支付计划（%）**

| 层面 | 指标 | 目标值 | 权重 | 实际数 | 支付比率 |
|---|---|---|---|---|---|
| 财务层面 | 权益报酬率 | 15 | 30 | 16.5 | 3 |
| | 收入增长率 | 25 | 10 | 20 | 0 |
| 客户层面 | 客户满意度 | 75 | 15 | 77 | 1.5 |
| | 重复购买率 | 80 | 5 | 75 | 0 |
| 内部流程层面 | 及时交付率 | 90 | 10 | 85 | 0 |
| | 生产效率 | 85 | 10 | 85 | 1 |
| 学习与成长层面 | 取得核心能力的员工所占百分比 | 70 | 12 | 75 | 1.2 |
| | 员工流失率 | 5 | 8 | 4 | 0.8 |
| 总的支付比率 | | — | — | — | 7.5 |

这个简单的方法使得对整个企业组织的信息沟通变得透明和理想，因为平衡计分卡的结果在整个年度都得到了控制，它们构成了整个公司自上而下的战略沟通的基础。但是应该注意到，这种机制也可能出现这样的情况，即，该机制给每一个单个的目标分配了一个权重，奖金根据每个目标完成的百分比来计算。因此，即使业绩表现不平衡，仍然可以拿到一大笔奖金。换句话说，业务单位可能只超额完成了少数几个目标，而其他目标完成得一塌糊涂，但管理者一样可以拿到奖金。

**（二）基于分级平衡计分卡目标结果支付薪酬**

与基于公司级平衡计分卡总体结果支付薪酬的方法不同，基于分级平衡计分卡目标结果支付薪酬的方法使员工更加容易接受。分级平衡计分卡展示了个别员工是如何影响公司级平衡计分卡目标的，相应的薪酬反过来也期待着业务经营单位、部门或个人层面的卓越业绩。

当管理团队的每个成员都建立了以公司级平衡计分卡为基础的个人平衡计分卡时，公司第一级的薪酬计划就建立了，每个层面所设定的权重及其相应的指标都是相对平衡的。但是，每个管理人员都会对他最能有所作为的方面设立较大的权重。例如，CFO设计的平衡计分卡在每个层面都会设立一些有代表性的指标，不过，基于CFO的工作性质及其对某些重要指标的影响，财务层面及其各种相应指标的权重最大；同理，销售与营销副总裁会给予客户层面指标更大的权重；等等。管理层开发的平衡计分卡包括各种指标的综合，有一些指标直接来自公司级平衡计分卡，另一些指标则用来描述管理层如何影响各种公司级指标。每个指标下不仅仅设立一级目标值，还可以根据情况设立二级、三级目标值，以增强其张力强度。最低目标值代表可以接受的最差业绩，如果没有达到最低目标值，该指标就不能得到激励报酬；中间目标值代表好于平均水平的业绩，所以可以得到较高的报酬；挑战性目标值考虑的是最好的一级，并且要求付出巨大的努力才能达到，因此，如果达到挑战性目标值，将得到额外的激励报酬。

这样，公司便在其业务经营单位、部门、个人这三级设立了平衡计分卡。在高层管理者的平衡计分卡中，对每个小组或个人每个层面及其各种指标都确定了一个权重，并且设置了相应的最低目标值、中间目标值和挑战性目标值。所有的平衡计分卡指标和目标值都要经过管理部门的审核和批准，以保证其能够恰当地涵盖公司的各种战略主题和达到挑战性目标值。一家以权益报酬率作为最终目标的公司会希望所有员工都充分认识到实现权益报酬率目标对公司来说至关重要，所以，它认为只有实现这一目标，员工才能获得激励报酬，这一信息将激发员工完成他们自己的平衡计分卡目标的强烈意识，因为他们从分级的过程中知道，只有完成自己的目标才能有助于公司层面目标的实现。

进一步来讲，奖金是一种典型的外在激励制度。外在激励要求员工奉命行事，因为他们完成一些清晰明确的目标值后将会得到奖金。外在激励是重要的，奖金和认可应该与业务单位和公司的目标实现情况相联系。但是，仅靠外在激励不足以鼓励有创造性的问题解决方法和有新意的决策方案。一些研究发现，内在激励可以促使员工根据个人偏好和信念采取行动，因而产生更大的创造力。从平衡计分卡的角度来看，当员工个人目标和行动与业务单位的目标和指标一致时，内在激励就发生了。凡是受到内在激励的员工，都早已把企业的目标化为自己的目标。即使奖励制度不能清晰地与这些目标联系，他们也会全力以赴地完成这些目标。实际上，外在的奖金反而会削弱或排斥内在激励。

在一些公司中，由于平衡计分卡阐明了业务单位的战略目标，并将这些目标与相关的业绩驱动因素联系起来，所以许多员工茅塞顿开，明白了自己的行动与公司长期目标之间的关系。过去他们像机器人一样，只求做好本职工作，领到奖金；现在他们深刻地认识到自己应该在什么地方表现卓越，才能帮助公司实现战略目标。平衡计分卡明确地阐述了个人工作如何与业务单位的整体目标协调一致，已为大批员工创造了内在激励。即使没有明显的奖金，他们创新和解决问题的能量也已释放出来了。但外在激励仍然重要，如果公司实现或超额完成了战略指标的挑战性目标值，就应该高度表扬和充分奖励有贡献的员工。

**（三）基于核心能力付酬**

据韬睿咨询公司报道，尽管在最近被调查的公司中，只有8%使用了基于核心能力的薪酬体系，但是78%的公司计划在不远的将来实施这一系统。随着工作环境不断由机器向知识转换，对核心能力的重视就显得更为重要。

从平衡计分卡的学习与成长层面可以知道，所有员工都能使用平衡计分卡跟踪达到核心能力的条件。作为一种逻辑延伸，激励报酬可能直接体现了核心能力的获得。员工如果在工作中能够展示一些额外的新技能，就能够获得报酬。但是，这种方法的一个潜在缺陷就是报酬分配仅与能力相关，这样可能导致对实际业绩结果的关注减少。所以要考虑将其与结果挂钩，特别是在确定短期激励报酬时尤其应该如此。

**（四）基于收益付酬**

基于收益付酬是一个依靠员工行动改善企业组织经营结果的改进系统。在这个系统里要开发一些关键的业绩指标，以使改进的目标或成本的节约与之吻合，由于改善了结果而带来的节约额，都通过激励报酬与员工分享。拟采用基于收益付酬这种激励措施的公司，在设计平衡计分卡时，应该由员工参与设计，为员工提供无限的教育机会，鼓励员工通过一些假设的疑问提出各种建议，创造一种透明度。

平衡计分卡的业绩指标可以为收益共享计划提供指导，四个层面都可能包含经济要素的一些指标，能够用于降低整个公司的成本。随着对一定时间内平衡计分卡的结果跟踪，任何节约额都可以作为激励报酬分配给员工。

**（五）积分点激励计划**

在国外，有些公司根据工会的相关规定，不能采用现金激励方式。在这种情况下，公司可以利用平衡计分卡创立一种积分点激励计划。每个积分点价值1美元，但不能兑换现金，只能折合为商品、支付费用以及购买补贴。

积分点激励计划要求首先必须设计总部、业务经营单位和个人平衡计分卡指标，获得每月、每季和每年的实际业绩数据，并以此为基础，对员工按月、按季或按年进行奖励。此外，如果员工业绩非常突出，那么主管可以自主给予奖励。

## ▲ 案例

### 先锋石油公司的薪酬与BSC的结合

先锋石油公司迅速转变，将平衡计分卡指标作为计算高层管理者奖金的唯一基础。如表9-6所示，管理者60%的奖金与财务业绩挂钩。不过，先锋石油公司计算这部分奖金并非只根据一个数字，而是根据五个指标的加权平均值。这五个指标是：相对于竞争标准的经营利润和资本报酬率，相对于计划的成本降低，已有市场和新市场的增长率。与另外40%的奖金挂钩的是：客户、内部流程和学习与成长方面的指标，包括一个涉及社区与环境责任的重要指标。先锋石油公司的CEO掩饰不住内心的喜悦，他说："如今我们的企业已实现了战略的协同一致。据我所知，没有哪个竞争对手能够达到这种程度的协同一致。

这种方法确实产生了效果。”

表 9-6 基于平衡计分卡的奖金制度

| 层面 | 指标 | 权重（%） |
|---|---|---|
| 财务（60%） | 相对于竞争者的利润 | 18.0 |
| | 相对于竞争者的资本报酬率 | 18.0 |
| | 相对于计划的成本下降 | 18.0 |
| | 新市场的增长率 | 3.0 |
| | 已有市场的增长率 | 3.0 |
| 客户（10%） | 市场占有率 | 2.5 |
| | 客户满意度调查 | 2.5 |
| | 经销商满意度调查 | 2.5 |
| | 经销商获利率 | 2.5 |
| 内部流程（10%） | 社区和环境指数 | 10.0 |
| 学习与成长（20%） | 员工士气调查 | 10.0 |
| | 战略技术评级 | 7.0 |
| | 战略性信息可用度 | 3.0 |

资料来源：罗伯特·卡普兰，大卫·诺顿. 平衡计分卡——化战略为行动. 广州：广东经济出版社，2004：176.

## 二、与平衡计分卡结合的激励计划的设计与实施

把奖金与平衡计分卡指标结合在一起的做法，显然具有很大的吸引力，但也会带来一些风险。平衡计分卡选择的指标是否正确？这些指标依据的数据是否可靠？追求目标的手段会不会违背指标设计的初衷，或者产生意料之外的后果？如果最初的平衡计分卡指标不能忠实地代表战略目标，或者改善短期指标的行动与实现长期目标有所抵触，那么奖金与平衡计分卡指标挂钩的缺点就会暴露无遗。所以，在把激励计划与平衡计分卡结合时，必须注意一些设计上的问题。

### （一）实施的时机

公司在把薪酬体系与平衡计分卡结合起来时，采取谨慎态度是十分合理的。通常情况下，公司可以考虑将平衡计分卡与薪酬体系挂钩的时间延长 6～12 个月，这主要是出于三个方面的考虑：

1. 初期的平衡计分卡仅是试验性描述

初期的平衡计分卡仅代表一个初步且暂时性的战略描述。平衡计分卡的内容只包括建立良好的、长期的财务业绩的各种指标之间假设性的因果关系。当企业将战略转化为各种指标时，它们建立了各种指标之间的假设性关系。很显然，以高度的激励（或薪酬）鞭策所有员工在这些假设性基础上创造最好的业绩，可能会令许多企业感到迟疑。由于这个原因，许多公司采取了谨慎的态度，不轻易把薪酬制度中的计算公式建立在平衡计分卡指标基础上。

例如，美孚石油公司最初在增加营业收入方面的战略衡量指标是石油销量相对于产业

的年成长率。由于对此战略目标投注了相当大的努力，美孚公司实现了第一年的目标。但是，其整体战略成果并不如原先高层管理者所预期的那样。在后来的回顾和讨论中，他们发现，其战略目标应该是提高高级产品的销售量在总营业额中所占的比重，而非仅一般性产品的销售增长率。因此，在第二年，该目标被改为强调收益率较高的高级汽油、润滑油的销售增长率指标。

2. 平衡计分卡实施缺乏可靠的资料

公司在实行计划初期，对于所有指标可能并不能搜集到可靠的数据。公司初期的平衡计分卡在客户、学习和创新层面往往会缺少一些指标。公司必须采用一些新方法来弥补这几个指标所缺少的数据。所以，在最初几年，运作一个只在财务和内部流程层面数据更为客观和可靠的“不平衡”的薪酬计划，可能会将一些错误的信息传递给员工：“我们不能衡量我们希望衡量的指标，因此我们衡量一些能衡量的指标。”

3. 计划实施时可能出现意外或不希望产生的结果

当平衡计分卡指标并不能完全代表战略目标时，当用以实现短期目标的行为与实现长期目标的行为不一致时，实施激励计划就可能出现一些意外或不希望产生的结果。因此，在与薪酬体系挂钩时，高层管理者或许更希望先了解员工如何达成平衡计分卡规定的业绩指标，以评估激励制度可能被扭曲的程度。

**（二）主观和客观指标**

一些公司在对员工进行激励时，通常会采用客观的、以成果为导向的衡量指标，而不是采用单纯衡量任务和活动本身的指标。需要注意的是，将佣金和奖金与客户满意度结合有时会造成业务人员及其他与客户接触的员工教唆客户按某种方式应对一些调查，或者应对事后与其他员工的会谈。对此，更为可取的激励应该是衡量客户的行为，即再次购买、购买新产品和新服务、介绍新客户的行为，而不是仅仅衡量客户的看法。

**（三）衡量指标的数目**

另外，在设计激励计划时，采用多少个指标是需要注意的。许多高层管理者希望薪酬体系越简单越好，例如，不超过7个指标，以免员工无法理解衡量的内容。事实上，设计一个详尽的战略平衡计分卡，并不一定会让员工产生混淆。关键是对员工进行充分的宣传教育，以便他们理解各指标的内涵及相互之间的因果关系。例如，美孚石油公司成功地让员工了解了该事业部平衡计分卡上超过两打的衡量指标，并显著提高了业绩。

**（四）个人激励或团队激励**

采取个人激励还是团队激励的方式，涉及一些管理上的权衡取舍，以及对组织中某些抵制力量的处理。以团队为基础的薪酬制度会鼓励合作行为以及团队的问题解决模式，并促使员工在其日常工作责任外，主动发现问题并提出解决办法。然而，从另一个角度看，团队激励可能会导致经济学上所谓的“搭便车”问题，即个人不必完全依靠自己的努力和自发性行动，也可从他人的构想与他人的勤奋工作中获益。

另外，某些性质的工作特别需要个人的全力以赴或特殊的才智，此时，企业必须提供明确的薪酬体系以激励个人的创造行为。

平衡计分卡可用来传达整体战略目标和任务，可以作为团体、组织业绩的衡量系统。如何结合平衡计分卡设计出兼顾个人激励和团队激励的薪酬体系，是每个企业都应该关注的问题。

### （五）修订薪酬体系的频率

一个清晰的、公式化的、与平衡计分卡的许多非财务指标相关联的激励计划会因其灵活性差而产生一定的风险。处于当今互联网时代的企业，面对技术创新、竞争对手出人意料的计划、新的竞争者的产生以及消费者偏好的变化，其战术和行动计划必须能顺应形势，迅速变化。如果企业的激励计划与一个现在已经过时的非财务指标挂钩，那么这些计划会因为中间过程的频繁变化而难以执行。

处于急剧变化的环境中的企业，可将客户层面成果及长期财务业绩作为薪酬体系的依据，如股价或3～5年的EVA。因此，公司的薪酬体系可以着重于长期的价值创造，不必因为牵动薪酬体系而妨碍平衡计分卡的修订，特别是业绩驱动因素与领先指标方面的修订。

总之，薪酬体系能够有力地把员工的日常行为规范到高层管理者的战略范畴之下，而平衡计分卡则以其清晰、全面的衡量体系，为薪酬设计提供充分支持。在短期内，把所有高层管理者的奖金与一套平衡的业务单位计分卡指标挂钩，有助于他们全力投身于企业的整体目标，避免职能部门的次优化行为。管理层和执行层之间关于如何规划目标和行动的对话，往往会彰显管理者的能力和努力，因此在奖金的计算中，不妨将主观判断与定量的结果指标结合起来。进一步的试验和经验可以提供更多的证据，帮助企业在外在、客观的公式与主观的评价之间，找到激励制度与实现平衡计分卡目标之间的平衡点。

## ▲ 案例

### 信诺平衡计分卡与激励的结合

信诺财产人寿保险集团（简称信诺）采用的激励计划如下：公司的CFO主动分配给21个业务部门一定的奖金额度，要求他们自己制定给员工发放奖金的激励办法。其中一个部门发明了一种极具创意的“业绩股份计划”，别的部门都认可了这一计划并先后采用了这一计划。

在业绩股份计划中，所有员工在年初都会得到一个固定数目的职位股份。职位股份的数量取决于每个人的工作职位。在这一年中，主管根据每个人的业绩授予相应的“业绩股份”。所有股份都以均值10美元为起点，但在最后结算的时候，各部门会根据平衡计分卡的业绩重新计算股份的价值。例如，某个员工年初时有50份职位股份，每份为10美元。一年中，他取得了很好的个人业绩，所以拿到了100份业绩股份。但是因为他所在的部门大多数平衡计分卡的指标都未达到既定目标，因此，到年底每份股份的价值只有5美元。最后，这个员工得到了750美元的奖金。这一奖金既反映了良好的个人业绩，又反映了较差的部门业绩。

相反，另一与他同处一个职位的员工（最初的职位股份也是50份），个人业绩很差，只拿到了10份业绩股份。但是他所在的部门业绩很好，年终的时候，这个部门每份股份的价值达到了14美元，这个员工最后得到了840美元的奖金。计算过程如

表 9-7 所示。

**表 9-7 信诺的员工激励计划**

| 战略目标 | 权重（%） | 财务指标 | 非财务指标 |
| --- | --- | --- | --- |
| 股东期望 | 20 | 净营业收入 | |
| 运营业绩 | 15 | 总收入 | |
| 增长 | 20 | 总账面价值增长率 | |
| 生产者关系 | 10 | | 生产者反馈 |
| 承保利润 | 10 | | 承保业务评价 |
| 信息技术 | 5 | | 计算机运用能力提高 |
| 其他 | 20 | | |
| 例 1：总股份＝50 职位股份＋100 业绩股份＝150 股份<br>奖金＝5 美元/股份×150 股份＝750 美元<br>例 2：总股份＝50 职位股份＋10 业绩股份＝60 股份<br>奖金＝14 美元/股份×60 股份＝840 美元 | | | |

说明：(1) 总股份＝职位股份＋业绩股份；(2) 每份股份的价值由平衡计分卡决定。

与每个人的工作关系最为密切的平衡计分卡（公司、分公司或业务部门的平衡计分卡）决定了每个员工的股份价值。公司的高层管理者不断提高业绩目标，而员工们也不断地创造出新方法，争取在业绩股份计划的 14 项指标上获得最高分数。该公司由此获得了更为平衡的业绩，其中只有 55%的权重被授予财务指标，因为财务指标在保险业中是重要的承保和理赔流程中非常滞后的指标。CFO 相信业绩股份计划为信诺的杰出表现做出了贡献。他说："激励机制是动力的来源，如果员工在平衡计分卡上取得了很好的业绩，我认为没有比将业绩与一个激励性方案挂钩更好的方法了，这样能促使他们取得好的业绩。对于我们来说，这种挂钩就是一切成功的来源。"

# 第五节 平衡计分卡业绩评价系统分析

## 一、财务层面指标

建立平衡计分卡可以促使各业务单位把自己的财务目标与全公司的战略联系起来。财务目标成为平衡计分卡的所有其他方面的目标和指标的核心。被选中的每项指标都应当是因果关系链上的一环，其最终结果是提高财务业绩。平衡计分卡应当反映战略的全貌，从长远的财务目标开始，然后将它们与一系列行动联系起来，这些行动包括财务层面、客户层面、内部流程层面以及学习与成长层面的行动，以实现其所期望的长期经济业绩。对大多数企业而言，增加收入、降低成本、提高生产率、加强资产运用和减少风险这些财务手段能提供平衡计分卡所有四个层面的必要联系。

一般情况下，财务层面的衡量指标包括：

（1）收入增长和组合。收入增长和组合，指的是扩大产品和服务的种类，开拓新客户和市场，改变产品和服务的构成以提高附加价值，以及重新确定产品和服务的价格。

（2）降低成本/提高生产率。降低成本和提高生产率，指的是努力降低产品和服务的直接成本，减少间接成本，以及与其他业务单位共享资源。

（3）资产运用/投资战略。资产运用/投资是指管理者努力降低既定业务量或业务组合所需的营运资金水平，管理者还通过利用剩余生产能力发展新业务，提高稀有资源利用效率和处理闲置资产，借此扩大固定资产的运用。

所有这些指标的实现，都能帮助业务单位增加财务和实物资产的回报。

## 二、客户层面指标

在平衡计分卡的客户层面，企业确定它们希望竞争的客户群体和细分市场，这些细分市场代表了公司财务目标中的收入来源。企业能够根据目标客户和细分市场，调整自己的核心客户的结果指标：市场份额、客户保持率、客户获得率、客户满意度、客户利润率。它也协助企业明确辨别并衡量自己希望带给目标客户和细分市场的价值主张，而价值主张是核心客户成果指标的动因指标和领先指标。

客户成果的核心衡量指标群适用于所有类型的企业，具体包括以下指标：

### （一）市场份额

一旦确定了目标客户群和细分市场，就可以直截了当地衡量市场份额了。行业团体、贸易协会和政府的统计资料，以及其他公开资讯，通常能对市场的总体规模进行评估。在锁定目标客户和细分市场之后，企业还可以采用第二种衡量市场份额的指标：某类客户业务的账户份额（有人称之为“客户钱包份额”）。公司在一定时期内的总体市场份额指标可能会受到公司与这些客户做成的业务的影响。也就是说，如果目标客户减少了他们向所有供应商提供的业务，那么企业整体的市场份额会随之降低。

### （二）客户保持率

显然，目标客户群维持或增加市场份额的一种可取的方法是保持现有的客户。而一项关于服务利润链的研究报告也证明了客户保持率的重要性。凡是容易确认所有客户的公司，如工业公司、分销商和批发商、报社和杂志社、网上服务公司、银行、信用卡公司、长途电话公司，都能够很容易地计算从一个时期到另一个时期的客户保持率。除了衡量客户保持率之外，很多公司还通过衡量既有客户的业务增长率来了解客户的忠诚度。

### （三）客户获得率

一般来说，追求业务成长的企业，都会制定一个目标：增加目标市场的客户总数。客户保持率指标，无论是绝对数还是相对数，都是衡量业务单位吸引或争取新客户、新业务的比率。而客户获得率则可以通过目标市场中新增客户的数量或新客户的总销售额来衡量。许多公司，如从事信用卡和支付卡经营业务、杂志订购业务、移动电话业务、有线电视业务、银行和其他金融业务的公司，经常通过大量且十分昂贵的营销活动来招揽新客户。这些公司可以查出对促销活动做出反应的客户数量，以及这些客户的转变率——新客户的实际人数除以潜在客户的人数；同时可以衡量招揽一个新客户的平均成本，以及从新客户那儿获得的收入相对于推销活动次数的比率，或相对于招揽成本的比率。

**（四）客户满意度**

客户满意度是驱动客户保持率和客户获得率的力量，客户满意度可以对公司的优劣做出反馈。无论怎样重视客户满意度都不为过。最近的一项调查显示，如果企业仅仅在客户满意度上得分，并不足以获得较高的客户忠诚度、客户保持率和客户获利率。只有使客户在购买产品时完全满意或极为满意，企业才能确保这些客户会重复采购。

**（五）客户利润率**

由于客户满意度和市场份额只是获得较高财务报酬的手段，所以企业不仅要衡量与客户达成的业务量，也要衡量这笔业务的利润率，特别是与目标客户的业务的利润率。企业不仅希望得到对企业感到满意的客户，它们还希望这些客户成为能给企业带来利润的客户，所以，像客户利润率这样的财务指标，就可以使一个以客户为中心的企业避免过于迷恋客户。

客户利润率指标可能揭示出某些目标客户根本无利可图，这种情形尤其容易出现在新客户身上，因为招揽新客户的费用相当可观，所以出售给这些客户的产品或服务无法通过边际利润抵消。在这种情况下，在保留或拒绝这些客户时，必须以客户的终身利润率为基础。新获得的客户具有增长潜力，即使目前无利可图，也仍然有保留的价值；如果从与企业保持多年关系的客户那儿仍无利可图，那么可能需要采取断然的行动（寻找别的理由，如商业信用和学习机会）把他们转变成资产。

它们之间形成了一条因果价值链，如图 9－7 所示。

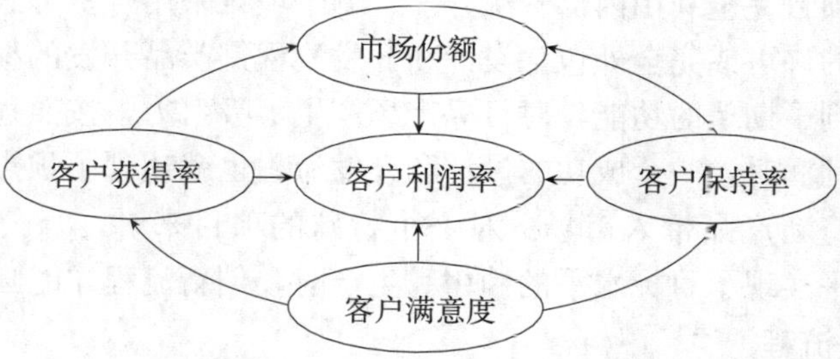


**图 9－7 客户层面核心指标关系链**

## 三、内部流程层面指标

一旦企业将财务层面目标和客户层面目标描绘成了清晰的蓝图，内部流程以及学习与成长层面的目标就将描述战略如何被实现。企业不仅管理其内部业务，还管理传送战略差异化价值主张的人力、信息和组织资本，这两个层面的卓越业绩将驱动战略。

在内部流程层面，企业需要实现两个关键的企业战略要素：（1）向客户生产和传递价值主张；（2）为了财务层面的生产率要素，改善流程并降低成本。可以将无数的内部流程分为四组：运营管理流程、客户管理流程、创新流程、社会责任流程（分别见表 2－5、表 2－6、表 2－7 和表 2－8）。

**（一）运营管理流程**

运营管理流程是基本的、日常的流程，通过这一流程公司生产现有产品和服务并交付给客户。制造企业的运营管理流程包括下列内容：从供应商那儿获得原材料、将原材料转变为产成品、向客户分销产成品、管理风险。

服务企业的营运流程是生产并交付客户使用的服务。

### （二）客户管理流程

客户管理流程拓展并加深了与目标客户的关系。我们能够确定四类客户管理流程：选择目标客户、获得目标客户、保持目标客户和增加客户业务。

选择目标客户包括确定公司价值主张中最想要的目标人群。客户选择过程定义了客户特征，以描述对公司最有吸引力的细分客户。对于消费品公司来讲，细分客户可以通过收入、财富、年龄、家庭规模和生活方式来界定；典型的商业细分客户则是通过价格敏感性、尽早采用、技术复杂性来界定。获得目标客户与创造领先技术、沟通潜在新客户、选择入门产品、产品定价、销售结算有关。保持目标客户是卓越服务和客户需求响应程度的结果。及时、到位的服务是维持客户忠诚度的关键。增加客户业务涉及高效管理客户关系、交叉销售多种产品和服务、成为值得客户信赖的知名顾问和供应商。

### （三）创新流程

创新流程涉及开发新产品、新方法和新服务，常常能使公司渗入新的市场和细分客户。创新管理包括四个流程：识别新产品和新服务的机会、管理研究和开发组合、设计和开发新产品和新服务、将新产品和新服务推向市场。

产品设计者和管理者产生新理念的途径有：扩展现有产品和服务；运用新发现和技术；听取客户建议。一旦产生了开发新产品和新服务的理念，经营管理者就必须决定为哪个项目筹资、哪个项目完全利用内部资源开发、哪个项目采用合资方式合作完成、哪个项目要得到其他组织的许可或完全外包。设计和开发流程是产品开发的核心，它将新概念带入市场。当产品达到了期望的功能，对目标市场产生了吸引力，按照稳定的质量生产并获得令人满意的边际利润时，一个成功的设计和开发流程也就达到了顶点。当产品开发周期结束时，项目小组将新产品带入市场。对一个特殊的项目来讲，当公司以特定的产品功能、质量和成本水平实现了目标水平的销售和生产时，创新流程才能画上句号。

### （四）社会责任流程

社会责任流程有助于企业在生产和销售所处的社区和国家持续获得经营的权利。有关环境、员工健康和安全、招募和解雇的国家和地方法规为公司的实践规定了标准。然而，有些公司希望表现得优于法规限制，从而建立声望，成为受所在社区欢迎的雇主。

按照以下几个关键维度，公司管理并报告它们的社会责任表现：环境、安全和健康、招募实践、社区投资。

对环境、安全和健康、招募实践、社区投资承担社会责任的原因未必都只是为了无私奉献。例如，规章和社会维度表现出的卓越声望可以帮助公司吸引和保持高素质员工，因此使人力资源流程更加富有效果和效率；减少环境事故并改善员工安全和健康也提高了生产率并降低了经营成本；具有杰出声望的公司通常会树立良好的客户形象和积极承担社会责任的投资者形象，从而驱动长期的股东价值创造。

## 四、学习与成长层面指标

平衡计分卡战略地图的第四个层面——学习与成长——描述了组织的无形资产及其在

战略中的作用。我们将无形资产分为三类。

**(一) 人力资本**

人力资本是指支持战略所需技能、才干和知识的可用性。衡量人力资本的核心指标有：员工满意度、员工保持率、员工生产率。

1. 员工满意度

员工满意度反映了员工士气以及员工对工作的整体满意度，如今大多数企业都认为这是一个极为重要的目标。员工感到满意是提高生产率、反应速度、产品质量和客户服务质量的必要前提。如果企业希望获得非常高的客户满意度，就需要用对公司非常满意的员工来为客户服务。对那些安排工资最低、技能最低的员工直接同客户打交道的服务单位来说，员工士气更为重要。衡量员工满意度的方法，通常是每年进行一次员工意见调查，或者每月随机抽样调查一定比例的员工。

2. 员工保持率

与企业的长期利益息息相关的员工的离职是企业不愿见到的。员工保持率指标暗含的理论就是：企业在员工身上进行了长期投资，因此任何非出于公司意愿的员工离职，都表明了公司智力投资的损失。在企业工作年限长且忠诚的员工不仅拥有有关企业价值和企业流程的知识，而且很可能拥有对客户需求的敏感度。员工保持率通常用关键员工流失率来衡量。

3. 员工生产率

员工生产率是一项结果指标，是受提高员工技能和士气、加强创新、改善内部业务流程以及满足客户需求等各项措施的综合影响而形成的结果。衡量员工生产率的目的是寻找员工生产的产品和生产这些产品所耗费的员工人数之间的关系。

最简单的生产率指标是人均收入（revenue-per-employee），它表示每一个员工能生产出多少产品。当员工和企业出售数量更多及增值更多的产品和服务的效率较高时，人均收入也会随之增加。只要企业内部结构没有太剧烈的变动，人均收入就像许多其他指标一样，是一个非常有用的诊断性指标。但如果企业动用资本或外界供应者来取代内部员工，就另当别论了。如果企业希望用人均收入指标来激励员工提高生产率，就必须用其他经济指标来平衡，这样就不会出现因为机能失调而使指标的目标值不能实现的现象。

**(二) 信息资本**

信息资本是指支持战略所需信息系统、网络和基础设施的可用性。

员工积极性和员工技能对于企业实现客户层面和内部流程层面目标来说必不可少，但仅做到这一点显然是不够的。要想使员工在当今竞争环境中发挥应有的作用，就必须使他们获得关于客户、内部流程和决策所造成的财务后果等方面的足够信息。

一线员工必须准确、及时、全面地了解每个客户与企业的关系。他们还应该知道某个客户属于哪个客户群，从而判断自己应尽多大努力才能满足既有客户的需要，以及设法了解客户的潜在需求并满足这些需求。

经营部门的员工需要快速、及时、准确地得到所生产的产品和所提供的服务的信息反馈，唯有获得这些信息反馈，员工们才能坚持执行改进计划，有系统地根治缺陷和消除生产系统中的超支、超时和浪费现象。不管企业实施的是持续改进式的全面质量管理计划，还是跃进式的流程再造方案，良好的信息系统都是员工改进流程的必要条件。对战略信息可用性采用的衡量方法有：计算流程拥有即时的质量、周转期和成本反馈的比例，计算直接面对客户的员工在线取得客户信息的比例等。

**（三）组织资本**

组织资本是指执行战略所需的发动并持续变革流程的组织能力。

尽管员工拥有技术，又能毫无障碍地获得信息，但如果他们无心追求企业的最大利益，或无权做决策和采取行动，那么还是一样无法对企业的成功做出贡献。因此，学习和创新层面还需要组织资本的支持，即要做到以下几点：采纳员工建议、改进流程、保证个人目标与企业目标一致、取得团队业绩等。

1. 采纳员工建议

企业可以采用多种手段衡量员工是否被激励和被充分授权，一个简单而又广泛使用的指标是员工提出建议的次数，这个指标可以衡量员工对改善企业业绩的参与程度；另一个辅助的指标是建议被采纳的次数，这一指标不仅衡量了建议的质量，而且向员工展现了企业对于广开言路的诚意和重视程度。

2. 改进流程

企业采纳员工建议的好处不仅限于节省开支，而且包括从员工建议中找到改进内部流程和客户流程（如对质量、时间或业绩的改进）的思路。一旦弥补了流程缺陷，管理者便可以更容易地在特定时间内达到预期的业绩。

3. 保证个人目标与企业目标一致

对于部门目标和个人目标是否与平衡计分卡上载明的企业目标保持一致的具体衡量过程是：第一个阶段，高层管理者建立平衡计分卡的内容与框架，然后责成各部门的管理者分别为自己负责的领域设计指标，并制订一个在企业中层层向下推进的平衡计分卡实施计划，衡量初步实施阶段是否成功的指标是已经接触平衡计分卡的高层管理者的比率；第二个阶段，向整个企业传播平衡计分卡和具体的实施计划，此时衡量指标则变为已经接触平衡计分卡的员工比率；第三个阶段，高层管理者界定平衡计分卡的具体的财务和非财务目标值，并把自己的红利与这些指标挂钩，此时引进了一个新的指标，即个人目标已与平衡计分卡结合的高层管理者的比率；第四个阶段——实施阶段，所有人员的活动和目标都与平衡计分卡的指标结合，这个阶段的衡量指标为个人目标与平衡计分卡目标结合的员工比率，以及已经完成个人目标的员工比率。

4. 取得团队业绩

在当今社会，许多企业都明白，要实现客户和股东要求的目标值，必须拥有完善的内部业务流程。这些企业的管理者相信，仅凭员工个人工作卖力、聪明，不足以实现内部流程的挑战性目标值。越来越多的企业转向利用团队协作来完成产品开发、客户服务和内部经营等重要的业务流程。这些企业希望利用一些指标来激励、监督企业的团队意识和业绩。例如，作为公司战略转型的一部分，一家保险公司把自身转变为一家专业性的财产和意外伤害保险公司。在进行转型时，公司以团队为中心来组织所有的工作流程。在学习与成长层面，该保险公司设计了六个衡量团队意识和团队业绩的指标：

（1）内部调查团队意识。调查员工意见，了解业务单位是否互相扶持并为彼此创造机会。

(2) 利润分成程度。记录企业与其他业务单位、企业或客户建立团队关系的程度。

(3) 一体化项目的数量。有多个业务单位参与的项目数量。

(4) 亏损控制利用率。新签的保单中曾经咨询亏损控制单位的比率。

(5) 团队设计业务计划的比率。业务单位在总部支持下设计业务计划的比率。

(6) 实施奖金分享制的团队比率。实施成员共同目标和奖金分享制的团队比率。

这些指标清晰地传达了企业希望个人在团队中高效工作的企业目标，以及希望企业的不同部门互助合作的企业目标。

团队概念可以进一步与利润分享计划挂钩。利润分享计划中，当团队达到共同目标时，所有成员都可以分配到奖金。

## 五、平衡计分卡业绩评价系统总体分析

### (一) 强调评价与战略结合

平衡计分卡把企业战略和业绩评价系统联系起来，是企业战略执行的基石。平衡计分卡的评价指标根源于组织的战略目标和竞争需要，以前许多公司用形形色色的具体业务指标来评价活动，但这些局部性的评价指标是由下而上产生的，并来自特定程序。而平衡计分卡通过客户（如客户满意度和市场占有率）、内部流程（如产品质量和交货时间）、学习与创新（如员工技能）层面的业绩评价指标来补充传统的财务指标。而且，平衡计分卡要求管理者从四个层面选择数量有限的关键指标，因而有助于把注意力集中到战略愿景上来。

### (二) 引入非财务指标

平衡计分卡引入了非财务指标，这些指标有的来自企业内部，有的来自企业外部，因而在使用时增加了数据获取的难度。非财务指标超出了会计信息系统的“势力”范围，尤其是市场占有率、客户满意度等外部数据的获得更是对企业的管理信息系统提出了挑战。但这只是一种理论上的推断，并不能成为许多企业采用平衡计分卡的障碍。平衡计分卡一般要使用十几个甚至更多的评价指标，对于指标的权重确定问题无法回避。从理论上来讲，确定权重的方法有多种，并且似乎还很复杂。但是，从本质上来讲，权重反映了对目标的重视程度，因而在实务中许多企业采用了简便易行的定性方法来确定指标权重，如德尔菲法。因为平衡计分卡没有给出确切的计分方法，从而不能产生一个业绩评价的结果，这似乎有点儿名不副实。①

### (三) 强调整体最优

平衡计分卡建立了财务指标与非财务指标相结合的业绩评价指标体系，它强调企业从整体上来考虑营销、生产、研发、财务、人力资源等部门之间的协调性和统一性，而不再将它们割裂开来；它以实现企业的整体目标为导向，强调整体最优而非局部最优；它全面地考虑了各利益相关者；它强调企业从长期和短期、结果和过程等多个视角来思考问题。平衡计分卡认为，使用财务指标设计激励机制将导致企业行为短期化，追求局部利益最优

① 蒋占华. 央企总会计师管理会计理论与实践. 北京：中国财政经济出版社，2018：470－482.

而忽视企业整体利益最优。因而，平衡计分卡在设计激励机制时，一方面强调非财务指标对短期行为的纠正；另一方面强调评价标准对于资源分配、企业目标实现的作用。

**（四）及时评价战略执行**

平衡计分卡帮助公司及时评价战略执行的情况，根据需要（每个月或每个季度）实时调整战略、目标和评价指标。而传统的业绩评价每年只做一两次，和企业的战略执行脱节。

**（五）有助于建立团队协作**

平衡计分卡能够帮助公司有效地建立跨部门团队合作，促进流程的顺利进行。平衡计分卡迫使管理者把所有重要的业绩评价指标放在一起考虑，从而使其能注意到，某一方面的改进是否以牺牲另一方面为代价；如果是这样，那么即使最好的目标，也可能是以很糟糕的方式实现的。例如，公司想要减少生产准备支出，既可通过缩短生产准备时间实现，也可通过增大产量实现。但增大产量的背后是，标准化、易生产但毛利较低的产品产量增加了。

**（六）评价指标并非一成不变**

平衡计分卡不是一个适合于所有企业或整个行业的模板。不同的市场地位、产品战略和竞争环境，要求有不同的平衡计分法，设计不同的评价指标体系。各单位应当设计出各有特点的平衡计分法，使之与自己的使命、战略、技术和文化相符。实际上，检验平衡计分卡成功与否的关键在于其透明度：一个观察者通过 15～20 个平衡计分卡指标，应该能够看清该单位的竞争战略。

平衡计分卡的应用范围已超越了营利组织，它的创建者卡普兰教授这些年也致力于在政府机构、医疗机构、教育机构等非营利组织推广该方法。

## 第六节　平衡计分卡管理系统分析

绩效卓越的企业不但能够制定科学的战略规划，而且可以在运营中有效地执行战略。图 9-8 给出了将战略制定和规划与运营执行有机结合起来的一体化管理系统。

运用该系统，管理者可以将年度管理工作分为六步。

**第一步：制定战略**

制定战略是年度管理流程的起点。在这一步，管理者要回答三个问题：

第一，我们存在的价值是什么？这要求管理者澄清企业的使命、愿景和价值观。这三个要素是制定和执行战略的指导原则。

第二，我们的关键问题是什么？这要求管理者开展战略分析。管理者可以应用 PESTEL（政治、经济、社会、技术、环境和法律）模型进行外部环境分析，同时对内部条件（如运营、创新、技术、人力资源等）和现有战略进行分析。通过分析，管理者可以形成企业的 SWOT（优势、劣势、机会和威胁）分析表。最后，管理者可以制定战略变革议程并通过沟通达成共识。

第三，我们如何更好地竞争？这要求管理者制定战略。管理者可以通过回答下列具体问题制定战略：（1）我们竞争的细分市场是什么？（2）在细分市场上形成的差异化的客户

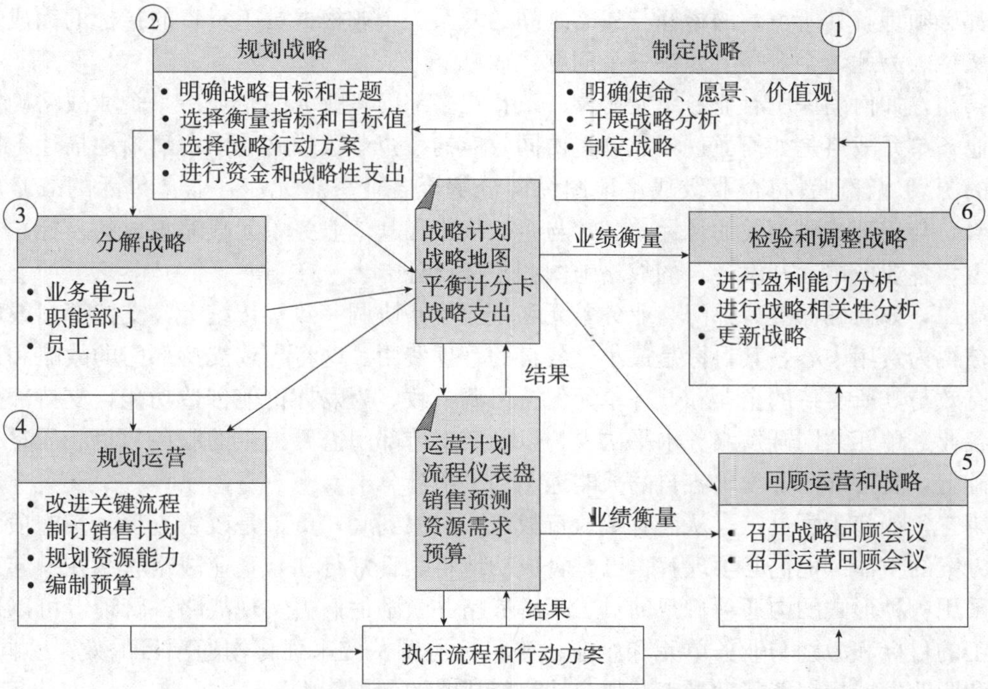


**图 9－8　战略运营一体化管理系统**

价值主张是什么？（3）创造差异化的关键流程是什么？（4）实施关键流程所需要的人力资本能力、技术能力和组织能力是什么？

**第二步：规划战略**

在这一步，管理者通过明确战略目标和主题、选择衡量指标和目标值、选择战略行动方案、进行资金和战略性支出来规划战略。为此，企业需要回答下面五个典型问题：

第一，企业如何描述战略？管理者可以通过绘制战略地图来描述战略。战略地图通过可视化的方式将所有的战略维度或战略主题清晰地表达出来，每个战略主题下又包含了4～6个相关的战略指标，从而使管理者可以有效地管理战略。

第二，企业如何衡量计划？针对战略地图中的战略主题和目标，管理者采用平衡计分卡将其转化为衡量指标、目标值和差距。整体价值差距由战略制定步骤中的愿景决定，进而分解为每个战略主题在未来3～5年需弥补的差距。

第三，企业的战略需要选择什么行动方案？行动方案是完成战略目标和指标的目标值应采取的行动。各项行动方案之间是相辅相成的。

第四，企业如何为行动方案提供资金支持？战略行动方案通常是跨职能和跨部门的，为其安排的支出称为战略预算。战略预算需从传统的年度经营预算中分离出来，由管理者单独管理。

第五，谁来领导战略执行？管理者需为每个战略主题找到一个拥有者，为其安排战略预算。战略主题拥有者对战略主题的执行负责并提供信息反馈。

**第三步：分解战略**

这一步需将整体战略分解至各个业务单元和职能部门，并最终分解至每位员工。所有员工都必须理解其所负责的指标与战略之间的联系。企业根据员工负责的指标的完成情况进行奖惩。为此，企业需要回答三个问题：

第一，如何确保所有业务单元协调一致？在多部门多业务的企业中，企业战略确定了各个业务单元战略是如何通过集成创造协同效应的，企业级战略地图中清晰地描述了协同效应的源泉。管理者将企业级战略地图纵向分解至各业务单元。各业务单元的战略反映了：（1）与局部战略相关的目标；（2）与企业战略和其他业务单元战略集成的目标。在此基础上，各业务单元开发各自的战略地图和平衡计分卡。

第二，如何确保支持部门与业务单元和企业战略协调一致？传统上，支持部门或职能部门被视为费用中心，其目标是最小化各自的管理费用。这将导致支持部门的战略和运营无法有效与其所支持的企业和业务单元保持协调一致。为发挥价值创造功能，支持部门需要与各业务单元共同开发服务水平协议，以确定支持部门需要提供的服务数量和质量。在此基础上，支持部门开发出各自的战略地图和平衡计分卡。

第三，如何激励员工，从而有效执行战略？归根到底，员工是改善流程、实施项目和行动方案的主体。他们必须理解自己是否成功地将其日常行动与企业战略联系在一起。企业需采用各种形式的沟通项目帮助员工理解战略并激励他们去实现战略。管理者可以通过将员工的目标和激励与业务单元和企业战略目标协调一致来强化沟通项目的效果。同时，培训和职业发展规划能帮助员工获得成功执行战略的各项能力。

**第四步：规划运营**

本节所用的六步管理法特别强调长期战略与日常运营之间的清晰联系。企业需要将各项流程改善活动与战略优先行动进行协同。同时，业务运营所需的资源配置必须与战略规划保持一致。在这一步，管理者必须回答以下两个关键问题：

第一，在战略执行中哪项业务流程改善是最为关键的？是否为关键流程主要看该流程能否对战略性的客户和财务目标产生重大改善。关键流程包括新产品开发、客户关系管理、全面质量管理、六西格玛和流程再造等。在确定了关键流程后，管理者需要为关键流程拥有者制定反映流程改善的业绩指标体系或仪表盘。

第二，如何将运营计划和预算与战略联系起来？流程改善计划和高层级的平衡计分卡指标及目标值必须转化为年度经营计划。年度经营计划包含三个要素：详细的销售预测、资源能力计划、运营费用和资本支出预算。在销售预测中，管理者可以运用滚动预测方法，同时体现预期销量、销售组合、订单特征、生产运行要求、交易特点等多个维度。在资源能力计划中，管理者可以运用作业成本法来编制预算，明晰不同作业对人员、设备设施等多项资源的需求。在运营和资本预算中，用货币方式对资源需求进行量化表达。

**第五步：回顾运营和战略**

一旦制定和规划了战略，并将其与运营计划进行了结合，企业就可以开始执行战略和运营计划，监督业绩结果，并基于新的信息和组织学习采取行动以改善运营和战略。通常，企业要召开诸如经济活动分析会这样的运营回顾会议来检查部门业绩并确定相应的问题。企业也通过半年工作会或年度工作会等战略回顾会议来讨论和评价平衡计分卡中的指标、行动方案执行情况以及相应的障碍。两种不同形式的会议需解决两种不同的问题：

第一，企业的运营处于控制之中吗？通过运营回顾会议，企业发挥员工的特长和经验来解决销售、采购、物流、财务和运营等部门的日常问题。这种会议通常耗时短、问题高度集中、受数据驱动并且以行动为导向。

第二，企业的战略执行有效吗？通过战略回顾会议，企业的管理者讨论战略执行是否处于轨道上，检查执行中的问题出在哪里，力图确定问题的成因，采取消除问题成因的行动，并为实现目标业绩配置权责利。

**第六步：检验和调整战略**

除了管理会议外，企业还需要单独召开一个会议以检验其基本战略假设是否有效。从运营回顾会议和战略回顾会议中，企业已获得了大量数据、有关环境变化的信息、员工贡献的新思想和机会，从而可以检验战略有效性，进而决定是否需要进行战略调整。在这一步，企业需要回答一个关键问题：战略发挥作用了吗？企业的管理者需定期质疑和挑战现有战略，如果有必要就调整现有战略。在检验战略时，企业可以运用作业成本法提供基础的盈利报告，汇总不同产品线、客户、细分市场、渠道和区域的损益数据，以搞清楚现有战略在哪些地方是成功的，在哪些地方是失败的。此外，企业也可以通过相关性分析等统计学分析方法来发现不同指标之间的相关性，当管理者看到与战略预期不符的负相关或不相关情形时，可能会调整战略。在一个持续经营的公司中，这一步和年度管理循环中的第一步是结合在一起的。

## 思考题

1. 简述市场占有率、客户满意度和员工满意度。
2. 简述技术创新、业务流程、市场营销与社会生态环保指标。
3. 简述平衡计分卡的四个层面。
4. 简述结果指标与动因指标的平衡。
5. 简述日常指标与战略指标的平衡。
6. 简述建立平衡计分卡的步骤。
7. 简述如何将平衡计分卡与薪酬挂钩。
8. 简述战略地图的原理和构成要素。

# 第十章 业绩评价之其他模式

**学习目标**

1. 了解主观业绩评价和相对业绩评价
2. 了解 OKR 的理论基础及定义。
3. 掌握 OKR 所蕴含的内容及价值。
4. 了解 OKR 实施前的准备工作。
5. 掌握 OKR 的实施步骤及制作流程。
6. 掌握 OKR 与 KPI 之间的区别和联系。

## 第一节　主观业绩评价

### 一、主观业绩评价的由来及概念

随着企业业绩评价方式由财务业绩评价逐渐转向综合业绩评价，更全面的评价指标（如员工和顾客满意度等）已被用于衡量企业整体业绩，以弥补客观指标可能带来的潜在缺陷，增强评价系统的灵活性和全面性。客观业绩指标的潜在缺陷表现在以下几个方面：首先，客观业绩指标做不到完全准确地反映企业的真实目标，常用的方式是用一个近似指标替代完全确切的指标去表示目标利益和代理人的真实贡献，这样做可能最终会导致激励扭曲的现象发生；其次，若代理人的业绩无法通过任何客观业绩指标来表示，则容易导致双边违约风险；最后，若代理人同时行使两种以上的任务，某些任务及其成果可观察，其他任务不可观察，则代理人将会把主要精力放在可观察的任务上而忽视其他任务，不利于委托人整体目标的实现。

相对于客观业绩评价针对定量的业绩指标和固定的计算公式进行业绩评价而言，主观业绩评价是基于管理者个人主观判断或基于主观非财务指标，对被评价者不能量化且不易观察的行为及努力程度进行的评价。在客观业绩评价的基础上开展相应的主观业绩评价，能够缓解单纯采用客观业绩评价所存在的潜在缺陷。

## 二、主观业绩评价的理论基础

国内外针对主观业绩评价的研究始于两个不同的理论基础：委托代理理论和组织心理学理论。传统的委托代理理论认为，过于简单和理想化的假设会导致客观业绩评价的相关理论无法解释真实世界，无法通过一个确切无误的客观业绩指标表示现实中委托人的目标。主观业绩评价作为对客观业绩评价的补充，可以弥补客观业绩评价指标的不足，减少客观指标的噪声，缓解客观指标可能引发的激励扭曲问题。组织心理学则认为，可靠性是选择业绩评价指标的关键因素，主观业绩评价受个人能力和偏见的影响，其业绩评价指标不够准确和可靠。由于认知偏差和社会偏差的存在，主观业绩评价在实施时会出现主观指标界定不清晰、评分缺乏充足的证据、管理者的偏好主义以及员工的讨好行为等情况。两种理论基础对主观评价的看法不同甚至相反。在运用综合业绩评价系统时，企业倾向于同时使用客观指标和主观指标，但会倾向于给予客观业绩指标较大的权重。

## 三、运用主观业绩评价的决定因素

主观业绩评价适用于公司层面及公司内部经营层面。

在公司层面，不同公司对主观业绩评价的运用程度和方式是不同的，取决于公司上市与否、公司规模、产品生命周期、公司成长机会、CEO任职期限、公司战略、公司发展阶段及其制度背景等因素。例如，采用差异化战略的企业可能更倾向于主观业绩评价，因为这种战略模式下的企业一般更加注重长期性投资而非短期预算目标的实现；正处于成长期的企业为了谋求更长远的发展机会和更广阔的前景，会制订各种研发和成长计划，但这些计划无法从当前的财务指标上得以体现。以上两种企业很多依赖于主观业绩评价。

在公司内部经营层面，相对较为独立的经营单位，其对主观业绩评价的运用较少。反之，需依赖其他部门来应对不确定性和复杂性的部门，其主观业绩评价更为有效。

此外，主观业绩评价在企业中的效果还会受到主观评价方式、程序和技术因素（指标选择和界定、评分方式和程序）以及组织文化因素（领导风格、上下级关系等）的影响。

## 四、主观业绩评价的实施

### （一）分配主客观业绩评价的权重

在实际应用时，首先需理解主观评价和客观评价之间的关系，建立并运用综合业绩评价模式。在设计真实业绩评价系统时，首先要权衡财务指标和非财务指标，还要在非财务指标中权衡客观指标和主观指标。为减少管理者对员工业绩评价的主观随意性，提高主观业绩评价的准确性，需在客观评价指标的基础上，尽可能对相应的主观业绩指标进行客观描述，并详细制定主观评价的相关规则。此外，主观业绩评价指标的权重和内容的设计需要准确追随企业的战略，依据公司战略的管理内涵和实施重点总结出主观因素并设计相应的主观评价指标。

**（二）明确主观业绩评价系统的细节设计**

企业需通过合理设计主观业绩评价方法和程序来降低或缓解主观业绩评价存在的随意性。虽然主观业绩评价没有客观业绩评价那样具体，但也不可随意设计或盲目照搬，需对细节问题进行斟酌并合理设计，使评价有据可依。将主观指标客观化、定性指标定量化是主观业绩评价设计的关键所在，可以通过确定评分人、评分依据和评分尺度来规范评分过程，通过明确数据搜集程序、每项指标的含义、评价结果是否披露以及评价结果用途来规范实施流程。

**（三）设置有效的主观业绩指标**

为弥补客观指标的不足，所设计出的主观业绩指标需行之有效。主观业绩指标需具有敏感性（当被评价者的行为对一项业绩指标产生很大的预期影响时，这项业绩指标是具有敏感性的）；主观业绩指标应趋同于组织目标；一项主观业绩评价指标应能够提高业绩评价系统整体的准确性，在一定程度上克服客观指标汇总的噪声影响；一项有效的主观业绩评价指标应能够帮助丰富业绩评价系统的完整性，尽可能全面地衡量被评价者的努力程度和业绩贡献，提高业绩评价系统的有效性和全面性；一项好的主观业绩评价指标应保持一定的稳定性，避免被评价者为谋求私利故意进行主观调整。

**（四）追随企业文化**

主观业绩评价系统的设置需以相关企业文化为基础，既可以通过主观指标的选择和运用向员工传达企业所崇尚的价值观和所追求的愿景，又可以通过主观业绩评价和激励制度的实施促进员工个人与企业文化融合。如国有企业更注重服从国家战略并强调社会贡献，更强调围绕政治素养、事业心及责任感设置主观评价指标；而对于民营企业来说，更适合设计与业务经营、内部沟通以及团队协作相关的主观评价指标，以反映其经营理念与效率。

**（五）注意实施节奏**

将主观业绩评价与薪酬等激励措施联系在一起时，其结果的不可验证性更突出，容易招致质疑甚至引发冲突。在对主观业绩评价结果的公正性存在疑虑时，应保持一定的谨慎性，控制实施节奏。

## 第二节　相对业绩评价

### 一、相对业绩评价的概念和理论基础

随着公司治理改革的推进，相对业绩评价逐渐被越来越多的企业用于设计和建立管理者薪酬激励机制。现行的企业业绩评价体系一般会存在如会计核算方式改变、利率变动以及外部市场冲击等噪声或时滞问题。为尽量排除管理者不可控的因素的影响，应科学地设计并运用相对业绩评价，以真实地反映管理者的能力、水平和为实现企业目标所做出的努力。

一般来讲，相对业绩评价是将某个人或企业的业绩作为标杆或参照系，对企业管理者的业绩水平进行设计、评价或考核。从经济学委托代理理论的角度来看，相对业绩评价源

于对环境不确定性的剔除，且同伴业绩的加权平均能够捕捉代理人面临的共同风险；随着行为科学的引入，人们发现：相对业绩评价产生的努力和激励源于当人们将被评价者的业绩与同伴进行比较时，他们会意识到竞争的存在和压力，从而通过学习、对比、模仿等感知过程来提高努力水平，从而改善业绩。应注意，在运用相对业绩评价对经理人进行业绩考核时，需要首先考虑市场、行业或同类型企业的业绩水平，尽可能剔除不可控因素对业绩的影响。

## 二、相对业绩评价的应用

### （一）确定可比企业范围

所选取的可比企业与自身相似度越高，可比性越强，使用相对业绩评价越能够过滤掉大量的噪声，越有利于管理层激励机制的设计和实施。一般情况下，需要进一步细化可比公司的选取标准，针对不同类型的公司，制定不同的选择标准。根据行业特征、企业规模、企业成长性、公司主动披露与否、融资约束程度以及经营杠杆高低等确定可比企业的范围。但选择标准不宜过多，标准过多会使入围的企业过少，不仅会影响相对业绩评价的使用效果，还会导致管理者的共谋行为或破坏性活动，增加代理成本。反之，选择标准过少会导致入围企业数量过多，大量的企业信息会增加观测成本。故在确定可比企业范围时需依据成本效益原则和可操作性原则，谨慎确定企业选取标准。

### （二）相对业绩评价指标的选择及权重

财务方面的相对业绩评价指标大体上可以区分为市场价值指标和会计收益指标两种类型，其中市场价值指标最符合企业追求股东财富最大化的目标，但由于资本市场不充分有效，且受社会经济、政治形势等多种因素影响，仅依靠市场价值指标衡量企业业绩有很大的局限性。现实中更多采用会计收益指标来评估业绩，这样可以减少管理者可控范围之外的噪声影响，但会计收益指标容易受到管理者的人为操纵，忽略企业的长远利益。从企业战略角度出发，在进行业绩评价时，除了考虑财务指标外，还应考虑非财务指标，非财务指标通常为客户满意度、产品与服务质量、市场占有率以及员工满意度等，引入非财务指标能加强企业对其未来概况的预测，避免了单纯使用财务指标造成的滞后性。但因非财务指标难以量化，所以应用时应对指标进行明确定义，使指标具有可操作性。

另外，指标的相对权重与指标的敏感性、准确性成比例。相对业绩指标的权重受公司特征、公司与参照公司之间业绩的相关程度以及市场竞争状态等因素的影响，如处于更激烈的竞争中的企业将会赋予竞争对手业绩更大的权重。

### （三）相对业绩评价的标准

相对业绩评价的标准一般来源于行业标准或以某种方式构建的业绩标准。具有挑战性但可以达到的相对业绩标准具有激励作用，对组织有利。经理人在选择相对业绩标准时会出现自我服务行为，无论是市场、行业还是自我构建的业绩标准都会出现明显低估的偏误，从而导致高估自己的相对业绩。

## 三、相对业绩评价的影响因素

根据权变理论，相对业绩评价的影响因素主要包括外部环境因素、组织特征因素以及管理者个人特征因素三个方面。

### （一）外部环境因素

影响相对业绩评价的外部环境因素包括市场竞争状态和公司竞争战略、外部共同不确定性以及所处的行业特征。竞争和战略的影响在于，公司高层管理者一般是在对市场环境做出预期的前提下进行决策，或者会从战略上改变公司所参与竞争的行业，特别是在垄断竞争环境下，公司之间受到战略上的相互影响，所以简单地采用行业相对业绩评价是不恰当的；外部共同不确定性在于，在长期激励计划下，共同风险与相对业绩评价的使用没有显著关系。许多公司使用相对业绩评价时只过滤不利事件，不过滤有利事件。此外，在快速发展、市场繁荣和集中度高的行业中，战略群体业绩评价作为承诺合谋工具的价值较低，因而可能会使用相对业绩评价。相对业绩评价促使管理者选择风险更高的项目，因此风险可观察性低的行业（如高科技行业）较少使用相对业绩评价。

### （二）组织特征因素

影响相对业绩评价的组织特征因素包括公司规模、公司治理特征以及公司实施成本。研究显示，相对业绩评价的使用和公司规模以及公司治理情况呈正相关关系。

### （三）管理者个人特征因素

影响相对业绩评价的管理者个人特征因素在于管理者对声誉效应和棘轮效应的关注、管理者规避市场风险的成本、管理者的能力以及管理者的权利。声誉效应增加了对管理者当期的激励，棘轮效应减少了对管理者当期的激励；当管理者规避市场风险的成本较高，需要雇主对其提供保障时，相对业绩评价才有价值；如果 CEO 的能力是稀缺的，供给是缺乏弹性的，那么当经济繁荣时对有能力的 CEO 的需求会增加，在这种情况下公司为挽留他们就必须支付更多的薪酬，这时 CEO 的薪酬随市场（行业）业绩同方向变化，因而不支持相对业绩评价；管理者可凭借手中的权力通过多种形式实现自身利益最大化，还可能以不同形式影响相对业绩评价的使用和效果。

## 四、相对业绩评价的系统后果

### （一）组织和个人的经济后果

从企业层面来看，相对业绩评价能改进委托人和代理人的风险承担，而不减少对代理人的激励。从代理人的角度来看，可以给代理人更强的激励，而不增加其额外风险。从股东的角度来看，相对业绩评价可以保护股东在市场或行业繁荣时不超额支付管理者薪酬，同时保护管理者在市场衰退时薪酬不会下降过多。

相对业绩评价能够使管理者更关注企业的资金配置效率、企业在同行业中的竞争优势、公司的资本结构与风险控制以及企业的持续发展能力等对企业的长期发展有利的方面。

### （二）代理人的心理和行为

企业实施相对业绩评价在一定程度上会带来一些好处。当代理人意识到他的业绩会通过与其他人比较进行评价时，代理人会提高努力程度，这就消除了社会惰性。在多数情况下，努力程度的提高更多是通过对相对业绩信息的感知过程来实现的，因此建议激励制度的设计者考虑引入感知过程来改善代理人的业绩。

但企业实施相对业绩评价之后，可能会加剧代理人之间的竞争。极端的个人主义竞争和过度竞争会导致不良心理，如安逸、恐惧、嫉妒、投机等。而这些不良心理会导致代理人的一系列功能失调行为。

相对业绩评价使得被评价者不愿意帮助其他同伴（竞争对手），这会阻碍员工之间的合作、信息分享和相互依赖；在竞争过程中，代理人为获取相对业绩优势，可能提高自身努力程度或者有意破坏竞争对手的努力程度；基于相对业绩的薪酬可能导致代理人之间的合谋行为，使他们可以在保持薪酬的概率分布不变的情况下降低各自的努力水平。

## 第三节 OKR

### 一、OKR 的定义及由来

OKR（objective-key result，目标-关键结果）作为一种强大的新型管理工具，近年来备受热议。相较传统管理工具，OKR 致力于指引领导者与团队成员紧密合作，协同聚焦于更具挑战性的目标，追求能促进组织成长且可衡量的贡献。

OKR 的理论基础和出发点是德鲁克提出的 MBO（目标管理），企业或组织的高层管理者将宏观总目标分解成分目标，作为业绩考核的标准落实到组织中各个部门以及每位成员。这种以结果为导向、强调实际成果和效率的管理方式将企业业绩与员工个人利益紧密联系在一起，更注重考核结果和薪酬的挂钩。但过度倾向于结果会削弱目标的挑战性和员工的积极性，导致目标制定者降低目标难度以维持甚至提升自己的业绩，目标执行者则会为了最大化自身利益而选择短期内利益最大化指标。这种指标上的博弈忽视了企业长期发展，使绩效考核沦为一场数字游戏。

不同的是，OKR 是一种由公司、团队和个人共同制定目标的方法，力求确保公司上下级一起聚焦于解决重要的难题。首先，将目标设定方式从以前的由高层管理者设定、自上而下层层分解落实为具体指标的命令—服从式管理模式改为自下而上、执行者与决策者共同协商制定的目标设定方式，从“要我做”到“我要做”的转变可以有效激励员工完成自行拟定的目标。其次，强调目标相关性而非关键性，重视长期来说对企业发展产生重大影响的目标，即使这些目标短期内无法体现出其重要性。这种偏向重视过程的目标设定方式对各个环节要求很高，任何步骤的偏离都可能会造成企业发展方向与宏观战略背道而驰。为将企业目标管理彻底贯彻落实到每一个部门、岗位甚至个人，OKR 对既定目标进行跟踪和跟进，及时掌握并反映目标的阶段性完成情况，了解并分析目标完成进度，引导员工关注自身工作完成情况，强化其目标意识。

### 二、OKR 的内容与价值

目标（objective）被用来回答“我们想做什么”这一问题，是一种简洁的、驱动组织朝着期望的方向前进的定性描述。一个恰当的目标是有时限要求的，能激发团队共鸣。举例来说，这个季度我们的目标之一就是“录制一整套高水准的网课，吸引人们对 OKR 的关注”。这个目标寥寥数语（简洁）、没有数字（定性）、本季度内录制完成（时间限制）、旨在提高 OKR 的关注度（鼓舞人心，激发共鸣）。

关键结果（key result，KR）用来回答“我们如何知道自己是否达到了目标要求”这一问题，是一种用于衡量目标达成情况的定量描述，它能量化目标中模棱两可的描述。拿上述例子来说，什么叫“高水准”，“吸引”又当怎样解读，没有直观的方式可以直接量化，需要我们结合内外部环境去解释。例如：“40%的用户会重复观看网课”可以定量解释“高水准”，“20%的用户会联系我们，希望得到更多资料和培训”可以定量解释“吸引”。需要注意的是，关键结果的制定需兼顾挑战性和可实现性，否则 KR 或流于形式，或高不可攀。

相较传统业绩管理方法，OKR 能给我们带来意想不到的好处。简单的过程能够让人们易于理解、掌握和熟练使用；多以季度为周期设定目标使得 OKR 拥有更快的行动速度，可以增强企业应变能力；聚焦于绝对优先事项可以摆脱层出不穷的问题；公开透明的特点能够促进横向团队统一战线、相互协作；自下而上的目标设定结合自上而下的目标分配可以提高员工敬业程度、促进沟通和提升士气；前瞻性思考可以鼓励员工走出舒适区，更多地去思考未来，从而激发团队更好地完成工作。表 10-1 列出了 OKR 的价值。

**表 10-1　OKR 的价值**

| 易于理解、掌握和熟练使用 | 更快的行动速度 | 聚焦 | 公开透明 | 自下而上 | 前瞻性思考 |
|---|---|---|---|---|---|
| 提升员工支持度和使用率 | 更短的周期让行动更快捷 | 确保每位员工清楚什么是最重要的 | 促进跨部门协作 | 让团队和个人更有责任感 | 思考未来 |

## 三、OKR 的实施

### （一）实施前准备

相较于把人当作消极因素对待，只注重人的生理需要和安全需要的满足，把金钱当作主要激励手段、把惩罚视为有效管理方式的传统管理理论，OKR 抓住了人的自身特征和精神需要，强调自我承诺和自我实现。管理者根据每个人的爱好和特长，通过安排有吸引力的工作，使其发挥主动性和创造性；重视其主动特征，最大限度地将权力下放并给予信任；更多地启发、诱导和鼓励所有人跨层级思考，以追求组织层面的贡献和影响力。故采用 OKR 之前，应思考的是企业的管理思维和组织文化是否与 OKR 所体现的管理理论匹配。

一家企业若想真正运用好 OKR，需要做好“企业转型和变革”的准备。具体来说，这大致包括五项核心内容：组织扁平化、利益共享与风险共担、行动速度快且应变能力强的团队、项目化和以结果为导向的企业文化。

1. 组织扁平化

相较传统 5～6 层的科层组织，扁平化组织在对外部客户需求的反馈、组织内部的沟通、管理者的决策以及信息传递和决策方面都有很大的提升。在使用 OKR 时，内部组织需要扁平化，将层级数量压缩至 3～4 个，使层级距离变短，组织中的团队能够独立运作，通过适度的授权和分散的领导中心实现自我管理。在面对过大的业务单元时，扁平化组织会考虑横向裂变而非纵向发展，目的是让组织更多地朝“独立运作、自我管理和扁平高效”的方向发展，以杜绝层级多、决策慢、执行乱的官僚主义。

2. 利益共享与风险共担

为了从根本上解决团队激励问题，需将企业核心骨干变成股东，使更多业务板块能够形成互补之势而非各自为战，让各核心骨干在目标上达成一致，真正将企业做大做强。

3. 行动速度快且应变能力强的团队

组织扁平化意味着团队规模较小，人数较少，任何一个成员能力不足、偷懒或团队意识较差都会使得目标无法达成，所以团队中的每个人都是关键，都需要具有丰富的知识储备、过硬的专业素养以及内心驱动的协作精神。

4. 项目化

OKR 的实施需要组织废除繁杂无用的管理流程，用一个个项目取代机械式按部就班的经营理念，这样的项目化运作可以使企业个性化且有针对性地解决问题。

5. 以结果为导向的企业文化

在层级分明的组织结构和管理队伍中，淘汰机制单一，晋升机制僵化，过于关注员工业绩考核结果而忽略对其能力的培养。研究表明，官僚型企业文化在对市场业绩产生显著正面影响的同时，会对人力资源效能产生负面影响；创新型文化对新产品或服务的成功有显著正面影响，当企业文化以创新和挑战为导向时，企业在新产品或服务上的业绩会更高。为使 OKR 成功实施，需倡导建立以结果为导向的企业文化，依据业绩或者口碑量化关键成果，简化过程管理，发挥员工积极性。

**（二）OKR 实施计划**

1. 计划阶段

（1）取得高层管理者的支持。

OKR 的实施如果没有高层管理者的支持和全程投入，终将付之东流。要做到这一点，需要向高层管理者解释清楚 OKR 可以如何帮助企业化繁为简、如何让行动更快捷、如何提升反馈的灵活性和敏捷性，以及如何使企业将精力聚焦在真正重要的事情上，应尽量使 OKR 的节奏契合高层管理者个人的兴趣和价值观，使之真正理解 OKR 并在言行上支持它，真正参与到 OKR 的实施过程中去。

（2）决定在哪个层面实施 OKR。

仅公司层面的 OKR 对于很多组织来说是最佳的选择，它可以清楚地传递组织的战略和公司高层管理者的目标，有利于其他层级在实施 OKR 时进行借鉴，但这需要得到高层管理者的支持并展示高层管理者的承诺；公司层面和业务团队层面的 OKR 可以得出更加雄心勃勃的方案，但需要清晰的 OKR 部署说明。一般来说，更稳妥的做法是采用公司层面的 OKR，业务团队根据一致性原则再制定自己的 OKR。

2. 实施阶段

（1）创建一个目标。

想要了解一个符合组织宏观战略的宏伟目标具体是什么样的，就必须先知道高质量 OKR 中目标应满足的要求。

1）鼓舞人心。

一个宏伟的目标需要通过具有感召力和挑战性的内容去传达一种可以激发团队想象力和创造力的信息。

2）是可达到的。

指定的目标需要兼顾理想和现实，太过激进的目标会引发一系列副作用，如侵蚀企业文化、削弱团队动机，甚至会引发不道德的行为。团队可以综合管理者和员工的意见进行客观判断，制定出可达到的目标。

3）以季度为周期。

目标应该符合其自身的时间节奏，相较于战略和使命，目标应以季度为周期制定。

4）团队内可控。

在创建 OKR 时，应确保所需达成的结果可以由此层级独立完成。相反，若是因为别的团队或部门的原因导致目标最终没有完成，就不能说目标是团队内可控的。

5）有商业价值。

若目标不能够创造价值，不能带来任何商业回报，团队便没有动机去执行它，这样不仅会消耗资源，而且最终也无法对齐企业战略。

6）是定性的。

应该用定性文字来描述团队期望达成的事件，用定量数字来反映 OKR 所表达的内容。

举例说明：

网络课程营销团队制定以下目标（见表 10－2），使团队聚焦于线上课程推广活动。

**表 10－2　目标：打造团队五年来影响力最大的线上课程推广活动**

| 鼓舞人心 | 是可达到的 | 以季度为周期 | 团队内可控 | 有商业价值 | 是定性的 |
| --- | --- | --- | --- | --- | --- |
| “影响力最大”和“公司五年来”等描述都很鼓舞人心 | “影响力最大”很具有挑战性，但是仍然是可达到的 | 线上课程推广活动是年度事件，将在下一季度发生 | 线上课程推广活动完全在营销团队可掌控的范围内 | 课程推广可以提高营业收入 | “影响力最大”是一个定性描述 |

需要注意的是，在创建目标时应避免原地踏步，尽量超过目前已达到的高度；应及时澄清疑问，将抽象的目标翻译成具体的语言；应使用积极正向的表述，协助和指引团队正面行动；应提供简单的指引，直接引导团队成员发挥创造性；应从动词开始，将团队成员引导到目标所期望的方向；应使用通俗易懂的语言，便于产生最直接的传播效应。

（2）给目标赋予关键结果。

简单描述的目标背后隐含着商业背景信息，需要通过关键结果进行定量描述。但是，建立能够精确、有效地度量目标的关键结果绝非易事，需要遵循以下标准：

1）是定量的。

关键结果通过定量数据可以清晰地衡量是否达成了目标，消除对目标的描述中那些含糊不清的表达。

2）是有挑战性的。

太容易达成的关键结果会减弱团队的动机，降低团队的努力程度，因此，需要设定更有挑战性的关键结果。但类似于目标的可达成性，需要找到关键结果的平衡点。

3）是具体的。

澄清术语和概念，确保理解一致，避免产生歧义，促进团队间无障碍交流。

4）是自主设定的。

若关键结果不是自主设定的，而是自上而下地分配的，团队便失去了在关键结果上的主动权。在具体实践中，团队期望的关键结果是自上而下和自下而上的结合。

5）是基于进度的。

进度的推进更能够激发团队的士气、动力和创造力。

6）是上下左右一致的。

通过关键结果的实现确保目标与公司的战略一致，团队和团队之间目标一致。

7）能驱动正确的行为表现。

仔细考虑每个关键结果对团队成员行为产生的影响，确保行为与战略相符。

表 10－3 列出了对应上述目标的一个关键结果。

**表 10－3　关键结果**

| 关键结果：在课程正式开放之前，由名师在线上举行 20 场直播试讲活动。 | | | | | | |
|---|---|---|---|---|---|---|
| 是定量的 | 是有挑战性的 | 是具体的 | 是自主设定的 | 是基于进度的 | 是上下左右一致的 | 能驱动正确的行为表现 |
| 举行 20 场 | 上年举行了 10 场线上直播试讲活动，今年 20 场的目标很有挑战性。 | 从描述中可以看出 what（线上直播试讲）、who（名师）、when（正式开放之前）、where（线上）这几项内容。 | 这是营销团队自己制定的关键结果，并非自上而下地分配的。 | 团队可以跟踪记录线上直播试讲活动导向销售活动所取得的进展。 | 基于之前某课程销售情况的反馈，线上直播试讲活动是营销团队所需要的。 | 营销团队聚焦于发现并吸引潜在客户，并通过线上直播试讲进行演示。 |

在制定关键结果时还应注意：只列举关键事项而非全盘罗列；关键结果应基于结果而非任务；使用积极正向的语言进行描述；对关键结果的表述应简单明了；应考虑多种可能性；务必指定一个责任人。

由于绩效管理系统的成熟度和数据可获得性上的差异，关键结果在设定时有着不同的类型，主要包括：基线型、正向度量型、负向度量型、范围型和里程碑型。

（3）里程碑型 OKR 打分。

在关键结果设定完成之后，我们就应该为 OKR 打分了，推荐如表 10－4 所示的评分系统。

**表 10－4　0～1 分评分系统**

| 0～1 分评分系统：通过关键结果打分传达指标要求、管理期望并促进持续学习 | |
|---|---|
| 1 分 | 结果远超预期，几乎不可达到 |
| 0.7 分 | 这是我们希望达到的程度，虽然很难但是可以达到 |
| 0.3 分 | 我们知道肯定能达到的程度，只需要很少的帮助甚至不需要帮助就能达到的程度 |
| 0 分 | 没有任何进展 |

我们仍以上述 OKR 为例，上述关键结果表述为“在课程正式开放之前，由名师在线上举行 20 场直播试讲活动”。相较上年成功举行 10 场线上直播试讲活动来说，这一关键结果很有挑战性并能激发团队的动力。假设在课程正式开放之前，团队成功举行了 17 场线上直播试讲活动，那么应该如何评判这个结果？

1 分：这是一个非常极端的结果，几乎不会实现。所有的关键结果开始都是按照 1 分进行准备以促进创造性思考。上述案例中团队将 20 场线上直播试讲活动设置成了 1 分，如果团队以前从未达到过此标准，那么 20 场对于现在这个团队来说十分困难。

0.7 分：此结果虽然较难，但还没有到不可实现的地步。在上述案例中，保证 15 场线上直播试讲活动就能代表 0.7 分的业绩水平，基于上年所达到的 10 场，再增加 5 场应该是可以达到的。

0.3 分：此结果可被认为是一切照旧的目标水平，即通过正常努力，只需要很少的帮助甚至不需要帮助就能达到的业绩水准。在上述案例中，团队认为举行 5 场线上直播试讲活动不需要花太大力气，因此将 5 场设置为 0.3 分。

0 分：此结果表示没有任何进展，即一场线上直播试讲活动都没有举行。

需要注意的是，在正式打分时，一方面应尽可能利用相关的可量化的背景材料，另一方面应利用自己的主观判断和直觉。实际操作时可以基于实际业务或企业文化的需要灵活调整度量项目的取值范围。不仅如此，团队还应在整个季度中随时保持对进度的评估。

正常的关键结果分值应落在 0.6 分至 0.7 分之间，对于本案例来说，最终关键结果的得分落在了 0.8 分至 1.0 分之间，说明团队设定的目标挑战性不够，没有充分发挥人才优势和团队的潜能。如果得分在 0.6 分以下，可能说明设定的目标挑战性过大。

(4) OKR 制作流程。

在了解 OKR 的实施过程之后，下面用 CRAFT 流程（见表 10-5）编制一份完整的 OKR。

1）创建。

2）精炼。

3）对齐。

4）定稿。

5）发布。

**表 10-5 CRAFT 流程**

| | |
|---|---|
| 创建 | 为 1～3 个目标起草 1～3 个具有挑战性的关键结果。<br>技巧：以小团队方式运作，例如“动态二人组”方式。 |
| 精炼 | 把 OKR 草案提交给整个团队，通过研讨会进行刷新。<br>技巧：大团队运作，确定关键结果评分办法。 |
| 对齐 | 识别依赖关系，联合定义关键结果。<br>技巧：同其他团队面对面讨论并就依赖关系达成一致，据此刷新关键结果。 |
| 定稿 | 把 OKR 提交上级批准。<br>技巧：在上级审核时讲明 OKR 对齐过程及其输出。 |
| 发布 | 沟通并发布 OKR。<br>技巧：把 OKR 放在人流集中位置，在全员大会以及团队会议上沟通 OKR。 |

## 四、OKR 与 KPI 的比较

OKR 是一套明确的用于跟踪目标及其完成情况的管理工具和方法，指导我们做正确的事；而 KPI 是通过对组织内部流程的输入端和输出端的关键参数进行选取、计算，从而进行分析的管理工具和方法，能够指导我们正确地做事。两种方法作为业绩评价工具，虽并无优劣之分，但彼此之间存在一定的区别和联系。如何在两者之间进行选择，要从业绩评价管理的目的出发，能够真正提升个人、部门和公司业绩的方法才是最合适的。

### （一）OKR 与 KPI 的联系

（1）OKR 和 KPI 均源自目标管理理论体系，存在共性。

（2）有相同的前提假设条件：员工会竭尽所能，充分发挥其主观能动性来完成设定的目标。

（3）OKR 和 KPI 都部分遵循 SMART 原则。

明确性（specific）。既定的目标能正确引导员工的日常工作，起到牵引作用，使员工为企业的生产力做贡献。明确的目标还可以减少外部干扰，避免被竞争对手扰乱视听，打乱自身规划。不明确的目标会使员工无所适从，效率低下。

可衡量性（measurable）。各项指标都应是可量化的，统一标准的量化指标可以使整个业绩考核体系的运作效率提高。

可实现性（attainable）。最终目标必须是在一定的时间规划和资源运用之后能够达成的。

相关性（relevant）。KPI 和 OKR 体系都是为达成企业战略目标而服务的。决策者需要对企业所处的外部环境和内部发展情况有清晰的了解，充分调动企业拥有的资源，掌握企业运营的规律。

时限性（time-based）。根据不同难度系数和重要性，决策者给出不同的时限要求，促使企业高效运作。

### （二）OKR 与 KPI 的区别

1. 从聚焦点来看

KPI 关注员工是否完成任务指标。

OKR 关注员工对企业愿景、使命及战略的贡献。

2. 从产生过程看（目标设定的方式）

KPI 是自上而下地将企业战略层层分解为具体指标，是一种典型的由上而下的命令—服从式管理。

OKR 则是属于自下而上的模式，由员工与其直接领导共同协商设定目标。

3. 目标设定的难易程度

KPI 的目标设定偏重合理性，旨在激励员工充分运用各种方式实现目标。

OKR 的目标设定更理想化，相对于 KPI 而言，难度系数较高。

4. 从导向性看

KPI 体现结果导向，一切用指标说话。

OKR 体现贡献导向，鼓励员工根据组织愿景进行“内部创业”，提出自己的目标和关键结果。为了提出自己的关键结果，员工需要自我学习和成长，还需要通过与周围人的沟通，自我反思和总结，进一步提升自己。

OKR 将目标管理与过程管理相结合，在关注目标本身达成的同时，也关注关键结果实现的过程。

5. 从适用的组织类型看

KPI 适用于多层级的、程序固定的企业。

OKR 则适用于扁平化的、创新型的企业。

6. 从操作难度看

KPI 的考核指标繁多，实施难度大。

OKR 要求员工最多设定 5 个目标和 4 个关键结果，操作较容易。

7. 从灵活性看

KPI 的指标无法轻易调整。

OKR 的关键结果可以根据外部因素的变化及时调整并改进，OKR 的目标是自下而上地提出来的，目标在组织目标和团队目标之下，对各个岗位来说有更好的匹配性和适应性。

8. 从公开性看

KPI 指标的公开程度各不相同，公开的内容以及对不同级别的公开程度各异且大多选择不公开。

OKR 关键结果的制定完全公开，一切都在阳光下，对员工来说既是一种压力，又是一种激励。

9. 从业绩考核看

KPI 直接与员工的薪酬制定、岗位晋升、福利发放和奖金分配等相关，它通过各项指标考评，最终对员工工资、晋升以及收入产生直接影响。

OKR 与员工的薪酬制定、岗位晋升、福利发放和奖金分配等无直接关系，只是作为综合考核的一种参考依据。OKR 考核与个人职业发展本身是脱离的，OKR 考核结果的好与坏不会直接影响员工的个人晋升通道。

10. 从适合的时期看

KPI 解决的是经营环境相对稳定的工业时代下确定性目标的执行问题，当下市场环境日新月异，传统的业绩考核方法难以适应变化多端的现实经济环境。KPI 将劳资双方置于对立面，管理者利用量化的指标对员工进行监督和约束，员工只需要应付上级大检查，有针对性地采取行动满足考核的指标要求即可。KPI 把考核指标当作目标，一味追求考核指标的达成，忽略过程，是一种机械的考核方式。此外，它还忽略了员工在工作过程中的主观能动性，导致员工在工作上失去创新探索的积极性，士气下降，组织陷入懒散怠惰的局面。

OKR 只适用于强调创造性、灵活性的移动互联时代，侧重解决网络化的企业和团队在共享不确定目标以及协同实现这些目标的过程中的动态调整问题。

没有十全十美的业绩考核方式，不同的企业文化、企业组织架构会催生出不同的业绩考核方式，企业在不同发展阶段也可根据宏观战略调整，相应地变更业绩考核方式。

## 思考题

1. 简述主观业绩评价和相对业绩评价的概念和影响因素。
2. 简述 OKR 的由来。
3. 简述 OKR 所包含的内容。
4. 简述 OKR 的实施流程。
5. 简述 OKR 与 KPI 之间的区别和联系。

# 第十一章 案例汇总

## 案例一 中国煤炭科工集团有限公司业绩考核体系的设计与实施[①]

### 一、案例背景

中国煤炭科工集团有限公司（以下简称中国煤炭科工）是经国务院批准，由中煤国际工程设计研究总院、煤炭科学研究总院两家中央企业于 2008 年 4 月合并组建而成的，是国务院国有资产监督管理委员会（简称国资委）直接监管的中央企业。2008 年 8 月 29 日，中国煤炭科工在国家工商行政管理总局按照《公司法》完成注册，注册资本为 35 亿元。

结合自身特点和发展需要，中国煤炭科工确立了自身的发展路径：坚持以煤为本，坚持培育创新能力、实现引领支撑的原则，以客户需求为导向，以技术创新为驱动，通过煤炭产业链的一体化延伸，实现"资源配置一体化、煤炭服务一体化、技术应用一体化"，通过丰富的产品组合，打造完整的煤炭技术服务产业链，实现各大板块业务的协同发展，成为提供集成化、一体化解决方案的工程服务商和装备供应商，建设具有国际影响力和竞争力的大型高科技企业集团。

合并后，中国煤炭科工在管理会计的实践方面做了一些探索，在企业战略规划、投资项目评价、日常经营决策、经营业绩评价等方面均运用了管理会计方法和理念。具体而言，运用 SWOT 分析方法、吸收平衡计分卡的思想进行战略制定和落实，整合 KPI、EVA、360 度评价等管理会计方法构建绩效评价体系，运用价值链管理理论指导集团业务布局和协调上下游关系，广泛运用成本性态、本量利分析、盈亏平衡点进行生产和经营决策，采用现金流量法进行长期投资决策等。但是总体来说，中国煤炭科工对管理会计方法

① 蒋占华. 央企总会计师管理会计理论与实践. 北京：中国财政经济出版社，2018：470－482.

工具的系统运用尚处于起步阶段，还没有取得预期效果。目前，中国煤炭科工建立了较为全面的业绩考核体系，作为引导资源配置、实现战略落地的重要抓手。

## 二、总体设计

### （一）运用相关管理会计工具方法的目标

中国煤炭科工以确保战略落地为目标，综合运用多种管理会计工具、方法，建立了一个全方位覆盖企业各个层面的业绩考核体系。在覆盖范围上，力求全面，做到“纵向到底、横向到边、不留死角”。在考核指标的设计上，力求实现对企业战略目标的精准分解，发挥指标体系对实现战略的保证作用。同时，根据组织结构特点和管理模式特点，有针对性地建立各个层级的考核指标体系。对指标设计尽可能做到简单明了，并确保将指标设计与公司战略目标之间的关系宣贯到位。

### （二）运用相关管理会计工具方法的总体思路

中国煤炭科工的业绩考核体系整体上吸收了平衡计分卡的思想，以 KPI 考核为主线，结合 360 度评价的方法，在企业负责人经营业绩考核中，将 EVA 确定为 KPI 之一。

## 三、实施过程

### （一）运用模式和运用流程

1. 平衡计分卡

中国煤炭科工吸收平衡计分卡的思想，在战略制定中除明确了财务目标外，还充分体现了对客户服务、产品标准的关注，同时制定了《中国煤炭科工集团有限公司人力资源“十二五”规划》，确立了人才与集团公司共同成长的发展观；将业绩考核作为战略落地的重要抓手，充分结合本企业的特点，在强调财务业绩的同时，特别注重科技业绩、安全生产、内部协同等方面的考核；建立了以《中国煤炭科工集团有限公司全员业绩考核指导意见》为统领，涵盖从集团到二级企业、三级企业，从高管人员、各部门到员工个人的多项考核制度的完整考核体系，将考核目标层层分解传递。

2. 以 KPI 为主线

（1）强化考核体系，根据调整后的战略规划要求，强化与战略规划相关的收入、利润等主要经营指标、考核机制。

（2）根据《中国煤炭科工集团有限公司高级管理人员经营业绩考核暂行办法》，建立考核范围覆盖集团公司全部高管人员的考核体系，将战略规划目标和战略措施有针对性地纳入每位高管人员的个人 KPI。

（3）根据《中国煤炭科工集团有限公司企业负责人年度经营业绩考核暂行办法》，将子企业发展规划中的利润总额、经济增加值、营业收入、科技创新投入等与战略实施相关的指标和工作任务纳入子企业负责人的 KPI。

3. 360 度评价

目前，中国煤炭科工在高管人员个人素质能力评价、集团公司各职能部门负责人的考核以及部门员工的考核中，采用 360 度评价的方法。其中，高管人员的评价者是全体董事、党委常委会成员及其他高管人员；总部职能部门负责人进行述职，由集团公司领导人员及总部各部门负责人、所属企业正职参加述职会议并评分；部门员工进行年度工作总结，由部门负责人和其他员工进行评分。

4. EVA 评价方法

EVA 作为企业价值的量化体现，成为考核体系的重要组成部分。中国煤炭科工的 EVA 考核办法与国资委的考核办法一脉相承，在内容上基本与之保持一致，并将 EVA 作为考核办法中的基本指标，将其权重设置为 30%，在所属二级企业全面推行。中国煤炭科工积极探索完善 EVA 的考核理念与方法，结合所属企业的实际经营情况，较为有效地将国资委考核集团公司的指标分解为各企业的业绩考核指标，按照权责利统一的要求，实现了企业负责人经营业绩同激励约束机制的结合，并以此作为职务任免的重要依据。中国煤炭科工按照季度、半年度、年度分别对集团公司及所属企业的财务状况进行动态分析，将 EVA 作为考核下属企业的一项重要指标在财务动态中列示，并在年底按照 EVA 完成情况对各企业进行排名，以引起企业的高度重视。EVA 指标考核列入集团公司常态化指标管理范围，所属企业中凡是该项指标出现异常变化的情况均要求对其 EVA 进行分解、分析，找出原因，反映问题，寻求解决方法。

### （二）中国煤炭科工业绩考核的基本内容

1. 全员业绩考核建设

中国煤炭科工确定了“战略导向、分级管理、分类考核、全员覆盖、突出短板、积极创新、注重实效”的全员业绩考核制度建设原则，全面推行了各级企业负责人考核制度，较好地实现了全员业绩考核工作的制度覆盖（如表 11－1 所示）。

**表 11－1　中国煤炭科工业绩考核制度体系表**

| 制度类别 | 业绩考核制度 | 制定单位 |
|---|---|---|
| 集团系统 | 集团公司全员业绩考核指导意见 | 集团公司 |
| 集团总部 | 集团公司高管人员经营业绩考核暂行办法 | 集团公司 |
| | 集团公司总部职能部门负责人及员工绩效考核办法 | 集团公司 |
| 二级子企业 | 二级子企业负责人经营业绩考核办法<br>所属企业领导班子和领导人员综合绩效考核暂行办法 | 集团公司 |
| | 二级子企业职能部门负责人及员工考核办法 | 本企业 |
| 三级及以下子企业 | 三级及以下企业负责人经营业绩考核办法 | 二级子企业 |
| | 三级及以下子企业职能部门负责人及员工考核办法 | 本企业 |
| 其他 | 其他人员业绩考核办法 | 主管单位 |

在建设全员业绩考核制度的同时，中国煤炭科工统筹建设与全员业绩考核制度相关的薪酬制度体系、企业领导人员管理制度体系等关联制度体系。尤其是薪酬制度体系，要求与业绩考核制度体系紧密结合，保障薪酬结果与业绩考核结果直接挂钩。另外，中国煤炭科工还建立了所属企业业绩考核与工资管理基础制度备案机制，通过备案方式对各企业业绩考核主要制度进行总体审核与调控，并要求各企业根据企业内外部情况及有关政策的变化，每年及时对业绩考核制度进行评估与修订，根据政策变化及制度实施效果，对原有制

度进行修订和完善，确保制度实施的实用性、有效性。

2. 对集团高级管理人员的业绩考核工作

根据有关办法，中国煤炭科工规范、有效地组织高管人员开展年度业绩考核工作，并通过科技创新、重点工作、个人 KPI 等指标设置与考核，较好地保障了高管人员考核的精准性、针对性。

每年年初，由总经理组织高管人员按照董事会年度经营业绩考核要求和企业发展规划及经营状况，向董事会提交当年拟完成的经营业绩考核目标建议值。董事会根据国资委考核中国煤炭科工的测评目标值，结合企业所属科技行业的特点，审议确定主要业绩考核指标。总经理年度业绩考核指标如表 11-2 所示。

**表 11-2　总经理年度业绩考核指标**

| 指标 | 权重 | 分项指标 | 分项权重 | 评价人 | 评价人权重 |
|---|---|---|---|---|---|
| 主要业绩 | 85% | 经营业绩指标 | 80% | 董事会 | 100% |
| | | 科技创新能力及重点工作 | 20% | | |
| 个人 KPI | 10% | 分管工作指标 | 100% | 董事长 | 30% |
| | | | | 其他董事 | 60% |
| | | | | 党委会成员及其他高管人员 | 10% |
| 个人能力素质 | 5% | 素质、能力、态度 | 100% | 全体董事 | 90% |
| | | | | 党委会成员及其他高管人员 | 10% |

同时，根据岗位职责及分管工作，董事会组织高管人员开展了个人考核指标的制定工作，高管人员根据岗位职责分管工作分别提出个人 KPI，经逐级沟通审核后提交董事会确定，个人 KPI 示例见表 11-3。

**表 11-3　个人 KPI 示例**

| 序号 | 个人 KPI |
|---|---|
| 1 | 集团公司安全生产工作目标 |
| 2 | 集团公司节能减排目标 |
| 3 | 集团公司质量管理体系建设 |
| 4 | 推动实施 6S 等生产管理和安全标准检测工作 |

3. 对所属子企业负责人的经营业绩考核工作

每年 1～3 月，由集团公司组织对二级企业负责人上年经营业绩进行考核，并对企业负责人正副职进行综合业绩考评，最终形成每个负责人的业绩考核分数。中国煤炭科工所属企业负责人副职的年度薪酬分配系数依据副职考核结果综合确定，总体上划分为三档，最低不少于二档，由各企业在集团公司给出的总体调控线的基础上，按照副职业绩评估结果及岗位分工等因素申报方案，由集团公司统一审核调控。

4. 有效推进个人业绩与部门业绩密切挂钩的职能部门和员工考核工作

职能部门负责人及员工个人业绩考核结果与部门或内设机构考核结果密切挂钩。个人考核评估内容为业绩、素质、能力，其中业绩考核内容设有部门业绩和个人业绩，将部门或团队的业绩与个人业绩密切挂钩。部门业绩和个人业绩评估将重点工作与日常履职评估有效结合。职能部门及员工考核由高层管理者、中层管理者、服务对象（服务的业务部门及所属企业）以360度评估等方式进行，并根据实际情况适当加大服务对象的评估权重。职能部门负责人及员工的个人综合业绩考核结果与年终奖金直接挂钩，依据业绩考核结果拉开薪酬档次，保障绩效与薪酬密切挂钩，有效促进了企业员工工作积极性与工作效率的提高。

5. 安全生产和节能减排考核

在安全生产方面，中国煤炭科工深入开展安全生产活动，强化安全监管，全面推进6S管理和安全生产标准化达标建设。在节能减排方面，中国煤炭科工严格执行《集团公司“十二五”节能减排工作指导意见》，督促各企业积极开展节能减排，确保完成节能减排目标。

6. 科技创新考核

科技创新考核采用责任书完成情况与重点指标考核相结合的方式进行考核。责任书完成情况是指集团公司与所属企业负责人签订科技业绩责任书，对责任书中规定的考核指标的完成情况进行量化计分；重点指标考核是对科技创新的重点指标进行量化计分，根据每项指标的完成数量，按级别赋予权重系数，然后进行加权或按规定的公式计算总分。最终科技业绩考核结果由责任书完成情况得分和重点指标考核得分组成，其中责任书完成情况占60%，重点指标考核占40%。即，责任书考核指标得分是基础分，反映了本企业的科技工作是否合格，重点指标得分反映了本企业的科技工作是否优秀。

**（三）业绩考核体系的发展方向**

中国煤炭科工不仅在业绩考核方面进行了修订完善，而且为改变集团公司对所属企业多头考核、指标体系不全面的局面，积极探索建立综合考核评价体系，结合管理提升的要求，出台了《中国煤炭科工集团有限公司二级子企业领导人员年度综合考核评价制度》，旨在建立有效的激励和约束机制，规范二级子企业考核评价工作，努力实现对考核工作的统一领导和考核指标对企业管理要素的全覆盖。

（1）考核体系构成。综合考核评价指标体系包括经营业绩、专项工作科技创新、资源共享、安全生产、企业管理、领导班子综合素质、党建（含纪检）工作等8个分项考核。中国煤炭科工在综合考核评价制度的统领下，分别制定了各分项的考核评价办法。

（2）考核管理。在考核工作组织上，贯彻“统一领导、统一组织、统一考核、分类实施”思想，人力资源部（党委干部部）作为综合考核评价工作的主管部门，在总经理的领导下，负责综合考核评价工作的组织实施；对各分项考核实行归口管理，相关部门在主管领导的领导下开展分项考核。

（3）分类考核。中国煤炭科工结合板块划分，按照经营类型将二级子企业划分为咨询类、煤机装备类、节能环保类等七类，根据各自特点赋予各分项指标不同的权重。

（4）差异化考核。在综合考核体系中，中国煤炭科工设置专项工作指标，既充分体现了考核的差异化，又强化了对所属企业的管控力度；统筹考虑同一企业的专项工作权重与经营业绩权重，使权重根据重要程度在0至10%之间浮动。同时，针对因企业规模不同造成的企业经营难度差异，综合考核体系设置了企业经营难度的修正系数。在基本沿用原经营业绩考核办法中经营难度系数的计算方法的基础上，为引导企业更加注重发展质量、避免盲目扩大资产和人员规模，重点提高了利润总额指标所占的权重，降低了资产规模的权重。

## 四、实施结果

### （一）经济运行质量不断提高，综合实力显著增强

从2008年到2012年底，中国煤炭科工的营业收入由149亿元增加到348.5亿元，增长率为134%；利润总额由16.81亿元增加到38.2亿元，增长率为127.2%；总资产由136.8亿元增加到355亿元，增长率为159.5%；净资产由61亿元增加到161亿元，增长率为163.9%。特别是在2012年经济形势下滑的困难条件下，全年营业收入同比增长17.6%，利润总额同比增长12.9%，均实现两位数的增长，高于中央企业2012年的平均水平，在116家中央企业中，增长率名列前茅。

### （二）五大板块协调发展，集团战略有效落实

中国煤炭科工确立了五大业务板块，近年来的投资方向基本为主业投资，非主营业务逐渐被限制或剥离。同时，对于一些与集团公司主业相关度不高、市场竞争力不强的辅业企业，中国煤炭科工逐步予以清理，切实落实了集中精力做强主业、提高经济发展质量的目标。

### （三）集团管控能力不断增强，管理水平不断提升

经过五年的发展，中国煤炭科工在投融资管理、产权管理、产业结构调整、全面预算管理、降本增效与精益管理、业绩管理、质量管理、人力资源管理、科技创新等方面的工作都取得了长足的进展，现已完成集团公司下属全民所有制企业的公司制改造工作，集团整体经营管理水平不断提升。

## 五、案例启示

中国煤炭科工在业绩考核体系的建立上，从集团的战略目标出发，对目标进行层层分解，通过综合运用平衡计分卡、KPI、EVA、360度评价等工具对集团、子公司、部门、员工个人等各层面的业绩情况进行计划、考核、反馈、激励、提升，形成了事前计划、事中纠正和完善、事后分析的闭环管理，保障了公司乃至集团目标的实现。

（1）业绩考核体系是一套包含业绩规划与目标设定（又称目标管理）、业绩过程监控评价、业绩激励与业绩指导、业绩改进的循环机制，不是单一的考核。一些谈业绩考核就只是考核的国内企业，要走出这一误区。

（2）对于拥有多家子公司的集团企业，其业绩考核管理一定要避免集团和各子公司各自为政、互相脱离，应该立足于集团战略的高度，对集团战略目标进行层层分解和考核，建立一套由集团、子公司、各部门、员工个人自上而下地落实，自下而上地互相支撑衔接的业绩考核体系，这样有利于促进和保障集团战略措施的有效落实及战略目标的早日达成。

（3）对于集团企业来说，仅仅对下属子公司实施业绩考核特别是财务指标考核是远远

不够的。考核不是目的，在实施考核的同时应该进行积极有效的业绩沟通、业绩辅导和业绩激励，这样才能充分调动下属子公司的积极性，不断改善管理、提升业绩。只有各子公司业绩的改善和提升才能最终促使集团业绩的改善和提升。

（4）业绩沟通是业绩考核管理的灵魂与核心，业绩沟通应该贯穿业绩考核的始终。对于集团企业，各层级的业绩沟通方式不同，但是目的相同：考核者与被考核者共同探讨确定考核指标和标准，考核者积极对被考核者实施过程辅导和监控，在业绩考评结果出来后进一步探讨如何改进提升等，最终实现各层级业绩的改善和提升。

（5）就公益性企业而言，国内大多数此类企业的特点是社会公益性强、产业政策导向性强、网络化特征明显，多属于高度资本密集型行业；企业多由事业单位转制而来，管理相对来说不够完善，集团战略目标无法得到有效贯彻和执行。这就需要建立一套系统的、纵向延伸的业绩考核体系，通过全面的业绩考核管理来夯实管理基础、提升业绩。

（6）对于拥有多家子公司、多个业务单元的集团公司，通过完善集团与子公司之间的业绩考核体系，搭建业绩考核沟通和共享平台，可以发挥集团企业的规模优势和协同效应，使其效益最大化。

（7）对于内部职责和流程尚不够清晰的企业，在建立业绩考核体系时，不应为建立而建立，而要做好相关铺垫和基础工作，比如梳理流程、明晰职责等。

## 案例二　紫竹药业的平衡计分卡实践①

### 一、背景

北京紫竹药业有限公司（简称紫竹药业）是国有企业华润集团下属的集生产、经营、科研开发为一体的综合型制药骨干企业，已成为国家最大的计划生育用药和生殖健康用药科研与生产基地，并跻身世界人类生殖健康产业知名企业行列，被批准为北京市高新技术企业。

紫竹药业是国内较早应用管理会计工具的企业之一，具备较好的管理基础。在2003年至2006年间，逐步推行了ERP信息化管理、构建了以KPI为核心的全面绩效管理体系，经历了多次组织结构变革。2007年以来，面对医疗政策的变化、外商的激烈竞争以及内部业绩管理工作的滞后，公司管理层决定聘请外部专家，通过举办战略研讨会明确公司的战略定位，并决定使用平衡计分卡作为战略沟通的工具，将战略量化为目标，并制定出符合战略且易于沟通和指导的KPI，取得了较好的管理成效。

### 二、主要做法

紫竹药业采用“行动学习”的方法，集合公司管理层、股东、专家以及员工的智慧，基于战略制定、战略地图、业绩指标、薪酬激励机制等方面编制了平衡计分卡。

#### （一）描述战略

紫竹药业借助“行动学习”的方法重新审视了公司战略，通过召开战略研讨会，梳理

① 刘俊勇. 战略运营人员一体化系统研究——基于长寿药业实施平衡计分卡的案例. 会计之友，2012（9）.

了公司的产品线，分析了市场环境及主要产品价值曲线，统一了对“国际化”的理解，明确了公司的战略五要素：领域、路径、差异化、发展轨迹、经济逻辑。经过一系列的研讨与学习，紫竹药业股东、管理层及员工对公司战略及目标形成了广泛共识，最终形成的战略定位为：

(1) 以生殖健康为主导产业；

(2) 全球范围内以甾体药物为主的供应商；

(3) 积极关注消费者需求及医药行业发展趋势，加速专科治疗药的发展。

**(二) 战略地图**

为推动战略进一步转化为行动，公司成立了由高层管理者牵头，由销售部门、生产部门、研发部门和设备部门等部门的骨干组成的平衡计分卡项目组。参与战略研讨会的人员按照多元化原则被分为 8 个小组，就如何实现战略展开了激烈的讨论，最终基于战略愿景、企业使命及最新战略规划，分别编制财务、客户、内部流程、学习与成长四个层面的战略目标，汇总形成公司战略地图，体现了系统性、逻辑性及公司特色，如图 11－1 所示。

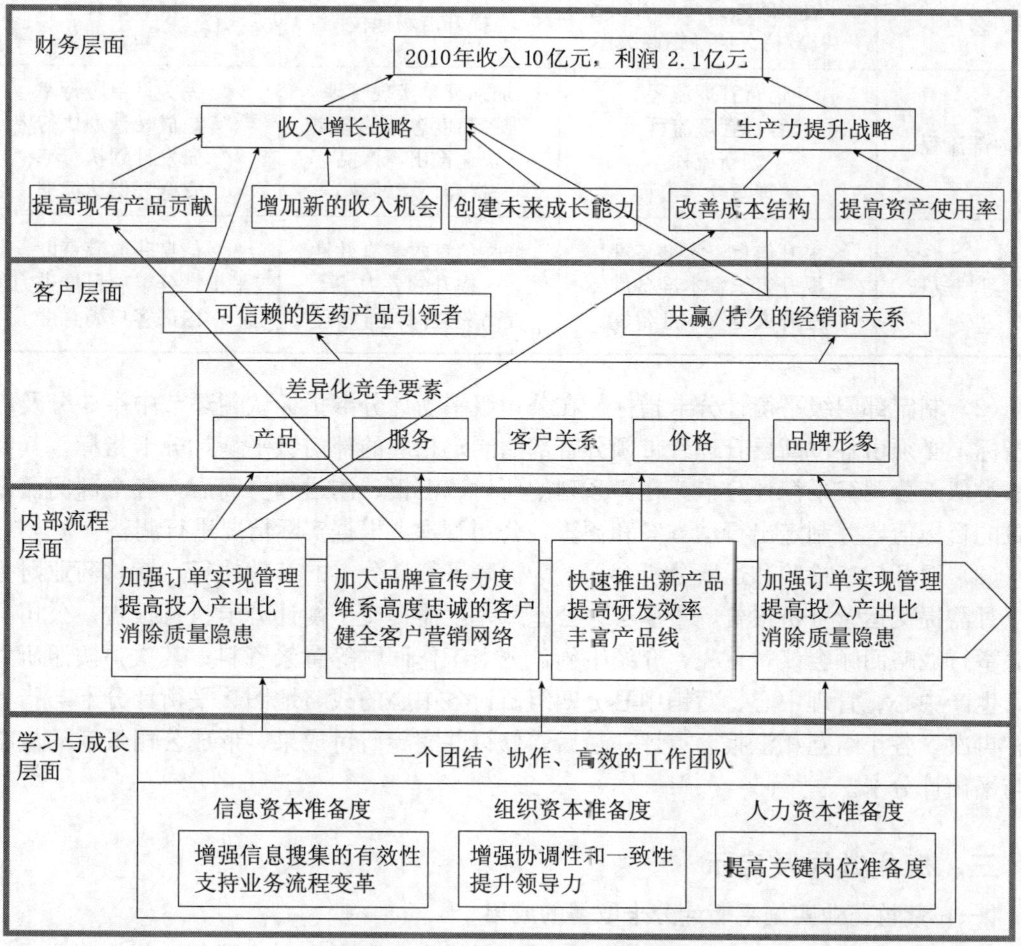


**图 11－1 紫竹药业的战略地图示意**

### （三）平衡计分卡

在确定了战略主题之后，接下来就需要制定平衡计分卡指标体系。紫竹药业平衡计分卡的设计步骤如下：

（1）制定公司层面平衡计分卡指标体系。紫竹药业公司层面衡量指标的确定流程包括：第一步：列举指标，即通过研讨会的方式，在专家的指导下，管理者根据战略主题列举出可以衡量战略目标的指标。第二步：认领指标，即将公司层面指标进行分解并分配到各个部门，需要由公司高层管理者通过举分的方式在现场进行认领，如果对某一指标起主导作用，则举5分，如果对某一指标起配合作用，则可举0～4分，由此明确主导与配合的责任划分。其公司级平衡计分卡指标体系（摘要）如表11-4所示。

**表11-4　紫竹药业公司级平衡计分卡指标体系（摘要）**

| 层面 | 战略主题 | 战略目标 | 衡量指标 |
|---|---|---|---|
| 财务 | 收入增长<br>生产力提升 | 提高现有产品贡献<br>增加新的收入机会<br>创建未来成长能力 | 现有产品销售增长率<br>国际市场销量<br>新品销量 |
| 客户 | 可信赖的医药产品引领者<br>共赢/持久的经销商关系 | 提升市场地位 | 市场占有率<br>知名度 |
| 内部流程 | 运营管理流程<br>客户管理流程<br>创新流程<br>法规与社会流程 | 加强订单实现管理<br>维系高度忠诚的客户<br>快速推出新产品<br>提高环境绩效 | 完美订单履行率<br>客户成长计划执行率<br>研发计划执行率<br>安全环保达标率 |
| 学习与成长 | 提升信息资本准备度<br>提升组织资本准备度<br>提升人力资本准备度 | 增强信息收集有效性<br>提升领导力<br>提高关键岗位准备度 | 信息获取满意度<br>平衡计分卡项目推进力度<br>内部客户满意度 |

（2）制定部门级平衡计分卡指标。在公司级平衡计分卡指标认领环节中举3分及以上的指标，必须由各位高层管理者带领分管部门制定相应的部门级平衡计分卡指标，其制定方法类似于公司级平衡计分卡。在一系列的研讨、汇报、沟通和协商后，各个部门需设定一致的目标值，并制定出行动方案和预算，公司管理者根据实际情况进行调整。

（3）召开战略检验和运营分析会议。为保障平衡计分卡的有效执行，紫竹药业财务部每个月需提交运营分析报告，董事会办公室每季度需提交平衡计分卡执行报告。公司会在年底举行战略回顾会议，首先，介绍平衡计分卡工作回顾等背景资料；其次，按照研发中心、生产中心、管理中心、营销中心分四组研讨各中心的战略地图、平衡计分卡与指标体系；再次，各小组互相汇报、点评；最后，修订并完善研讨成果，形成公司最新的战略地图与平衡计分卡。

## 三、应用效果及启示

### （一）紫竹药业实施平衡计分卡取得的成果

（1）改善公司业绩考核与薪酬激励机制，提升人力资本和人才储备。紫竹药业通过研讨使员工对平衡计分卡指标体系形成共识，并以此为依据进行后续考核激励，保证业绩考核客观、公正。此外，还制定了《战略绩效管理办法》，形成了闭环式管理流程。

(2) 改善企业内部流程。以实施平衡计分卡为契机，依据暴露的管理上的盲点，紫竹药业重新调整了部门工作职责和工作重点，优化了内部流程。

(3) 促进组织变革。这主要表现在促进组织结构、营销渠道、人员结构变革等方面。紫竹药业组织架构从传统的直线职能制转变为由研发、生产、销售、管理四大中心构成的矩阵制，促进了部门之间的协调。此外，还制定了新的产品营销政策，完善了人员竞聘制度。

(4) 提升财务绩效。这主要反映在盈利能力上，紫竹药业不仅提前完成了盈利目标，实现了利润翻番，而且利润增长率远高于销售额增长率，使成本得到了有效控制。

**(二) 紫竹药业实施平衡计分卡的启示**

(1) 与“行动学习”结合。紫竹药业通过多次“行动学习”这一研讨方法，使每一位员工都成为战略制定者，认识到自身工作与公司战略的紧密联系，参与到公司级和部门级业绩评价指标体系的建设中，有助于提高员工执行战略的积极性和落实指标的责任感。

(2) 得到高层管理者的支持与配合。紫竹药业成立了专门负责平衡计分卡的管理机构和岗位，高层管理者全程参与专家培训以及平衡计分卡的制定与实施过程，具备分析问题和快速适应的能力，能够帮助员工认可和接受平衡计分卡。

(3) 重视协调与反馈。紫竹药业以内部配合满意度指标来衡量部门之间的协同效果，通过对公司外部市场环境、内部运营数据、竞争对手的分析及战略回顾会议，调整平衡计分卡指标，明确战略实施的进展与障碍。

## 案例三 河南省肿瘤医院平衡计分卡的构建与实施[①]

### 一、案例背景

按照党的十七大精神，为建立中国特色医药卫生体制，逐步实现人人享有基本医疗卫生服务的目标，提高全民健康水平，2009 年 3 月 17 日，中共中央、国务院向社会公布《关于深化医药卫生体制改革的意见》，开始新医改。按照新医改的要求，一方面，要调整医疗服务价格，严控医疗费用增长，建立国家基本药物制度，医药分开，破除以药养医机制，取消药品加成，同时扩大基本医疗保险范围，严格把关封顶费用。另一方面，随着基本医疗保险全面覆盖城乡居民，分级就诊措施落地，部分普通病患、慢性疾病的病患将被强制性下放，省市级公立医院将主攻重症难症。因此，患者数量及结构的变动势必会造成公立医院的收入总额和收入成本结构的变动，这对公立医院的日常运营维护及成本控制提出了更高的要求。

河南省肿瘤医院筹建于 1977 年，现已成为国内肿瘤防治领域一所知名的大型现代化三级甲等医院，其在开放床位、医疗设备、诊疗水平、人才团队等诸多方面均居河南省专科医院首位，其组织结构见图 11-2。

---

① 刘俊勇，安娜，韩斌斌．公立医院平衡计分卡的构建——以河南省肿瘤医院为例．会计之友，2019 (9).

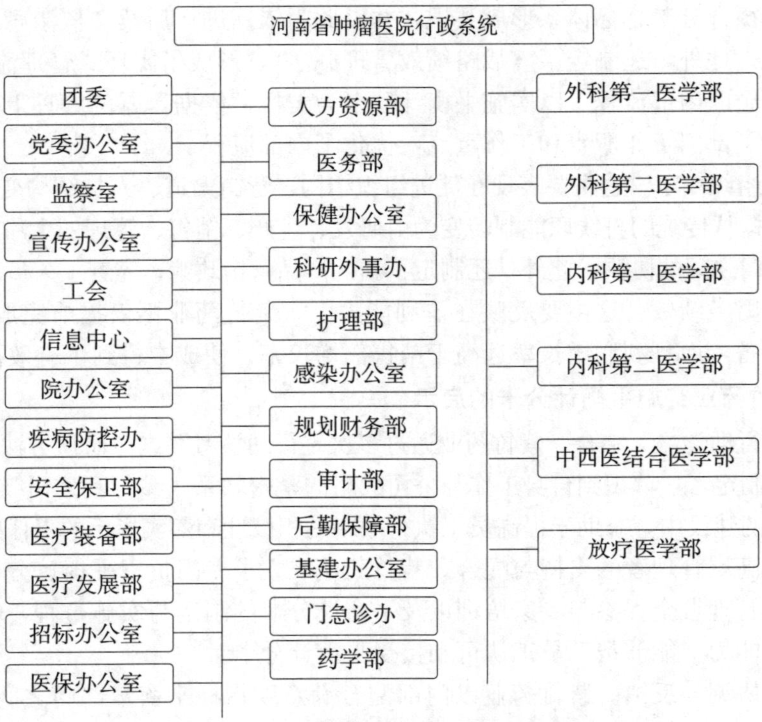


**图 11－2　河南省肿瘤医院组织结构**

河南省肿瘤医院学科实力雄厚，在医疗器械方面大力投入，专门成立了医疗装备部来对相关器械进行管理。该院倡导“引育结合、以育为主”的人才培养理念，先后与美国等国家和地区的诊疗机构开展协作项目，充分利用国外先进的技术和经验。目前河南省肿瘤医院面临药品加成被废除后收入来源减少的问题和作为医疗体系的主导中坚力量提升服务质量的挑战，加之其以“患者首选，美好家园”为愿景，以“建设国家肿瘤区域医疗中心”为目标，因此，其当前要做的主要是一体化实现成本管控、效率强化、品牌影响力提升。

## 二、总体设计

平衡计分卡这一管理会计工具已经在国外非营利组织尤其是医疗服务领域得到广泛应用及认可，如美国杜克儿童医院、巴基斯坦阿迦汗大学附属医院、加拿大安大略医疗系统、英国国家医疗服务体系等。实践证明，利用平衡计分卡这一工具对医疗领域的组织进行绩效管理和战略管控有助于提升医院竞争力，可以有效地增加医院的价值。平衡计分卡在医疗领域绩效管理方面日益受到关注，较为适合指导医院进行转型。因此，河南省肿瘤医院考虑运用平衡计分卡来解决医院绩效管理体系建设所面临的困境。

## 三、实施过程

### （一）前期准备与讨论方法

河南省肿瘤医院平衡计分卡体系的构建通过行动学习的形式开展，“行动学习”一词的概念和应用方法最早出现于雷格·瑞文斯（Reg Revans）的书中。行动学习是指一个团体解决现实问题以实现个人和组织的共同成长的方法。该方法使得各级员工都能参与体系的设计和调整，从而可以提高员工对体系的接受度，也有助于平衡计分卡体系的成功落地。在行动学习正式开始前，需进行如下准备工作：

（1）向院方参会人员灌输行动学习的方法及平衡计分卡知识；

（2）将院方共 72 名参会的中层管理者以多元化为原则分成六个小组；

（3）采购研讨会相关用品如白板、马克笔、便利贴、A4 纸、无痕胶等，便于以分组讨论的方式布置会场。

整个行动学习的讨论流程如图 11－3 所示，各小组针对战略主题进行讨论，根据战略主题设定战略目标并绘制战略地图，设计用于衡量目标完成程度的战略指标，各部门对指标进行认领并编制指标字典、行动方案。至此，医院层面的平衡计分卡体系基本构建完毕，各科室需要以此为基础构建部门级平衡计分卡。

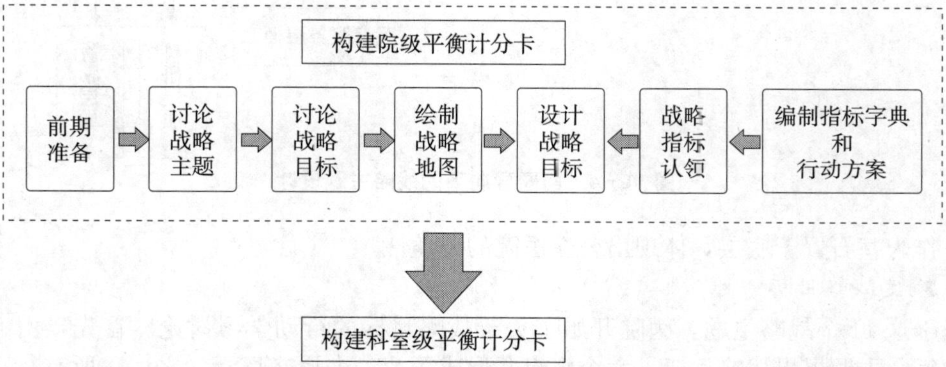


**图 11－3　行动学习的讨论流程**

### （二）构建院级平衡计分卡

*1. 确定战略主题并归类*

在新医改的影响下，河南省肿瘤医院应如何提升经营业绩，实现其成为国家肿瘤区域医疗中心和患者首选医院这一战略目标和愿景？针对这一问题，院方管理者最终确定了两个关注点：成本效率以及品牌影响力。前者影响单位就诊人次的经济效益，后者决定了服务对象总量。行动学习以该问题为导向，制定了一体化实现成本管控、效率强化、品牌影响力提升的战略总目标，并开展了关于医院层面战略主题的讨论，如图 11－4 所示。

按照平衡计分卡的四个维度，六个行动学习小组经过充分的讨论后共提出了 59 个战略主题，删除重复主题并合并相关主题后共计 28 个。经院长及总会计师讨论后决定选取其中提出次数较多且具有战略指导意义的 11 个作为院级平衡计分卡的战略主题（见图 11－4），该结果取得了参会人员一致同意。考虑到公立医院提供服务的特殊性以及河南省肿瘤医院的特点，院方将卡普兰的平衡计分卡模型中原四个维度的名称及位置进行了相应调整，将患者及协作方（客户层面）放在首位，强调公立医院以患者为核心的理念，凸显其为社会提供医疗服务的职能。与一般企业追求利益最大化不同，公立医院并不过分追逐盈利，财务方面考虑更多的是如何达到收支平衡且略有盈余。因此，在设计平衡计分卡时

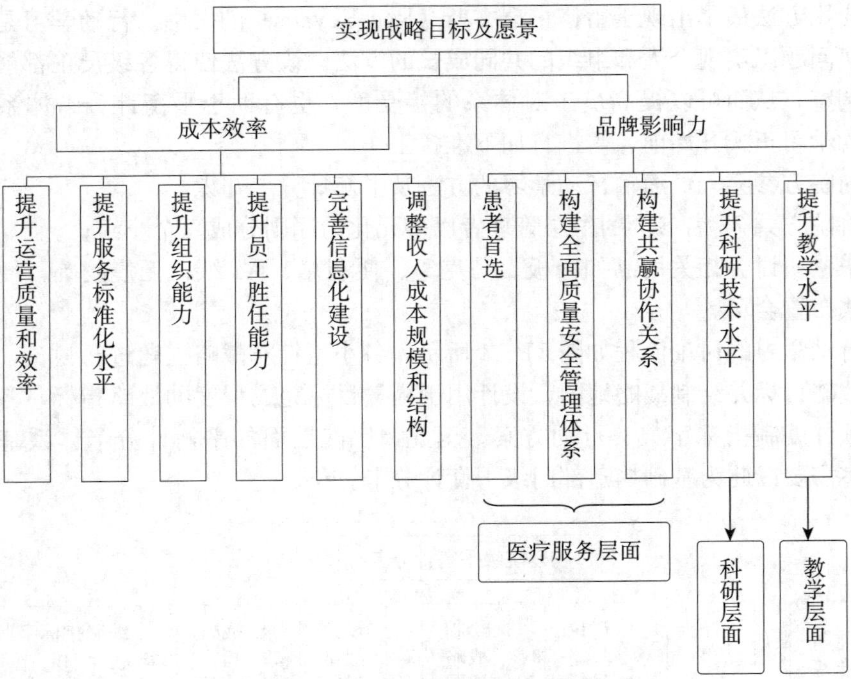


**图 11-4　问题导向下的战略主题设计**

将财务作为基石置于底层，体现出公立医院的公益性。

2. 确定战略目标

基于这 11 个战略主题，医院开始了关于战略目标的行动学习讨论。首先，由各讨论组针对每个主题提出战略目标，六个小组共形成了 251 个战略目标。之后，所有行动学习参与者对这 251 个战略目标进行筛选提炼，剔除表述不明确、重要度低或无法量化的目标，将其中多次出现、表意相近、重要度较高的战略目标提炼出来，共形成 32 个战略目标。专家组又对这 32 个战略目标进行了逐一点评。最后，小组成员根据专家的建议，对目标进行再次讨论，对其内涵、数量、名称等进行了优化，最终在 11 个战略主题下形成了 16 个战略目标，每个战略主题均由 1～3 个战略目标进行阐释。

3. 形成战略地图

在平衡计分卡中，卡普兰提出"不能衡量的，就无法管理"。作为对平衡计分卡的发展和升华，在战略地图中，他再次创造性地提出了"不能描述的，就无法管理"。平衡计分卡只是一个基本的框架，作为战略实施的指导仍显不足。而战略地图增加了细节层，可以改善战略的清晰性并突出重点。院级战略地图如图 11-5 所示。

4. 确定相关指标

根据上一部分中对河南省肿瘤医院平衡计分卡的战略主题、战略目标的设计和确立，各小组集思广益，并将提出的 60 个考核指标进行集中分类，本着"考核指标可量化、可操作、易取得"的原则，提炼出 44 个。最终经院领导讨论确定了覆盖医院科学管理各个方面的共计 32 个考核指标，如患者满意度、药占比、业务收入增长率等。

5. 平衡计分卡指标认领

没有量化就没有管理，在完成平衡计分卡战略指标的设计后，河南省肿瘤医院初步搭

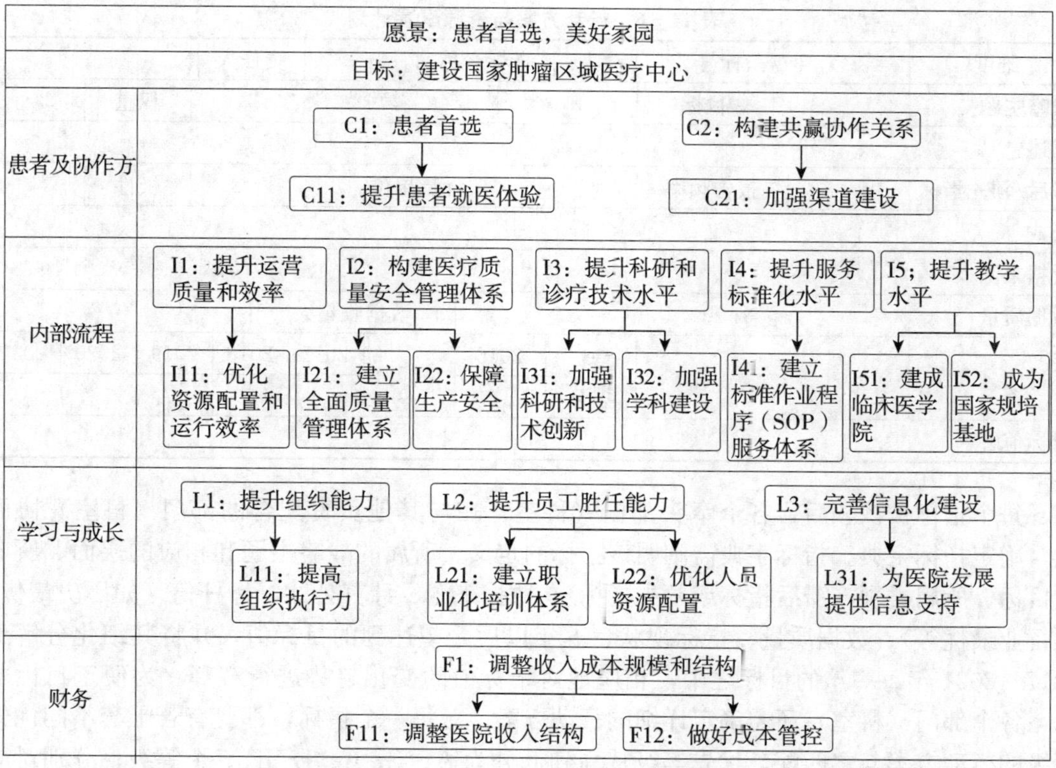


**图 11-5　河南省肿瘤医院战略地图**

建起了符合医院院情、适应医改政策、具有前瞻性的战略框架，实现了战略目标与医院运营管理的无缝对接。考核指标设计完成后，还需要分配到各职能部门（科室）后才能建立起目标责任机制。各职能部门（科室）负责人与相应主管院级领导进行讨论后对各项考核指标进行认领，认领采取举牌打分的形式。5 分表示将由该科室对此项考核指标全权负责，即成为该项指标的第一责任人；3 分表示该科室将密切配合全权负责科室并在之后建立部门层面平衡计分卡时进行相应设计以支持指标目标值的实现；1 分表示该科室将配合相关工作的开展和实施。每个指标都由举“5 分”的部门认领，如果有两个以上的部门举“5 分”，则通过协商或由院长指定牵头部门。

各职能部门（科室）完成指标认领后，举牌 5 分和 3 分的科室需要建立所认领指标的指标字典并制订对应指标的行动方案和资源配置计划。指标字典及行动方案与资源配置计划分别如表 11-5、表 11-6 所示。

**表 11-5　指标字典**

| 指标名称 | 2016 年现状 | 2021 年目标值 | 差距分析 | 2017—2021 年行动方案 | | | | | |
|---|---|---|---|---|---|---|---|---|---|
| | | | | 行动 | 优先等级 | 里程碑 | 责任人 | 资源配置 | 汇报关系 |
| | | | | | | | | | |
| | | | | | | | | | |
| | | | | | | | | | |

表 11-6　行动方案与资源配置计划

<table>
<tr><td>维度</td><td></td><td>指标号</td><td></td><td>指标名称</td><td></td><td>责任人</td><td colspan="4"></td></tr>
<tr><td>战略主题</td><td></td><td>目标</td><td colspan="5"></td><td>权重</td><td colspan="2"></td></tr>
<tr><td colspan="11">描述</td></tr>
<tr><td>滞后/领先指标</td><td></td><td>报告频率</td><td></td><td>计量单位</td><td colspan="3"></td><td>极性</td><td colspan="2"></td></tr>
<tr><td colspan="11">公式</td></tr>
<tr><td colspan="11">数据来源</td></tr>
<tr><td>数据质量</td><td colspan="3"></td><td colspan="2">数据收集人</td><td colspan="5"></td></tr>
<tr><td rowspan="2">标杆值</td><td rowspan="2"></td><td rowspan="2">指标现状</td><td>2016</td><td rowspan="2">目标值</td><td>2017</td><td>2018</td><td>2019</td><td>2020</td><td>2021</td><td></td></tr>
<tr><td></td><td></td><td></td><td></td><td></td><td></td><td></td></tr>
<tr><td colspan="11">目标值解释</td></tr>
</table>

每个指标被认领后，各个牵头部门（科室）在与其他负责配合的部门（科室）协商后，确定指标字典。指标字典需阐明该指标的定义、所属的战略主题和相应的层面、所属的目标、所属类别（滞后指标或领先指标）、数据来源、计算公式、标杆值（如历史最优、同行业最优等）、数据质量、指标现状、五年以后希望达到的目标值，并将其细化分解到2017—2021年每一年的目标之中，相应地对指标值的变化趋势进行解释。为便于目标落地，各个部门（科室）还需确定详细的行动方案。对每一个指标，都要有若干套不同优先等级的行动方案与之匹配，优先等级从高到低分为A、B、C、D、E五个等级，分别对应优先级非常高、高、中、低和非常低。每一套行动方案都设置了相应的里程碑来确定方案实施的起止时间，由专门的责任人来保障方案的完成，还应明确实现各行动方案所需的资源配置，以量化的形式进行反映，并确定回报层级关系。

### （三）构建科室级平衡计分卡

院级平衡计分卡为医院整体的管理改革指出了明确的方向，但由于各科室日常管理过于宽泛，且大部分指标并未涵盖在所有科室工作范围内，因此在院级平衡计分卡的基础上还应根据各科室主要工作职责相应制定科室级平衡计分卡。其中各战略目标下设指标的牵头部门（即5分部门）和主要协作部门（即3分部门）应在科室平衡计分卡中设计相应的战略目标或考核指标，以便与院级平衡计分卡统一。这一步骤的作用主要有两个：一是明确各科室管理的改革方向，使科室人员绩效考核更加有迹可循；二是将院级平衡计分卡各指标下放到各科室，通过各科室级平衡计分卡的执行保证院级平衡计分卡的落实。河南省肿瘤医院共有25个职能部门（科室），我们以护理部为例展示其科室平衡计分卡的构建过程。

#### 1. 承担院级指标综述

根据院级平衡计分卡指标的设定及分类，护理部作为5分牵头部门的指标有1个，即优质护理服务达标率。在院级平衡计分卡的32个指标中，护理部负责牵头和主要协作的指标共计12个，可见护理部在医院管理控制系统中起到了重要的作用。护理部也针对每一个牵头的指标按上述模板制定了相应的指标字典和行动方案，作为院级平衡计分卡的支撑性文件。

#### 2. 构建科室级平衡计分卡与战略地图

护理部的战略地图如图11-6所示。

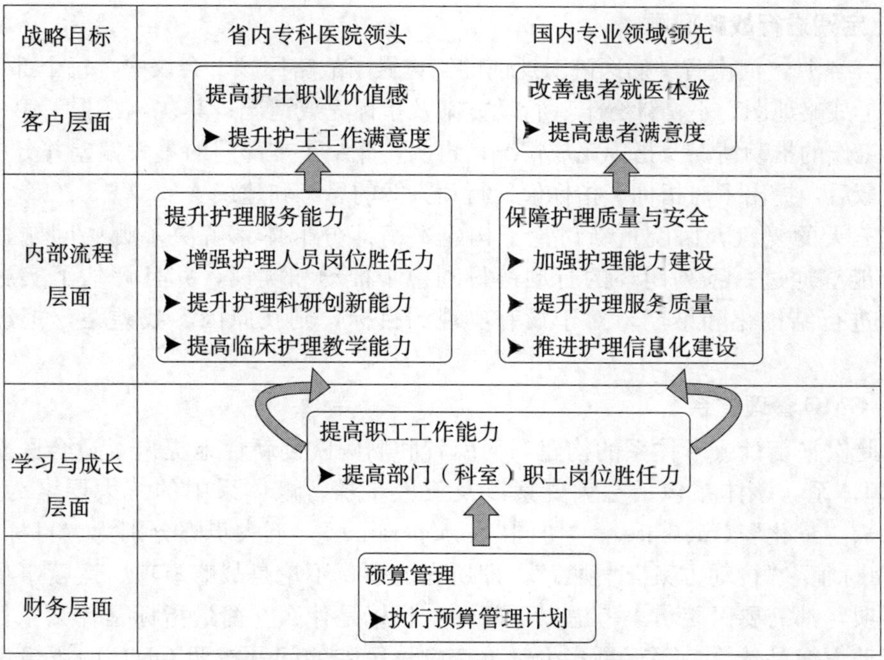


**图 11-6 护理部战略地图**

3. 指标字典和行动方案

护理部针对每一个指标编制了指标字典和行动方案，明确了指标定义、负责人、数据采集方式、目标值，并对现有差距进行了分析，为科室级指标目标值的实现提供了解决办法，同时也保证了院级平衡计分卡指标的实现。本部分限于篇幅不再详细举例。

**（四）与全面预算管理挂钩**

在院级平衡计分卡和科室级平衡计分卡构建完成后，河南省肿瘤医院将其和全面预算挂钩。2018 年 2 月，医院对全面预算管理进行了重构。在 2017 年之前，医院进行预算编制时只考虑三个要素：任务、金额、金额标准。与此不同的是，自 2018 年起医院按照平衡计分卡的思路重新加入了若干关键要素，从目标开始，进行职能定位，编写行动方案，继而确定金额标准，编制部门预算。为了确保预算落地，医院进行了信息化支撑，并建立了指标字典、目标字典、行动方案字典、预算的字典、会计的字典等，将年度任务、目标、指标、预算、会计核算进行了系统整合，以实现“每笔钱都有原因，每笔钱都有任务”。表 11-7 展示了行动方案、预算关系及协同信息。

**表 11-7 行动方案、预算关系及协同信息**

| ××行动方案（步骤） | 预算 | | | 产出 | 信息协同 | | |
|---|---|---|---|---|---|---|---|
| | 预算项目 | 金额 | 工作量 | | 信息内容 | 提供部门 | 要传递到的部门 |
| ① | | | | | | | |
| ② | | | | | | | |
| …… | | | | | | | |

### （五）定期进行战略回顾

2018 年 4 月，河南省肿瘤医院对此前的工作做了战略回顾。会议中，每个部门负责人首先展示了战略地图、平衡计分卡、行动方案及指标完成情况；其次，汇报了第一季度开展的重点工作的推动情况及指标完成情况；再次，介绍了本部门的重大偏差并分析了其产生原因；最后，提出了对指标、指标值、行动方案的思考和建议。

通过三天的复盘，医院重新讨论了构建平衡计分卡体系解决了哪些问题，医院的目标是否能够通过一系列闭环的行动链得到稳步推动和实现，并且评估了实施过程中哪些可以进行结构化和推广，对于没有实现的目标，则找原因、找差距，把经验沉淀下来。

### （六）OMC 管理体系

通过此次平衡计分卡体系的构建，河南省肿瘤医院创新性地提出了适合医院发展的 OMC 管理体系，该体系包括三大要素以及五大步骤。该体系中的三大要素为“目标”（objective）、“量化”（measure）、“协同”（cooperation）；五大步骤分别为“目标”“衡量指标”“目标值”“行动方案”“预算”。即所有的事，不论是战略事项、运营事项还是作业层面事项，都需要医院员工考虑以下问题：目标是什么？衡量指标是什么？目标值是多少？行动方案是什么？预算是多少？员工应将医院的问题按照 OMC 的逻辑考虑清楚后再行动。

## 四、实施结果

首先，通过构建平衡计分卡体系，医院、科室、岗位层面的工作得到了细致的梳理，同时也通过岗位说明书、办公自动化（OA）系统等得到了沉淀；其次，医院文化得到了改变，部门之间的壁垒逐渐被打破，彼此的沟通意愿增强了，协作能力也有所提高；最后，通过平衡计分卡体系，医院员工养成了量化的思维习惯，在做事之前考虑清楚数据、衡量方法，共同承担工作任务，明确了权责，从而提升了执行力。

## 五、案例启示

通过梳理河南省肿瘤医院构建平衡计分卡的过程，本案例总结了公立医院引入平衡计分卡的十个步骤，为其他医院提供参考：（1）确定战略主题；（2）确定战略目标和战略指标；（3）建立院级战略地图和平衡计分卡；（4）认领院级指标；（5）编写指标字典和行动方案；（6）编写各部门的战略地图和平衡计分卡；（7）与信息系统整合；（8）与全面预算管理、绩效管理挂钩；（9）多项工作协同；（10）定期组织战略回顾。

根据构建平衡计分卡过程中遇到的问题，本案例提出以下思考：第一，平衡计分卡的 4 个维度适用于企业价值观导向非常明确的组织，逻辑性强。但是对于公立组织而言，在运用时要重新梳理 4 个维度的逻辑关系，比如，财务应该放在哪个维度？第二，平衡计分卡在实施过程中无法看清执行细节，这会影响协同的效率和整个组织的执行力。最初，平衡计分卡的提出是为了解决美国企业的战略问题，此时西方的科学管理理念推行了将近 100 年，其单个组织和员工的质量较高，运营非常科学，只是缺少战略导向，因此引入战略地图、平衡计分卡非常合理有效。那么，对于本身运营不是很规范的组织来说，如何跳过运营谈战略呢？第三，平衡计分卡在战略实施方面有效果，在日常运营方面也有效果，但是哪个方面的效果更明显？第四，西方的管理思维、管理工具都是基于定量思维，在互联网时代的背景下，激活个体，使每个个体都形成定量思维是难以做到的，那么是否应该融入中国的哲学元素？

# 参考文献

［1］ 财政部. 企业效绩评价工作指南. 北京：经济科学出版社，2002.

［2］ 财政部会计司. 管理会计应用指引第600号——绩效管理. 北京：立信会计出版社，2017.

［3］ 国务院国有资产监督管理委员会业绩考核局. 中央企业经营业绩考核暂行办法辅导讲座. 北京：经济科学出版社，2004.

［4］ 刘俊勇. 战略主导型企业业绩评价系统研究. 中国人民大学博士学位论文，2005.

［5］ 刘俊勇，孙薇. 企业业绩评价与激励机制——战略执行的观点. 北京：中信出版社，2007.

［6］ 罗伯特·S. 卡普兰，大卫·P. 诺顿. 平衡计分卡——化战略为行动. 广州：广东经济出版社，2004.

［7］ 罗伯特·S. 卡普兰，大卫·P. 诺顿. 战略地图——化无形资产为有形成果. 广州：广东经济出版社，2005.

［8］ 罗伯特·西蒙斯. 业绩评价与控制系统. 北京：中国人民大学出版社，2016.

［9］ 孟建民. 中国企业效绩评价. 北京：中国财政经济出版社，2002.

［10］ S. 戴维·扬，斯蒂芬·F. 奥伯恩. EVA与价值管理：实用指南. 北京：社会科学文献出版社，2002.

［11］ 王化成，刘俊勇，孙薇. 企业业绩评价. 北京：中国人民大学出版社，2004.

**图书在版编目（CIP）数据**

业绩评价与激励机制 / 刘俊勇编著. -- 2 版. --北京：中国人民大学出版社，2021.3
经济管理类课程教材. 金融系列
ISBN 978-7-300-28919-9

Ⅰ. ①业… Ⅱ. ①刘… Ⅲ. ①企业管理－经济绩效－经济评价－教材②企业管理－激励制度－教材 Ⅳ. ①F272.5②F272.92

中国版本图书馆 CIP 数据核字(2021)第 013972 号

经济管理类课程教材·金融系列
**业绩评价与激励机制（第二版）**
刘俊勇　编著
Yeji Pingjia yu Jili Jizhi

---

| | | | |
|---|---|---|---|
| **出版发行** | 中国人民大学出版社 | | |
| **社　址** | 北京中关村大街 31 号 | **邮政编码** | 100080 |
| **电　话** | 010－62511242（总编室） | | 010－62511770（质管部） |
| | 010－82501766（邮购部） | | 010－62514148（门市部） |
| | 010－62515195（发行公司） | | 010－62515275（盗版举报） |
| **网　址** | http://www.crup.com.cn | | |
| **经　销** | 新华书店 | | |
| **印　刷** | 北京鑫丰华彩印有限公司 | **版　次** | 2009 年 6 月第 1 版 |
| **规　格** | 185 mm×260 mm　16 开本 | | 2021 年 3 月第 2 版 |
| **印　张** | 16.75 | **印　次** | 2021 年 3 月第 1 次印刷 |
| **字　数** | 387 000 | **定　价** | 42.00 元 |

# 教学支持说明

**1. 教辅资源获取方式**

为秉承中国人民大学出版社对教材类产品一贯的教学支持，我们将向采纳本书作为教材的教师免费提供丰富的教辅资源。您可直接到中国人民大学出版社官网的教师服务中心注册下载——http://www.crup.com.cn/Teacher。

如遇到注册、搜索等技术问题，可咨询网页右下角在线 QQ 客服，周一到周五工作时间有专人负责处理。

注册成为我社教师会员后，您可长期根据您所属的课程类别申请纸质样书、电子样书和教辅资源，自行完成免费下载。您也可登录我社官网的“教师服务中心”，我们经常举办赠送纸质样书、赠送电子样书、线上直播、资源下载、全国各专业培训及会议信息共享等网上教材进校园活动，期待您的积极参与！

**2. 赠送“经管之家”论坛币**

经管之家（http://www.jg.com.cn）于 2003 年成立，致力于推动经济学科的进步，传播优秀教育资源，做最好的经管教育。目前已经发展成国内最大的经济、管理、金融、统计类在线教育平台，也是国内最活跃和最具影响力的经济类网站。

为了更好地服务于教学一线的任课教师，凡使用中国人民大学出版社经济分社教材的教师，注册成为我社教师会员后，可填写以下信息调查表，发送电子邮件或者邮寄或者传真给我们，我们将会向您赠送经管之家论坛币 200 个。

**教师信息表**

| |
|---|
| 姓名： |
| 学校： |
| 论坛 ID： |
| 教授课程： |
| 使用教材： |
| 论坛识别码：pinggu_com_1501511_8899768 |

**3. 高校教师可加入下述学科教师 QQ 交流群，获取更多教学服务**

经济类教师交流群：一群：140105952（已满），或二群：809471792
财政金融教师交流群：一群：182073309（已满），或二群：766895628
国际贸易教师交流群：一群：162921240（已满），或二群：611026561
税收教师交流群：119667851

**4. 购书联系方式**

网上书店咨询电话：010－82501766
邮购咨询电话：010－62515351
团购咨询电话：010－62513136

**中国人民大学出版社经济分社**
地址：北京市海淀区中关村大街甲 59 号文化大厦 1506 室　100872
电话：010－62513572　010－62515803
传真：010－62514775
E-mail：jjfs@crup.com.cn